*E, 1254

MAXIMES

D'ESTAT MILI
TAIRES ET POLITIQVES.

Traduites de l'Italien de I. Botero
Benese, & augmentees, & illustrees d'Annotations,

Par PIERRE DE DEIMIER.

Dediees

*A Tres - Illustre & Tres - Magnanime,
Prince le Seigneur Don Iean
de Medicis.*

A PARIS,

Chez TOVSSAINCTS DV BRAY,
au Palais, en la gallerie
des Prisonniers.

1606.

Auec Priuilege du Roy.

A TRES-ILLVSTRE

ET TRES-MAGNANIME
Prince, le Seigneur Don
Iean de Medicis.

T RES-MAGNANI-
ME PRINCE,
*La vertu qui m'in-
cita d'employer ma
plume en l'ediffication de ce Liure, m'inspira d'vn mefme traict
en l'efprit de ne le donner au iour
que fous les fauorables afpects de
voftre Nom tres-illuftre. Les
valeurs, & les vertus Heroïques*

ã ij

EPISTRE.

qui font en vous, & qui vous
font admirer à la vertu mefme,
m'ont deuotieufement foumis à
vous offrir ce mien labeur, & re-
doublant l'infpiration de cefte
Deïté qui m'occafionna d'y donner mes peines, elles m'ont appris
qu'être tous les plus braues Princes de la Chreftienté, voftre Excellence a merité de l'auoir en fa
protection, à fin qu'il en fuft
mieux reçeu du monde, & que
d'vn mefme regard la vertu qui
l'accõpagne en toutes fes parties,
s'y treuuaft honoree, & recueillie
fuiuant tout l'honneur des fujets
qu'elle y traicte. Et bien que ce
Liure foit remply d'vn difcours

EPISTRE.

de qui les reigles, & les intentions n'appartiennent principalement qu'aux personnages, qui pour les qualitez de leur rang supreme comme le vostre, approchent dauantage de la Diuinité pour commander à la terre, toutesfois il semblera d'estre encore vne offrande de trop inferieure dignité, si l'on veut considerer sa proportion auec les merites de V. E. Mais quoy? suiuant la raison d'vn grand Roy de Perse, qui disoit que ce n'estoit point vn acte moins qualifié de Royauté, de receuoir des petits presens que d'en donner des grands, il vous sera facile de voir, & d'auoir ce

ã iij

EPISTRE.

Liure à faueur, & veu mesme
que l'affection dont ie vous l'apporte est d'vne estenduë immesu-
ree: Mais au contraire du Roy
de Sparthe qui ordonna des sa-
crifices de moindre despence, à fin
de rendre seruis les Dieux en toute saison, & plus aisément, ie
vous offre ce mien ouurage: Car
il n'est pas le moins de mes forces,
mais bien le plus de mon pouuoir,
à fin que d'vne mesme paralelle
on y remarque l'extremité de ce
que ie puis, & la denotion dont
la vertu m'oblige à V. E.

Et si vostre courtoisie daigne
tant fauorir ces escrits que de les
receuoir d'vn doux accueil, ils ne

EPISTRE.

pourront faillir d'estre bien venus
par tout l'Vniuers, & mesme de
la France, puis que ce fleurissant
Royaume reçoit de vostre presence la lumiere, & l'influence d'vn
Astre tout radieux de prudence
& de valeur, & que c'est de vostre tres-illustre & tres-celebra
maison de Medicis, que ce glorieux Empire voit fleurir auiourd'huy heureusement en son
Louure la fleur, l'esperance, l'ornement, & le support de sa plus
grande gloire. Qu'il vous soit
donc agreable de receuoir fauo-
rablement le Discours de ces
Maximes, à fin qu'en l'honneur
de ceste reception, mes vœux, &

EPISTRE.

mes defirs foient toufiours d'autant plus glorifiez en voftre feruice puis que ie feray à iamais:

De voftre Excellence Tres-
illuftre,

Le tref-humble, & tres-
affectionné feruiteur,

DE DEIMIER.

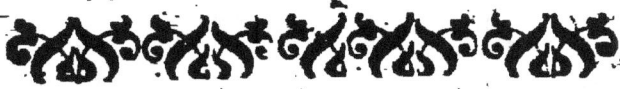

E n'eſt pas aucune grã-
de opinion que i'aye
de ma ſuffiſance , qui
m'ait fait entrepren-
dre d'ajouſter de mon inuẽtion
aux raiſons de ces Maximes d'E-
ſtat: mais bien vn vertueux deſir
qui m'a touſiours commandé
de me diſtraire bien loin de l'oy-
ſiueté, & de la negligence, & de
hazarder pluſtoſt quelque choſe de ma reputation , qu'à faute
de cœur & d'entrepriſe, demeurer pareſſeux, timide, & inutile
au monde, & par ce deffaut qui
eſt ſi ordinaire en beaucoup d'é-
droits, ne ſe voir iamais en voye
d'acquerir l'hõneur qui eſt deu
aux vaillans & aux courageux.
Car c'eſt aux eſprits qui marient

le courage auec la peine , à qui
les lauriers appartiennent. Et
comme Themistocles fceut refpondre à Euribiades, quiluy difoit qu'aux jeux de prix , ceux
qui fe leuent auant qu'il en foit
temps font foufletez : luy difant
ainfi. Il eft vray : mais auffi ceux
qui demeurent les derniers ne
font iamais couronnez : Ainfi
pour n'écourir aucune peine, ny
perte de gloire à faute de courage, ou par trop entreprēdre. On
peut voir que i'ay tenu le moyen
en l'edifice de ce liure : car apres
la guide , & le prototipe des efcrits du docte Botero , i'ay fait
fuiure auec la traduction , ces
Annotations & augmentations
de ma part, à fin que l'vn, & l'autre labeur en fuft d'autāt mieux
receuable à tous ceux , entre les
mains de qui ce liure fe pourra

treuuer. Et ainsi i'ay euité en cet
ouurage l'arrogance d'vne part,
& la timidité de l'autre. Or ie te
prieray, fauorable Lecteur, de
ne t'irriter point contre ce liure
si tu y rencontres quelques erreurs pour le sujet de l'impression : Car il est impossible qu'vn
volume pour petit qu'il soit, se
voye affranchy totalement de
semblables accidents, & mesme
la premiere fois qu'il est mis
sous la presse, comme i'ay remarqué en cestuy-cy, où au lieu
d'auoir mis en vne part Xerxes,
on y lit Daire, & au lieu des Sa-
bins, les Gaulois. Et touchant
les autres fautes que l'on y pourra treuuer, elles te serōt aisémēt
supportables, si tant soit peu ton
bon iugement s'y veut accompagner de douceur. Mais pour
le sujet du langage, & des rai-

fons que i'ay femé dans ces difcours, fi tout n'eſt tellement à
ton gré, que tu y ayes du defplai-
fir, ie t'auertis que tu és obligé
de m'eſtre gracieux Cenſeur,
puis que ie n'ay pas eu le temps
de reuoir poſément ce que j'a-
uois efcrit, & qu'à meſure qu'il
eſtoit forty de ma plume, il falloit qu'il vinſt en main de l'Imprimeur, & que pour illuſtrer
de mon creu tant de diuers ar-
guments, ie n'eſtois affiſté d'autre Bibliotheque que de celle
que ie porte en ma memoire:
veu qu'eſtant icy à Paris, ie fuis
fort efloigné d'vne fort belle &
ample que i'ay ailleurs. Toutesfois ſ'il fe treuue quelque re-
prenneur qui foit tant fourcil-
leux, & tant Ariſtarque fans pi-
tié, de ne me vouloir excufer en
nulle forte, ie ne m'excuſeray

enuers luy d'autre chofe, finon
que ie le prieray de prendre fur
fes bras la charge de donner vne
nouuelle forme à ce fujet, &
qu'il y faffe mieux que moy, s'il
peut, à fin qu'en la maiftrife de
fes efcrits j'aprêne à faire mieux
vne autrefois: mais quoy ? ie voy
que cefte parenthefe, *s'il peut*, luy
chargera tellemêt d'amertume
l'eftomac, qu'elle luy fera perdre le gouft & l'enuie de me fuiure en ce deffein. Mais pour la
teneur de quelques brauades
que i'ay mis en la fin de ce liure,
ne m'en blafmes pas, amy Lecteur, car mon humeur qui n'eft
ny cafanniere, ny timide, m'a
pouffé d'efcrire ainfi brauemêt
de mes penfees, puis qu'elles
m'incitent à tous loüables fujets, & que c'eft vne qualité
doublement honorable & gol-

rieuſe d'eſtre ainſi que dit vn
Romance Eſpagnol, *Animoſo en
palabras, Esforçado con las obras.* Braue, & courageux en paroles, &
valeureux auec les effets. Et
rien autre ne m'a induit d'eſcri-
re ainſi : car ie n'ignore pas que
l'humilité ne ſoit le fondement
de toutes les vertus. Honores
donc ce liure en ta faueur , ce
pendãt que de ma part, ie pour-
ſuiuray le deſſein que i'ay de
mettre bien-toſt quelques autres miennes œuures au jour, à
fin de t'en faire auoir autant de
contentements , comme i'en
deſire y recueillir d'honneur. A
Dieu.

TABLE DES SOMMAI-RES DV PRESENT LIVRE des Maximes d'Estat Militaires & Politiques.

TABLE.

Sommaires du deuxieme liure de l'excellence des Anciens Capitaines.

TABLE.

TABLE.

Sommaires du sixieme liure de
l'Agilité des forces du Prince.

Sommaires du septieme liure de
l'agilité des forces du Prince.

TABLE.

TABLE.

Extrait du Priuilege du Roy.

PAr grace & priuilege du Roy, il est permis à Toussaincts du Bray, marchand Libraire à Paris, d'Imprimer, ou faire Imprimer, vendre & distribuer vn liure intitulé, *Maximes d'Estat Militaires & Politiques, Traduites de l'Italien de I. Botero Benese, & augmentees & Illustrees d'Annotations, par Pierre de Deimier* : Sans qu'aucun Imprimeur ou Libraire de ce Royaume le puisse Imprimer ou faire Imprimer, contrefaire ny alterer ledit liure en aucune maniere, sans le congé & consentement dudit du Bray : Et ce dedans le temps & espace de dix ans entiers, à commēcer du jour de la premiere Impression paracheuee, à peine de confiscation de tous les exemplaires qui se trouueroient auoir esté faits, contre la prohibition desdites presentes & de deux cens escus d'amāde, applicable moitié aux pauures, & l'autre audit du Bray :

Comme il est amplement porté par ledit priuilege : Voulant en outre qu'en appofant au commencement ou à la fin dudit liure, vn Extrait Sommaire defdites prefentes elles foient tenuës pour bien & deuëmét signifiees. Donné à Paris, le quatriefme jour de Iuillet, l'An de grace 1606. Et de noftre regne le dixfeptieme.

Scellé du grand Sceau en cire jaune par le Roy en fon Confeil.

DE VERNESON.

Sommaire des Traictez qui sont contenus en ce present volume.

MAXIMES
D'ESTAT MILI-
TAIRES, ET POLITIQVES,

De l'excellence des anciens
Capitaines.

LIVRE PREMIER.

*De la fin, & de l'office du
Capitaine.*

NTRE les arts qui sont
en l'exercice des hom-
mes, il s'en treuue quel-
ques vns qui se rendent totalement patrons & maistres de la
matiere : autour de laquelle se

A

manians , ils font que toufiours
l'intention , & la fin fenfuit en
leur operation . De telle forte
eft l'Architecture, la Peinture &
la Sculpture , & tous ces autres
artifices qui s'employent auec
bois , fer, laine , foye & autres
chofes femblables.

Quelques autres arts qui n'ôt
pas vne pleniere domination &
pouuoir fur la matiere , ains y
treuuent contrarieté & refiftan-
ce, n'arriuêt pas toufiours à leur
fin propofee. Et de cefte qualité
font l'Agriculture, la Nauigation, la Medecine, la Politique:
mais par fur tout l'Art Militaire,
de qui la fin eft d'auoir la victoire. Mais d'autant qu'vne fin fi re-
quife ne dépend pas immedia-
tement du Capitaine, mais bien
des foldats , de l'occafion , du
du temps , de la fituation, & de

certaines autres circonstances:
Vn chef bien auisé se doit contenter de faire en sorte que le
non-vaincre ne s'impute pas à sa
faute: Ains que l'on puisse touf-
jours dire , qu'en la bataille ou
perduë, ou gagnée, il a fait touf-
jours l'office d'vn bon Guerrier,
la charge duquel dépend d'ordonner , & adresser judicieusement les choses à la victoire. Dequoy l'on écrit d'Annibal, qu'en
ce rencõtre d'armes où Scipion
le vainquit , il ne se montra pas
moindre Capitaine , soit à l'ordonnance de la bataille , ou de
la fortifier tant qu'il se pouuoit,
comme aux journées où il auoit
esté vaincueur.

Doncques vn Capitaine est
vaincueur en guerre par grandeur d'entendement, ou de courage, ou d'exercite, ou d'apareil,

ou de dépence: mais touchant
ces cinq moyens de vaincre, les
trois derniers dépendent d'a-
uantage de la puissance d'vn
Prince que de la valeur d'vn Capitaine. Ainsi par le moyē d'vne
grãd' dépence les Venitiens ont
soustenu le plus souuēt maintes
grosses guerres, & en cela ils ont
montré combien estoient puissantes les richesses de la Republique.

Or pour la grandeur de l'apareil & du nombre infiny des hō-
mes, les Princes Barbares en sōt
esté auantagez sur tous autres:
Comme les Rois d'Egypte &
d'Assyrie, les Arabes, les Tarta-
res & les Turcs. Et puis que nous
voulons démontrer icy l'emi-
nence des anciens Capitaines,
nous laisserons toutes les choses
qui apartiennent à la uissance,

& nous toucherons seulement
ce qui consiste en la personne &
au pouuoir de celuy qui manie
les armes : ce qui se reduit tout
à l'excellence de l'entendement
& à la grandeur du courage.

Mais pourtant ce n'est pas
nostre dessein de rememorer icy
l'excellence de tous les Capitaines anciens, ny moins encore la
plus grande partie d'iceux : mais
tant seulement nous parlerons
de ceux-là de qui l'on voit des
Eloges chez les anciens Escriuains, qui sont en petit nombre.
Dont il auiendra que si l'on ne
fait aucune mention de cert: ins
guerriers excellens, & que l'on
parle de la memoire de quelques autres de beaucoup moindre merite, cela s'atribuera en-
ues l'esprit de ceux qui se sont
trauaillez à décrire l'histoire des

A iij

grands perſonnages ; Ou quelques vns ſe ſont arreſtez d'auantage à narrer ſimplement la ſuc-
ceſſion des choſes , & d'autres
ont donné leur jugement ſur la
qualité des perſōnes & de leurs
effets. De la premiere ſorte on
a veu Iulles Ceſar qui par ceſte
occaſion dōna le nom de Commentaires à ſes hiſtoires. Polibe
ſ'eſt fait voir de l'autre : mais
quoy , il outrepaſſe le terme requis, ſoit pour la longueur de ſes
diſcours, comme pour la foibleſ-
ſe de ſes conceptions. Mais Sal-
luſte, Tite-Liue, Corneille Tacite, & Thucydide ont biē merité plus d'honneur , pour auoir
auec plus de temperament in-
terpoſé leurs raiſons judicieu-
ſes , ſoit enuers les perſonnes,
comme à l'endroit des actions,
& rencontres de qui la memoire

nous en a esté laissée. Or puis
que ceux-cy n'ont pas donné ju-
gemét de tous les grands Guerriers dont ils ont fait mention:
nous ne le pouuons pas donner
aussi: puis que nous n'auons en
main autres desseins que de recueillir ce qui se peut remarquer
de leurs auis.

Des Capitaines excellens au choix des Soldats.

LA science Imperatoi-
re, où de Capitaine, se
dessigne en trois par-
ties, l'vne est à choisir
le soldat, l'autre à le faire bon, ce
qui apartient à la discipline; la
troisiéme à s'en seruir judicieusement, qui dépend de ce que l'on
doit attendre de l'art Militaire.

A iiij

Pyrrhus, & Marius employerent grand' diligence au chois
des Soldats, & en particulier ils
recherchoient en iceux vne grādeur de corps: Et ils disoient ordinairement à celuy qui auoit
charge de leuer des trroupes: Fais
vn chois & assemblée de grands
hommes, & ic les feray forts &
vaillans:& de ceste stature ils ne
les vouloient pas plus hauts de
six pieds. Mais Vegece les desire de moyenne taille, & plutost
robustes que grands, & sur tout
il y recherche vn grād courage,
& vne viuacité d'esprit. Mais en
aucun exercite ceste partie ne
s'est jamais veuë plus manifestement qu'en ceste braue Armée
auec qui le grand Alexandre as-
sailloit l'Asie, laquelle n'auoit
pas plus haut de trente & cinq
mille pietons & cinq mille hō-

mes de cheual, tous vieux foldats & de tres grande experience au fait des armes, & fi bien
qu'il ne s'y trenuoit pas Capitaine, ny aucun autre officier de
qui l'âge ne paffaft foixante années. Or entre les modernes
Alberique de Balbiano merite
beaucoup de loüange en fujet
femblable : Car feulement auec
quatre mille hommes d'armes,
& quatre mille cheuaux legers
il executa toutes braues entreprifes. Et Georges Caftriot fur-
nommé Scamderbec n'oppofa
jamais à fes ennemis plus grand
nombre de gens que fix mille
cheuaux, & trois mille foldats
choifis : Et de vray tout doit refpondre à cecy, que les gens foiét
plutoft efleuz par le merite que
affemblez par le nombre & multitude.   A v

Aussi rien n'est de si propre en
vne Armée que la tenir vuide
de gens qui sont incapables de
combatre : Et la raison s'en recueille par ceste-cy, que de mesme que la dexterité est plus requise au soldat que la force, ainsi
c'est chose plus importante en
vn exercite qu'il soit agile & bié
reglé, que non pas ample, & gros
de quelques nombres inutiles :
Et c'est d'autant que la celerité
ou diligence, qui est vne partie
de tát de consequence à la guerre, ne se sçauroit treuuer en vn
Camp plein de toutes sortes
d'hommes. Ainsi tout Capitaine qui pour faire terreur à ses ennemis remplira son Armée de
gens vulgaires & sans valeur, il
pourchasse empeschemét à soy-
mesme, & plus grande gloire à
son aduersaire, ou pour le moins

vn moindre raualement d'honneur.

Des Capitaines excellens en la Disci-
pline & en la tolerance.

LA bonté d'vn Soldat,
qui est vne partie de la
discipline, est vne dis-
position de courage & de corps,
qui le rend apte & capable de
souffrir & de s'employer en guerre, & ceste bonté s'exerce ore
trauaillant, & tantost combattant. Entre les Romains on a
reconnu fort signalez en la Discipline Militaire Torquate Ma-
lio, Paul Emille, Scipion Numantique, Metellus Numidi-
que, Domecie Curbulone.

Alexandre seuere Empereur
s'efforça vne fois de la remettre

A vj

en honneur comme elle estoit autrefois, de qui ces paroles sont dites: *Disciplina maiorum rem publicam tenet: quæ si dilabatur, & nomen Romanorum, & imperium amittemus:* La Discipline des plus grands maintient la Republique, & si elle venoit à manquer nous perdrions le nom Romain, & l'Empire.

Paul Emille attribuoit toute la charge d'vn soldat à trois choses, qui sont premierement le corps agile & gaillard, & puis les armes expedies & lestes, & l'autre le cœur promt, & volontaire à suiure tous les desirs du Capitaine. Braside Capitaine Grec reuoquoit l'office Soldadesque à trois autres choses: sçauoir, Volonté, Honte, & Obedience. Et à ce propos Vegece dit ainsi: *Honestas idoneum militem reddit, ve-*

*recundia dum prohibet fugam , facit
esse victorem* : L'honnesteté rend
capable le Soldat, & tandis que
la honte empesche la fuite , elle
luy fait emporter la victoire.

Et de cest auisé, & valeureux
Iphicrates Capitaine Athenien
Probe écrit ainsi: *Non tam magni-
tudine rerum gestarum , quàm disciplina militari nobilitatus* : Il s'est ré-
du glorieux , non tant pour la
grandeur de ses gestes, que pour
la Discipline militaire.

Trois vertus se virent jadis
fleurissantes aux Romains, dont
ils demeurerent vaincueurs en
toutes sortes de guerres, & d'entreprises, ces vertus estoient: Valeur , Patience , & Discipline.
Surquoy aux Volsces , *Vulgò fre-
mere, aut in perpetuum arma, bellum-
que obliuioni danda iugumque acci-
piendum: aut ys quibus cum de impe-*

rio certetur, nec virtute, nec patientia,
nec disciplina rei militaris cedendum:
C'est chose necessaire de laisser
les armes pour iamais, & de sou-
mettre le col au joug, ou bien
de ne ceder en aucun poinct en
valeur, patience, & discipline
militaire, à ceux auec qui l'on
fait guerre pour l'Empire. Et
Furius Camille parlant des Romains disoit, que la vertu, les
œuures & les armes estoiét leurs
mestiers.

Appian nous raconte dans les
histoires des choses Parthiques,
que l'EmpireRomain ne monta
iamais auec la felicité en la grãdeur en quoy il s'est veu : mais
bien auec la force, & auec la patience durant les fortunes fas-
cheuses & auerses. Et le mesme
a écrit, que les freres d'Eumenes Roy d'Asie s'esmerueillant

de luy, de ce qu'il ne se soucioit
point de s'allier d'Antioche Roy
de tant de pouuoir & grandeur:
il leur fut respōdu d'iceluy, qu'il
refusoit ceste alliance, d'autant
qu'il voyoit que ce Roy se pre-
patoit vne grosse guerre contre
les Romains, lesquels en demeu-
reroient en fin les vaincueurs:
non par grandeur de thresors,
mais bien par generosité de courage, & pour supporter, & tole-
rer plus aisément les fatigues, &
les peines. Aussi Suetone Tran-
quille discourt de Cesar, qui fut
comme vn Phenix des guerriers,
qu'il fut, *Laboris ultra fidem patiens*:
Patiēt au trauail, & aux labeurs
sur toute estime.

Des Capitaines excellens en l'art Militaire.

L A Science d'vn Ca-
pitaine se peut em-
ployer en six choses
qui sont, le Marcher,
le Loger, le Combattre, l'Assaillance, l'Assieger, & la defence
d'vne place. Or en toutes ces
actions Iulles Cesar se fit voir
tres-grand & tres-heureux Capitaine: & pour le sujet de sa valeur à defendre vn lieu, qui en
pourroit douter aucunement?
Puis qu'il la montra si bien au
iour, en ceste defence si memorable qu'il fit la premiere en son
Camp au siege d'Alexie: Et puis
encore en ce quartier de la ville
d'Alexandrie, où il estoit logé

contre toutes les forces , & ataques des Egyptiens, & c'eſt vne
gloire propre à Ceſar, que l'excellence de ſes valeurs fut glorieuſe en toutes les parties de la
Milice , & en tout ce que l'on
peut deſirer au meſtier des armes.

Tite-Liue diſcourant en particulier de Philopœmen dit ainſi : *Erat præcipuè in ducendo agmine,*
lociſque ſolentiæ, atque vſus. Il eſtoit
d'vne ſinguliere ingenioſité &
pratique au Marcher & au Logement. Et Annibal ce grand
Capitaine de Carthage diſoit
ainſi de Pyrrhus Roy d'Epire:
Caſtramentari primùm docuiſſe : ne-
minem eloquentius loca cepiſſe, preſidia
diſpoſuiſſe. Il a eſté le premier qui
enſeigna la Caſtrametation ou
Camper,& nul autre que luy n'a
ſceut prendre auec plus de d'ex-

terité la situation auantageuse,
& la disposition des gens-d'armes. Plutarque ajouste que ce
Roy des Epirotes fut estimé
semblable au grand Alexandre
en la vehemence du visage, & en
l'habilité des mains: mais cela
n'appartient point au sujet que
nous traictons icy. Or à Xenophon tous donnent la Palme de
la conduite, & son expedition
memorable en fait foy.

Ce fut vne propre loüange à
T. Manlio Torquato qu'en ceste
bataille en laquelle il surmonta
les Latins: Les amis, & les ennemis estimoient que la victoire ne pouuoit manquer de se
rendre au parti de qui il seroit le
Chef. Aussi il ordonna tres-ac-
cortement les escadres, disposa
judicieusement l'arriere-garde,
& les renforts, gouuerna braue-

ment l'execution des armes, &
tout le reste qui dépendoit de
l'entreprise. Mais suiuât ce que
dit Tite-Liue, la loüange de Pa-
pirio Curse ne fut pas moindre
que celle-cy : Car si les soldats
qui ne voulurent pas vaincre,
eussent obey à ses commandemens & à sa prudence, ils au-
roiët sans doute vaincu les Samnites, veu qu'il auoit ordonné la
bataille en lieu tres-auãtageux,
& qu'auec les ordres plus requis
de l'arriere-garde il l'auoit ren-
forcée,& establie auec tant d'artifice Militaire. En quoy c'est
vne chose de grande consideration en quel prix, & recommandation les Romains auoiët l'arriere-garde en vne bataille:Puis
qu'en beaucoup de lieux de Tite-Liue on voit la gloire, & le
blâme imposez à diuers Capi-

taines pour auoir , ou pour n'a-
uoir dreſſé la bataille auec la ſuffiſance de ladite ordonnance &
renforcemēt. Surquoy C. Iulles
Tribun deſirant de faire paroi-
tre le peu de ſoin de C. Sempronius Cōſul qui auoit eſté vaincu
des ennemis, *Tempanium equitem*
vocari iuſſit, coramque eit, Sexte Tem-
pani, inquit, quæro abs te , arbitreris
ne C. Sempronium Conſulem , aut in
tempore pugnam iniſſet aut firmaſſe
ſubſidys aciem? Il fit appeller Tem-
panius le Cheualier, & il luy tint
ce propos deuant tous. Sexte
Tempaniusie voudrois ſçauoir
de toy, ſil te ſemble que le Conſul C. Sempronius ait commencé la bataille en temps oportun,
ou ſil a renforcé les bataillons
auec le ſecours d'vne Arriere-
garde bien ordonnée.
        Auſſi le meſme hiſtorien dit,

que ce Capitaine combatit *in-
cautè, inconfultéque* : fans fineſſe &
fans conſeil : Et pourquoy ? *Non
fubſidys firmata acie, non equite apte
locato.* N'ayant pas bien ordonné les tróupes de ſon Arriere-
garde, ny poſées en lieu conuenable. Puis qu'il eſt ainſi que
l'on ne ſçauroit treuuer aucune
qualité plus neceſſaire en vn
General d'Armée, que la vertu
de préuoyance à juger finement
des inconueniens, & deſordres
qui peuuent arriuer en vne bataille, & c'eſt à fin que par le
moyen de ceſte vertu, il puiſſe
apporter les remedes, & les re-
parations ſuffiſantes, leſquelles
on peut ordinairement recueillir en la faueur de l'Arriere-garde, & des ſecours opportuné-
ment diſpoſez. Ce qui s'experimenta clairement en la journée

de Pharfale, où les troupes de
ceſt ordre ſi requis donnerent
entiere victoire à Ceſar. Mais à
ce propos venant à parler d'A-
milcar Capitaine Carthaginois,
Polibe nous en aprend cecy : diſant ; Qu'il n'eſtoit pas moins
accort à cõnoitre le temps d'aſſaillir l'ennemy , & de vaincre,
cõmme il eſtoit prudent & habile à ceder & à faire retraitte.
Auſſi l'on atribuë l'honneur à
Luculle de ſ'eſtre ſerui tres-ex-
cellemment de la tardité & de
la diligence, qui ſont deux mé-
tiers contraires , & d'auoir en
ceſte façon ſi differente con-
ſommé les forces de Mithridates, & aneanti les grandes oppoſitions de Tygranes Roy d'Armenie.

Des Capitaines excellens à se faire rendre obeïssance.

PLVTARQVE desire que le principal office d'vn Capitaine cõsiste d'aquerir de ses Soldats l'affection & l'obeïssance: ce qui s'est diuersement obserué par les fameux persõnages de l'antiquité.

Ce vray soldat & tousiours grand Capitaine Marius, s'atiltra de ceste qualité au moyen de l'exemple, puis que parmy les labeurs & fatigues, il ne faisoit nulle differéce de soy & des fantancins communs, au moyen dequoy il se rendoit les Soldats également amoureux & obeïssans: Et c'est d'autant qu'vn superieur venāt à s'égaler aux peines auec ses sujets, il semble qu'il rend volontaire, & bien doux tout trauail & peril, & qu'il leur apporte en main la force & la necessité de bien obeïr. Aussi les Soldats reçoiuent plus chere satisfaction d'vn General qui se mesle de participer à leurs fatigues, que non pas de celuy qui leur départ les honneurs, & les recompenses. Et comme disoit à ses Soldats Valerio Coruin, *Facta mea, non dicta vos milites sequi volo: nec disciplinam modo, sed etiam exemplum à me petere:* Soldats, ie veux que vous donniez voftre cœur, non à mes paroles, mais à mes œuures, & que vous preniez de moy non seulement la discipline: mais encore l'exēple de bien faire.

Aussi Viriate, ce Capitaine si soigneux

foigneux de l'amour des fiens,
maintint durãt beaucoup d'années vn ample Exercite fans aucune fedition, ou rumeur; bien
qu'il fut compofé de diuerfes
nations, & feulement pour luy
départir également le butin, il
l'entretint de la forte auec fou-
ueraine paix & obeïffance. Et
par vn mefme artifice George
Caftriot rendit fes gens de guerre merueilleufemént affectionnez & fidelles à fon feruice.

Iules Cefar fe rendit infiniment aimable enuers les fiens,
au moyen du grand foin qu'il
auoit de leur falut, & des pertes
qui leur pouuoiët arriuer. Auffi
depuis la défaite de Sabin il fe
laiffa croitre la barbe & les cheueux, jufques à tant qu'il en eut
tiré vengeãce. Et vne fois étant
conjuré de fes foldats en Efpa-

B

gne à fe contenter qu'ils paſſaſ-
ſent à gué le Sicuro fleuue des
plus rapides, auant que ceder à
leur vouloir, il choiſit & mit
hors des troupes tous ceux qu'il
reconnut debiles de force & de
courage, & les laiſſa en garde
des logemens, & combien qu'il
eut peu combatre auec aſſeurance de la victoire fans y employer ſa perſonne, toutefois il
ne le voulut pas faire, à fin qu'il
ne tomba pas en reputation d'é-
tre prodigue de la vie & du ſang
des ſoldats. Et c'eſt vne choſe
notable de ce grand Capitaine,
qu'il ne ſ'abandonna iamais en
aucune entrepriſe, que premierement il n'eut fait vne bonne
prouiſion de viutes & de forments, comme ſ'il fuſt eſté en
propre terme de paitre ſa famille. Or pour le ſujet des recom-

penses, il donnoit si largement à
ceux qui meritoient, qu'il sembloit qu'il n'estoit pas maitre de
ses richesses : mais bien legitime
dispensateur.

La beneuolence des soldats
enuers Marc-Anthoine est remarquable, & principalement à
l'entreprise des Parthes, & si bié
qu'ils preferoient vniuersellement sa gloire & sa grace à leur
interest, & voire à leur propre
vie ; Et comme Appian nous en
discourt, les occasions en étoiēt
nombreuses, qui étoient la noblesse, l'eloquence, la beneficen-
ce, & l'affabilité ou douceur,
qu'il vsoit en s'acompagnant, &
pratiquant auec tous. Mais par
aucune chose il ne s'obligeoit
rien tant les esprits que par la
compassió qu'il manifestoit enuers les malades & blessez, les-

,quels il confoloit & alloit vifi-
tant vn à vn. Au contraire Luculle, qui autrement étoit excellent Capitaine, perdit l'obeïffance de fon Armée: car il fe rendoit non feulement peu courtois enuers les foldats; mais encore il ne faifoit point de conte
des Officiers qui fe pouuoient
dire fes pareils, hors la qualité
de General qu'il auoit fur l'exercite.

Quelques autres ne s'affeurāt
pas d'eftre aimez, fe font pour-
chaffez l'obeïffance, nō auec l'a-
mour, mais bien auec la feuerité
Puis qu'il eft ainfi qu'il eft nécef-
faire, fuiuāt ce que dit Clearque,
que le foldat aye plus de crainte
du Capitaine que de l'ennemy.
Auffi Camille marchant à l'entreprife de Veie, *Omnium primum*
in eos, qui à Veijs in illo pauore fuge-

rant, more militari animaduertit ef-
fecitq; ne hostis maxime timendus mi-
liti esset : Auant toutes choses, il
punit selon la coutume militaire, ceux qui vaincus de la crain-
té auoient tourné le dos aux
Veiens, faisant par ce moyen
que l'ennemy ne fust pas si formidable au soldat.

Scipion Numatin disoit souuent, que les Capitaines faciles
& trop doux, étoiet vtiles à leurs
ennemis, & bien qu'ils semblet
estre chers & agreables aux soldats, toutefois ils en demeurent
en fin dédaignables, & mépri-
fez. Mais au contraire, vn Capitaine seuere & acompagné de
rudesse, aura toujours ses soldats
plus prests & plus habiles à l'e-
xecution des affaires, & de vray
c'est ainsi; Car la familiarité en-
gedre mépris, & la seuerité pro-

duit le respect. Et tout ainsi que
les medecines ameres sont plus
salubres que les douces, tout de
mesme le gouuernement seuere
est plus vtile que celuy qui est
plaisant. Et cecy s'experimente
veritable entre les choses Politiques non moins que parmy les
Militaires: & la raison en est ainsi,
Parce que les manieres de se faire aimer ne sont pas si fermes, &
si asseurées comme celles par
qui l'on se fait craindre. Et ce
n'est pas vne chose de mesme facilité qu'vn homme se fasse aimer comme craindre de tout vn
peuple, ou de toute vne armée:
& c'est d'autant que l'amour est
en la puissance de celuy qui aime: mais la crainte est entre les
mains de celuy qui se fait redouter. Et en ceste partie T. Manlio
Torquato fut excellent, pour la

seuerité de qui on donna le surnom de Manlian aux Empires,
gouuernements ou charges de
guerre. Et non moins aussi Pa-
pire Cursor. *Vis erat in eo viro Imperij ingens pariter in socios, ciuésque.*
Il auoit pouuoir de comman-
der également aux peuples, à ses
compagnons, & aux Citoyens.
Et le mesme Liue nomme Po-
sthume Tuberte, *Seuerissimi Imperij virum.* Homme d'vn commandement tres seuere.

　Corbulon fut ainsi terrible &
seuere: car ayant fait crier en son
armée que les soldats fissent
toutes les charges militaires le
iour, & la nuict auec les armes
sur le dos, *Fuerunt militem, quia
vallū non accinctus, atque alium quia
pugione tātum accinctus, foderet, morte punitos.* Tandis que l'on dressoit vn fossé, deux soldats furent

condamnez à mort : l'vn pour
n'eftre pas armé , & l'autre pour
n'auoir que le feul poignard.

Et Tacite adioufte à cecy, que
cefte terreur augmenta la valeur aux Romains, & amoindrit,
& reboucha la fureur des Barbares.

L'éloquence militaire à feruy
beaucoup autrefois pour fe faire
obeïr promptement , & en cefte
vertu, comme raconte Suetone,
Cefar f'eft égalé, ou bien a fur-
paffé tous ceux qui font efté auparauant luy. Dequoy Ciceron écrit que bien que ce grand
guerrier fut auffi bien difant que
Lelio : neantmoins bien qu'vn
homme endure difficillement
qu'vn autre foit excellent en
plus de chofes que luy, fe conce-
dant la loüange militaire , il at-
tribua à Lelio la palme de l'élo-

quence. Ceste richesse d'éloquence a esté grandement a-
uantageuse parmy les Capitaines modernes, & entre autres elle s'est renduë fort heureuse à
George Scamderbec, de qui
nous apprenons par l'histoire,
que lors qu'il sortoit armé en
campagne auec vne merueilleuse allegresse éclatante aux yeux,
par vn langage tout animeux,
braue & guerrier, il enflamoit
de telle sorte les soldats aux entreprises plus difficiles, qu'il les
rendoit non seulement hardis
& courageux : mais furieux, &
mépriseurs des perils, & de la
mort mesme.

Mais le principal fondement
de l'obeïssance est l'authorité, &
la reputation, lesquelles parties
ne procedent pas toujours de
la victoire : ains le plus souuent
B v

de l'excellence du courage, &
de la valeur, & des autres qualitez d'vn Capitaine. Surquoy
nous auons veu quelques grãds
guerriers auoir rẽcontré do plus
braues succez durant les choses
contraires que certains autres
qui marchoient en prosperité:
tel on a remarqué Mithridatés
Roy de Pont, de qui l'Historien
Iustin nous aprend, que bien
qu'il fut vaincu de Silla, de Luculle, & de Pompée, il se com-
porta de telle façon, *Vt maiors la-*
riorque resurgeret in restaurando prœ-
lio, damnisque suis terribilior redde-
tur. Il restauroit la guerre auec
plus de force & de gloire, &
apres auoir esté endommagé &
vaincu, il reuenoit & se montroit plus terrible.

Appian estime Marc Anthoine
homme inuincible aux perils.

Et entre les modernes il semble
qu'Alphonce Roy d'Aragō soit
esté semblable : puis qu'il est ainsi que bien qu'il se trouua quelquefois vaincū, neantmoins il
ne perdoit iamais le courage, &
de mesme il ne fit iamais perte
de la reputation : ains en se rele-
uant de soy-mesme toujours
plus grand & illustre, il vainquit
en fin toutes opositions & se
rendit maitre de ce riche & fameux Royaume de Naples. Parmy les Capitaines de moindre
autorité on n'é sçauroit trouuer
aucun à qui les choses auersaires ayent osté moins de gloire,
& de reputation qu'à Nicolas
Picineni, de qui la valeur estoit
telle que les victoires luy estoiét
designées à vertu, & les routes
aux rigueurs de l'infortune.
Mais entre tous ceux qui n'ont

B vj

iamais gagné vne bataille, ains
qui meſme les ont perduës toutes, il ne ſ'en treuue pas vn ſi braue, & ſi heureux qui ſe ſoit ſou-
tenu , & toujours maintenu en
credit & en authorité , comme
Pierre Strizzi : Ce qui n'auenoit
d'autre choſe que de la grãdeur
du courage, & de la braueté Militaire , qui meſme durant les
choſes cõtraires ſont delicieuſes
aux Soldats.

Des Capitaines excellens en la fermeté de leur entreprise deliberée.

E fut comme par pro-
prieté à C. Fabius Ma-
ximus vne certaine aſ-
ſeurance, & fermeté de courage
& d'eſprit, & vn gouuerner par
raiſon & iugement. Ce Capitai-

né ſi ſage ne tenoit en aucune
eſtime les paroles d'autruy, où
ſe treuuoit l'intereſt public,
& le ſalut de la patrie : Et ne
ſe ſoucioit aucunement que
la ruſe fuſt eſtimée timidité,
la conſideration tardité, & la
diſcipline choſe de peu de valeur : Car il vouloit eſtre plutoſt redouté du ſage ennemy,
que loüé des ſots citoyens. Mais
on ne ſçauroit mieux exprimer
le iugement, & la raiſon qu'il v-
ſoit en guerre, que par ces paroles qu'il dit au Conſul L. Paul
Emille, qui partoit de Rome
pour aller guerroyer Annibal.
Omnia audentem contemnet Anni-
bal : nil temerè agentem metuet. Nec
ego, vt nihil agatur, ſed vt agentem te
ratio ducat, non fortuna, tuæ poteſtatis
ſemper tu, tuáque omnia ſint armatus
intentúſque ſis : neque occaſioni tuæ

*desse: unqua suam occasionem hostibus,
maxin: non properant alacri, certumque
erunt, festinatio improuideust, &c.etc.*

Annibal mesprisera vn temeraire
hazardeux, mais au contraire, il
redoutera vn sage qui n'entre-
prendra que bien à propos. Et
quand à moy ie cõseille de n'entreprendre rien : mais bien que
la raison, & non la fortune conduise toutes vos actiõs. Et si bien
que vous, & les vostres soyez en
vôtre pouuoir, & que vous soyez
toujours également pourueu
d'entendement & d'armes; Et
que vous fassiez en sorte, que
vous ne manquiez à l'occasiõ
qui se presentera; & que vous ne
donniez à l'ennemy celle qu'il
recherche pour soy : Vous asseu-
rant que toutes choses seront
prosperes, & certaines à celuy
qui ne marche point precipité;

Car la trop grande promptitude
est sans yeux & sans préuoyáce.
Et Paul Emille disoit vne fois à
ce propos, *Neque enim voraces con-*
firmi, & constantis animi contra ad-
uersum rumorem possunt esse, quàm
Fabius fuit, qui suum imperium mi-
nui, per vanitatê populi maluit, quàm
secunda fama, male rem gerere. Tous
ne sont pas d'vn courage si ferme, & si resolu contre les rumeurs & les cris du populaire,
comme Fabius, lequel aima plutost que son authorité fut indignement amoindrie, que se gouuerner mal à propos pour satisfaire à la volonté du vulgaire. Et
du mesme Paul est écrit ainsi,
Cunctator natura, vt cui causa potius
consilia cum ratione, quàm prospera, ex
casu, placerent. D'vn naturel arresté, il estimoit beaucoup plus
vn conseil bien auisé auec la rai-

son, que celuy qui venoit en prosperité par faueur de la fortune.

On a veu de nostre temps
beaucoup de semblables à Fabius Maximus, Prospere Colonne, François Marie premier Duc
d'Vrbin, & Ferdinand de Tole-
de Duc d'Albe: Puis que ç'a esté
vne chose commune à ces trois
excellens personnages de ne pe-
scher auec des rets d'or, de ne se
sou-mettre à l'auanture, de ne
hazarder le certain pour l'incertain, de ne se fier de nouueaux
soldats au parangon des vieux,
ny d'vne milice tumultueuse cõtre vn exercite bien ordonné.
Mais ce fut vne chose propre à
Prospere Colonne de ne vouloir
vaincre sans bonne occasion, &
à François Marie de refuser la victoire auant le temps, & au Duc
d'Albe de vouloir estre vain-

cœur plutoſt auec les moyens,
& la cauſe plus aſſeurée, qu'auec
les armes, & auec l'artifice plutoſt qu'auec le courage. Mais
pourtant nul ne doit penſer que
ces manieres de guerroyer ſoiết
procedées de crainte: Car, outre
que tel ſoupçon ne tombe point
en perſonnages de tant d'emi-
nence, qui fut iamais plus genereux que Proſpere Colốne quấd
il voulut que l'arriere-garde,
qu'il menoit fut l'auất-garde? &
le Duc d'Vrbin quand il ſe mit
en guerre pour le recouuremết
de ſon Eſtat, dont il executa des
proüeſſes qui ont ſignifié les
vrayes marques d'vn courage
ineſtimable? & le Duc d'Albe
lors qu'en Portugal il ſe fit porter dans vne chaire au milieu de
la bataille? Or ceſte fermeté de
courage, & de conſeil de qui

nous parlons, manqua à Pompée, comme il est ainsi que connoissant que ses forces n'étoient
pas égales à celles de Cesar, d'autant que son armée estoit formée seulement de soldats nouueaux, & recueillis pour faire
nombre, & que l'exercite de son
ennemi piafoit en tous ses mem-
bres de gens enuieillis en l'execution des victoires, & outre telles experiences, valeureux à toute reste, & que d'ailleurs ayant
son armée abondamment fournie de victuailles, & sçachant
que Cesar enduroit extrémement à faute de viures : Neantmoins auec tout cela, se laissant
vaincre par l'importunité, ou
par les vaines raisons des amis,
il donna bataille, où la victoire
se treuua sur la fin autant du party de son auersaire, comme au-

parauant la raifon eftoit de fon
cofté à ne combatre point.

Quelques autres qui par l'in-
certitude des fuccez n'ont pas
dõné leur efpoir aux armes, ont
manié leurs entreprifes beaucoup plus auec les negoces, &
pratiques artificieufes, que non
pas auec le fer & la force. En tel
exercice fe goûuerna Afdrubal
Carthaginois. *Mira artis in folici-*
tandis gentibus, imperióque iungendis
fuo. Plura confilio, quàm vigens auf-
picijs regulorum, magis conciliandis
per amicitiam, principum nouis genti-
bus, quàm bello, aut armis rem Cartha-
ginen femauxit. Il fut d'vne induftrie merueilleufe à folliciter, &
joindre à fon Empire les peuples étrangers : enforte qu'ayãt
plus de confeil que de forces, il
dilata les bornes de l'Empire
Carthaginois, fubjuguant les

peuples , plus par la douceur &
amitié des Princes , que par la
force & violence des armes, ou
de la guerre.

Et sur le mesme sujet Annibal disoit de Pyrrhe Roy des E-
pirotes. *Artem etiam conciliandi si-*
bi homines eam habuisse , vt. Italicæ
gentes Regis externi , quam P. R. tam
diu Principis in ea terra , imperium
mallent. Il estoit si acort pour attirer à soy les vouloirs des hommes , que les peuples d'Italie
préferoyent l'Empire d'vn Roy
estranger à celuy de la Republique Romaine, qui en tenoit le
sceptre depuis si long temps. Et
de ceste qualité ont esté jadis
Cesar Auguste, Tibere Cesar, &
Loys vnziesme Roy de France.
Or touchant ce qui se peut
entendre de Cesar Auguste, *Ni-*
hil minus in perfecte duce, quàm festi-

nationem, temeritatémque conuenire arbitratur. Il n'estimoit rien de plus indigne d'vn parfait Capitaine qu'vne temeraire precipitation. Car il iugeoit que iamais on ne deuoit entreprendre aucune guerre, ny donner bataille où l'espoir de l'vtilité ne fust beaucoup plus grand que la crainte du dommage. Et disoit que ceux qui recherchoient vne petite conqueste auec grand peril, étoient semblables à celuy qui pescheroit en profonde mer auec des rets d'or, puis qu'é vne entreprise de si bas merite la perte ne sçauroit auoir recompense. D'ailleurs Suetone écrit ainsi de Tibere, que *Minimum fortunæ, casibúsque permittebat.* Il n'abandonnoit rien à la fortune que ce qui estoit de moindre.

Et que iamais il n'entrepre-

noit guerre finon lors qu'il y
étoit pouffé par neceffité , &
toujours auec prudéce & meure deliberation, & que plus par
artifice, que par force il tenoit
en obeïffance & en paix les Rois
qui étoient foupçóneux & mal
affectionnez. Pour les deffeins
de Loys vnziefme, c'eftoit vne
chofe ordinaire en luy , qu'il ne
tenoit les yeux rien tant ouuers
fur aucune chofe , que de ne fe
fou-mettre iamais à la difcre-
tion de la fortune. Et il fe préua-
loit beaucoup plus de l'aftuce
que de la force, & de la diffimu-
lation plus que d'autre chofe
quelconque. Et par ce moyen,
parmi de tres-grands troubles
& labeurs, il fe maintint, & af-
feura la couronne de France en
tefte.

Et de vray c'eft bien de plus

grande importance d'operer &
de faire par subtilité d'esprit, &
par secret artifice quelque chose de grand, que non pas auec
imperuosité & auec forces manifestes. Ainsi l'on voit que les riuieres plus grandes & profondes ont plus de repos, & font de
moindre bruit. Et la nature conduit les Chesnes, les Aulnes, les
Pins & les Cedres en vne hauteur supréme, & les Elephans &
toutes autres choses insensible-
ment au feste de leur perfection.
Et si bien que vous voyez les arbres hautains, & éleuez à merueille, & les animaux beaux &
accomplis de tout point, sans
que par aucune diligence, ou
curiosité on puisse auoir remarqué comme ils se sont agrandis
ainsi. Mais l'esprit ne connoit-il
pas que Dieu mesme gouuerne

le monde, & luy donne mouuement auec vn admirable silence, & auec le secret d'vne science inscrutable.

Des Capitaines excellens en la dili-gence & en l'industrie.

POLYBE nous veut ap-
prendre en ses écrits
que l'industrie & la
dexterité étoient la principale
vertu de Scipion, laquelle fut
vrayement merueilleuse en luy:
Puis qu'au moyen d'icelle, il se
fit estimer fils de Iupiter, & qu'il
rendit ses Soldats extrémement
courageux à toute entreprise, &
que par la mesme vertu, il se rendit aimé des Espagnols, de Massinisse, & de Syphax : obtint du
Senat l'entreprise d'Afrique,
mena

mena auec luy en Sicile sept mille Auanturiers, mit en ordre cette
valeureuse troupe de trois cens
Cheuaux aux dépens de la noblesse Sicilienne ; composa &
fournit de tout poinct, sans aucuns dépens de la Republique
vne grosse armée. Et par vne vertu si rare, non seulement il se
purgea de la calomnie de ses en-
nieux : mais il rendit émerueil-
lez par la montre de l'appareil
terrestre & naual ceux que le Senat Romain auoit mandez pour
sçauoir si les acusations qu'on
auoit dressé contre luy étoient
vrayes, ou fausses : Et se faisant
valoir en sa defence, non par le
moyen de paroles, qui sont choses ordinaires & cõmunes, mais
par les mesmes éfets. Ainsi par
les forces de cette vertu il fit que
le peuple Romain abãdonnant

les Tribuns s'en alla auec ses
acusateurs mesme, rendre graces aux Dieux pour la victoire
qu'il auoit gagnée contre Annibal.

Saluste atribuë aussi vne industrie merueilleuse à L. Sylla:
disant, *Atque illi felicißimo omnium*
ante ciuilem victoriam , nunquam su-
per industriam fortuna fuit : multíque
dubitauere, fortior, an felicior esset. La
fortune ne fut iamais plus gran-
de en lui que l'industrie:& beaucoup ont esté en doute quelle
chose étoit plus grande en luy,
ou la vaillance, ou le bon heur.
Et à cecy il ajoûte, *Ad simulanda*
consilia altitudo animi incredibilis.
Vne incroyable profondité d'esprit, & de courage à dissimuler,
& à couurir ses desseins.

Et suiuant ce que dit Probe,
non l'industrie seulement, mais

la diligence encore fut singuliere à Conon. *Et prudens rei milita-*
ris & diligens erat impery: Prudent
au fait des armes, & diligent en
ce qui concerne l'Estat. Et comme nous raconte Plutarque, cette vertu n'étoit pas moindre à
Paul Emille, puis qu'en ses entreprises il ne laissoit jamais en
arriere aucune chose de ce que
l'on auoit intenté. Et semblable
loüange a eté meritée de Ferdinand Marquis de Pesquare, puis
que l'on a veu cecy de remarquable en luy, que par le moyen
d'vne diligéce infatigable, il cōduit à bōne & heureuse fin maintes entreprises diuerses, & parti-
culieremēt cellelà en laquelle le
Roy Frāçois demeura prisonnier.
Aussi pour certain, *In bello nihil*
tam leue est, quod non magnæ inter-
dum rei momentum faciat: Il n'est

rien de ſi petit en guerre , qu'il
ne tire par fois vne grande con-
ſequence apres ſoy.

Mais quelle diference ſe voit-
il entre l'induſtrie & la diligence ? puis qu'en cette-cy l'eſprit
& le jugement y tienent meilleure part , & en cette autre-cy
la peine & l'operation. La premiere ſ'occupe en l'étenduë des
choſes grandes,& l'autre deſcéd
& ſ'employe à l'entour de toutes circonſtáces. Et ſuiuant Tite-Liue, Marc Caton ſçeut ma-
rier l'induſtrie & la diligence:
Car il étoit d'vn eſprit & d'vn
courage ſi vigoureux , que non
ſeulement il penſoit, & ordon-
noit en tout ce qui faiſoit de beſoin : mais encore il ſe rendoit
luy-meſme au trauail, & aux effets de beaucoup de choſes : Et
en cette vertu ſon corps & ſon

se treuuoient tres - pro-
pres... *in parsimonia, in pa-
... labore, periculisque, ferres pro...
...poris, animique.* En l'épargne,
& en la tolerance du trauail &
des dangers, il sembloit auoir vn
corps & vn courage tout de fer.

Des Capitaines excellens en ...
... braueur...
...

INVINCIBLE braua-
de de M. Marcellus ne
se peut mieux expri-
mer que par les mé-
mes paroles d'Annibal. Car ce
braue Romain ayant eté vaincu en vn rencontre, ne agrandis-
prisant sa perte passée, il fut
le premier au jour suiuant à sortir en campagne, & à luy presenter bataille, surquoy Annibal

C iij

parla ainſi à ſes Capitaines : *Cum eo nimirum nobis hoſte res eſt, qui nec bonam, nec malam ferre fortunam poteſt : Seu vicit, ferociter inſtat victis : Seu victus eſt, inſtaurat cum victoribus certamen.* L'ennemy auec qui nous auons à faire eſt de telle condition, qu'il ne peut ſoufrir ny ſa bonne, ny ſa mauuaiſe fortune : Car ſoit qu'il vainque il pourſuit furieuſement les vaincus, & ſ'il eſt vaincu il recommence le combat auec les vaincueurs.

Et comme nous raporte Tacite en ſon hiſtoire : *Cecinna erat ſecundarum ambiguarúmque rerum ſciens : eóque interritus.* Cecinna étoit experimété aux éuenemés heureux & douteux, & à cette cauſe il ne prenoit iamais l'épouuante. Auſſi ſuiuant ce que dit

Thucydide, les Atheniés se fians plus au bon conseil qu'aux promesses de la fortune, & combatás auec plus de courage que de force, ont mis en route maintes puissantes Armées de Barbares.

C iiij

ANNOTATION.

I L me semble que ce ne sera que bien à propos d'a-
potter icy vne Annotatió
particuliere sur ce discours
des Brauades, puis que ce
terme est auiourd'huy en si grand vsage en la bouche des hommes. Doncques pour expliquer proprement la
qualité des brauades, & à fin de mon-
trer à l'œil quelles sont les vrayes, &
quelles les fausses : & par ce moyen
illustrer & enseigner clairement le merite des vrayes, nous proposerons que
les brauades sont de trois sortes : La
premiere se doit nommer Royale. La
deuxiéme Legitime, & la derniere se
nommera Rodomontesque. La brauade Royale est celle-là dont les grands
Capitaines se sont rendus glorieux en
guerre:comme lors qu'auec beaucoup
moins de gens que leurs ennemis, ils

... refusé de leur donner batail-
... cette sorte de brauade Ale-
... de Grind, & Cesar ont honoré
... leurs entreprises guerrieres,
... quelques autres illustres
... Grecs, & Romains, entre lesquels on
... estimer ce M. Marcellus, qui remply d'vn inuincible courage, soit qu'il
... perdu, ou gagné aux rencontres
... precedens, se presentoit toujours en
... taille contre Annibal. Lucullus doit
... recommandé d'vn mesme honneur,
... que seulemét auec douze ou quinze mille Romains il osa assaillir en pleine capagne Mithridates Roy de Pont,
& Tigrates Roy d'Armenie, dont il en
rapporta la victoire, bien que leur armée fut de plus de deux cens cinquáte
mille hómes. Les Lacedemoniens aussi
... estoient richement qualifiez de cette
brauade royale. Car étans en guerre, ils
ne demandoient pas combien étoient
leurs ennemis, mais seulement en
quelle part ils étoient. Cette brauade
se fait voir aussi, lors qu'apres auoir
promis, & s'estre vanté de faire quel-

C v

qués grands exploits de guerre , on fe
porte fur le lieu pour les mettre en
éfet. La deuxiéme brauade,qui eft appellée Legitime , doit eftre diuifée en
trois parties , dont la premiere fe remarque au langage d'vne perfonne qui
fe vantera de quelques actes fignalez
qu'il aura exploité. L'autre quand elle
promettra, & fe donnera vantance, de
faire quelque chofe d'excellente &
glorieufe valeur,qui toutefois ne fem-
blera pas luy eftre impoffible d'executer.   Et la derniere partie de cette brauade fe fait voir aux paroles , & aux
actions d'vn qui ayant efté vaincu
en guerre, ou par quelque autre accident de fortune , neantmoins montre-
roit toujours que fon efprit & fon
courage feroient inuaincus. Cefar mô-
tra en Gaule à fes foldats la premiere
& feconde partie de cette brauade Legitime : car comme ils étoient en grâde crainte pour la multitude des Gaulois qui les venoient ataquer , il leur
dit pour leur redonner le courage, &
en leur rememorant fes valeurs & fes

victoires, que les Gaulois n'étoient pas
plus vaillans que les Cymbres, & que
Marius n'auoit pas esté plus grand Capitaine que luy. Le mesme Marius mit
en vsage auparauant quelques traits de
cette brauade, lors qu'vn Pompée chef
des reuoltez, luy vint dire sur les bords
de son camp, que s'il estoit si grand Capitaine comme le bruit en couroit, il
deuoit sortir du camp, & venir en campagne pour le combatre : A quoi Marius luy respondit ainsi. Mais toy Pompée, si tu és si vaillant comme tu penses, que ne me forces-tu de sortir de
ces rempars, pour aller te donner bataille ? Et comme de son naturel il ne
pouuoit viure en paix, ains desiroit toujours de s'employer à la guerre, il s'en
alla vers le Royaume de Pont, feignant
d'y voyager par recreation seulement,
& cherchât ainsi nouuelles matieres de
guerre, il parla brauement en cette sorte au Roy Mithridates. Il faut que tu
te deliberes de faire l'vn de ces deux,
Roy Mithridates, ou que tu tasches à
étre plus fort & puissant que les Ro-

mains, ou bien que tu fasses sans rien
repliquer à l'encontre, tout ce qu'ils te
commanderont. La derniere partie de
cette brauade ne se peut mieux repre-
senter que par les paroles d'vn Romain, nommé Pomponius homme de
grande estime, qui ayant esté pris en
vne escarmouche fut mené fort blessé
qu'il estoit, deuant Mithridates, qui
luy demanda si en luy sauuant la vie, &
le faisant guerir, il voudroit deuenir
son seruiteur & son amy: Ouy, luy res-
pondit-il promtement, pourueu que
tu fasses paix auec les Romains, sinon
ie te seray toujours ennemi. La derniere brauade qui est nommée Rodomontesque, se treuue aux paroles de
ceux qui se vantent de quelques choses illustres qu'ils n'ont iamais exploité, ou bien de ce qu'il leur est impossible de pouuoir faire.

Comme lors que l'on se vante de
commander aux Astres, de gouuerner
la mer & les vents, de faire trembler la
terre, d'épouuanter toute vne armée
par sa presence, & de luy donner la fui-

en & la perte dés le premier coup d'é-
pée. Semblables sont fort communes maintenant à plusieurs Espagnols,
& à quelques François, qui pouffez de
presomption trop audacieuse, ou d'humeur pecoraire, se plaisent d'imiter la
vanité de ces brauaches Colosses, Geáts
& Cynophales, qui se font paroistre si
menaçans, & furieux dans les Amadis,
& dans les histoires des Cheualiers de
de la Table ronde. Lysimache qui étoit
Seigneur d'vne petite Prouince de la
Grece, se plaisoit fort d'estre estimé
glorieux en l'arrogance de ces bouta-
des : Car il disoit, que du bout de sa
lance il touchoit le Ciel. Pompée le
grand, y faillit aussi, quand vne fois
parlant à Rome, pour repousser la fureur de Cesar, qui y venoit en armes, il
dit, que lorsqu'il luy sembleroit bon,
il feroit sortir dix legions de la terre, en
la frapant seulement d'vn coup de pied.
Mais pour mieux découurir l'image
& la nature de ces brauades Rodomontesques, qui meritent iustement
le nom de Rodomontades, à cause que

le Rodomont de l'Arioſte & du Côm-
te Marie Bayard, ne parloit iamais que
parmi des vantances dé-meſurées, il
ſera conuenable de raporter icy quelques exemples des brauadés ou rodomontades qui ſe liſent au Roland Furieux de ce copieux & excellent Poëte
l'Arioſte. Car comme vne fois Rodomont ſ'en alloit tout armé à pied, par
païs, il treuua Hippalque Damoiſelle
de Bradamante qui menoit à Roger le
cheual appellé Frontin, qui eſtoit vn
des meilleurs cheuaux de la terre : Et
voyant qu'vn ſi beau cheual eſtoit entre les mains d'vne femme il hauſſa ſon
front d'audace & de dédain, & blaſ-
phema contre les puiſſances celeſtes,
de ce qu'il n'auoit pas treuué vn cheual ſi braue & ſi bien équipé entre les
mains d'vn Cheualier : Car il auoit iuré
qu'il prendroit à force le premier cheual qu'il treuueroit en chemin, or cé-
tuy-cy eſt le premier, & encore le plus
beau qu'il aye veu iamais : mais il luy
ſemble qu'il feroit vne grand faute ſ'il
l'oſtoit à vne Damoiſelle, & commé

en cette pensée l'admiroit, il dit souuent : Hé ! pourquoy son maitre ne l'a pas auec luy. A quoy Hippalque luy répondit ainsi. Ah ! s'il étoit icy il te feroit bien changer de pensée, & mieux est pour toy que ie le meine ainsi, car aucun guerrier du móde ne se peut comparer à luy. Qui est cétuy là luy dit Rodomont, qui s'éleue tant sur l'honneur d'autruy ! Et lors Hippalque luy répondit c'est Roger. Et soudain Rodomont repartit ainsi. Ie veux donc ce cheual, puis que ie l'oste à vn si grand champion que Roger. Et ajoutant quelques brauades à ses raisons, il luy dit apres : Tu diras à Roger que ie suis Rodomont,& que s'il veut auoir guerre auec moy, il me treuuera toujours prest en quelle part que j'aille ou que ie demeure : Car ma lumiere me fait paroir par tout. Mais en quelle part que ie marche, il reste vn si grand vestige & & vne si étrange marque de mes valeurs, que le foudre n'en laisse pas vn plus grand. Mais apres ces Rodomontades il ne sera pas hors de saison d'a-

compagner ces exemples de celles de
Ferau du méme Autheur : Car ce cheualier Efpagnol ayant veu venir Roland & Sagripant Roy de Circaffie qui
cherchoiét Angelique, il fe tourna vers
eux auec vn mauuais regard, & leur
cria ainfi

Doue Venite voi?
Tornate a dietro, ô pigliate altra Via,
Se non volete rimaner quì morti:
Ne in amar, ne in feguir la Dona mia
Si creda alcun che compagnia comporti.

D'où venéz vous ? Tournez arriere,
ou bien prenez autre chemin, fi vous
ne voulez étre tuez icy : Car que nul né
croye pas que ie comporte aucun compagnon, ny pour aimer, ny pour acom-
pagner ma Maitreffe.   Et apres quelques braues paroles reparties de ces
trois cheualiers, Ferau ayant continué
& augmenté fes Rodomontades, Roland luy répondit,

Dunque, rifpofe forridendo il Conte,
Ti penfi a capo nudo effer baftante
Far' ad Orlando quel, che in Afpramonte
Egli gia fece al figlio d'Agolante?

A te amendaio, se tal vedessi à fronte,
Ne t'pensaresti dal capo a le piante:
Non che volessi l'elmo, ma daresti
L'altre arme a luy di patto, che tu vesti.

Lors en sous-riant le Comte luy répondit ainsi, Penses-tu doncques auec la teste ainsi des-armée, d'estre assez capable de faire à Roland ce qu'il fit jadis au fils d'Aigolant en Aspremont ? Ainsi ie croy que si tu le voyois pres de toy, tu tremblerois de peur dés la teste iusques aux pieds : Et quand il ne voudroit que ton harmet, tu luy donnerois encore de pache toutes les autres armes que tu portes. Roland luy fit cette réponce ainsi breue, pour contre-carrer suffisamment ses brauades : Car il leur auoit dit, d'auoir voüé de ne porter iamais harmet que celuy si bien forgé que Roland portoit ordinairement, & que s'il luy étoit agreable, il leur auroit déja osté par force leurs harmets. Mais apres cette réponce de Roland.

Il vantator Spagnuol disse, Già molte
Fiate, e molse, ho cosi Orlando astretto,
Che facilmente d'arme gli haurei tolte.

Quante indoſſo n'hauea, non che l'elmetto:
E ſ'io nol feci; occorrono a le volte
Penſier, che prima non ſ'haueano in petto:
Non n'hebbi, già fu, voglia, or l'hag gio e ſpero,
Che mi potrà ſucceder di legiero.

Le vanteur Eſpagnol repartit ainſi.
Déja par pluſieurs fois i'ay reduit Roland à telle extremité, que ie luy euſ-
ſe oſté toutes les armes qu'il auoit ſur
ſoy, & non ſeulement l'hermet: Et ſi ie
ne le voulus faire, c'étoit d'autant que
cela auint premier que cette penſée &
deliberation fuſt en mon ame. Ainſi ie
ne le voulois pas autrefois : mais i'en
ay bien maintenant le deſir, & i'eſpere
que ce deſſein me pourra legerement
ſucceder.   Voila comme Ferau d'vne
parole à l'autre augmentant ſes vantances, pouſſe ſes ſuperbes Rodomontades, ſe vantant d'vne choſe qui n'a-
uoit iamais eſté.   Auſſi il merita que
Roland luy en donna vn démenty en
ceſte ſorte.

Non poté hauer piu patientia Orlando,
Et gridó : Mentitor, bruto Marrano,
In che paeſe ti trouaſti, e quando

A poter piu di me con l'arme in mano?
Quel Paladin, di che ti vai vantando,
Son io, che ti pensaui esser lontano.
Or vedi, se tu puoi l'elmo leuarme,
O, sio son buon per terre a te l'altr'arme.

Rolád ne peut auoir plus de patiéce,
& cria ainsi : Menteur, vilain Marran,
en quel païs, & en quel temps, te treu-
uas-tu iamais, à pouuoir plus que moy
auec les armes en main ? Ie suis ce Paladin de qui tu te vantes si superbe-
ment, & que tu cuidois étre éloigné
d'icy. Or voy, si tu me pourras oster
l'hermet, ou si ie seray assez vaillant
pour t'oster les autres armes.

Voila de quelle qualité sont les brauades Rodomontesques, & comme ce
grand Cheualier François y répond
brauement & discretement, & c'est
ainsi que les Rodomontades doiuent
estre rabatuës, en y ajoutant aussi les
valeurs & le courage, comme de méme fit Roger au dernier chant de l'A-
rioste enuers les menaces & excessiues
brauades de Rodomont. Mais pour
mieux exprimer la nature & l'essence

des brauades Legitimes & des Royales aussi, i'en aporteray icy les plus dignes exemples qui se treuuent parmy
les Histoires, & poësies plus recom-
mandées : Ainsi j'exposeray en ce discours la brauade qui se lit de Neptune
au premier liure de l'Eneïde, lors que
les vents à l'incitation de Iunon auoiét
émeu, & rempli d'orages & de tour-
mentes la mer contre la flote d'Enée:
Car Neptune ayant veu la mer ainsi
émeuë, & trauaillée, l'adressa aux vents

Et poussé de courroux en son ame embrasé
Leur parla de la sorte : Auez-vous tant osé
Vous autres Vents icy, que de mesler en guerre
Sans mon côsentemêt le Ciel, l'onde & la terre?
Et tant ammonceller d'ondes; que si ie vous!
Mais il vaut mieux des flots abatre le cour-
                roux:
Desormais à tel prix vous n'ê serez pas quites
Sauuez-vous de vitesse, & à vostre Roy dites
Que l'Empire des Mers, & que le Tridêt fort
A moy seul apartient par la vertu du sort:

Ces vers sont traduits auec toutes
les œuures de Virgile par les deux freres Iean, & Robert les Cheualiers de

Normandie : mais pour satisfaire à la
curiosité des beaux esprits, ie mettray
icy encore la mesme brauade de Neptune, traduite par le Sieur D.P.

Eure, & Zephyre à soy, complices de l'orage,
Sur les flots il appelle, & leur tient ce langage.
  L'estoc de vostre sang armé contre les Dieux,
Vous enfle-t'il bien tant, Vents mostres odieux,
Que d'oser intenter aux élements la guerre,
Mesler sans mon cogé, le Ciel, l'onde & la terre,
Et tant de grands fardeaux l'vn sur l'autre
      imposer!
Que si? mais il vaut mieux la tourmente ap-
      paiser,
Et d'vn tel crime ailleurs reseruer le suplice,
Vne autre fois mes mains m'en ferōt la iustice:
Allés, prenés la fuite, & de mes chāps sortés,
Et prompts à vostre Roy ce message portés:
A moy par le Destin qui sur les sorts preside
Fut dōné nō à luy des flots l'Empire humide,
Et l'honneur du Trident adoré des rochers
A luy cheurent par sort de hauts & grands
      rochers.

  Mais sur toutes les Rodomontades
mesmes, on doit remarquer & admirer
l'excellence, & l'extremité de la braua-

de Legitime que le diûin Homere
Prince des Poëtes atribuë à Iupiter en
l'huitiéme liure de l'Iliade: Car comme ce prefupofé Monarque des Dieux
eut défendu aux Dieux fous griéues
peines de ne fortir du Ciel pour aider
aux Troyens, ny aux Grecs, il ajoute
apres fa menace & fa defence cette
brauade pour leur témoigner fon pouuoir fupréme.

Et fi voulez dés maintenant fçauoir
Ce que ie puiffe vous le feray voir.
Il vous conuient vne chaine d'or prendre
D'icy à terre, & tous vous en defcendre,
Pour employer voftre diuin pouuoir
A me tirer en bas & me mouuoir:
Vous aurez beau trauailler, voftre peine
En fin fera voftre entreprife vaine:
Mais fi ie veux au Ciel vous éleuer,
Ie le feray fans en rien me greuer,
Et tireray par vne mefme charge
Auecque vous, la Terre & la mer large.
Apres cela j'attacheray d'vn bout
La chaine au Ciel, & fufpendray le tous,
A celle fin que l'on connoiffe mieux
Que ie fuis chef des hommes & des Dieux.

Ceste menace, & sans grane harangue
Rendit les Dieux étonnez & sans langue,
Par quelque temps: mais en fin la Déesse
Pallas sa fille à Iupiter s'adresse,
En luy disant. O Roy des Roix grand Père
De tous les Dieux à qui tous obtempere.

Et routefois puis que le sujet se presente de mettre en lice quelques brauades des Dieux, il me semble bon de
faire voir maintenant les menaces & la
brauade que ce mesme Iupiter adresse
à Phebus qui refusoit de conduire plus
le char du Soleil, à cause du regret qu'il
auoit d'auoir perdu son fils Phaëton.
Or aux Illustres auantures ie discours
ainsi de ce Saturnien en l'auanture de
Phaëton.

Mais vsant puis apres de sa saincte puis-
　　sance
Et de sa Majesté rehaussant la presence,
Il luy vint dire ainsi: Phebus cesse ton dueil,
Et pour aimer vn corps qui gist dãs le cercueil
Ne sois point ennemy de nature, & des hom-
　　mes,
Et du vouloir de nous qui comme toy Dieu
　　sommes:

Mais moy, plus que tout autre & terrible,
     & puiſſant,
Qui ſouſtiens l'Vniuers, & le vay regiſſant,
Ie t'en ſuplie encore! Or ſi plus tu t'arrétes
A dédaigner l'honneur de ſi iuſtes requeſtes
Tu ſentiras combien de ſe prendre à ſon Roy
Vn rebelle orgueilleux trebuche en deſarroy!
Car ne ſçais-tu pas bien que ie ſuis ce grand
     Prince
A qui Cieux, Terre, & Mers ne ſont qu'v-
     ne Prouince?
Et que ie ſuis ſi grand, ſi fier & merueilleux
A punir les deſſeins des cœurs plus orgueil-
     leux?
Et ſi doux, & benin, fauorable & auguſte,
A guerdonner les vœux d'vne ame pure &
     iuſte,
Qui redoute mes loix, & leur dône ſon cœur!
Et qu'ainſi ſouuerain, grand Monarque &
     vainqueur,
Ayant toujours la gloire à mes pas pour com-
     plice
I'honore les vertus, & meſpriſe le vice!
    Et bien qu'aux yeux de tous ainſi que ſans
     pareil
Tu paroy tout en gloire étant le beau ſoleil,
                Toutefois

Ontefois ton pouuoir au mien de beaucoup
    cede:

Car côme souuerain tous les Dieux ie precede,
Et suis si bien puissant que ie ne puis auoir
Rien qui puisse amoindrir ny croistre mon pou-
    uoir!

Que si par les effets d'vne autre connoissance
Ie vouloy faire voir combien peut ma puis-
    sance,
Ie prêdroy sur ma main la terre auec les eaux,
Et les portant au rang des celestes flambeaux
Ie les feroy rouler d'vne aussi vite course
Que les Astres plus loings de l'Austral &
    de l'Ourse!

Phebus retourne donc ainsi qu'auparauant
Honorer de tes feux le Soir, & le Leuant,
Et le Nort, & le Sud: refaisant tes iournées,
Ainsi que tu le lis au front des Destinées.

    A ce commandement Apollon obeït,
Et d'vn nouueau Printemps son teinct s'épa-
    nouït.

Ce sont des brauades qui pour estre
toutes diuines, & par dessus le pouuoir
des hommes ne peuuent apartenir qu'à
la bouche d'vne mesme diuinité : Et
c'est pourquoy les esprits humains les

           D

doiuent reuerer comme admirables,& non comme imitables. Or suiuant ce qui est proposé cy deuant, ie diray que les Sparthains ont estez en guerre extremement braues en langage, en courage, & en efets:témoin celuy à qui vn étranger demanda vne fois, en quelle part étoient les murailles de Sparthe : à quoy le Lacedemonien répondit, en luy monstrant vne troupe de ieunes. hommes qui se promenoient à la place:Les voila, les rempars & les murailles de cette ville. Mais qui pourroit dignement inuenter, & auancer vne brauade plus somptueuse & guerriere que celle d'Agesilaux Roy de cette nation Sparthaine, qui trauerçant vne fois en armes le Royaume de Macedoine, enuoya demander au Roy, s'il passeroit par ses terres ou comme amy,ou comme ennemy.   Le Roy de Macedoine luy fit réponce qu'il y penseroit : Et bien repliqua Agesilaux, qu'il y pense doncques : mais cependant nous ne laisserons pas de tirer toujours outre. Alors le Roy s'ébahissant d'vne si gran-

de hardieſſe, & craignant qu'il ne luy
fiſt quelque déplaiſir en paſſant, l'enuoya prier qu'il paſſaſt comme amy.
Alexandre Roy des Macedoniens, qui
a eſté grand de toutes les grādeurs d'vn
Prince & d'vn Capitaine, eſtant encore en l'Auril de ſes plus ieunes ans, ma-
nifeſta bien la grandeur de ſon cœur &
de ſa vaillance: Car ayant entendu vne
fois que ſon pere auoit obtenu frai-
chement quelques amples victoires, il
montra par ſes façons qu'il n'en eſtoit
guere ioyeux, & ſ'adreſſant à ſes compagnons, il dit ainſi: Mon pere prendra
tout, & ne me laiſſera rien de beau, ny
de magnifique à faire & à conquerir
auec vous. Mais pouroy-i'oublier icy
la braue réponce que ce Grand Alexandre fit en Aſie? Car comme vne
fois il eut acheué les ceremonies des ſa-
crifices & des armes, les plus anciens
de ſes Capitaines le conſeillerent qu'il
donnaſt la bataille de nuit, parce qu'en
ſe faiſant, les tenebres cacheroient à ſes
gens ce qui étoit de plus éfroiable en
l'Oſt de ſon ennemy: mais tout ſou-

D ij

dain il leur répondit ainſi : Ie ne veux
pas dérober la victoire.

Mais pour finir icy heureuſement le
diſcours de ces iuſtes & braues brauades, faut-il pas dire que les Romains
ont eſtez glorieuſement braues en deſſeins, en paroles & en execution de
beaux exploits? puis qu'ordinairement
auec moindre nombre que leurs ennemis, ils ont rencontré la victoire en
toutes pars? Car auec leur inuincible
courage, ils gouuernoient leurs armées
par vn reglement ſi ſage & Martial,
qu'en effets auſſi bien qu'en entrepriſes, ils ſe virent en fin les vaincueurs des
plus redoutables nations de la terre. Et
cette excellence de courage & de valeur, fut vne fois clairement apriſe à
Perſeus Roy de Macedoine, qui ayant
eſté vaincu en guerre par le Conſul
Paul Emille, & eſtant mené deuant luy
comme priſonnier, montroit par ſes
larmes, & par les triſtes façons de ſes
geſtes, qu'il ne ſouffroit pas magnanimement l'oppreſſion de ſon deſaſtre.
Dequoy le Conſul en le regardât d'vn

visage marry luy dit ainsi. Pauure homme que tu és, comment vas-tu ainsi
déchargeant la fortune de ce dont tu la
pouuois acuser à ta décharge? en faisant
des choses pour lesquelles on estimera
que tu ayes bien merité le malheur qui
t'opresse aujourd'huy, & que tu és indigne de l'honneur, & du bien que tu
auois par cy deuant? Et pourquoy vas-
tu ainsi raualant ma victoire ? & diminuant la gloire de mes faits? en te mon-
trant homme de si lasche cœur, que ce
ne me sera pas grand honneur de t'a-
uoir vaincu, atendu que tu n'estois pas
digne auersaire des Romains : Car la
magnanimité est toujours reuerée de
tous en quel ennemy qu'elle soit : mais
quoy que la lascheté prospere, elle est
toujours méprisée.

La brauade que Pompée le Grand
fit en Afrique est dignement meritante d'estre rememorée à iamais : Car
ayant defait vne fois vne armée de
vingt mille hommes, auec si grande
efusion de sang qu'il ne s'en sauua pas
plus haut de trois, il fut salüé par ses

D iiij

foldats du nom d'Empereur : mais il
leur répondit foudain qu'il n'accepte-
roit l'honneur de ce nom-là, tant comme il verroit le camp, l'ennemy eftant
encore de bout, & que f'ils le iugeoiét
digne de ce nom , qu'il falloit qu'ils
abatiffent premierement la clofture
qui remparoit le camp des ennemis.

Ainfi à ce propos venant à parler de
Cefar : fes brauades font-elles pas toutes guerrieres & pleines d'honneur?
Car voyant vne fois les Heluetiens,
qui le venoient charger au dépourueu
par le chemin, ainfi qu'il conduifoit fon
armée vers vne ville de fes alliez, il fe
hafta de gagner vitement vn lieu fort
d'affiette, auquel il rengea fes gens en
bataille, & côme on luy eut amené fon
cheual de guerre pour y monter, il dit:
Quand i'auray rompu les ennemis, ie
monteray alors deffus pour les chaffer
& pourfuiure : mais pour cette heure,
allons les charger. Et côme vne nuit ce
braue Romain f'eftoit embarqué à la
derobée fur vne fregate à douze rames,
pour repaffer à Brundufe, à fin d'aller

querir le reste de son armée: Le Patron
voyant qu'il ne pouuoit venir à bout
de faire sortir hors de l'emboucheure de la
riuiere d'Anius, commanda à ses mariniers de sier, pour retourner à mont
l'eau: Ce qu'estant aperçeu de Cesar, il
se donna incontinent à connoitre à
luy , qui du premier abord fut bien
estonné de le voir. Et lors Cesar le
prenant par la main, luy dit ainsi : Mon
amy, ayes bon courage , & pousse hardiment sans craindre rien : Car tu me-
nes Cesar.& sa fortune quant & luy:Et
en vn rencontre d'armes qui se donna
en Afrique les ennemis ayant le meilleur au commencement du combat
on dit que Cesar print au collet son
Porte-enseigne qui portoit l'Aigle, &
l'arrêtant par force,& luy faisant tourner visage,il luy dit;C'est là où sont les
ennemis.

Ce sont des brauades legitimes , &
vraiment heroïques & royales ; & qui
toutes animées de vertu , font voir aux
preuues que le Lyon se connoit par
l'ongle , & que la presence n'est pas

D iiij

moindre que la renommée, & qu'é-
tans si glorieuses, & dignes d'estre imi-
tées, elles partent d'vn esprit & d'vn
courage tout braue & valeureux : non
pas comme les fausses & temeraires
brauades de certains brauaches modernes, qui ne sçauroient auancer vn bon
mot sans l'accompagner d'vn nombre
de blasphemes enuers Dieu, & les
Saincts: Ce qui doit estre fuy & mépri-
sé de tous cœurs genereux, non moins
que la couardise, l'ignorance & l'infidelité : Car des paroles, & des vantances si outre-cuidées & vicieuses, ne
peuuent sortir que d'vne ame fort ne-
cessiteuse de iugement& de discretion.
Et c'est ainsi qu'il faut auoüer qu'il n'y
a ny noblesse,ny fortune, ny valeur,ny
grandeur, ny science qui puisse estre
illustrée du vray honneur, si la discretion, & le iugement ne president en
l'esprit de celuy qui les possede. Aussi
cette vertu de discretion à bien esté
toujours estimée comme vn prix de diuin auantage aux grands guerriers. Et
l'Espagnol l'a bien sceu dire ainsi en

ecriuant d'vn Cheualier More.

More discreto y valiente,
Tanto animoso que tiembla
El mondo de sus hasannas,
Y en su gloria las cuenta.

More diſcret & valeureux, & ſi courageux & braue, que les hommes trem-
blent par les grands effets de ſa valeur,
& en vont diſcourant à ſa gloire. Et de
fait les valeurs d'vn Cheualier ſont
eclatantes en terre comme vn Soleil
aux Cieux, lors qu'il eſt prudent & diſcret: car ces vertus donnent à croire
aux eſprits que ſon merite ſurpaſſe de
beaucoup ſa fortune pour grãde qu'elle ſoit. Auſſi il eſt impoſſible qu'vn bon
cœur qui ſera riche de prudence & de
diſcretion, ne ſoit toujours & en toutes pars braue, valeureux, & fidelle à
ſon Prince: Car l'ambition, ny aucune
vanité ne le ſçauroit iamais diſtraire de
l'affection dont il eſt obligé à ſon deuoir.

D v

Des Capitaines excellens en l'efficace.

Rois choſes ſont re-
quiſes en guerre, com-
me en tous autres affai-
res d'importance : La Conſulta-
tion, la Determination & l'Efficace. Or en ceſte derniere propoſition Marc Agrippa, & Septime Seuere furent excellens. Et
Herodian écrit que cet Empereur fut promt à inuenter, & ve-
hement à pourſuiure les choſes
deliberées. Et Aureliã Victor raconte que le meſme Empereur
fut d'vn eſprit ardent, & perſeue
rant juſques à la fin aux choſes
qu'il auoit entrepris. Patercole
dit ainſi d'Agrippa, *Per omnia ex-*
tra dilationes poſitus, conſultiſque facta

coniūgens : Il étoit ferme & resolu
en toutes choses, & conjoignoit
les effets auec les conseils. Et Ap-
pius Claudius exhortāt vne fois
le peuple Romain à la continuation du Siege de Veie, parloit
ainsi : *Hic sit terror nominis nostri,*
vt exercitum Romanum non tædium
longinquæ oppugnationis, non vis hye-
mis ab Vrbe, circūsessa semel, amoue-
re possit : nec finem vllum alium belli,
quàm victoriam nouerit : nec impetu
potius bella, quàm perseuerantia gerat :
Que nostre nom se rēde éfroya-
ble, en ce que ni la lassitude d'vn
long siege, ni la rigueur d'vn extréme Hyuer ne puisse causer la
retraite de nos fortifications.
Ne nous proposant autre fin de
la guerre, que la triomphante
victoire, & conduisant la guerre
auec perseuerance, plutost que
par vne impatiēte impetuosité.

Des Capitaines excellens en la promtitude.

L ne se treuue aucune chose qui soit de plus d'importãce en la Milice, que la promtitude: car cette-ci oste aux ennemis le temps de connoitre le peril, & d'y remedier, confond leur jugement, & leur enchaine les mains, & fait qu'à l'impouruen les coups tombent parmy eux. En cette partie Alexandre, & Cesar se sont veus tres-excellẽs, dõt par ce moyen on peut comprendre que l'vn & l'autre a subjugué le monde en l'espace de treze années. Mais Quinte Curse parlant en particulier d'Alexandre dit ainsi, *Nullam virtutem*

Regis iustus magis, quàm celeritatem laudauerim : Il ne se treuue aucune vertu en ce Roy , qui soit digne de plus de loüange que la promtitude. Et Suetone écrit de Cesar qu'il vsa de si grande hastiueté & promtitude en ses entreprises , *Vt persæpe nuncios de se præuenerit* : Qu'il estoit plutost arriué que les Porteurs de ses nouuelles. Et Appian raconte que ce grand chef de guerre s'auantageoit beaucoup plus de la promtitude , & du courage en ses entreprises, que par les gráds appareils & prouisions.

Les occasions de cette si heureuse prótitude de Cesar étoient beaucoup. L'vne estoit la viuacité du courage, & l'autre l'habilité, & promtitude d'esprit qui se treuuoient admirables en luy: Et par ce moyen il preuoyoit, &

poutuoyoit à tout ce qui eſtoit
neceſſaire pour l'entrepriſe qu'il
auoit en main. L'autre occaſion
eſtoit la diligence & promtitude des ſoldats à luy obeïr & ſeruir. Laquelle vertu naiſſoit des
bons traitemens qu'il vſoit enuers eux, en les payant & recom-
penſant , & en les tenant toujours ſatisfaits & contens , par
l'exemple qu'il leur apportoit
en leurs peines & perils, & venoit encore de la merueille qu'ils
auoient de ſes valeurs, & de l'a-
mour infiny qu'ils luy portoient
à cauſe de cela. Dequoy aux premieres aproches d'Auarico , &
de Pompée, ils ſoufrirent mer-
ueilleuſement pour l'amour de
luy, infinis trauaux, pauuretez &
famines incroyables : Et en la
diſgrace de Durazze eux meſmes demanderent d'étre cha-

tiez & punis. Or ayant ainſi vne
armée ſi promte & afeſtionnée,
il la manioit, & conduiſoit à ſon
gré ſans aucun retardement par
tout où il eſtoit neceſſaire. La
troiſiéme occaſion de ſa promtitude, étoit les prouiſions de tout
ce qui eſtoit requis à l'entrepriſe, comme les victuailles, les machines, les inſtrumens pour faire
tous ouurages, les mareſchaux,
les ingenieux, & bref: tous autres apareils qui ſont de beſoin
aux exercites, le manquement
deſquels eſt cauſe aujourd'huy
que les Capitaines ſont forcez
de ſ'arreſter au milieu du cours
de la guerre, ou de quiter ſans
ordre l'entrepriſe, ou bien de
ſ'expoſer en hazard de la perte.
La quatriéme eſtoit l'intelligence des Arts, & du métier des armes: Puis qu'il eſt ainſi qu'il ne

perdoit iamais le temps en choſes impertinentes, ou de peu de
merite : ains il ſ'employoit toujours en celle-là en qui cõſiſtoit
l'importance, & la charge du ſujet. Ainſi pratiquant, & condui-
ſant la guerre auec tant d'induſtrie, ſi l'ennemy eſtoit en campagne, il cherchoit de connoitre
ſi c'étoit ſon auantage de venir
aux faits d'armes, & ſ'il ne pouuoit enſuiure cela, il l'aſſailloit
dans les logemens , comme il
ataqua Ariouiſte , ou bien il ſe
campoit, & l'enuironnoit en l'a-
prochant & l'aſſaillant par fois,
cõme il fit à l'endroit de Vercingentorix & de Pompée. Mais on
ne ſçauroit dire combien d'artifices il vſa durant l'entrepriſe
contre Pompée, pour terminer
la guerre plus promtement : Car
premierement il luy oſta la re-

putation, & le credit, en le chaſ-
ſant d'Italie , & apres il le dé-
poüilla des principales forces
en le priuant de l'exercite d'Eſpagne. Mais auec tout cela Pompée le ſurpaſſoit encore en puiſſance d'armées, & de forces maritimes , ſurquoy que fit Ceſar
alors? Il incita Pompée à combatre contre luy auec les forces
de la terre, leſquelles eſtāt com-
poſées de ſon coſté de vieux ſoldats & celles de Pompée de
nouueaux peuples , & de peu
d'experience, luy étoient grandement en auantage contre celles de ſon ennemy. Et ainſi il fit
que Pompée auec la moindre
partie de ſon pouuoir fut contraint d'auanturer toute ſa fortune.

Or ce phenix des Romains
employoit la promtitude, pre-

mierement à batre la campagne
& à marcher : & si bien que le
plus souuent il donnoit à dos sur
les ennemis auant qu'ils eussent
eu aucun sentiment de sa venuë.
Et iamais il ne retardoit sa route,
ny ses desseins par la rigueur des
saisons, ny par les plus grandes
neiges, ny moins par les plus fortes violences des riuieres.

Il passa la Saone en vn iour, où
les Heluetiens ne l'auoient sçeu
passer en vingt. Au plus rigou-
reux d'vn hyuer il passa les Alpes, en hyuer il mena en France
trois legions, & en saison pareille il nauigea de Brunduse à Durazze, & de Sicile en Afrique.
Cette promtitude estoit vsitée de
ce grand guerrier aux fabriques
d'vne armée, & à tout ce qui dépendoit des œuures militaires.
En hyuer il fit vne armée de soixante voiles pour l'entreprise

d'Angleterre: En vn mois il fabriqua, & fournit de tout point
douze galeres contre les Mar-
seillois: En vn iour il fit vn pont
sur la Saone, en dix iours il en fit
vn autre sur le Rhin. Et en vingt
cinq iours il conduist à perfection au siege d'Auarico, vn ba-
stion large de trois cens pieds, &
haut de quatre-vingt: Il prati-
quoit aussi ceste promtitude aux
batailles. Car il ne rompoit iamais l'ennemy qu'il ne le chas-
sast encore des logemens, &
ne l'abandonnoit iusques à ce
qu'il ne l'eut défait totalement.
Ceste partie de promtitude mã-
qua au grand Alexandre: Car
ayant vaincu vne fois le Roy
Daire en la Cilicie, il ne le
poursuiuit point: ains il s'entretint au siege de Tyr, & au voyage
d'Afrique, & tandis Daire vint à
remettre sus des forces plus grã-

des que celles qu'il auoit auparauant. Cette partie faillit auſſi
aux deſſeins d'Annibal , qui
ayant vaincu les Romains en
trois batailles , laiſſa Rome en
paix, & ſ'en alla perdre le temps
par le païs de l'Abruſſe , & de
quelques autres terres d'Italie.

Ie pourrois apporter beaucoup d'exemples de la promtitude de Ceſar : mais au lieu d'vn
ſi grand nombre, il ſuffira d'en
alleguer vn: C'eſt qu'ayant vaincu Pompée en bataille rangée,il
print au iour meſme ſes logemens, aſſiegea le reſte des ennemis qui ſ'étoient fortifiez d'vne
riuiere, & les contraignant par
armes,il les força à faire compo-
ſition. Choſe qui paroit ineſtimable en noſtre ſiecle. Et ſi bien
que ce n'eſt pas merueille ſi ce
grand Romain en ſi peu d'an-

nées fit tant de choses, lors
qu'en l'année premiere de la
guerre des Gaules, il domta, &
subjugua les Helueces, & le Roy
Ariouiste. En la deuxiéme il dis-
sipa les Belges, & ruïna les Neruiens, & les Auaticiens. En la
troisiéme il dressa vne armée, &
auec icelle il vainquit les Venetes, & donna au pillage le païs
des Menapes. En la quatriéme il
déconfit les Germains, entra en
France, passa en Allemagne, &
puis en Angleterre. En la cin-
quiéme il retourna en Angleterre auec plus grandes forces
que deuant, & la rendit tributai-
re des Romains, & défit l'exercite des Eburons, & deliura de siege Ciceron. En la sixiéme il preuint les Neruiens & les Senois,
qui auoient dessein de se rebeller: domta les Menapes, passa le

Rhin , & ſe rendit formidable
aux Sueues , & ruïna les Eburons & leurs alliez. En la ſeptié-
me il conquit maintes fortes
places , aſſaillit Gergouie , print
Auarico , rompit Vercingentorix , qui ayãt eſté vaincu en campagne ſ'enfuit dans la ville d'A-
lexie , où il l'aſſiegea , & en le
veinquant il domta toutes les
Gaules.

En la huitiéme il preuint , &
retint en repos & en loyauté les
Biturigiens , & les Carnutiens,
domta les Bellouaciens, & print
par grands forces d'armes Vſſi-
lodun.

La guerre ciuile ſ'enſuiuant
apres ſe vit maniée par ſes valeurs auec vne promitude incroyable : Car en ſoixante iours
il rãgea toute l'Italie à ſon obeïſſance, & en chaſſa Pompée. En

quarante iours il vainquit les
Lieutenans & les armées que
Pompée auoit en Espagne, &
rendit à sa deuotion tout ce grãd
Royaume, qui pour lors estoit
nommé au rang des Prouinces.
En la deuxiéme année de ceste
guerre il assiegea auec merueilleux éfets Pompée, & le vainquit en fin du tout en vne bataille assignée. Et de là passant en
Egypte, il fit la guerre durant
l'espace de neuf mois par mer, &
par terre auec les Alexandrins,
& vainquit, & tua leur Roy en
vne bataille, & mit tout le
Royaume d'Alexandrie au gré
de ses loix. Mais apres marchant
ou plutost courant & volant
comme le foudre, il meit en
route & ruïna de tout point
Pharnaces Roy de la Couronne
Pontique.

Or en cinq mois il fit la guerre
côtre Scipion, & le Roy Iuba de
Numidie , & les détruisit tous
deux, & remit l'Afrique à son
vouloir, & apres il recouura en
peu de têps toute l'Espagne auec
vne grãde & terrible défaite des
Pompeyens, qui de nouueau s'é-
toient fortifiez en certaines parties de ce Royaume. Et parlant
ainsi de valeurs si brauement signalées, ie n'ai pas voulu discourir sur les entreprises executées
en méme têps par ses Capitaines
en plusieurs endroits de la terre.

L'Empereur Septime Seuere
fut beaucoup semblable à Cesar
touchant la promtitude, & entre les modernes on peut qualifier de pareil hõneur Selim Roy
des Turcs, & Ferrant le Courtois, qui par ce moyen fut surnommé fils du Soleil par les Me-
xicains,

xicains, & Gaston de Foix Duc
de Nemours qui en l'espace de
quinze iours seulement, deliura
Bologne d'vn siege tres-fort, defit les Venitiens à Ville-franche,
& recouura la Bresse. Mais pour
vn fait particulier celuy de Scipion a esté fort estimé pour la
promtitude: puis qu'Annibal en
demeura trompé, & qu'il en
vainquit Asdrubal.

La promtitude de Totille
Roy des Gots fut de grande estime alors qu'il defit Vitaliano:
Car estant au siege de Peruse, &
ayant entendu que Iean Vitaliano auoit deliuré les Senateurs
Romains d'entre les mains des
Gots, sans penser presque le
temps de quelque momét, tout
aussi tost auec vne troupe de ses
gens-d'armes les plus promts &
gaillards, il trauersa la Marche

E

d'Aconne , & l'Abruſſe & la
Poüille , & à l'impreuëuë, il ſe
treuua en la Calabre ſur les trou
pes de Vitaliano, qui n'auoit pas
encore nouuelle qu'il fut party
de Peruſe,& l'ataquant, & aſſaillant il le mit en route. Cét efet ſi
promtement & tacitement exploité fit aquerir à Totille vn renom d'excellent Capitaine.

Mais on ne ſçauroit choiſir
aucun general ou conducteur
d'armée qui en cette partie ſe
doiue preferer à Semiramis: Car
ayant eu nouuelles vne fois que
la ville de Babilonne ſ'eſtoit re-
bellée, & ſe treuuant pour lors
auec les cheueux en main, n'en
ayant encore enlaſſé, & mis en
coifure qu'vne partie, alors auec
vne treſſe renoüée, & auec l'autre eſparſe & vagante, elle ſe le-
ua de ſon ſiege, & ne voulut ia-

mais s'atiffer le reste de la cheuelure, que premierement elle
n'eust remis Babilone à sa deuotion comme elle estoit auparauant : Dequoy en consideration
d'vn courage, & d'vne en-
treprise si remarquable, les peuples dresserent à leur Royne vne
tres-belle statuë en la forme des
habits & de la façon de la coifure, auec quoy elle s'estoit toujours montrée durãt cette guerre.

Des Capitaines excellens en la subtilité.

LA subtilité militaire consiste en quatre parties : desquelles l'vne est de preuoir les perils & les tromperies de l'enne-

my, & apres l'auoir preueu y
pouruoir. Et comme souloit dire Timothee, le bon Capitaine
doit auoir les yeux non seulement en la face, mais encore sur
les espaules : Et comme disoit
Sertorius, se garder non moins
du derrier' que du deuant. Et en
cette partie Viriato fut reputé
Capitaine de grande valeur: Dequoy Iustin a escrit que les Espagnols l'eleurent pour Capitaine
general, *Vt cauendi scientem, decli-*
nandique peritum. Comme adroit
à se contre-garder, & bien auisé
à biaiser vne fortune auersaire.
Cette vertu de guerre a esté re-
nouuellee vn peu auparauãt no-
tre temps par Erasme de Narni,
surnommé le Gattamelata: Car
c'estoit vne chose asseuree en
luy, qu'auec vn singulier soin &
dexterité il preuoyoit l'artifice,

& les desseins des ennemis, &
ensemble les perils éminés qu'il
sçauoit apres euader finement.
Et par fois il se treuua en telle
necessité & dãger extreme, qu'il
n'en fust jamais eschapé autrement, qu'au moyen d'vne subtilité merueilleuse.

L'autre partie de la subtilité
est, de sçauoir se faire valoir l'o-
casion de tromper l'ennemy, &
de le tirer aux embuscades, &
sur les fossez: Et suiuant la reigle
vniuerselle, cette-cy fut propre
à l'esprit d'Annibal, qui presque
ne donna iamais attaque en bataille sans auoir de sa partie vne
ou plusieurs finesses, & tromperies militaires. Mais en aucun
fait d'armes, il ne se monstra iamais si grand Maistre de cautelles, comme en la iournee de Cã-
nes: Car comme il est ainsi qu'il

E iij

eftoit grandement inferieur de
forces aux Romains, il fe fortifia
& fecourut en telle forte par la
viuacité de l'efprit, qu'il en rapporta vne victoire incomparable. Premierement il incita cinq
cens gẽs-d'armes Numides, qui
feignans de l'abandonner, & de
quiter fon feruice paſſerent au
camp des Romains, de qui ils furent reçeux & acceptez comme
amis, & les firent ranger au derriere de leurs efcadrons. Apres
en s'auantageant des qualitez
de la fituation, il difpofa fon armee en telle forte qu'il auoit le
Soleil, & le vent au derriere de
foy, & par le contraire les Romains fur la face, & encore auec
la poudre de qui fes campagnes
eftoient pleines, & qui fe treuuant fous-leuée par les foufpirs
du vent luy donnoiẽt tellement

dans les yeux, & leur rempliſſoit
ſi importunément la bouche &
les narines, que bien ſouuent ils
eſtoient contraints de ſe tourner en arriere. Et tandis les cinq
cens Numides, aſſaillans à l'impreueuë à dos les Romains, en
faiſoient vne terrible deffaite. Et
ſi bien qu'en vne occaſion de
tant d'importance, Annibal ne
laiſſa en arriere aucune choſe,
dont il ne ſ'en fit valoir : Car il
mit en œuure à ſon ſeruice le
vent, le Soleil, la poudre & la
tromperie.

La troiſiéme partie de la ſubtilité ſe conſidere à treuuer parti & moyen aux rencontres im-
preueux, à fin de ſe garentir de
naufrage. Laquelle partie manqua à Sp. Poſtumius en la campagne des fourches Claudines,
& à Numance, à Oſtile Manci-

E iiij

ne. Mais au contraire Annibal
fçeut bien manier cefte partie
encore:Car ayant efté par erreur
conduit d'vne guide au champ
eftoilé, il fe treuua entre la riuiere & la montagne,tout enuironné de Fabius Maximus, & de fes
gens-d'armes,& de telle façon il
f'en treuua lors enclos & comme affiegé, que pour en fortir il
ne falloit pas vne aftuce moindre que la fienne. Or ayant en
fon armee deux mille bœufs,
que parmy quelques autres
proyes il auoit butiné en ces câ-
pagnes,il fit attacher aux cornes
des jauelles de ferments & d'autre bois bien fec,& la nuit furue-
nuë, faifant piquer, & poindre
ces bœufs vers la montagne où
il vouloit paffer,il fit mettre le
feu à ces jauelles, & apres auec
plus grand hafte, les adreffant

au paſſage qui eſtoit gardé des
Romains. Alors les bœufs eſ-
pouuantez de la flame qui bru-
loit ſur leurs teſtes, & mal conduits de l'ardeur qui les pene-
troit iuſques aux os, commen-
cerent auec vn horrible mugiſ-
ſement, à s'egarer & à courir cōme furies çà, & là ſur les flancs
de la montagne. Et ſembloit
alors que toutes choſes fuſſent
enflamees, & au bruit & murmure de ces animaux, les valees,
& tout le païs d'alentour en al-
loiēt reſonnant. Les ſoldats qui
pour lors eſtoient en garde ſur
le paſſage, demeurans eſtonnez
de cela, & croyant que l'ennemy ne ſe fuſt ſaiſi du coutau à
eux ſuperieur, ou les bœufs ſeulement eſtoient arriuez, & ſe
doutant d'vne ſurpriſe, ſe mirēt
en fuite auec vne merueilleuſe

E v

& preſſee eſpouuãte. Ainſi par ce
moyen Annibal treuua franc &
libre le paſſage qu'il demandoit.
Ie ne croy pas qu'il ſe liſe aucun
ſtratageme de guerre plus ſubtil
& moins pourpenſé que ceſtuy-
cy.

La quatriéme partie de la ſubtilité , & qui recherche plus
d'eſprit que toutes les autres,
eſt de non ſeulemẽt ſe deſliurer
du peril , mais encore de changer le mal en bien : En laquelle partie Plutarque raconte que Sertorius ſurpaſſa tous
les Capitaines de ſon temps.
Mais en cela Probe eſtime , &
prefere la promtitude de Datami à tous les guerriers qui furent iamais : Car ayant mené vne
armee contre les Poſſides qui
luy auoient tué ſon fils : Metrobarzane ſon beau frere ſe dou-

tant qu'il ne rencontraſt quelque mauuaiſe fortune à combatre contre ce peuple, s'enfuit
& ſe retira vers le quartier des
ennemis auec la Cauallerie qu'il
auoit à ſon gouuernement: Or
en vn euenement tant impreu-
eu qui n'en ſeroit deuenu grandement confus, & troublé? Mais
quoy? Datami en fit naiſtre tout
auſſi toſt vn grand bien: Car il fit
courir parole, que ſon beau frere s'eſtoit ainſi meu, & changé
de quartier par ſon ordre & cõ-
mandement, & lors animant ſes
troupes à le vouloir enſuiure, &
donner en meſme temps ſur les
ennemis, Metrobarzane fut forcé à combatre contre les Poſſides, qui le reputoient comme
ennemy, & ainſi combatãt contre ſon gré il mourut au ſeruice
de celuy qu'il vouloit trahir. A

quoy Probe eſcrit ainſi. *Quo ne-*
que acutius alicuius Imperatoris cogi-
tatum, neque celeris factum. Il ne ſ'eſt
treuué auis de Capitaine plus
ſubtil, ny execution plus ſou-
daine. Et de vray ce Capitaine
deuança de beaucoup en cet
acte la ſubtilité de Tulle Hoſtil-
le : car Metio ne combatit pas
contre le Fedenates, ny de meſmes il n'aida nullement à la victoire des Romains : comme fit
Metrobarzane à celle de ſon
beau frere. Mais finiſſons cette
partie auec les paroles dont ledit Probe celebre Alcibiades :
Erat ea ſagacitate, vt decipi non poſ-
ſet, præſertim cum attendiſſet ad ca-
uendum. Il eſtoit tellement auiſé,
& d'vne ſubtilité ſi grande, qu'il
eſtoit impoſſible qu'on le de-
çeut, & principalemēt lors qu'il
y apportoit vigilance.

Le iugement accort & la viuacité d'esprit de Themistocles appartiennent en cette partie, de qui on peut lire en Thucydide, que, *Et de instantibus atque improuisis verè, & de futuris callidissimè conyciebat.* Il iugeoit asseurement des euenemens, & cas suruenans à l'impreueuë, & conjecturoit auec vne extreme prudence, à peu pres la fin des choses futures. Car il preueut que la Grece ne pouuoit se défendre contre les Barbares sinon en mer, & en suite il incita leur Roy Xerxes de combatre dans l'estroite emboucheure de Salamine, & encore par l'habilité de ses inuentions il l'induit à se retirer. Ainsi bien qu'en cette bataille la valeur fut commune à tous les Grecs, toutefois la prudence & l'heureuse conduite se treuue

particuliere à Themistocles, &
comme dit Probe, *Xerxes victus
est magis consilio Themistoclis, quàm
armis Græciæ.* Xerxes est vaincu
dauantage par le conseil de Themistocles, que par les armes de
la Grece. Or cét auisé Capitaine
traitoit grauement les choses
qu'il entreprenoit, & ne repo-
soit iamais en affaires obscurs &
douteux, iusques à ce qu'il ne
s'en fust certifié. Il auoit vn excellent iugement sur l'élection
des moyens, & de ce qu'il conuenoit faire.

Des Capitaines excellens en
la grace.

TIMOLEON auoit pour com-
pagne perpetuelle en ses
glorieuses entreprises vne cer-

taine gaillardise & douceur de
grace, dont il estoit tousiours
plus aimé & plus affectionné de
ses troupes. Et c'est vne chose asseurée, comme dit Plutarque,
que les choses faites d'Epaminondas, d'Agesilaus de Trasibule, de Pelopidas, & de certains
autres, ont vne certaine splendeur meslee auec difficulté &
trauail, & en quelques effets ils
n'ont pas esté sans reprehension
& repentance : Mais on ne sçauroit voir aux gestes de Timoleõ
aucune chose qui ne soit couuerte d'vne certaine gaillardise
& galãterie, de vertu heureuse &
biẽ fortunée. Ce qui se treuue en
bien peu de Capitaines. Or entre les Grecs nul n'y participe
dauantage qu'Alcibiades, & Ci-
mon. Et parmy les Romains Fa-
bie Rulle, & les deux Afri-
quains.

Silla auffi fe vit decoré de cefte
loüange: Car ayant vaincu auec
quinze mille foldats & quinze
cens cheuaux, Archelaux, & Taf-
fille Capitaines dù Roy Mithridates, & f'eftant aquis la victoire
auec telle felicité, que de cent
mille foldats, & dix mille cheuaux des ennemis il n'en efcha-
pa feulement que dix mille, &
fans auoir perdu des fiens pas
dauantage de douze, il dreffa vn
Trophee à Mars, & à Venus en
memoire d'vne fi glorieufe victoire.

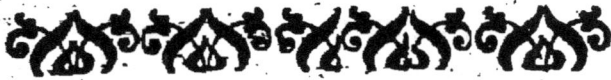

ANNOTATION.

S I suiuant le sujet de ces Maximes, & les considerations que j'imagine des matieres contenuës en leurs exemples & propositions, ie voulois apporter icy des raisons & des Annotations, ie pourrois conduire ce liure à l'egalité d'vn volume bien ample : Mais ie me contéteray en passant de toucher brieuement vn discours sur les principales parties d'iceluy, à fin d'en exagerer & illustrer d'autant plus son honneur, & son intention, suiuāt que mon loisir, & mes forces y pourrót maintenant suffire. Or cet excellent homme le Botero propose au cōmencemét de ce premier liure que la fin de l'art Militaire est d'auoir la victoire : Donoques tout Capitaine qui merite ce nom, ne doit s'employer en autre pensee que d'estre toujours en soucy, & trauail pour acquerir

la victoire, puis que c'est la fin & le sujet de la guerre qui est son mestier. Et
d'autant que ce terme de fin est souuét
entendu d'equiuoquement, ie diray
qu'il y a trois sortes de fin. La premiere est celle qui termine, destruit & an-
neantit la vie d'vn corps, & qui ordinairement est appellee de ce nom de la
mort, laquelle n'arriue au corps qu'au
moyen de l'ame qui sen est esloignee
& separee: car cette ame anime & donne vie & vigueur au corps par la vertu
de sa presence & de son habitation, soit
que pour la diuersité des corps on la
considere seulement vegetable, ou sen-
sitiue encore, ou bien intellectuelle
tout ensemble. L'autre fin est la borne,
les limites & circóscription d'vn corps
soit elementaire ou celeste : comme
par exemple, si lon demande quelles
sont les bornes & limites du Royaume d'Egypte, on respondra que c'est
la Palestine, la mer Erythree, l'E-
thiopie, la Barbarie & la mer Mediterranee : ainsi les bords de ces Royaumes & de ces mers qui l'aboutiront,

feront la fin en circonfcription & limites de fon eftenduë. Auffi les termes, &
les hornes d'vn animal, d'vne tour, où
d'vne montagne, ou d'autre matiere
femblable n'eft autre chofe que le lieu
qui le contient, lequel lieu eft la prochaine fur-face du corps contenant vn
autre. Ie n'ay pas voulu ajoufter le mot
d'immobile a cette furface, bien qu'A-
riftote en foit l'autheur: Car du parti de
S. Thomas on peut apporter beaucoup
de raifons pour faire acroire que le lieu
eft mobile: Auffi ce n'eft pas mon fujet
d'en debatre icy. La troifiéme fin eft
entenduë & comprife en l'objet, & au
fujet ou l'intention, & le defir afpire:
Comme en cefte forte: la fin de celuy
qui aime eft de poffeder la beauté ai-
mee, & la fin des humains eft la felicité & vifion eternelle de la prefence & de la gloire diuine, dont les
heureufes ames feront eternellement
ioüiffantes au ciel, & cette fin ou fujet
ne peut eftre acquife que par le moyen
de la foy coniointe aux bonnes œuures: Car comme dit le Sauueur du

monde: *Beati qui audiunt verbum Dei: & custodiunt illud.* Bien-heureux est celuy qui oit la parole de Dieu, & qui la garde & l'obserue. Ainsi la fin, & l'objet d'vn Capitaine ou general d'armee est la victoire, & pour atteindre & acquerir vne fin si desirable & chere, il se doit gouuerner en telle façon, soit pour les choses qui regardēt sa persōne, ou pour les commandemés dont il gouuerne & dispose les soldats, qu'en cas que la victoire ne se range pas de son parti, sa perte soit atribuee de tous au manquement de sa fortune, & non à faute de son industrie & de sa vertu, comme d'vne estime pareille on iugea la route & la deffaite d'Annibal. Ainsi curieux, & penible en l'honneur de sa charge, il se doit gouuerner auec telle suffisance, que ses rencontres & victoires soyent deferees au merite de sa vertu, & non aux faueurs de la fortune. Mais pour arriuer à ce degré d'honneur il ne doit pas seulement sçauoir par theorique, & par pratique l'art de la guerre, ains il doit obeïr à la leçon que ce grād guer-

rier & grand Capitaine, le Mareſchal
de Montluc donne aux chefs de guerre, au premier liure de ſes Commentaires : Car il auertit les Capitaines, que
pour eſtre bons & heureux guerriers, il
leur conuient fuïr ces trois choſes : Les
femmes, le vin, & le jeu. Que ſi le Capitaine eſt adonné à l'entretien des
femmes, ce vice luy fera perdre peu à
peu l'affection qu'il doit auoir à ſa charge, & le rendra peu ſoigneux de la vertu de ſes ſoldats, & de l'honneur, & des
payemens, & recompenſes dont il les
doit obliger à ſon ſeruice : car les volup-
tez, & les charmes dont les femmes
ſont fournies luy rauiront entierement
l'eſprit, & la volonté de faire quelque
choſe de difficulteux & d'heroïque, &
par ce moyen il viendra à faire naufrage de ſa reputation, & du deuoir & de
l'amitié dont les ſoldats le doiuent rendre obey & ſeruy : Ainſi neceſſairemẽt
il ſe cauſera par ſon moyen la ruïne de
ſes entrepriſes, & le deſordre de ſon
armee. Outre que ce vice apporte ordinairement non ſeulement vn recu-

lement de bonne fortune: mais encore
vne entiere demolition du pouuoir, de
l'honneur & de la vie : Car à cause du
violement de la femme d'vn Leuite, la
lignee de Benjamin qui estoit enuiron
de soixante & dix mille hommes, fut
presque toute exterminee par les enfans d'Israël. Et Salomon qui estoit vn
si grand Roy, fut hebeté si sottement
de l'amour des femmes, qu'il en espou-
sa sept cens, outre trois cens concubi-
nes qu'il auoit à part, & ne se contentant pas de l'incommodité, & empeschement que luy pouuoit donner tant
de bagage, pour complaire à leurs volontez, il fit edifier des Temples à leurs
Idoles, & les adora auec elles. Mais qui
reboucha le cours des victoires d'Annibal que les folles amours dont vne
Dame le captiuoit à la ville de Capue?
Et qui rendit malheureux ce grand
vainqueur Marc-Anthoine que l'a-
mour trop violent & desreiglé qu'il
portoit à la Royne d'Egypte ? car cet
iniuste amour fut cause de la guerre qui
auint entre luy & Cesar Auguste : Car

pour plaire en toutes choses à Cleopa-
cre, il auoit repudié sa femme legitime
Iulie sœur de Cesar, & s'estoit marié
auec cette Egyptienne, & outre cela il
s'estoit diuisé de l'Empire & de la Republique de Rome, & se rebellant
ainsi contre sa nation, il dressoit en Alexandrie les cornes d'vn nouuel Empire. Et comme la bataille nauälle se donna à la coste d'Actie, ayant veu que sa
maistresse se retiroit du corps de l'armée auec vingt-cinq galeres de sa suite,
il en fut si esperdu & transporté que
pour ne perdre sa presence, il quita la
conduite de la bataille, & s'eloignant
de la guerre & de ses nauires qui combatoient, il suiuit auec vne seule galere
iusques en Alexandrie cette beauté fu-
gitiue. Mais au contraire les Capitaines qui ont esté grands & heureux en
guerre ne se sont iamais veus captifs ny
esblouïs apres les femmes: Comme de
cette heureuse qualité en fait vn bien
clair tesmoignage Furius Camillus, Fabius Maximus, T. Q. Flaminius, Paul
Emille, Marcellus, les deux Scipions,

Marius, Silla, Lucullus, Sertorius, les
Metels, Pompee, Cefar & fon nepueu
Augufte, & de mefme Philippe de Macedoine, Alexandre fon fils, Themifto-
cles, Epaminondas, Timoleon, Philopœmen, Pyrrhus, Lyfander, & Agefi-
laus, & quelques autres, defquels on
peut lire que les braues deffeins, & valeurs ne font iamais tombez en confu-
fion pour refpect de quelques amours
illicites. Auec cette gloire de pouuoir
eftre libre, & garenti de ces affections
defordonnees qui rendent les hommes en l'efclauitude des femmes, vn fa-
ge Capitaine fe doit abftenir du vin:
mais en cet abftenir ie n'étend pas vne
totale priuation de boire du vin : ains
feulement l'exceffiue beuuerie dont
les Flamans, les Holandois & les Allemans employent la plus grand partie
du iour, & de la nuit aux repliques mul-
tipliees de leurs brindes, & raifons de
humerie : Et outre que tels excez ga-
ftent la fanté du corps, en y caufant
tantoft le Squinance, & maintenant
les foibleffes d'eftomac dont les fieures

continuës

continuez procedent le plus souuent,
ils eclipsent la veuë , estourdissent la
memoire, rebouchent l'entendement,
& aneantissant la vertu imaginatiue où
les inuentions de tous artifices sont en-
gendrees : ce qui desauantage grandement la bonté d'vn Capitaine, puis que
sur toutes autres disciplines on a besoin d'auoir en guerre, inuention de ru-
ses, & de subtilitez pour se gauchir des
efforts de l'ennemy , & pour luy donner eschec. Et par ces raisons vn Capitaine bien auisé s'abstiendra de s'adonner si extrememement au vin , & outre
que cela luy doit estre cherement en
affection ; il doit auoir soin que les soldats qui sont destinez pour estre aux
sentinelles , & aux corps de garde ne
soient pas estez copieux à prendre du
vin : Car plusieurs places ont esté surprises à cause des sentinelles endor-
mies, & des corps de garde trop allou-
pis du sommeil à force d'auoir trop
beu : Et telles gens ont bien plus de besoin d'estre gardez que non pas de garder autruy. Car la fureur du vin a cette

F

qualité de faire dormir profondement,
ou bien de rendre furieux, & cruel vne
personne qui en est possedee : Holo-
fernes experimenta auec la perte de
sa teste, & de son honneur le sommeil
ou le vin le vainquit, tandis que d'autre part amour taschoit de surmon-
ter son assoupissement par les beautez de Iudith, qui se seruant de l'occasion, & de l'equité de sa venuë, luy osta
plutost la vie qu'il ne se fut reconnu de
de s'estre enyuré, & endormy. Alexandre le Grand tomba en l'autre inconuenient pour auoir trop beu : Et c'est
par le vin, seulement que l'on a remarqué des fautes insuportables en ce
grand Roy: car en estant vne fois trop
eschaufé, il tua de sa propre main son
amy Clitus, qui luy auoit sauué la vie,
& qui l'auoit seruit glorieusement en
ses plus remarquables victoires. Aussi
les Roys de Perse Cambises, Daire &
Xerxes, & les Empereurs Galba, Vitel-
lius, Comodus, Licinius, Gete & Maxi-
min ont difamé & deslustré leurs grandeurs, & leurs authoritez par les vices

de l'intéperáce. Et ce fut ce terrestre vice qui occasiona Mahomet Legislateur
des Turcs, de defendre le vin aux peuples de sa loy: Car côme vne fois il estoit
au siege d'vne ville en l'Arabie heureuse, il treuua dans son camp huit soldats
qui banquetoient sons vn pauillon
auec vne merueilleuse chere, & recreation : mais reuenant deux heures apres
à passer au mesme lieu , il vit qu'ils
auoient esté tuez : Dequoy en semer-
ueillant, il demanda à quelques voisins
du quartier , qui auoit commis vn si
grand crime, & quelle en estoit l'occasion? Lors il luy fut respondu que c'e-
stoient eux mesmes qui s'estoient ainsi
assommez, & que l'yurongnerie leur
auoit causé vn si estrâge & cruel debat.
Alors Mahomet iura que iamais ceux
de la loy n'vseroient plus de vin pour
breuuage : puis que par sa force trop
suaue & trop violente, ces soldats qui
faisoient vn si beau festin ensemble, &
qui sembloient estre si bons amis, entre
eux, s'estoient ainsi meurtris y ayant
esté contraints de l'ire, & de la fureur

F ij

où cette liqueur les auoit reduits. Mais
quoy ? pour l'opinion de ce Sarrasin, &
pour les desordres où le vin a fait choir
quelques dissolus, il ne faut pas laisser
l'vsage de ce grand benefice de la terre: Ains il n'est que fort raisonnable, &
vtile de s'en seruir a la nourriture & au
plus doux entretien de la vie : Et i'estime que celuy qui ne boit point de vin,
est priué de l'vne des plus grandes delices & richesses de l'humanité : Car le
vin estant pris par raison fortifie le ter-
ueau, subtilize le sang augmête & viui-
fie les esprits, fournit de chaleur le foye
redouble la force de l'estomac, & res-
iouït le cœur, qui est le plus grand effet
où la nature puisse aspirer. Aussi le vin
est de toutes les liqueurs la plus suaue,
& de tous les breuuages le plus delicieux, & des medecines la plus salutaire. Et le Bartas a bien honoré en sa Sepmaine l'arbre qui porte ce fruit, disant
ainsi,

Vigne qui cede autant à tout arbre en beauté
Comme tout arbre cede à la Vigne en bonté.

Mais le Psalmiste Royal parle auan-

...geusement pour le vin en ce verset
du Pseaume 104. *Vt educas panem de ter-*
re, & vinum lætificet cor hominis. Pour
produire de la terre le pain, & le vin
pour resiouïr le cœur de l'homme. Rõ-
sard a galantement expliqué ainsi la
moitié de ce verset en ses Elegies.

Et Bacchus qui le cœur des hommes reconforte.

Mais le Cardinal du Perron l'a para-
phrasé ainsi entierement auec tout le
reste du mesme Pseaume:

Afin qu'en long respics armez de crestes blondes
Le pain forte à foison des sillons abreuuez:
Et que le vin regorge aux cuue plus profondes
Pour resiouïr les cœurs de liesse priuez.

Ainsi c'est vne proprieté au vin de
donner esiouïssance & allegresse aux
esprits, & de remettre la force & la vigueur au corps que la soif, ou quelque
langueur ou trauail auroit affoibly. Or
pour les hommes qui sont employez
en quelque gros labeur, où la serenité
de l'esprit, & du iugement n'est pas necessaire, il n'est rien de si propre que le
vin, & mesme pris en abondance: car le
vin soustient la peine en iceux, & les

rend comme infenfibles aux fatigues
plus arduës. Auffi c'eft vne chofe pra-
tiquee en Turquie , que fi quelques
Turcs ont defir de faire d'extremes efforts en guerre, au lieu de boire du vin,
ils boinent vne liqueur noire qui eft
compofee du ius de certains fruits , &
d'epicerie,& y meflant encore de l'Op-
pium, ils en deuiennent comme yures,
& furieux en telle forte, qu'oublians la
crainte des perils & de la mort , ils fe
fourrent dans leurs ennemis , auec tant
de courage , & de fureur , qu'il femble
que leurs corps foient inuulnerables,
& leur hardieffe fans mefure. Les Holandois qui frequentent la mer ont vn
femblable artifice imitateurs de ces
Mahometains: Car lors qu'ils connoif-
fent qu'il faut venir aux mains , ils prenent vn grand verre d'eau de vie , dont
auffi toft ils en deuiennent tous pleins
de fureur Bacchique & Martiale , &
auec telle determination,qu'apres ils fe
font voir au combat non moins qu'aux
termes d'vn foldat furieux & defefpe-
ré,tant ces ardantes, & fophiftiques li-

queurs eschaufent & renflament les esprits & le courage. Mais ie n'approuue
point telles valeurs, puis qu'elles dependent de la perte du iugement, qui
est la principale partie dont les hommes doiuent aquerir la victoire, & sçauoir vser de son fruit. Bien est vray que
tous Capitaines de galeres doiuēt auoir
en singuliere recommēdation de donner abondamment de viures & de vin
à la chiorme, lors qu'il sera besoin de
faire quelque grande & forte couruee
de vogue: car les esclaues, & les forçats
feront apres merueilles à mouuoir dextrement la rame, & à continuer comme du tout inlassables en leur labeur.
Et c'est par ce moyen en partie que le
Corsaire Mourato Raix eschapa de la
main des Florentins à Marseille: Car
ayant fait repaistre ses rameurs plantu-
reusement de vin & de viures, il sembloit que ses galeres ne flotoient pas:
mais bien qu'elles voloient entre l'air
& la mer. Aussi vn Capitaine doit auoir
vn soin particulier à l'egal du desir de
la victoire, de ne donner iamais batail-

le, ny se laisser occasionner, ou forcer à
quelques faits d'armes, que premieremét son armee n'aye pris vne refection
conuenable. Or en cette partie Scipion
l'Africain fut grandement excellent:
Car ayāt fait desieuner son armee fort
matin, il alla assaillir Asdrubal Capitaine des Carthaginois , & le forçant de
combatre à ieun il en rapporta facilement la victoire.　Doncques vn Capitaine de merite doit estre autant soigneux d'euiter les excez du vin , comme d'en faire auoir raisonnablement à
ses troupes, à fin que la force, & la gaillardise y soient tousiours mieux entretenuës: Car les hommes de ce siecle ne
sont pas si abstinens que ceux de l'Antiquité, où la plus grand' partie du téps,
les soldats n'auoient pour toute prouì-
sion que du vinaigre, du pain, du lard, &
de la chair cuite, & brisee & desseichee
dans vn petit sac: Les Romains estoient
entretenus de la sorte: mais il seroit impossible auiourd'huy de faire passer les
soldats auec si maigre entretien : Car
chacun veut faire bonne chere à la

guerre aussi bien qu'en sa maison.

Mais en troisieme lieu vn Capitaine
qui recherche meritoirement les victoires se doit prendre garde de ne s'a-
donner au jeu : Car c'est chose asseuree
que le jeu est vn charme, & vne tyrannie qui peu a peu, desrobe & captiue le
temps, la raison & la liberté de l'ame. Et
dauantage, c'est d'ordinaire que c'est
vne viue preuue de faute d'esprit, &
d'ocupation, & d'abondance de paresse en vn homme lors qu'il s'employe à
joüer continuellement. Et c'est pourquoy toute personne qui sera sujete au
jeu ne produira iamais grand effet de sa
vertu, bien que l'industrie & la nature
l'aye doüé de beaucoup de sçauoir &
d'esprit : Car en quelle part que soit vn
joüeur il a tousiours sa pensee atachee
aux cartes, ou aux dez : & mesme soit
iour, ou nuit il luy semble de voir in-
cessamment blueter deuant ses yeux
les instrumens desquels il joüe, &
cette aueugle affection ne procede que
du mespris enuers les vertus, & d'auarice & d'ambition : parce qu'en joüant,

F v

on met en oubly les plus belles ſciences que l'on peut auoir apris , on deſire
de gagner les moyés d'autruy auec peu
de peine,& peu de temps,& ſans aucune œuure de vertu,& auec deſſein de ſe
faire brauache & ſuperbement apparent d'vn bien ſi toſt acquis. Auſſi l'eſprit d'vn joüeur n'eſt iamais en repos
que pour ſe trauailler ſans ceſſe en l'eſperance,& en l'exercice du jeu: Car s'il
a gaigné vne fois , il deſire impatiem-
ment de retourner joüer le l'endemain
à fin de gagner dauantage , & ſ'il a perdu, il n'a pas moins d'impatience d'a-
tendre le iour ſuiuant pour ſe remettre
au jeu auec eſpoir de ſe recouurer.Ain-
ſi c'eſt vn Siſyphe qui ne treuue iamais
fin en ſa peine. Que ſi pour reuenir en
cette campagne l'argent luy manque,
il vendra ſon bien a prix rompu & loin
de valeur,ou bien il empruntera à cent
pour cent, & en fin pour vouloir toujours ſatisfaire au jeu il ſe vendra , & ſe
donnera ſoy-meſme à ſon entiere ruïne & mauuaiſe fortune : Parce qu'on
voit par tout pluſieurs heritiers de

grandes maisons estre deuenus de tout
point miserables à cause du jeu, & voit
on pas aussi que la plus part des querelles, & des duels ne prend source que
de ces indignes passe-temps: Mais le jeu
est-il pas acompagné de telle imperfection qu'on peut dire qu'il est l'escole,
& l'origine des blasphemes & renie-
mens. Et i'ay veu autrefois en Auignon
vn Italien que bien qu'il fust tres-opu-
lent: toutefois ayant perdu seulement
trois ou quatre escus à la chance, il
s'enflamoit de telle colere, & d'vn si
des-honneste & malheureux desespoir,
que se ruant à blasphemer & renier le
nom de Dieu, il proferoit des paroles si
execrables, que si Dieu se nommoit le
Dieu des vengeãces, comme du temps
de Moïse, de Iosué, & de Dauid, il
n'eust pas attiré sur soy vne moindre
malediction que celle dont les mur-
murateurs Dathan & Abyron furent
punis: Mais en cette tres-saincte & pure loy de grace où nous sommes, Dieu
ne veut pas la mort du pecheur: mais
bien sa repentance, & sa conuersion.

F vj

Mais si tels blasphemateurs continuent en ces malheurs, qu'ils se souuiennent de ce qui est proferé de Dieu au Cantique que Moïse adressa aux enfans d'Israël deuant qu'il mourust : les paroles sont celles-cy. *Mea est Vltio, & ego retribuam eis in tempore, vt labatur pes eorum, iuxta est dies perditionis : & adesse festinant tempora.* A moy est la vengeance, & ie leur rendray au temps que leur pied tresbuchera : le iour de leur perdition est proche, & la saison de leur ruine ne tardera gueres. Voila en quels debords & desastres la plus part des joüeurs se va precipitant. Aussi pour bien qualifier le jeu, ie diray qu'il n'est autre chose que le mestier, & la profession des ignorans. Doncques vn Capitaine bien meritant doit fuïr à l'egal du des-honneur mesme de s'employer excessiuement au jeu : l'ay mis ce mot excessiuement, à fin de faire sçauoir que ce n'est pas impertinence en vn Capitaine de joüer quelquesfois lors qu'vn asseuré loisir luy permet cette recreation : mais en ce sujet ie desire seulement deux

choses en ce personnage : Dont la premiere est qu'il ne fasse pas habitude du
jeu, de peur qu'il ne s'y transforme &
naturalise : & l'autre qu'il n'y hazarde
pas tous les moyens qu'il tient en
main, à fin qu'il ne fasse pas comme ces
esuentez qui apres auoir perdu or , argent, habits & ioyaux, joüent leurs cheuaux & leurs armes, qui est vne des plus
lourdes folies dont vn homme peut
estre estimé insensé à l'espreuue. Et lors
qu'vn General, ou quelque autre grand
homme d'authorité se laisse posseder à
joüer si extrememement, on peut s'asseurer qu'il s'achemine au grand galop
vers l'infidelité : Car en fin y perdant
tous ses propres moyens il y fait aussi
naufrage du credit, & lors estant ainsi
reconnu vuide de commoditez il sera té-
té auec mille presens des estrangers
pour fauoriser sous main leurs entreprises contre le deuoir qui le sousmet à
son Prince. Que s'il est encore tant hõme de bien de refuser ces offres, il faudra pour le moins que pour entretenir
son train & ses desbauches , que les

Threforiers qui payent l'armee s'accordent auec luy pour defrober les finances du Prince: Et que bien qu'en la
campagne ou aux garnifons ne fe treuue pas plus haut de dix mille hommes,
toutefois au grand interest des finances , & des affaires du Prince il fe fera
payer pour trente mille : Et voila comme la rapine , & l'auarice enfans iu-
meaux des joüeurs defbordez rendent
bien ferui vn maiftre. Ainfi tout Capitaine qui defire d'affection d'acquerir
de l'honneur en la Generalité d'vne armee, ou d'autre charge demoindre peine, ne doit iamais s'occuper extremement au jeu : Car outre qu'en ce vain
plaifir il oublie , & laiffe en arriere le
plus importans negoces de fon deuoir,
il doit croire que le jeu est à l'endroit
de toutes les profeffions des hommes
vn affeuré promoteur, & inuenteur de
perfidies & de reuoltes. Or touchant
les foldats ie ne treuue pas qu'ils faffent grand mal d'employer la plus part
du temps à joüer: Que fi les tables leur
manquent, ils fe peuuët feruir aifément

d'vn tabour. Car lors que le temps leur
permet ces recreations, ils s'en entretiennent plus gais, & plus esueillez. Et
iamais, ou bien rarement est-il auenu
aucun desordre, ou necessité en vn
camp pour le jeu des soldats: & onques
le jeu ne les rendit miserables tout à
fait: Parce que par emprunts, ou seruices, ou par autres artifices ils treuuent toufiours dequoy viure. Ainsi
le ieu peut estre permis d'vne sorte en
vn Capitaine, & de l'autre aux soldats:
Car c'est maintenant vne vniuerselle
coustume à la guerre, que celuy qui ne
voudroit iamais ioüer seroit mesprisé
de tous : de façon qu'il y faut estre
ioüeur quelquefois par recreation particuliere, ou pour euiter vn mespris.
Aussi tout le monde n'est pas vn Scipion, vn Periander & vn Socrates pour
s'entretenir tout seul tout vn iour en
plaisir auec ses pensees. Mais toutefois
ie veux bien auertir tous soldats, & Capitaines que durãt le plus beau de leurs
loisirs, ils doiuent s'employer à lire les
bons liures qui traitent des histoires &

de l'art militaire : Car ainſi ils peuuent
eſtre certains de joüer en vn jeu où le
gain eſt touſiours aſſeuré.

Vn Capitaine eſtant eſloigné des
imperfeſtions qui procedent de ſ'aſſu-
jetir aux femmes, au vin, & au jeu : ſe
doit employer à fournir ſon Armee de
bons ſoldats : & j'entens qu'ils ſoient
bons , non ſeulement pour la force &
la bonne diſpoſition de leur perſonne:
mais auſſi pour la dexterité de manier
habilement les armes , ſuiuant qu'il eſt
requis d'en ſçauoir vſer brauemét lors
qu'on ſe trouue aux coups des aſſauts,
des batailles , & des eſcarmouches. Et
à cet effet il doit auoir en ſon camp
certaines places aſſez ſpacieuſes, où les
ſoldats ſe treuueront en journallier
exercice, pour aprendre ſous des mai-
tres de guerre le vray vſage de ſe bien
ſeruir des armes, ſoient Piques, Mouſ-
quets , Eſpees & Harquebuſes. Les
gens de cheual doiuent auoir auſſi leur
exercice pour adextrer touſjours mieux
aux charges & ataques leurs cheuaux
au galop, aux carrieres, aux voltes, de-

my-voltes & aux arrests : Comme aussi en apprenant eux-mesmes à se façon-
ner, à maistriser dextrément vn cheual,
& à tirer le Pistolet à propos , & aussi
de porter & de baisser la lance indu-
strieusement & de valeur. Mais vn General ayant son Armée ainsi fournie &
disciplinée , doit auoir en recommandation tres-necessaire , que ses troupes
soient commandées par des Capitaines
d'experience , & comme choisis entre
les bons : Car plus vne Armee est fournie
de vieux Capitaines, plus elle est asseuree de conseil, & d'heureuse conduite :
Et jamais vn General ne doit souffrir
qu'vn jeune homme qui n'aura jamais
veu la guerre , vienne dés le iour de sa
venuë en la possession d'vne Capitai-
nerie : Car ces honneurs ainsi departis
irritent les Soldats qui ont acquis le
merite par l'experience , & cet irrite-
tement leur amoindrit l'affection d'estre
vaillans, voyans que l'honneur de leur
valeur se rapporteroit tout à l'auantage
d'vn jeune & inexperimenté Capitaine. On vse fort auiourd'huy de don-

ner telles charges à gens qui n'ont encore rien veu de la guerre : ce qui reuient au grand interest de la Milice & des finances qui se vont consommans entre les mains d'vne personne qui n'a pas le moyen de faire rien encore de grand ny par ses conseils, ny par ses valeurs. Mais telles faueurs sont ordinairement obtenuës à l'instance des Dames, & de quelques fauoris de la Cour, qui aiment mieux vn peu d'auancement en vn particulier, que non pas vne generale vtilité pour le Prince: Car ces jeunes Capitaines ne sont pas comme vn Lucullus qui en l'âge de trente & trois années n'ayant encore iamais esté à la guerre, toutefois estant Consul de Rome, & General d'Armée contre Mithridates au Royaume Pontique, il executa mille glorieuses factions de guerre: Telles valeurs arriuent si rarement, qu'il ne faut rien hazarder à donner des charges semblables pour en esperer de si grands effets: Mais quoy? la dignité de Consul, & de General assistant la bonté de son esprit,

luy hauffoit le courage, & le rendoit
affectuensement obey des fiens, qui
estoient tous Capitaines d'eslite, & foldats d'experience pour la plufpart: Car
cette braue & antique Rome estoit
vn berceau, & vne escole de Mars: on
y naiffoit auec la guerre, & l'exercice
de toute la ieuneffe estoit auec l'aqui-
fition d'vn fçauoir toft apris, la fcience
& le meftier de faire la guerre.

Alexandre n'auoit que vingt ans lors
qu'il commença d'entrer en la guerre:
mais Ariftote auoit esté fon maistre, il
estoit Roy d'vn Royaume tres-puif-
fant, & Prince d'vn exercite où l'on
n'euft pas treuué vn feul officier qui ne
fut homme de valeur & d'experience:
estant ainfi affifté de fon courage & de
fon authorité, & du confeil & de la
vertu de fes Capitaines, il ne pouuoit
pas faillir de faire quelque chofe de
glorieux. Cefar fit la guerre en France
durant dix annees, où ayant compofé
& dreffé fon armee de Capitaines &
& foldats experimentez à toute refte,
il deftourna puis fes deffeins vers d'au-

tres parties du monde, où la valeur
suiuit si bien son courage, qu'il sembloit que la victoire marchoit à sa solde. Ainsi pour la conduite & pour la
perfection de quelque grand ouurage,
il n'est rien de si propre qu'vn homme
d'experience & de valeur.

Or touchant l'opinion de Pyrrhus,
& de Marius qui recherchoient des
soldats qui fussent de grande corpulence, j'estime qu'elle n'est pas si requise qu'elle doiue estre receuë au mépris
des soldats qui sont d'vne taille moyé-
ne : bien que deux Capitaines si braues
concluoient par leurs raisons, qu'ayans
des hommes grands ils les feroient valeureux : Et pour authoriser mon dire,
qui ne voit que les Suisses & les Allemans ne soient de beaucoup plus grande corpulence que les François les Italiens, les Gascons & les Espagnols : Et
toutefois on connoist clairement que
ces quatre nations les surpassent auantageusement à la guerre en valeur, &
dexterité de corps & d'esprit, & mesmes à supporter plus patiemment les

incómoditez, & neceſſitez de la guerre, en laquelle vertu ces deux nations Suiſſes & Allemans ne peuuent durer Car ſi elles ne ſont touſiours juſques au coude à faire chere lie, elles ſont incontinent ſoules & laſſees de la guerre, Mais la raiſon de Vegece fait valoir dauantage mon opinion : car il demande que pour rédre vne Armée bien pourueuë, il faut que les ſoldats ſoient robuſtes pluſtoſt que grands, & ainſi d'vne ſtature entre-deux, & d'vne viuacité d'eſprit acompagnee d'vn grãd courage. Et le meſme Marius eſpreuua bien par deux fois à ſon auantage, que les grands hommes ne ſont pas les plus vaillans : Car les Cymbres, & les Teutons eſtoient d'vn ſi grand corps, que les Romains eſtans campez aupres d'Arles, & les voyans paſſer en ordonnance pres de leur Camp, demeuroient comme effrayez de les voir d'vne taille ſi haute, & furieuſe : mais toutesfois de là à quelques iours tout ioignant la ville d'Aix, & apres en Lombardie il en rapporta deux grandes vi-

ctoires, bien que mefmes ils euffent
en leur Armee quatre fois plus de gens
que luy : Dont il en fit dreffer deux
trophees pour la premiere qu'il obtint
en Prouence : l'vn fut efleué fur le plus
haut de la montagne de fainéte Ventu-
re , qui depuis enuiron foixante ans a
efté demoly pour en edifier là aupres
vne Chapelle , & l'autre au village de
Pourrieres , ou lon le voit encore en
fon entier. Ainfi on doit auoüer que la
bonne conduite d'vn chef d'armee, &
la feule valeur des foldats , & non le
nombre & le grand corfage fait acquerir les victoires, & les triomphes.

Mais ie treuue bon de donner icy
vn auertiffement non aux foldats: mais
à ceux qui le veulent eftre. Car dés que
pour l'ocafion de quelque nouuelle
guerre, on entend batre le tábour pour
leuer des troupes, voicy de toutes parts
maints ieunes hommes qui n'ôt iamais
perdu de veuë leur toiét , qui dés auffi
toft efmeuz, & comme charmez d'aller
fe faire voir à la guerre, fe vont enroler
fous vn Capitaine, & penfant qu'en ce

meſtier de Mars toutes choſes vont
touſiours par ordre & par abondance,
que touſiours le beau temps ſ'y treuue,
qu'on y mange à chaque repas la poule
graſſe du païſan, les poix au lard, & que
l'on les va eſueiller trois fois la nuit
pour les faire deſieuner, & bref: que la
guerre eſt à l'endroit des ſoldats vne
plantureuſe Abbaye de Thelemiſtes,
où pour toutes charges & obligations,
on n'a que cette deuiſe : Fais ce que
voudras. Mais au contraire tout homme nouueau, qui ſ'achemine à la guerre, ſe doit reſoudre d'y r'encôtrer mille & mille facheries, & peines impour-
penſees : Car la pluye, le vent, la neige,
la glace, les riuieres, les torrens, les cha-
leurs de l'Eſté, les plaines & les montagnes difficiles qu'il faut paſſer, apportent tant d'incommoditez, de trauaux,
& d'ennuis, outre les labeurs, & le ſoin
qu'il faut auoir d'ordinaire pour ataquer l'ennemy, ou pour luy reſiſter
que les ſoldats inexperimétez ſ'y treuuent comme plongez & enſeuelis dans
vn abiſme de douleurs, & de fatigues

insupportables. Et c'est pourquoy on
se doit promettre de rencontrer en
guerre vn aprentissage de mille sortes
de peines plutost qu'vne sepmaine de
vray repos: Mais il faut croire qu'il n'est
rien de si loüable que d'aller à la guerre
pour le seruice de son Prince , que si
l'on y meurt , la cause en est si digne
que la vie se peut dire assez longue &
heureuse puis qu'elle se termine pour
la deffence de sa patrie, & pour l'honneur & l'equité de son Prince. Et si lon
y suruit ayant fait quelques braues exploits d'armes, on en sort auec vn honneur immortel, & auec des charges ho-
norables & des faueurs de son maistre:
Car on n'est iamais vaillant à la guerre
sans acquerir quelques grandes recompenses. Ainsi pour atteindre à ces
honneurs, il est de besoin qu'vn soldat
aye les trois vertus des anciens Romains: Et premierement qu'il soit stu-
dieux, & soigneux d'aprendre & d'entendre l'art , & la discipline de la Milice : Et patient à supporter aisément
tant de diuerses peines qui se treuuent

à la

à la guerre. Et en fin qu'il soit courageux, & vaillant lors qu'il sera besoin
de se faire voir aux coups: Mais pour la
plus digne couronne de sa vertu j'ajou-
steray qu'il luy est necessaire d'auoir en
l'ame ces deux qualitez jusques au plus
haut degré: L'affection au Capitaine,
& la loyauté enuers le Prince. Et ainsi
il aura les parties que Brasidé requeroit
en vn bon soldat : la volonté de bien
faire, la honte de faire quelque chose
contre l'honneur, & l'obeissance à fles-
chir aux commandemens de son chef:
Doncques vn soldat qui merite d'estre
Capitaine, doit auoir auec le bon vouloir & l'obeissance, vn courage audacieux de se faire voir le plus vaillant, &
le plus courageux de ses compagnons,
lors que l'on entrera aux effets de quelques allarmes, & ainsi il agrandira son
honneur & son rang: Car, *Audaces for-*
tuna iuuat : timidósq; repellit. La fortune fauorise les audacieux, & desdaigne
& mesprise les timides. Ronsard a ainsi
formé cette sentence,

La fortune demande

G

Vn magnanime cœur qui ose chose grande.

Que si apres la guerre vn soldat qui n'aura fait aucune preuue d'esprit, ny de valeur, se lamente de ce qu'il a seruy sans auoir acquis quelque riche & fauorable guerdon, il doit croire que les honneurs ne doiuent arriuer qu'entre les mains de celui qui les a meritez par sa vertu : Et que le Ciel, ny les Rois ne sont point obligez d'honorer & de fauoriser les ames qui ont esté comme mortes & inutiles lors qu'elles auoient le temps, & l'occasion de bien faire. Mais pour acheminer les soldats en la perfection qui leur est requise, les Capitaines doiuent estre suffisamment doctes en tout ce qui despend de l'art Militaire : car ainsi ce qu'ils auront veu de la guerre, & la theorique qu'ils en auront pourra produire aux soldats vne excellente pratique de valeur.

Et bien que la science de commander heureusement, & royalement en guerre s'entretienne en ces six parties : Le Marcher, le Loger, le Combatre, l'Assaillir, l'Assieger, & la Defence d'v-

ne place : toutesfois ie ne parleray pas
de la façon & des moyens qui font neceffaires d'vfer en toutes ces parties,
pour y acquerir auec les effets le renom d'vn grand Capitaine : Car fur
chacune d'icelles on pourroit dreffer
vn liure affez ample, pour defcrire tout
au long ce qui eft requis à leur connoiffance : mais ie me contenteray de difcourir vn peu particulierement fur le
fujet du combattre : puis que c'eft par
les combats & batailles affignées que
l'on gagne les victoires , que les guerres fe terminent , & que les Empires
font acquis. Bien eft-il vray que ie
donneray vn trait fur chacune des cinq
autres parties. Doncques pour le Marcher , tout Capitaine f'auifera de ne
batre iamais la campagne auec fon Armee, que premierement par bons &
experimentez efpies , & encore par des
auant-coureurs, il ne foit affeuré de la
difpofition du chemin qu'il veut prendre, à fin que fi parauanture il eftoit oc-
cupé par ceux du party contraire, il aye
tant de moyens, & de rufes de pouuoir

prendre vn autre chemin , ou bien de
contraindre l'ennemy à luy dóner paf-
fage.Et fur tout,fi vn Capitaine fe treuue beaucoup plus foible de gens que
fon ennemy,il ne doit iamais faire retraite en plein iour , lors qu'il fe treuue
à fa barbe : Car il vaut mille fois mieux
vne bonne & feure retraite en pleine
nuit , que par la vaine opinion d'euiter
le nom de timide, faire le puiſſant & le
glorieux à fe retirer de iour au deuant
de fes ennemis , & par ce moyen leur
ouurir la porte & leur donner commodité d'executer quelque grand exploit
de victoire. Mais de fe defloger ainfi la
nuit ce n'eſt pas aucune honte au Capitaine, ains pluſtoſt vn effet de bon iugement , puis que la rufe eſt touſiours
loüable , lors que par fon moyen nous
deceuons la fureur de celui qui eſt plus
fort que nous.Le Marefchal de Montluc fçeut bien confeiller cette forte de
retraite nocturne au Marefchal de
Stroſſi:mais il ne fut pas creu,dont mal
en auint aux incredules. Deux chofes
font requifes au logement : l'vne eſt la

situation du lieu qu'vn General doit
choisir toufiours à son auantage, soit
en païs montueux, ou en plaine, & l'autre la fortification. Or la fortification
se fait quelquefois d'vne sorte, & par
fois d'vne autre: suiuant le temps que
l'on veut demeurer sur le lieu : Que si
lon a deliberé d'y seiourner quelques
iours, soit pour y attendre l'ennemy, &
luy donner bataille, ou bien pour luy
defendre le paffage, alors il est befoin
d'enuironner le camp d'vn double fossé, & haulfer si haut le retranchement,
& la leuee de terre dans le camp qu'vn
homme à cheual estant dehors en la
campagne ne puiffe apperceuoir aucune chofe de ce qui est au dedans, & outre cela vn General doit auoir soin de
poser son camp en vn endroit qui ne
soit pas commandé de quelque lieu
prochain, & qu'il aye toufiours le pouuoir de recouurer des viures & autres
chofes neceffaires, bien que l'ennemy
le tint affiegé. Auffi il se prendra garde
que son camp soit en telle part que
l'ouùerture des efclufes, ou le deftour-

nement des riuieres ne puissent pas apporter vn rauage, & vn deluge à son
exercite. Mais si le seiour ne doit estre
que de l'espace d'vn iour, ou d'vne nuit
il ne faudra se fortifier tout à l'entour
de l'armee que des charriots du bagage
auec les Canons vn peu au dedans, &
disposez par esgaux interualles, la bouche tournee vers la cápagne, où maintes sentinelles seront posees de toutes
parts auec quelques troupes qui feront
tousiours la ronde à l'entour, & qui seront renouuellees d'heure à autre, tandis que la plus part de l'armee aura toujours les armes prestes, & que l'autre
n'aura point quité le harnois. Les assauts sont vne autre partie de la science
Militaire. On les pratique par fois auec
des eschelles contre les murailles, auec
la sape & le pont de bois ietté sur le
fossé, & tantost sur la breche que la mi-
ne, ou la baterie des Canons aura fait,
& aucune fois en réplissant de terre &
de fagots les fossez, comme le plus souuent le Turc en vse en l'expugnation
des plus fortes villes qu'il assiege.   Or

pour faire vn bon affaut il faut qu'en
mefme temps on en dreffe en diuerfes
parts de la place affiegee plufieurs autres, à fin que celuy en qui lon efpere
dauantage treuue moins d'oppofition,
veu que pour fe defendre en plufieurs
endroits il faudra que les affiegez diui-
fent leurs chefs, & leurs forces. Les fie-
ges font les fources, & les caufes intel-
lectuelles & formelles des affauts. Et
pour eftre dignement affiegeur, il faut
faire en forte que la ville affiegee ne
puiffe eftre fecouruë de gens, ny de munitions. Et que d'ailleurs le camp foit fi
fort de viures, de munition, de foldats
& de retranchemens qu'il foit plus fort
que la place mefme que l'on veut prendre : Cefar à qui ie donne l'honneur de
premier Capitaine du monde, comme
du premier Empereur Romain, fe fit
veoir ainfi au fiege d'Alexie, car il la tenoit affiegee fi eftroitement, & auec
telles fortifications de fa part, que Vercingentorix chef des Gaulois qui y
eftoit au dedans auec quatre-vingt mille homes de guerre n'en pouuoit fortir,

G iiij

ny pour nuire les assiegeurs , ny pour
aller en câpagne pour auoir des viures,
& d'ailleurs biẽ que Cesar n'eust en son
camp que cinquante mille soldats ou
gens-darmes, & qu'vne armee de deux
cens cinquante mille Gaulois fust venuë pour la secourir : & qu'ainsi assaillant d'vne part, & defendeur de l'autre,
il se treuua assiegé & assiegeur en mesme temps : Toutefois par les grandes,
& merueilleuses fortifications de son
camp, il tint tousiours la ville en bride,
& sortit en campagne auec la plus grãde partie de ses legions, où il deffit le
secours qui estoit venu pour les assiegez, & par mesme moyen il força en fin
Vercingentorix à se rendre à sa deuotion. Vne ville bien assiegee est pressee
de la sorte: Ce qui fut bien entẽdu n'a
gueres par le Marquis de Spinola au
siege d'Ostende : Car comme grand
Guerrier, il iugea que cette ville estoit
comme imprenable, tant qu'elle seroit
en pouuoir d'estre secouruë & renfor-
cee. Et apres mille merueilleuses machines & artifices qu'il fit pour se ren-

dre maistre de la mer, il luy boucha le
passage des secours, & de mesme il la
despouilla d'esperance de pouuoir tenir plus long temps. Or touchant ce
qu'lepourroit dire icy pour la defence d'vne place qui est la chose toute
contraire aux sieges, nous en dirons
quelquechose en l'Annotation du hui-
tiesme liure, où il est traité de la fortification.

Il faut donc venir maintenant à traiter vn peu au long sur le sujet des batailles, puis que c'est en elles que les
plus grands effets de la guerre se manifestent, & que le fruit des victoires
est plus riche, plus delectable, & plus asseuré: veu qu'en vne bataille gagnee &
poursuiuie suffisamment on triomphe
des hommes, qui sont l'ame, & l'vnique force des villes, & des places plus
estimees. Ainsi tout Capitaine doit aspirer, & rechercher de donner bataille
lors qu'il se connoistra plus fort que
ses ennemis : tant pour la bonté des
soldats, que pour la situation fauorable du lieu qui se treuuera de son

G v

costé: & qu'outre ces deux auantages, il
soit encore asseuré, qu'en cas qu'il per-
dist la bataille, il aye des moyens tous
prests pour dresser en peu de temps vn
autre armee. Et lors qu'vn Capitaine
sera fourny, & fauorisé de toutes ces
qualitez, il doit se trauailler incessam-
ment à contraindre ses ennemis à receuoir bataille: Car c'est vne des plus fortes & heureuses subtilitez d'vn guerrier lors qu'auec auantage, il force ses
ennemis à combatre, & à se hazarder
ainsi contre ses deliberations plus fer-
mement proposees. On n'vse pas de la
sorte en la guerre qui se pratique aujourd'huy en Flandres: Car les vns, &
les autres y fuyent ces generaux récon-
tres d'armes. L'armee des Estats n'est
pas d'auis de donner vne bataille: &
& c'est d'autant que les Espagnols les
surpassent tousiours de beaucoup en nóbre. Et que si la perte luy venoit sus, elle n'auroit pas moyen de se refaire, &
qu'ainsi la plus part de ses places tomberoient en proye de ses ennemis, outre la perte irreparable des chefs qui s'y

treuueront ou morts ou prisonniers.
Les Espagnols aussi ne veulent point
donner bataille: Car s'estimans, & comme ils sot aussi, plus puissans en Propin-
ces, en moyens & en peuples que les
Estats, ils s'asseurent que de trainer cette guerre en longueur, de temporiser,
& de ne hazarder aucun fait d'armes
que sous bonne asseurance de gaigner,
ils mineront peu a peu les forces de
leur ennemy, & qu'en fin ils l'affoibli-
ront en telle sorte qu'ils le pourront
sous-mettre à leur deuotion. Et ainsi
par quelques sieges & prises de villes,
& en hazardant leur armée le moins
qu'ils peuuent, ils euitent de faire iournée, se treuuans mieux de la façon de se
seruir en cette guerre du bouclier Romain, & non de l'espee. Et toutefois
telle maniere de guerroyer ne seroit
pas propre sur les terres de quelque
puissant Monarque, comme le Grand
Seigneur des Turcs, l'Empereur de Tar
tarie, le Roy de la Chine, le Sophy de
Perse, & l'Empereur d'Ethiopie qui
autrefois a dressé des armees des deux

G vj

millions d'hommes.   De vouloir di-
layer de faire iournees auec tels Princes, ce feroit perdre le temps non feulement en vain : mais encore auec infortune : Car au moyen de leurs armees fi
grandes ils vous forceroient au combat , ou bien ils vous affiegeroient en
quelque ville , ou bien mefme en plaine campagne. Ainfi il feroit toufiours
meilleur de leur donner bataille , puis
que fi vous obteniez la victoire vous
feriez affeuré de gagner la plus part du
païs. Et que d'ailleurs c'eft vn point des
plus remarquables en guerre , qu'il ne
faut iamais faire aucune chofe par la
volonté de noftre ennemy: Comme
f'il recherche de nous conduire à quelque bataille, il ne faut pas attendre qu'il
nous contraigne à la donner, ains il faut
nous mefmes nous deliberer & conduire de telle forte, que nous l'achemi-
nions par force à la recenoir, ou bien
que nous foyons fi puiffans , & adextres que fans afpirer à ces grands effets,
nous ayons le moyen d'arrefter fes entreprifes, & d'acquerir peu à peu fur

luy. Et de cette opinion ie fais parler
ainsi dans le Poëme de la Nereïde,
Marc-Anthoine Colonne qui harán-
guoit aux chefs de l'armee Nauale,

Et biē que le hazard que porte vne bataille
Souuent mesme aux vainqueurs bien peu de
  Palmes baille,

Et que tant que l'on peut on la doit refuser,
Et sur tout en sa terre elle est à mespriser:
Car le plus grãd butin de semblable victoire.
Est tousiours de bas prix , & d'erreur fort no-
  toire
Puis qu'en ces durs essais qui sont d'estre fuïs
En perdant la bataille on perdroit le païs.
  Toutefois , quand le droit , la force , & la
    vaillãce,
Le nõbre des soldats, & des chefs d'excellence,
Et les faueurs des lieux en vn cãp sont cõpris,
Lors on peut hazarder le combat entrepris:
Pourueu qu' vn desespoir, vne faim, vne peste
Au camp de l'ennemy ne soit pas manifeste:
Car si l' vn de ses maux le poursuit, & le bat,
On le peut ruïner sans venir au combat,
En l'opressant de loin, & d'vn ordre plus sage
Luy bouchant ore vn fleuue , & tantost vn
  passage,

Ainſi le conſommant en longueur peu à peu,
Le rendre enuers luy-meſme, & le bois, &
  le feu.

Ainſi tout Capitaine qui ſera aſſeuré
de ruiner ſon ennemy par les dilaye-
mens & amuzemens, ne doit pas ſou-
haiter de donner bataille : Car en eui-
tant ainſi ces rencontres, il ne hazarde
rien du ſien, & jouë au plus ſeur : ce
qui eſt vne choſe treſ-propre à vn Capitaine : puis que ſur tous les affaires
du monde, la plus grande partie des
fautes qui ſe commettent à la guerre
eſt irreparable. Mais vn Capitaine
doit auoir curieuſemét l'eſprit arreſté,
que pour les brauades, aproches & attaques de l'ennemy, ny par les mouuemens de ſon courage, il n'entre iamais
en campagne pour faire iournee, lors
qu'il verra que le deſauantage ſera de
ſon coſté : Ce qui fut vertueuſement
obſerué de Fabius Maximus & de Marius : car ils aimerent mieux eſtre repu-
tez timides de leurs Armees & de leurs
ennemis, que pour complaire aux con-
ſeils des vns, & aux brauades des au-

res faire la guerre mal à propos: Et ce
Romain, entendoit bien cette leçon
quand son ennemy luy enuoya vn He-
raut pour luy dire qu'il se treuuast le
lendemain auec son Armee en campagne pour y donner bataille. A quoy il
donna résponse qu'il ne vouloit pas
prendre côseil de son ennemy. Le Roy
François fut esloigné de cette resolu-
tiô au siege de Pauie, s'il est vray qu'vn
Roy si magnanime & si braue ait fait
vne faute à la guerre : Car son armée
estant affoiblie de huict mille Grisons
qui l'auoient quitté pour aller defendre leur païs, & aussi de quelques troupes enuoyees à Naples, cela releua le
dessein & le courage aux Espagnols de
l'aller assaillir, & d'autre part il amoindrit le cœur à son Armee de se treuuer
despourueuë de ce qui la rendoit auparauant beaucoup plus forte : Or j'estime que le Roy se pouuoit bien passer
de cette bataille, puis que l'ennemy ne
l'auoit pas treuué en campagne, ains
dans vn Camp, qui, comme on peut
croire, estoit fortifié de tout ce qu'il

luy estoit requis. Or ce fait d'armes
passa en telle sorte, qu'il ne fut pas dressé auec toutes les dispositions d'vne armee bien rangee pour venir aux mains.
Comme de mesme trente & quatre
ans apres, la bataille de Sainct Quen-
tin fut perduë par les François, à cause
du peu de soin & vigilâce de quelques
vns qui auoient credit & authorité en
l'Exercite : Et c'est ainsi qu'à faute de
bon ordre les plus grâdes Armees sont
batuës par les plus petites. Mais pour
la maistrise parfaite de bien disposer
vne Armee pour vn iour de bataille, le
sieur de Langey en a traité dignement
en son art Militaire, côme aussi depuis
quelques ans le sieur de Courbouson
en sa Milice Françoise. Mais pour faire
voir pleinement en quel ordre les anciens Romains combatoient, ie treuue
bon d'en r'apporter icy vn exéple memorable d'vne de leurs batailles, afin
qu'auec la lecture de ces deux autheurs
on entende mieux la Castrametation
qui doit estre obseruee. Or nous vien-
drons à discourir de la bataille qui se

donna entre le peuple Latin & les Romains lors que Torquatus M. & P. Decius estoient Consuls, laquelle se peut
estimer la plus grande d'occasion & de
merite, qu'autre que iamais les Romains ayent eu en aucune guerre que
ce soit: Car outre que les deux armees
estoient pareilles en nombre, valeur,
courage, dessein & ordonnance: ceux
qui perdoient la victoire estoient asseurez d'entrer en seruitude sous les vaincueurs, & s'il y auoit quelque diference en elles, ce ne pouuoit estre qu'en la
seule vertu des Chefs du party des Romains, suiuant l'opinion de Tite-Liue.
Mais auant que venir aux mains, on vit
deux merueilleux accidents des deux
Consuls en cette iournee, car pour entretenir & renforcer en deuoir, obeïssance & affection guerriere les soldats,
l'vn d'eux s'offrit à la mort, & l'autre
occit son propre fils. Car le Consul
Torquatus ayant vn fils qui auoit sous
sa charge quelques troupes de soldats
& de gens-d'armes, luy defendit à peine de mort de n'attaquer l'ennemi que

ce ne fuſt de ſon commandemēt : mais
le jeune homme croyant pluſtoſt ſon
courage que la volonté de ſon pere,
chargea au deſpourueu vne partie de
l'Armée de l'ennemy, dont il en rapporta la victoire : Mais apres eſtre re-
uenu du Camp, le pere ayant ſceu la
deſobeïſſance, voulut ſatisfaire à l'honneur de la defece, & de la victoire : Car
apres auoir fait conduire en triomphe
ſon fils parmy le Camp auec vne bran-
che de Laurier ſur le front, il luy fit
apres trancher la teſte : Et pour l'excu-
ſer de cette cruauté aux Romains, il
leur dit qu'il auoit vſé d'vne equitable
iuſtice en ces deux actions ſi diuerſes :
Car il luy auoit donné la gloire du triō-
phe, à cauſe qu'il auoit gaigné la victoire ; Et la mort, parce qu'il n'auoit
pas obey à ſa parole. Et comme la nuit
enſuiuant on ſacrifia aux Dieux pour
attirer la bonne fortune de leur coſté,
le miniſtre Sacrificateur connut aux
entrailles des victimes, que la victoire
ſeroit du party des Romains, ſi vn de
leurs Chefs ſe ſacrifioit aux Dieux : ſur-

quoy Torquatus, & Decius esmeus de
l'honneur du monde, & de l'amour
qu'ils portoient à la Republique, se de-
batoient entr'eux pour s'exposer à ce
sacrifice. Mais Decius fit tant par prieres, & par artifices, qu'au deceu de son
compagnon il fut receu sur l'autel, où
auparauant qu'estre sacrifié, le Ministre
luy tenant la main sur la teste, luy faisoit proferer vne oraison aux Dieux
tutelaires de Rome, & aux Dieux in-
fernaux, en laquelle il disoit qu'il leur
voüoit librement sa vie, à fin que les
Romains obtinssent le l'endemain au
combat la victoire sur leurs ennemis.
Et auant que receuoir le coup mortel,
il manda prier Torquatus de se desister
de ce qu'il deliberoit de mourir pour
le salut de Rome: car c'estoit assez de
luy pour rendre les Dieux fauorables à
la Republique, veu que suiuant l'Oracle, il estoit besoin que seulement vn
chef de l'armee offrit sa vie à leur Autel.

La ressemblance, & esgalité que Tite-Liue dit estre en ces deux Osts, ve-

noit du long-temps que ces natiõs sui-
uoient les armes, & qu'estans voisines,
elles vsoient de mesme ordre, de mesme langage, & d'armes pareilles. Il falloit doncques estans les forces, & le
nombre en mesme qualité, que quelque chose extraordinaire augmentast
le courage, & la valeur d'vn parti, & par
ce moyen luy apportast la victoire : Car
tant que la vaillance & le cœur dure en
l'ame des soldats, iamais vne armee ne
tourne le dos. Ainsi il faut dire que ces
deux rares actions des Consuls furent
cause que les Romains furent plus en-
flammez & plus vigoureux au combat,
que non pas les Latins, dont il s'ensuiuit que la victoire se trouua en fin auec
la vertu des Romains. Ainsi l'on voit
aux escrits de cet excellent Historien
comme l'armee des Romains estoit diuisee en trois esquadres ou parties principales. La premiere qui estoit l'auant-
garde s'appelloit les Hastaires, la deuxieme qui representoit la bataille, Les
Princes, où les principaux de l'armee
estoient rangez. Les Triaires estoient le

...ce. Et chacune de
...compagnée de cer-
...pes de gens-d'armes. Or-
...ant leurs batailles, ils met-
...t ces Hallaires à l'auant-garde,
...droit à leurs espaules les Princes:
...troisieme lieu ils ordonnoient
...Haires, & quelques escadrons de
...de cheuaux à dextre & à senestre
...trois escadres, qui à cause de leur
...orme s'appelloient ailes, côme ressem-
...blant estre les ailes de tel corps d'ar-
...mée. Ils ordonnoient la premiere des
...Haires serrée en fror, en sorte qu'el-
...peut rompre & soustenir l'enne-
...my. Et parce que la seconde escadre
...auoit à combatre si tost que la pre-
...miere, ains à la secourir s'il auenoit
...qu'elle fust rompue ou repoussée, ils ne
...tenoient si estroite, ains maintenoiét
...rangs plus clairs, en maniere qu'el-
...peut receuoir en elle l'auant garde
...ins se mettre en desordre, quand par
...ortune elle seroit constrainte de se re-
...er. La troisieme escadre qui estoit
...Haires auoit ses rangs encore plus

esclaircis que la deuxieme : Et c'est à fin
qu'elle fust plus capable de receuoir
entre ses bras les Hastaires, & les Princes s'il auenoit qu'elles fussent si re-
poussées & combatuës qu'elles eussent
besoin de se retirer en l'arrie-regarde.
Les batailles estans ainsi rangees ils entroient en la meslee : Et si les Hastaires
estoiét forcez & vaincus, ils se retiroiét
aux espaces & interuales des Princes.
Puis tous ensemble vnis les deux escadres faisant vn corps de bataille, recõ-
méçoient la meslee. Et si ces deux escadres iointes ainsi, estoient mises en route elles se rallioient aux rangs vuides &
larges, qui leur estoient laissez expressément en l'arriere-garde des Triaires : Et
lors ces trois parties assemblees en vn,
renouuelloient la bataille. Et a ce point
ne se pouuant plus remettre ny refaire
elle perdoit ou gaignoit la iournee. Et
parce que lors l'arriere-garde entroit
au combat l'armee estoit en danger : le
prouerbe en est venu ainsi : *Res redacta est
ad Triarios.* L'affaire est reduit à l'arriere-
garde & à l'extremité.   C'est ainsi que

les anciens Romains ordónoient leurs
batailles, & comme par le bon ordre
conjoint à leursvaleurs, ils ont exploité
les plus grandes, & plus glorieuses conqueſtes du monde. C'eſt ainſi qu'vne
armee doit eſtre ordonnee pour vn fait
d'armes : Car en cette ſorte elle a deux
reſources pour prendre nouuelles forces à retenter de gaigner la victoire, qui
fort rarement luy peut faillir, veu qu'il
faut qu'en meſme iour elle aye la fortune ennemie par trois fois. Ce qui eſt
comparable à vn iolieur qui a beaucoup de moyens : Car bien qu'il perde
durant quelques heures, toutefois l'a-
bondance d'argent luy ſeruant comme de ſecours & d'arrie-garde, le ſou-
ſtient ſi bien contre la perte, & contre
le malheur qu'en fin il vient à changer
de fortune, & à recouurer tout ce qu'il
auoit perdu, & meſmes à gaigner tout
l'argent de celuy qui le gaignoit auparauant. Quelques Capitaines qui ont
eſté en eſtime de grands chefs de guerre par le iugement du vulgaire, n'ont
pas diſpoſé leur armee auec vn ordre ſi

iuſte, & ſi neceſſaire comme les Romains ſouloient faire : auſſi l'on a veu que par le moindre deſordre, ou deſauātage que les premieres ataques, ou autre accident apportoit à l'auant gʒrde, tout le rʒſte a eſté confus, & reduit tout auſſi toſt à la peur, au deſordre, & à la fuite. Ceux qui ont failli de la ſorte eſtoient gens qui n'auoient autre grandeʒr chez eux que la nobleſſe, que leurs Peres leurs auoient laiſſé, & qui n'eſtás illuſtres que par les faueurs d'vne fortune, aueugle mere d'vn faux bruit, ont mōſtré en ces dignitez ſi braues, qu'ils n'entendoient rien que le haut Allemand en la quinte eſſence de l'art Militaire : Mais quoy?la vanité eſt ſi generale en ce monde, qu'il eſt comme neceſſaire que l'erreur, & les defauts ne fiſſent exception de qualitez, ny de perſonne pour leur retraite. Marot ce galand Poëte l'a bien remarqué en ces vers,

De toutes tailles bons leuriers
De tous meſtiers mauuais ouuriers.

Car il ſe treuue quelquefois en vne

armee,

armee d'auſſi mauuais maiſtres de guerre que de cheuaux en vn bon haras.
Auſſi la fortune qui eſt vne femme a-
ueugle, inconſtante & le plus ſouuent
indiſcrete, auroit opinion de ſe faire
tort ſi elle permettoit que les grandes
charges fuſſent touſiours conjointes
aux grands merites. Auſſi la perfection
de la ſcience militaire n'eſt pas vne choſe qui ſe puiſſe acquerir de tous ceux
qui font meſtier de la guerre, puis que
pour entrer en la maiſtriſe d'vn ſi grand
ſçauoir, il faut poſſeder en ſoy-meſme
vne ſublimité de courage, vne excelléce d'entendement, & vn eſprit du tout
libre, gaillard & ingenieux. Et de telle
ſorte de Capitaines on peut bien dire
ce qu'vn Poëte de noſtre temps eſcrit
de la Poëſie.

Et ſuffit ſi nature en ſes œuures ſacree
Fait naiſtre vn bõ ouurier en tout' vne côtree.

Ainſi touchant le ſujet de ce Royal
meſtier de la guerre, cet ancien Prouerbe peut bien entrer en jeu. *Non cuiuſuis*
hominis eſſe adire Corinthum. Ce n'eſt pas
vne choſe qui ſoit permiſe à chacun

H

de voyager à Corinthe.

Mais ce grand Heros de noftre fiecle, François de Lorraine Duc de Gui-
fe, fit bien voir à la bataille de Dreux
qu'il fçauoit tout ce qu'vn grand Capitaine doit entendre pour le meftier de la
Milice: Car eftant confeillé de patience
& d'artifice de guerre, il demeura coy
auec fes troupes, tandis que d'autre part
les Huguenots combatoient en victorieux fur le refte de l'armee des Catholiques, où mefme le Conneftable Anne de Montmorency qui en eftoit le
chef auoit efté fait prifonnier tandis
que des premiers il f'eftoit mis valeu-
reufement au cōbat: mais fe faififfant de
l'ocafiō au point qu'il falloit, il l'esbrâla
& fe rua fur l'énemy fi biē à propos que
la victoire luy en demeura, auec la prin-
fe du Prince de Condé qui eftoit le
chef du party contraire. Charles d'Anjou Roy de Naples & Comte de Prouence gagna par les forces de l'arriere-
garde vne grande victoire côtre le Roy
Manfroy, & quelque temps apres vne
autre auffi par le mefme moyen fur le

ieune Prince Corradin, qui deſia vainqueur mettoit au ſaccage ſon armee.
On voit ainſi que la principale force
d'vne armee conſiſte en l'arriere-garde,
& qu'vne armee bien rangee doit eſtre
de telle diſpoſition que la route d'vne
troupe n'apporte pas confuſion à celle
qui luy eſt derriere ains augmentation
de force. Car vn ſeul deſordre de ſa
part & vne moyenne valeur de ſes ennemis, luy peut oſter l'eſperance, & le
fruit de la victoire : Et ce qui deſtourne
les armees de ce temps de ſe refaire
trois fois au combat, eſt de ce que lon
met les batailles l'vne au dos de l'autre,
les tenant fort larges de front, & peu
eſpaiſſes de flanc, dot elles en ſont d'autant plus debiles : & que les troupes &
eſcadres qui ſont au derriere n'ayans
aucuns eſpaces, ni interuale entre elles,
s'il auient que l'auant-garde ſoit rom-
puë, lors par faute d'auoir lieu à ſe retirer pour ſe fortifier, & s'aſſembler de
nouueau, il arriue que toutes enſemble
elles s'embrouillent, & ſe mettent d'elles meſmes en deſordre : Car la premie-

re estant forcee, elle choque & rompt
la seconde, laquelle aussi ne peut assaillir ny resister en aucune façon, à cause
de l'empeschement que la premiere
luy donne.

Et voila comment l'auant-garde
estant repoussee, rompant la bataille,
& la bataille l'arriere-garde, il ne faut
que le moindre accident de mauuaise fortune pour mettre vne armee en
route. Doncques vn General pour,
estre plus asseuré en l'espoir de la victoire, doit disposer son armee en bataile
suiuant la forme que les Romains ont
vlé anciennement, mais en y aioustant
aux ailes des troupes d'harquebusiers
à cheual, d'Estradiots, d'enfans perdus,
des Hastaires & des harquebusiers, &
posant aussi les Canons en lieu conuenable, tant pour estre bien gardez, que
pour endommager l'ennemy: bien que
lon ne doit pas esperer la victoire au
moyé de l'artillerie: Car si elle côtinuë
a tirer, l'armee ennemie canónera aussi
de mesme sur vous, si bié que ce seroit
se nuire pour endómager autrui, & ain-

si ce seroit la victoire des gens-d'armes
qui nasquiret des dents du dragó iettees
en terre, où l'honneur du triomphe fut
pernicieux au vaincueur. Ainsi pour acquerir legitimement la victoire, il faut
que les Enfans perdus, les Harquebusiers des ailes & les Estradiots se ruent
du commencement sur l'artillerie des
ennemis, & que s'efforçant de s'en saisir, & les ennemis de le deffendre elle
n'aye plus le moyen de tirer. Afin que
vostre auantgarde s'auance courageu-
sement auec l'adresse & les valeurs sur
les ennemis. Car c'est par le bon ordre,
par le courage, & par les exploits de la
main que les victoires doiuent estre ac-
quises. Or pour paruenir heureusemét
aux victoires, vn Capitaine doit auoir
le bon heur d'estre bien obey: Car sans
l'obeïssance il n'y a bonté de seruiteurs
ny merite ny authorité de maistre qui
puisse produire en guerre, ny en nulle autre profession aucun effet d'heureuse fortune. Et pour acquerir vne
partie si necessaire, il faut qu'vn chef
d'armee soit liberal enuers les plus vail-

lans, iuſte à diſtribuer generalement les
payemens & la ſolde, ſeuere à faire punir le grands crimes, & doux, gracieux
& fauorable enuers tous. Alexandre
fut extrememēt bien obeï des ſiens à
cauſe de ſa liberalité : Car elle eſtoit ſi
grande qu'vne fois apres auoir conquis
le Royaume de Perſe, il paya de ſes deniers toutes les debtes dont les ſoldats
de l'armee eſtoient chargez : Outre de
grands preſens, & dons particuliers
qu'il fit à plus de dix mille ſeigneurs, ou
perſonnes ſignalees, les honorant ainſi,
chacun ſelon ſon degré & merite, à fin
de les obliger touſiours d'autant plus à
ſon ſeruice, & qu'ils en fuſſent plus
hautement pourueux par mariage. Ceſar eſtoit ſi liberal qu'il ſembloit qu'il
ne faiſoit amas de threſors, qu'à fin d'en
faire riches ſes ſoldats, & ſes Capitaines. Et noſtre grand Roy, & grand Empereur Charlemagne, aimoit tellement la liberalité, qu'il diſoit que iamais aucune perſonne ne deuoit partir
malcontent de la preſence d'vn Prince.
Aiouſtant apres, qu'vn Prince ſe doit

faire … … auec la liberalité: Et
lors … … pas des moyés pour dōner
il … … le moins promettre. Et c'eſt
… … uyayāt auec ſes valeurs & ſon
… courage, ceſte royale vertu, ſes en-
repriſes furent ſi grādes, & ſes conqueſtes ſi glorieuſes à cauſe de l'affection, &
de l'obeïſſance, dont il eſtoit ſeruy de
tous. L'auarice, & la rudeſſe furēt cauſe
que Lucullus fut mal obeï de ſō armée;
qu'il n'acheua pas la guerre Pōtique, &
ſuiuant la gloire dont il l'auoit ſi brauement commencée: Car ces deux vices le rendirent odieux aux ſiens, & luy
oſterent le merite d'acquerir dauantage des victoires, & d'obtenir le Triomphe. Alexandre le Grand, & Iules Ceſar ont eſté ſi glorieuſement qualifiez
de toutes les excellentes parties d'vn
bon guerrier, & d'vne perſonne de reputation, de vertus, d'amour & d'humanité enuers leurs ſoldats, que leurs
commandemens n'eſtoient iamais ſans
eſtre obſeruez, ſi par quelque fortune
contraire, ou par autre oppoſition exterieure le pouuoir ne leur venoit à

H iiij

manquer : Car la volonté & l'affection
estoient si grandes en leurs ames, que
pour seruir si bons maistres, ils ne faisoient aucune estime des peines, & des
dangers. Mais vn seul exemple peut faire foy de quelle affection ce grád Romain estoit aimé des siens. Car comme
Scipion eut surpris en Afrique vne des
nauires de Cesar, dedans laquelle estoit
entre autres Granius Petronius Que-
steur, il luy dit qu'il luy donnoit la vie.
Mais Petronius luy respondit, que les
soldats de Cesar n'auoient point ac-
coustumé de receuoir en don, ains de
donner la vie aux autres. En disant cela,
il se passa son espee à trauers le corps,
& se tua ainsi luy-mesme.

    Mais apres qu'vn Prince, ou vn Ge-
neral a deliberé de son esprit, & de son
conseil quelque entreprise, il la doit
poursuiure auec fermeté. Comme Cesar qui voyant ne pouuoir obtenir de
Pompee, & du Senat aucun bon traite-
ment, se delibera de se rendre le plus
fort, & de s'oposer à tous ceux qui luy
voudroient nuire : Car apres le passage

...son toujours une,
Mahomet ... Empereur des Turcs,
de ... de mesme extremement re-
... l'entreprise qu'il fit d'assie-
... de prendre Constantinople: come
... fait auec les grandes forces, & appareils de son armee jointe à la fermeté de
ses desseins, apres la continuation d'vn
siege de six mois, qui fut terrible aux
vns, & aux autres, il la print d'assaut vn
Dimanche où la feste de la Pentecoste
estoit solennisee. Aussi pour la poursui-
te de ce qu'il auoit entrepris, il agrandit ses estats de deux Empires, de quatre Royaumes & de vingt & quatre
Prouinces. Ceste fermeté se treuue en
vn autre sorte de dessein, comme lors
qu'el'on se delibere de ne donner bataille, ou bien de n'entrer au combat
qu'auec vn apparent auantage de son
costé. Fabius Maximus, & Marius se
sont monstrez excellens en cette vertu:
car auec la patience, & auec leur deliberation arrestee, ils sont paruenus aux
victoires qu'ils attendoient. Pompee se

H v

treuua inconſtant en la deliberatioń
qu'il auoit ſi bien propoſé de tenir:
Car pour croire aux paroles de gens
qui ne ſçauoiét que c'eſtoit de la guerre, il donna bataille contre ſon gré, &
la perdit, comme à peu pres il auoit opinion de la perdre, puis qu'il auoit à faire auec Ceſar, de qui l'armee eſtoit
combatuë de la famine, & deſeſperee
de trouuer aucun ſalut ſi ſecourable
que de faire iournee. Le grand Capitaine Conſalue auoit en telle recommandation de fermeté ce qu'il auoit deliberé vne fois : Que ny conſeil d'autruy,
ny aucune contrarieté de temps, ny fatigue pour extreme qu'elle fuſt, ne le
deſmouuoit iamais de ſes entrepriſes.

La diligence, & l'induſtrie ſont des
principales pieces de la gloire d'vn Capitaine : Car apres auoir determiné
quelque haute entrepriſe, il faut la diligence pour ſe conduire au lieu deſtiné,
& l'induſtrie pour ſy rédre le plus fort:
tant de ce qui conſiſte à reboucher les
forces de l'ennemy : côme à luy nuire
par des moyens, d'artifices, & des ruſes

...nibal
...partie, & pour la
...tion Numantique,
...ju... le firent voir
...plus braues en ceste vertu,
...mesme tout ensemble excellens
...tres. Lucius Cornelius Sylla fut
...eusement glorieux en l'indu-
...bien que par le bon heur qui
...l'accompagnoit en toutes entreprises il
...fut surnommé Felix, l'heureux le fortu-
...né, toutesfois on estime que son indu-
...strie ne fut pas moindre que sa fortune.

La promptitude est vne vertu militaire, qui bien qu'elle ressemble de prime
face n'estre autre que la diligence: toutesfois c'est quelque chose de plus : Car
la diligence est vn libre & leger acheminement aux choses deliberees : Et la
promptitude vne action de soudainete,
qui est conjointe à la chaleur du courage, & aux forces de la valeur pour
l'exploit de quelques grands effets. En
cette partie Alexandre, & Cesar sont
deux Aigles qui sur tous les guerriers
ont volé plus glorieusement dans le

Ciel de Mars. Cesar exploita vn effet
de grande promptitude en la victoire
qu'il eut sur Pharnaces : Surquoy ce
braue Capitaine ayant luy-mesme en
admiration le bon-heur de sa promtitude, & de sa vaillance, escriuit au Senat Romain vne lettre de la mesme
brieueté & vertu, pour luy donner
ner nouuelles de ses victoires, auec vn
discours de semblable energie comme
il auoit obtenu promptement le fruit
de ses conquestes. La lettre contenoit
ainsi ces trois mots, *Veni, vidi, vici.* Cóme donnant à entendre de cette façon.
Si tost que ie fus arriué au Royaume
de Pont, ie vis Pharnaces, si tost que ie
le vis, ie luy donnay bataille, & aussi
tost luy auoir donné bataille, ie le vain-
quis, & conquis son Empire tout soudain. Henry de Lorraine Duc de Guise se seruit heureusement de la promtitude en la deffaite des Reistres à Au-
neau: car il y conjoignit la valeur & l'o-
cañon. Le sieur de Vins de Prouence à
exploité en nos iours maints effets d'vn
grand Capitaine au moyen de la prom-

titude. Et bien v̈oit fi brauement que
la guerre luy en donna le furnom de
matinier. Ce a efté vn des premiers
hommes de guerre de ce fiecle : mais il
eftoit comme Philopœmen, car il auoit
befoin de quelque puiffante Republique pour donner cours à fes valeurs en
la conduite & entretien d'vne bonne
armee. Le fieur de Les-diguieres à fort
employé la promtitude en la plus part
de fes entreprifes : mais on peut dire
qu'il a toufiours marié fes exploits a-
uec la prudence, l'induftrie & la valeur.
Et de fait ie l'eftime fi grand Capitaine
que ie ne croy pas qu'aucun chef de
guerre luy peuft apprendre quelque
chofe de nouueau pour le meftier des
armes.

Il eft requis encore pour la perfectiõ
d'vn excellent Capitaine, vne fubtilité
& promtitude d'efprit pour fe guaren-
tir d'vn inconuenient qui le menace &
l'aproche. Et au moyen de cette vertu,
vn grand mal fe conuertit ordinairement en quelque grand bien. Tullus
Hoftilius feftant acheminé auec fon

armee, & auec celle des Albanois ses
confederez, conduite par Metius Suf-
fetius, contre les Fidenates, & Veien-
tins : lors que l'on fut sur le point de
donner la bataille. Metius qui estoit de
mauuaise pensee, & d'vn cœur traistre
& lasche, commence à s'esloigner des
Romains,& a prendre son chemin vers
les montagnes, en volonté de se tourner vers la partie où s'inclineroit la victoire. Les Romains qui estoient pres
de luy, se voyans par ce moyen demeurez à descouuert de ce costé-là, tous
esbaïs, enuoyerent soudain le faire entendre au Roy. Iceluy voyant le peril si
eminent, pensant vn peu à soy,& soudain par vn promt auis il euita la ruine
qui le menaçoit : car il respondit a haute voix, qu'ils s'en retournassent en leur
lieu,& qu'ils n'eussent point de crainte.
Car les Albanois estoient partis de là
par son commandement. Ces paroles
donnerent aux Fidenates vne defiance,
& soupçon que Metius les vouloit trahir, & enfermer au milieu, & à cette
cause ils se tournerent tout aussi tost en

arriere. Sylla voyant que ses soldats se
mettoient à la fuite aux attaques de l'armee de Mithridates, les retint & arresta par la subtile inuention de ses paroles: Allez-vous en compagnons, quant
à moy, ie vais mourrir icy glorieusement. Quand on vous demandera où
vous auez trahy vostre Capitaine, sou-
uenez-vous de respondre que ce a esté
en Orchomene. Ces paroles furent de
si grand force que les Romains retour-
nans visage, s'auancerent valeureusement sur l'ennemy. Cecinna ne pouuant par aucun discours retenir ses soldats, qui par vn vain espouuantement,
fuyoient par la porte opposee aux ennemis, se laissa choir pour dernier remede, sur le sueil de la porte; & à cette
occasion les soldats arresterent leur fuite de peur de l'offencer, & de luy passer
sur le ventre. Alcibiades qui est vn des
plus illustres de toute l'antiquité, à mis
en besógne de merueilleuses subtilitez
en guerre: Mais sur toutes celles qui se
sont iamais veuës, la subtilité de Datami excellent Capitaine de Carie em-

porte le prix: Car il fit que celuy qui le
vouloit trahir combatit par force à son
seruice, au mesme temps qu'il alloit effectuer la trahison : tant il eut l'esprit
promtement ingenieux à changer le
mal en bien.

Or pour la conclusion de ce discours
i'auertiray tout Capitaine de se rendre
curieux d'auoir la gracieuseté & la cour
toisie brillātes, au visage, & le bien dire
en la bouche, à fin qu'auec ces deux qua
litez si dignes, ses regards, ses paroles, &
ses harangues soient des vertus celestes
pour captiuer les desirs , & la volonté
des soldats, pour leur augméter le courage, & pour les acheminer allegremét
à la peine, & aux effets de toutes ses entreprises: Car la serenité , & la douceur
de la face d'vn Capitaine est vne espece
de recompense aux soldats , & ses paroles braues, douces & bien adressees
sont de flāmes de la gloire qui leur em-
brasent le cœur en l'amour de son seruice.

Fin du premier Liure de l'excellence
des Anciens Capitaines.

LE DEVXIEME LIVRE

DES MAXIMES D'ESTAT
Militaires & Politiques.

De l'excellence des anciens
Capitaines.

'EXCELLENCE d'v-
ne chose s'exprime en
deux manieres : abso-
luëment & en comparaison d'v-
ne autre. Or en cette premiere
façon Virgile a monstré la grandeur de Rome en ces paroles:

> ---- *Illa inclyta Roma*
> *Imperium terris, animos aquabit*
> *Olympo.*

Ceste inclyte Rome esgalera son
Empire à la terre, & le courage

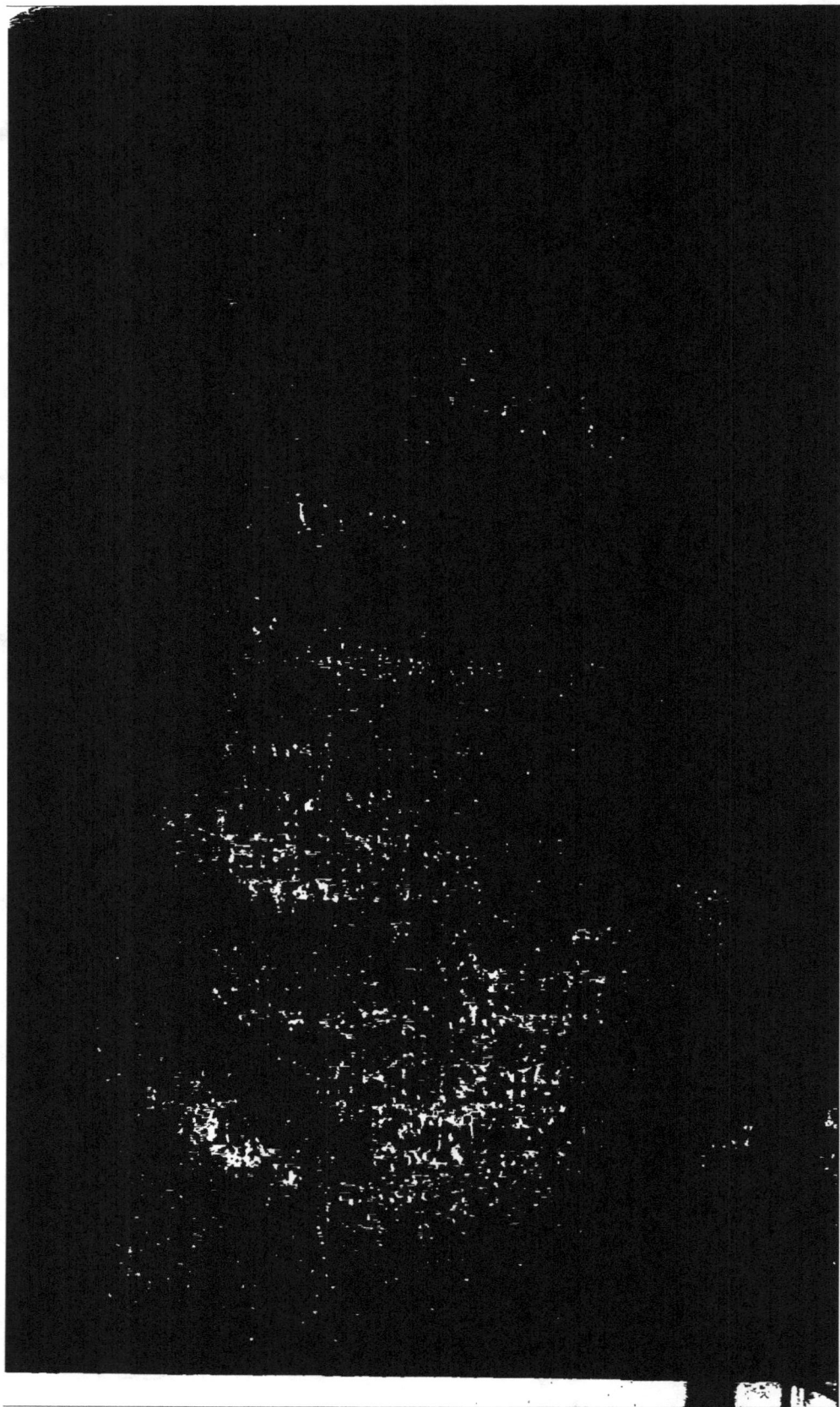

Comparaison entre Alexandre le Grand & Cesar.

LA comparaison d'Alexandre le Grand & de Cesar, seroit vne entreprise digne d'vn personnage excellent au mestier des armes, & en toutes les sciences de la guerre. Dautāt que puis qu'il est ainsi, que ces deux Princes si renommez, sont auec beaucoup de raison, estimez & reconnus pour lumiere de la Milice, il semble qu'vn esprit qui ne sera consommé en telle profession, ne sçauroit donner vn iugement parfait sur le merite de leurs valeurs, & de leurs actions. Toutesfois vn hōme qui n'aura iamais pratiqué la

guerre , ne fe doit pas demettre
d'en dire ce qu'il luy en femble
bon:Car l'hiftoire qui eft mere
de prudence,fait que fi l'on ne fe
voit en perfonne aux perils des
batailles , on f'y trouue auec l'a-
me , où l'on voit en repos l'ire,&
la fureur, les efforts, les bleffu-
res , & les trefpas des hommes
armez. Et pour donner credit à
cefte raifon, ie la fortifieray d'v-
ne côparaifon fi legitime, qu'elle en fera receuë & auoüée vniuerfellement : Car ainfi qu'il a-
uiët par fois que celuy qui verra
jotter quelques vns aux efchets,
ou au damier , bien qu'il n'aye
pas tant de pratique au jeu comme ceux qui jouënt, pourtant il
connoiftra quelquesfois mieux
qu'eux quelle piece on doit mener,& de quelle embufche on fe
doit defendre: Ainfi vn homme

de lettre par fois ne iugera pas
moins bien de la guerre, qu'vn
soldat qui l'aura long temps pra-
tiquée. Surquoy ie ne connoy
point sur quel fondemēt le Philosophe Phormion fut blasmé
d'Annibal, en ce qu'il auoit discouru de l'art Militaire en sa presence : Car ce n'estoit pas vne
chose disconuenable à vn homme d'excellente doctrine, de discourir d'vne matiere submise à
sa prudence, & au iugement cō-
nun, & mesmes qu'en la presence d'vn Capitaine tel qu'estoit
Annibal, il ne se pouuoit traicter
d'vn sujet qui fut mieux à propos.

Or pour arriuer au but de nostre intention, disons que deux
choses se recherchent en vn Capitaine, de qui la grandeur de
courage en est vne, & l'autre

c'est la raison de la guerre. On y
desire ceste grandeur de courage, parce que les choses plus grãdes qui se traitent au monde,
font les sieges & les defences des
villes, les barailles assignées, la
conqueste des Royaumes, les
vi ctoires & les triomphes. En
choses si glorieuses & difficiles,
nul ne peut arriuer, s'il n'est qualifié d'vn esprit du tout excellẽt
& genereux. Pour preuue dequoy, nous voyons que les grãds
Capitaines degenerent ordinairement d'eux mesmes en leur
vieillesse: d'autant qu'auec le re-
froidissement du sang & des esprits, la braueté du courage & la
vehemence leur manque encore. Et de cela nous en auons de
viues preuues en Lucullus, & en
Pompee: mais sur tous en la vie
de Caius Marius, qui durant la

fleur, & vigueur de son âge, ayãt esté valeureux en extremité, de-uint par le progrez des ans en vne nature lente & de peu d'efficace, & telle chose s'experimenta en la guerre Sociale.

Outre plus, puis que la guerre est diuisée en deux cõditions, l'offence & la deffence, desquelles la premiere est de beaucoup plus grande importãce que l'autre, puis qu'en l'offence la defence est aussi comprise, comme pourriez vous assaillir vn Capitaine qui soit à vous semblable, ou bien encore superieur en fortes, ce qui bien souuent peut ar-iuer comme chose necessaire, commēt, dis-ie, l'assaillirez vous, si vous ne le surpassez en excellence d'esprit & de cœur ? Aussi comme pourroit-il estre possi-le que des soldats conduits par

vn Cerf fiffent les œuures d'vn
Lyon, & qu'vn efprit timide, &
commun commandaft chofes
hardies & genereufes ? Et c'eft
pourquoy vn Capitaine doit a-
noir rant de brauades en foy, que
maintenant auec l'eloquence,
tantoft auec la gayeté de fon af-
pect, ore auec la force, & puis a-
uec l'artifice il rende fon armee
participante de toutes les vertus,
qui l'honorent. Or cette fubli-
mité de courage & d'efprit, fut
merueilleufe en Alexandre, &
en Cefar:mais pourtant auec ce-
te diference,que la braueté d'A-
lexandre conuenoit mieux à vn
foldat que non pas à vn Capitaine,& celle de Cefar plus à vn Capitaine qu'à vn foldat. Car nous
fçauons qu'Alexandre fans aucune neceffité de caufe fe fourra
bien fouuent en manifeftes perils

tils de la vie, & c'est seulement
par vne pure gaillardise de mener les mains, & d'ensanglanter
son espée. Et le plus souuent il
se mettoit auec les premiers aux
batailles, eschelloit & sautoir
sur les murailles des Villes en-
nemies : Et enfin sans aucune
vtilité de la guerre, il se treuua
griefuement blessé plusieurs
fois. Mais touchant Cesar, bien
qu'il fust d'vn cœur qui n'auoit
aucun manquement, toutesfois
il ne se mit iamais en peril, sinon
lors que la necessité de l'affaire
l'en côseilloit, & se meslant ainsi
dans les allarmes pour les cas vr-
gents, il remettoit ses batailles
en ordre, redonnoit le cœur aux
soldats, & ostoit la victoire d'entre les mains de ses ennemis. Côme il se vit en la iournée contre
les Neruiés, & en vne autre con-

tre les fils de Pompée, & en l'infortune qu'il reçeut à Durazze,
où parmy des rencontres si memorables, il faisoit tourner teste
aux soldats qui fuyoient, & leur
monstroit l'ennemy, & ce auec
telle fermeté de courage, que
les Alfiers ou Porte-enseignes
qu'il s'efforçoit d'arrester, luy
laissoient les enseignes entre les
mains. Et sur ce propos Tite-Liue descriuant l'office d'vn General en la route d'vne bataille,
discourt ainsi d'Asdrubal. *Ille pu-*
gnantes hortando, paritéque obeundo
pericula sustinuit : ille fessos abnuetés-
que tædio, & labore nunc precando,
nunc castigando accendit : ille fugien-
tes reuocauit, omissámque pugnam
aliquot locis restituit: Ce valeureux
Capitaine encourageant les cõbatans, & s'exposant auec eux
aux plus apparens dangers, sou-

stint le choc plus important, &
en mesme temps, en vsant ores
de prieres, & tantost de chasti-
ment, il redonna le courage à
tous ceux que la lascheté auoit
saisis, soit pour raison du grand
trauail, ou de l'ennuy que l'effroy apporte. Et auec pareil
courage il arresta les fuyans, &
releua en plusieurs endroits le
combat, dont il estoit decheu
auparauant.

Et Tacite parle ainsi du premier Anthoine, *Nullum in illa tre-*
pidatione Antonius constantis ducis,
vel fortissimi militis officium omisit
occurrere pauentibus, retinere cedentes
vbi plurimus labor, vnde aliqua spes,
consilio, manu, voce insignis hosti, con-
spicuus suis, eo postremo ardoris proue-
ctus est, vt vexillarium fugientem ha-
sta transuerberaret: mox raptum ve-
xillum in hostem vertit.

En ce commun effroy iamais
Anthoine ne raualla son courage
pour oublier le deuoir d'vn Capitaine inuincible, releuāt par sa
presence ores les effrayez, & tantost appellāt ceux qui prenoiēt
la fuite, se presentant aux endroits les plus trauaillez où il y
auoit quelque espoir de resistance. Ainsi par ses conseils, par
les coups furieux, & par sa voix
formidable, & pleine de courage se rendant l'effroy des ennemis, & le soulagement des siens,
en fin son ardeur monta iusques
là, qu'ayant apperçeu vn PorteEnseigne tournant le dos pour
prendre la fuite, il le transperça
de son espieu, & se saisissant en
mesme instant de l'estandart
pour le tourner côtre l'ennemy.
Car tout de mesme qu'il est vrai
que la charge & l'office d'vn Architecte, ou d'vn ingenieur n'est

pas de travailler auec ses mains
en la fabrique d'vne muraille:
mais bien de cõmander aux ma-
çons & manœuures, ainsi ce n'est
pas l'ordre aux Capitaines de cõ-
batre, ains d'estre & demeurer
par dessus les cõbatans, & par cé-
ste raisõ ne mettre point les bras
en œuure, mais le iugemẽt, & ne
se trauailler à tuer vn soldat particulier: mais bien auec sa prouidence se pener de vaincre toute
l'armee des ennemis. Or tous ces
Generaux d'exercites, qui sans
besoin se fourẽt aux coups, font
vẽir clairemẽt qu'ils recherchẽt
la louange d'vn simple soldat a-
uec la perte de la gloire qui est
deuë à vn Capitaine. Et cõme disoit le premier Anthoine, *Diuisa,
inter exerciũ duce sque munia militibus
capituli nē pugnādi connenire, duces pro-
uidēdo, cõsulendoque cunctatione sæpius;*

quam temeritate prodesse. En vne armee les offices & conditions des
chefs, & des gés-darmes ne sont
pas de mesme. Le desir de combatre est couenable aux soldats:
Mais le chef auance beaucoup
plus s'ocupant à la preuoyance,
& auisant à tout ce qu'il faut,
qu'en se precipitant auec temerité le premier à la bataille.

Et le mesme appelloit la raison & le conseil, les propres arts
d'vn Capitaine. Mais pour maintenant c'est assez discouru du
courage, & de la hardiesse de ces
deux lumieres des guerriers. Et
quand à ce qui regarde l'art de
la guerre, les suiuantes propositions nous feront entendre lequel de ces deux guerriers s'est
veu plus grand, ou moindre que
l'autre. Et premierement Alexandre posseda sa grandeur par

droit d'heritage, qui estoit vn
Royaume tres-grãd, vne armee
pleine de bons soldats, & d'excellens Capitaines qui auoient
domté la Grece, & la Thrace, &
semé l'espouuante & la terreur
en l'Asie : Mais Cesar se vit paruenir du point d'vne fortune
priuee, & commune à la Principauté de Rome, & du monde, &
par ses valeurs il s'aquit suite,
forces & puissances : Il ne reçeut
pas d'autruy vn vieux & pratic
exercite, mais il le fit luy mesme.
Alexandre vainquit des peuples
qui auoient jadis esté vaincus &
domtez de son pere, ou d'autres
Capitaines, comme furent les
Grecs, & comme furent aussi les
peuples d'Asie, sous les armes de
Milciades, de Pausanias, de Ci-
mon & d'Agesilaus : & apres
ceux-cy ses victoires s'estendirẽt

I iiij

fur certaines natiõs qui n'auoiéc
iamais eu renom de valeur militaire : comme les Indiens, & les
Arabes : Dequoy Alexãdre Roy
des Epirotes fon parent, faifant
preuue de lavaleur Italiéne, vint
à dire, qu'Alexandre le Grand
f'eftoit rencontré auec des femmes , & luy auec des hommes :
Mais Cefar fit la guerre contre
des peuples, qui fur tous les Bar-
bareseftoiéc eftimez en fierté de
courage, &en vaillance de guerre furmonta des nations qui n'a-
uoiéc iamais efté affaillis des Romains, & vainquit les Romains
vaincueurs du monde. Et fur ce
propos Eudeme Atheniẽ fe mo-
quoit, & fe rioit des armes auec
qui lesPerfesvouloiéc f'affrõter,
& f'affronterent apres auecAle-
xandre, lefquelles armes eftoiéc
fondes, & bois defgroffis & po-

lis, Surquoy l'on cōfeilloit à Da-
rꝰ dē fere prouifion, de foldats
qui euſſent de meilleures armes
en vſage: mais ſon auis ne fut pas
reçéu. ſi uꝛquꝰ ſi ob md ꝓ vm

Alexandre combatit contre
des exercites plus grands que
ceux contre qui Cefar auoit fait
la guerre, & outre cette majori-
té Alexādre les treuua touſiours
en nōbre fuperieurs de ſes troupes : Mais à l'oppoſite Cefar les
rencontra plus belliqueux, plus
fiers, & plus douragęux. Et outre
cela Cefar n'eut iamais des exercites ſi populeux comme ceux
d'Alexandre : Car à l'entrepriſe
des Indes, ſon armee éſtoit fournie de fix vingt mille foldats. A-
lexandre eut cela de ſingulier
qu'il ne tenta iamais entreprife
qui ne luy reüſſit, & de Cefar c'eſt
vne propre loüāge qu'il ne fit ia-

I v

mais erreur en guerre.

Et c'est pourquoy l'honneur
que Probe defere à Iphicrates
luy est legitimement deu, comme estant de sa proprieté. *Nus-*
quam culpa male rem gessit, semper
consilio vicit. Ses affaires ne se porterent iamais mal par sa faute,
ains vsant tousiours de conseil il
demeura vaincueur.

En quoy Alexandre ne sçauroit estre excusé ny defendu,
puis qu'il est ainsi que trois parties principales sont remar-
quees en la Milice: Le Marcher,
le Loger, & le Combatre, il cō-
mit de grandes erreurs en toutes trois: Car en conduisant son
armee en la Cilicie, il entra dans
l'ouuerture des mōtagnes auec
si peu d'auis, que luy mesme ne
sçauoit à qui se deuoit atribuer
son sauuement, sinon que le re-

lis, Surquoy luy conseilloit à Da-
re de faire prouision, de soldats
qui eussent de meilleures armes
en vsage: mais son auis ne fut pas
receu.

Alexandre combatit contre
des exercites plus grands que
ceux contre qui Cesar auoit fait
la guerre, & outre cette majori-
té Alexãdre les treuua tousiours
en nõbre superieurs de ses troupes : Mais à l'opposite Cesar les
rencontra plus belliqueux, plus
fiers, & plus dourageux. Et outre
cela Cesar n'eut iamais des exercites si populeux comme ceux
d'Alexandre: Car à l'entreprise
des Indes, son armee estoit fournie de six vingt mille soldats. A-
lexandre eut cela de singulier
qu'il ne tenta iamais entreprise
qui ne luy reüssit, & de Cesar c'est
vne propre louäge qu'il ne fit ia-

I v

mais erreur en guerre.

Et c'est pourquoy l'honneur que Probe defere à Iphicrates luy est legitimement deu, comme estant de sa proprieté. *Nusquam culpa male rem gessit, semper consilio vicit.* Ses affaires ne se porterent iamais mal par sa faute, ains vsant tousiours de conseil il demeura vaincueur.

En quoy Alexandre ne sçauroit estre excusé ny defendu, puis qu'il est ainsi que trois parties principales sont remarquées en la Milice: Le Marcher, le Loger, & le Combatre, il commit de grandes erreurs en toutes trois. Car en conduisant son armee en la Cilicie, il entra dans l'ouuerture des montagnes auec si peu d'auis, que luy mesme ne sçauoit à qui se deuoit atribuer son sauuement, sinon que le re-

ferer à son bon-heur, puis qu'en
trauersant les estroits chemins
des colines, quatre soldats seulement y pouuant marcher en
rang, il confessa que les ennemis
auroient peu le desfaire à coups
de pierres. Et pour le passage du
fleuue Lico, Quinte Curse en
escrit ainsi, *Deleri potuit exercitus, si*
quis ansus esset vincere: On pouuoit ruiner son exercite si quelqu'vn l'eust osé entreprendre.

Allant en Perse, il y entra par
vn passage si estroit & si perilleux, qu'alors les Barbares luy
courant à dos, *Regem non dolor mo-*
do, sed etiam pudor temerè in illas an-
gustias coniecti exercitus angebat: Le
Roy fut saisi & affligé, non seulement du regret, mais de la hó-
te d'auoir exposé son armee en
ces destroits si desauantageux.

Au pais des Sussitains, *Siti exer-*

I vj

citum pene perdidit: Il perdit prefque tout fon exercite par les
tourmens de la foif. Et fi bien
que les miferables foldats eftãs
apres arriuez fur vn fleuue, ils
s'engorgerent, & fe remplirent
fi fort à boire, que plufieurs y
laifferent la vie. *Multóque maior*
horum numerus fuit, quàm vllo vn-
quam amiferat prælio: Ils en peri-
rent beaucoup plus par ceft excez, que par aucun autre rencontre de bataille auparauant
auenuë. Et comme vne partie
de fon exercite s'eftoit perduë
par la foif, de mefmes aux Indes
il fe manqua de bien peu qu'il
ne fe perdift entierement par la
faim. Et puis qu'il eft vray, comme dit Xenophon, qu'il n'ap-
partiĕt pas moins à l'office d'vn
bon General d'Armée de pouruoir fes foldats de victuailles,

comme au iour des allarmes de
les mettre bien en ordre. *Rex do-*
lore simul, ac pudore anxius, quia cau-
sa tãtæ cladis ipse esset. Le Roy etoit
trauaillé de tristesse & de honte, se connoissant estre la cause
d'vne si grande pette.

Mais on ne peut connoistre
de quelle valeur il estoit à Loger, & à Camper: car il ne fit pas
la guerre côtre des peuples qui
s'entendissent à cela: Mais puis
que lé Marcher, & le Camper
sõt deux choses comme conjointes, puis qu'il a fait tant d'erreurs en ceste premiere, ce n'est
pas chose incroyable qu'il n'en
aye fait beaucoup en l'autre.
Quant au combat, c'estoit vne
chose si desireuse en luy de mé-
ner les mains, que bien peu il se
soutenoit du degré de la Roiau-
té, & de l'office d'vn Capitaine,

dont il s'en treuua cruellement
blessé en diuerses occasions, &
par deux fois il en demeura debiteur de sa vie à Clite. Et au
fleuue Granique il commença
la bataille auec vn si grand desauantage de situation, & auec si
peu de iugemēt, que Plutarque
en escrit cecy, qu'il sembloit à
le voir qu'il gouuernoit la guerre plutost par vne fureur incon-
sideree que par aucune raison
de Milice : car il entra dans le
fleuue qui estoit gros & violent , & les ennemis mes-
mes tenant & defendant la riue
contraire, qui s'esleuoit haute,
& difficile à pouuoir estre abor-
dee. Et vne fois estant conseillé
de Parmenion à se preualoir
de l'auantage de la nuict contre
l'exercite de Daire qui sembloit
comme infiny, n'estant pas aui-

fé que la premiere loüange d'vn
Capitaine est de faire valoir son
auantage plus par le conseil que
par les armes, il respondit iuue-
nillement qu'il ne vouloit pas
desrober la victoire. Il fut le premier aux Indes d'entrer dans la
terre d'Ossidracano, où se treuuant reconnu des ennemis il y
fut resté au nombre des tuez, si
les Capitaines qui l'entendirent
ne l'eussent secouru, auec l'aide
des soldats qui estoient meslez
parmy l'ennemy. Quel auis, &
preuoyáce de Capitaine de laiss-
ser & d'esloigner ainsi son armee
sans gouuernement? Scipion se
gouuerna bien d'autre façon en
la defence de Carthagene. *Quod
plurimum ad attendendos militum a-
nimos intereat, testis spectatórque vir-
tutis, atque ignauiæ cuiúsque adest:*
Le chef estant present comme

spectateur & tesmoin de la vertu, ou lascheté des soldats sert
infiniment pour accroistre leur
courage.

Alexandre deuoit-il pas sçauoir que de commander, & de
suruciller à ceux qui combattent, est vn office beaucoup plus
noble, & plus important que de
sauter vn fossé, manier vne espée, escheller vn rampart, ou
faire quelque autre chose semblable.

Et plus, est-ce pas l'office d'vn
bon Capitaine ne se hazarder
iamais aux perils, si la necessité
de l'affaire ne le requiert? Ainsi c'est le mestier d'vn General
de faire par ses artifices, plutost
que par les vacarmes, que les
desseins, & les forces de l'ennemy se terminent en vain.

Ce doit estre sa leçon d'atten-

dre auec des yeux d'Argus à
tout ce qui arriue, ou qui peut
arriuer: De préuoir, & pouruoir
aux accidents, & aux cas variables qui d'vne heure à l'autre
peuuent suruenir. De ne laisser
pres de soy aucune chose loing
de sa vigilance, & veiller aussi
d'vne mesme pensée à ne laisser
rien d'asseuré à ses ennemis. De
supleer auec le soin, & les sens
au peu de cure de ceux qui sont
occupez à mener les mains. Et
ainsi par l'industrie de son esprit
apporter reparation aux perils
presens, & aux occasions propres, & vrgentes. Or comme
pourroit il faire la moindre partie de tant de choses si arduës,
vn Capitaine qui poussé de certaine gaillardise s'exposeroit en
vn manifeste peril de la vie pour
enuier l'honneur d'vn soldat

particulier?

Mais comme dit Curſe. *Quo-*
ties, illum fortuna à morte reuocauit?
quoties temere in pericula victum,
perpetua felicitate protexit ? Combien de fois la fortune le r'appella de la mort ? & combien de
fois ſ'eſtant eſlancé indiſcrette-
ment au milieu des perils, le defendit - elle par vn aſſidu bon-
heur?

Et ſans doute Alexandre ſe
ſeroit perdu plus d'vne fois , ſi
l'amour des ſoldats , de qui il
n'en eſtoit pas ſeulement Capitaine, mais encore Roy, & la valeur des Capitaines ne l'euſſent ſauué en donnant remede
à ſes deſordres, & ſuſtentation à
ſes erreurs. Et ſi Annibal fut digne d'eſtre blaſmé de ce qu'il
entretint ſes ſoldats dãs les delices & infirmitez de Capouë,

dont ils en deuindret tous ener-
uez & corrompuz: Que doit-on
dire d'Alexandre qui laiſſa en-
greſſer ſon exercite dans les de-
licateſſes & dans le luxe de Ba-
billone? *Diuitius in hac vrbe, quàm*
vſquam conſtitit Rex; nec ſullus locus
diſcipline militari magis nocuit: Le
Roy n'arreſta iamais tant en autre part, & n'y eut lieu plus nui-
ſible à la diſcipline militaire que
ceſte ville.

Mais au contraire Ceſar ſe
gouuerna auec vn auiſement &
vigilance incroyable au Marcher, au Loger, & au Combatre.
Or il eſtoit ſi ferme & ſi conſide-
ré au Marcher, qu'il ne paſſa iamais vn grand fleuue, ſinon que
par quelque pont merueilleux:
ayant en cela ſon but, & ſa penſée non ſeulement à la ſeurté de
ſon armée: mais encore à la re-

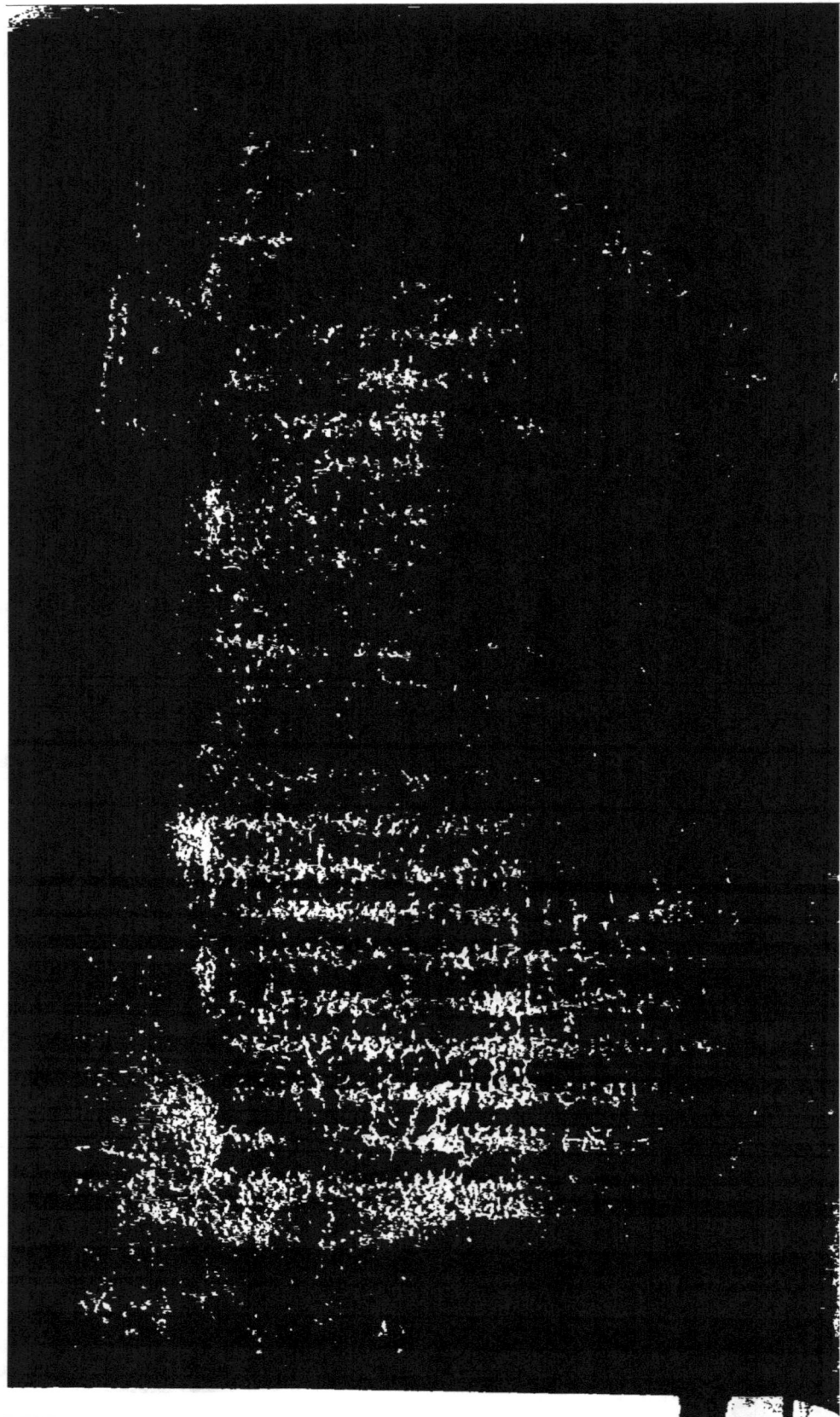

estoit en doute à qui donner le
premier rang en la conduite de
ses plus grandes entreprises, ou
à la prudence, ou au courage.

On ne sçauroit comprendre
auec combien d'artifice il campoit, si l'on n'employe l'esprit à
faire lecture de la guerre qu'il
fit en Espagne contre Petrée, &
Affranio vieux Capitaines & de
souueraine experience aux armes. Car en vertu du merueilleux artifice qu'il auoit à Marcher, & à Camper, il les redui-
sit en telle necessité, mesme au
païs de leurs amis, que bien qu'ils
eussent vn fleuue voisin de leur
Armée, ils mouroient de soif,
tant en les oppressant de pres, il
les empeschoit de se mouuoir:
Dont en fin il les rendit à l'honneur de ses victoires auec telles
conditions qui luy furent ag-

torem de victoria, atque exitu rerum
sentire existimarint. De ce qu'ils
auoient esté si presomptueux,
de s'estre preferez à leur Capitaine au iugement de la victoire
& de la fin de ses affaires. Et à
Durazze il remonstra à l'exercite, _Quod esset acceptum detrimentum_
cuiusuis potius, _quàm suæ culpæ debere_
tribui : Qu'il falloit plutost rejet-
ter cette perte sur le defaut de
chaque soldat que sur le sien
propre. Car tout ainsi que le persuader n'est pas l'office d'vn O-
rateur : mais bien le discourir, &
parler auec termes & paroles
choisies pour persuader : Et comme la charge d'vn Medecin n'est
pas de guerir, mais d'ordonner
auec reglemēt les medicamens
qui sont propres à r'appeller ou
entretenir la santé : De mesme
le vaincre, ce n'est pas l'office du

bon Capitaine, mais bié le gouuerner, la conduite & le commandement auec iugement, &
raisons propres pour aquerir la
victoire : Et le Capitaine qui
vaincra par autres moyens, en
doit sçauoir bon gré, non à son
sçauoir, ains au desordre, & peu
de iugement des ennemis, & à
l'ordre, & pratique, & vaillance
de ses soldats. Surquoy lors qu'-
Alexandre fit passer son armée à
trauers le fleuue Granico, &
qu'auec si grand desauantage il
combatit les Perses : Si bien il
vainquit l'ennemy, il ne fit pas
pourtant l'office d'vn bon guerrier, & c'est d'autant que l'ordre
qu'il auoit tenu estoit propor-
tionné pour la perte, & non
pour la victoire : Et d'auoir ainsi
vaincu, l'on ne luy en doit pas
atribuer l'honneur, mais bien à
la

la bonté , & discipline des soldats, & des Capitaines qui corrigerent son erreur, ou bien au peu de courage, & peu d'esprit de ses ennemis. Aussi Q. Curse & les autres escriuains estiment vne temerité ses entreprises, lors qu'il passa par les estroites auenuës de la Cilicie, & dans le fleuue de Lico , & qu'il s'auentura sur les hazars de tant d'autres choses semblables. Mais Cesar n'obserua pas seulement le mestier, & la dignité d'vn bon Capitaine quand il vainquit : mais encore quand il perdit : Car il adressa tousiours sagement les choses à la victoire, & ainsi il ne s'y gouuerna iamais qu'auec iugement, raison & dexterité. Et tant que les soldats obseruerent ses commandemens à Gergomie, ils eurent tousiours la victoi-

K

re : mais dés aussi tost qu'ils passerent l'ordre qu'il leur auoit prescrit, il se treuuerẽt vaincus. Et au rencontre de Durazze, la victoire luy fut interrompuë par l'erreur, & desobeïssance de ses soldats : Ainsi l'on voit que Cesar fut grand Capitaine, mesmes en ses desauentures : Mais non pas Alexandre toutes les fois qu'il se treuua en disgrace, ny de mesmes auec les victoires.

Or en consideration de ce sujet, Tite-Liue parle ainsi, *Nihil Marcellus ita gerebat, vt aut fortune, aut temerè hosti commissum dici posset:* Marcellus estoit si auisé en ses deportemens, qu'on ne pouuoit dire que iamais il eust rien abandonné au hazard, ou à la discretion de son auersaire.

Et comme dit Plutarque, *Fortuna id vnum hominibus non aufert,*

quod bono fuerit consultum: La fortune n'a aucun pouuoir sur les
choses qui se font auec vne prudence bien auisee. Car la resolution qui est bonne doit estre mesuree de la raison, qui nous a induit à la deliberer, & non pas
par l'estenduë des succez qui
s'en peuuent ensuiure, & de qui
personne ne doit estre obligé
d'en rendre compte, puis qu'ils
peuuent arriuer outre la volée
de tous pensers humains, & de
tous discours de raison. Or la
prouidence d'vn Capitaine dis-
cret & accort, se determine en
deux parties: l'vne de qui exerce
sa mire à la conseruation des forces, & de l'exercite en general:
Et l'autre s'employe directemét
à la consommation, & ruine de
l'ennemy. Alexandre se vit grandement deffectueux en la pre,

miere. Car il nonm... ...les
lieux de ralliement, qu'ils... y
treuuerent pour... mourir de
faim, tant... de froid... de... ...tton-
nas de trauail. Et par ainsi... commença les batailles en lieux qui
estoient extrememẽt à son desauantage. Et en fin par le seul
mouuement de son intention, il
mena ses soldats à la boucherie.
Ainsi par opposition on admire
auec tant d'honneur la sentence
de Scipion l'Africain qui disoit,
qu'il aimoit mieux sauuer vn
Capitaine, que tuer mille ennemis. En l'autre partie de ceste
prouidence Alexandre manqua
aussi, puis que pour ruiner l'ennemi deux choses sont valables:
La force, & l'entendement, il ne
se seruit ordinairement que de
la premiere, ce que l'on ne peut
pas dire de Cesar, puis qu'il est

ainsi, qu'il eust soin, & soucy de
ses soldats comme vn Pere de sa
famille. Et iamais il ne se mit en
aucune entreprise, sans qu'au
prealable il n'eust assemblé bône prouision de victuailles, & si
le forment venoit à faillir, il s'ai-
doit de la chair, & pouuant vaincre auec le fer, il aimoit mieux
se faire valoir l'artifice, & en toutes occasions il obligeoit, & employoit son esprit d'aider à la
force par l'industrie.

Mais le combatre, & le guerroyer n'est pas tout d'vne sorte:
on combat en campagne rasé &
ouuerte, on combat en assiegeât
ou deffendant vne place, on côbat par mer & par terre. Or Alexandre le Grand ne combatit
iamais par mer, si possible, vous
ne voulez appeller guerre maritime le siege de Tyr. Cesar guer-

roya par mer, en Asie, en Egypte, en Afrique, en l'Ocean, & en
nostre mer. Il assiegea, oppressa,
côbatit & conquesta force d'armes, infinies Citez & Chasteaux
de merueilleuse forteresse. Mais
entre toutes les œuures guerrieres que Cesar mit en effet, on
n'e sçauroit trouuer aucune qui
puisse estre comparée au siege
d'Alexie.

Car apres auoir contraint Vercingentorix, chef des Gaulois,
à s'enclorre dans Alexie auec
quatre vingts mille Gaulois,
qui estoient la fleur & le nerf de
toutes les Gaules, il le pressa &
l'enuironna, & puis il se resolut
de l'affamer : Et puis auec fossez
larges & profonds, & auec ouurages admirables il se retran-
cha, & fortifia contre deux cens
quarante mille autres Gaulois.

qui s'appareilloient de secourir
les assiegez ; Et opposé , & mis
ainsi au milieu de Vercingentorix , & de ceux-cy qui luy vouloient donner secours, il deuint
assiegeant & assiegé tout ensemble. Et comme assiegé il ne re-
poussa pas seulement l'ennemi,
ains il le rompit & desconfit
tout à fait, & comme assiegeant
il traicta si pressément Alexie,
qu'il necessita Vercingentorix
& ses troupes à venir se soumettre humblement en ses mains,
& ainsi il desmolit en vn poinct
les forces & les courages des
Gaules. Or ceste faction si braue m'a tousiours semblé la plus
admirable qui se soit faite iamais despuis que l'on manie les
armes. Ne souhaitez donc autre courage, autre iugement, autre prouidence, ny autre resolu-

bon que ce qu'il tient du Ca... qui en ... , reioint fur ... ge, fut ... auant, ... la defendit, & vainquit les ennemis en campagne, Velleo Parerculo fe treu-ue auffi de mon auis, & il dit ainfi, *Cæfar Alexandro, omnia rës geftæ, quantæ vndera, vix hominis perficere penè nullius, nifi Dei fuerit :* Les exploits qui fe font faits à l'entour d'Alexie font fi grands & fi valeureux, qu'à grand' peine autre que Dieu en pourroit faire de femblables.

Caftrucio Caftracani s'acquift le renom d'auoir renouuellé en Italie la difcipline Militaire, & & principalement par le fiege qu'il tint à l'entour de Piftoye à l'imitation de Cefar : Car comme la chofe eftoit ainfi qu'en vertu d'vne double tranchee il tenoit bridez d'vne part les Ci-

toyens, & que de l'autre il ar-
reſtoit Philippe Sanguinetti a-
uec tout le ſecours de trente
mille ſoldats, & de trois mille
hommes d'armes, il mit en fin
ceſte ville en telle neceſſité,
qu'elle ſe rendit à ſon vouloir.
Donc par tant de raiſons alle-
guees il eſt de croire que Ceſar
fut plus vniuerſel qu'Alexandre.

Mais pour ne dire apres aucune choſe de la ſobrieté, & de
la clemence, Ceſar vainquit
Alexandre en excelléce de courage: Puis qu'il eſt vray que rien
n'eſt ſi contraire à la magnanimité que l'enuie. Alexandre fut
ſi ſujet à ceſte paſſion eſtourdie
qu'il tua Clite de ſa main, parce
qu'il celebroit les entrepriſes
du Roy Philippe ſon pere. Et ne
pouuant diſſimuler le deſplaiſir

qu'il ſçauoit par la nouuelle
d'Antipater, qui auoit vaincu
les Lacedemoniens, ſic dempto
gloriæ æſtimans, quidquid eſſiſſet
aliæ Eſtant eſmeu de ceſte eſti-
mation, que d'auancement de la
gloire d'autruy eſtoit autant de
retranchement de la ſienne.

Mais tout à l'oppoſite, Ceſar
en ſes Cômentaires exalte beaucoup plus que ſes propres conqueſtes, les choſes exploitées de
T. Labienus, de P. Craſſus, & de
quelques autres ſiens Capitaines. Et de plus Ceſar illuſtra ſes
victoires, non ſeulement à honorer les amis, & les compagnons, mais encore à receuoir
en graot les ennemis. Alexandre deshonora ſes trióphes par
la cruauté qu'il vſa enuers les
amis, & auec la mort de Clite &
de Parmenion, auſquels il eſtoit

debiteur de la vie, outre la nature d'autres redeuances. Et Q.
Curse escrit ainsi de Parmenion,
Multa sine Rege prospere: Rex sine il-
lo, nihil magnæ rei gesserat : Lequel
auoit heureusement conduit
beaucoup d'entreprises en l'ab-
sence de son Prince, au contraire iamais Alexandre ne vint à
bout de chose d'importãce sans
l'auis & conduite d'iceluy. Ce
qu'il ne se peut dire d'aucun officier, ou Capitaine de Cesar.

Comparaison entre Annibal, & Scipion l'Afriquain.

N ne sçauroit inuen-
ter aucune chose qui
puisse mieux descou-
urir, & desclairer les
valeurs, & les qualitez d'vn per-

K vj

sonnage, que la comparaison de
luy auec vn autre qui luy est pa-
réil, ou peu inferieur. Et ie ne
croy point qu'il se treuue deux
personnages qui soient plus có-
perables entre eux, en toutes les
parties de la Milice qu'Annibal,
& Scipion.

Or c'est vne chose commune
à Annibal & à Scipion, d'auoir
commencé dés leur enfance à se
treuuer en grandes guerres, &
d'auoir eu en la fleur de leur âge,
le gouuernement de plusieurs
grosses armees & d'entreprises
fort importantes, d'auoir guerroyé en Prouinces belliqueuses,
en Espagne, en Italie, & en Afrique : combatu auec peuples, &
auec Capitaines fameux : d'a-
uoir obserué vne mesme raison
de guerre en leurs desseins : Car
l'vn , & l'autre porta la guerre,

dans la terre de ses ennemis. Annibal en Italie, & Scipion en Afrique. L'vn, & l'autre se sit valoir par grand iugement les stratagemes, & deceptions Militaires, & peu souuēt il leur arriua d'exploiter quelques faits d'armes, sans aider les forces auec l'astuce.. Et parmy les finesses de Scipion celles-là sont fort memorables auec lesquelles il vainquit Asdrubal en Espagne, & Siphax en Afrique. Or l'industrie qu'il auoit en ces cautelles belliqueuses, n'estant pas chose si notoire, il ne sera pas mal à propos d'en faire mention icy. Les armees des Romains, & des Carthaginois auoient esté campees, & rangees par aucuns iours l'vne au deuant de l'autre, & en ceste sorte que les Romains d'vne part & les Carthaginois de l'au-

re s'estoient rangez au corps de
la bataille ; & auoient posé aux
cornes les troupes des gens leurs
amis & alliez, lesquels estoient
la foible partie de leurs forces.
Et l'opinion de tous estoit telle
que la bataille se donneroit en
la disposition de l'ordre qu'on
auoit tenu aux iours precedens.
Or Scipion trompa doublement
les ennemis : Car ayant fait dis-
ner les siens au matin, & chan-
geant l'ordre qu'il auoit obserué iusques alors, il rengea les legions Romaines sur les cornes,
& les troupes estrangeres au milieu : Et puis pour faire que les
ennemis ne dinassent point, &
ne se donnassent garde de ce
changement, il y manda dés le
commencement que le iour fust
tout apparent la cauallerie, qui
par coursés, saillies & attaques

redoublees les trauailloient iuſques aupres de leurs loges. Lors
Aſdrubal eſmeu à l'impreueuë,
tira haſtiuement à ieun ſes ſoldats en campagne, & les rengea
en la meſme façon qu'il auoit
auparauant obſerué. Scipion
ayant commandé au combat
les cornes de ſon armee, où con-
ſiſtoit le nerf de ſes forces, rompit facilement les bandes des
ennemis oppoſees, & cela fut
exploité auant que les troupes
des Carthaginois en qui repo-
ſoit la meilleure part de leurs
forces, euſſent pouuoir de venir
aux mains auec leurs ennemis,
ou de ſecourir, ſils n'euſſent
voulu en meſme temps mettre
en deſordre leur bataille, & les
autres bandes de leur armee. Il
eſtoit deſia Midy, & la faim, & la
ſoif, auec vn ſoleil ardent affli-

geoient, & oppressoient grandement les Carthaginois, & alors
Scipion poussant du tout en a-
uant la bataille, & luy donnant
à dos, & à flac & de toutes parts,
il en recueillit vne victoire parfaite.

Mais la subtilité qu'il monstra en Afrique côtre le mesme
Asdrubal, & Siphax Roy de Numidie n'est moindre que celle-
là. Asdrubal auoit dressé trente
mille soldats, & trois mille cheuaux, & Siphax cinquante mille
soldats, & dix mille cheuaux,
auec lesquels s'estât approchez
de Scipion, Siphax luy fit parler
pour le traité de quelque pacification. Or tandis que les en-
tremetteurs de ce negoce al-
loient & venoient d'vn Camp à
l'autre, Scipion fut auerty des
siens que les loges des ennemis

disposees sãs aucũ ordre, estoiẽt
presques toutes de bois & de
cannes, & d'autre matiere tres-
propre à l'embrazemẽt: A quoy
ouurant l'oreille, bien qu'il eut
peu d'enuie de traiter plus de
paix auec Siphax, il continua
neantmoins de luy mander des
Ambassadeurs, & auec eux vn
bon nombre des plus accorts &
determinez soldats qu'il eut, &
les desguisant en habit de seruiteurs à fin d'espier minutement
tout ce qui pouuoit aider à son
dessein. Apres qu'il luy sembla
que tout son train estoit en bon
ordre, pour effectuer quelques
exploits, il rompit toute pratique d'accord, & descouurant sa
deliberatiõ aux Tribuns, il sortit son armée en campagne sur
le poinct des premieres tenebres, & allant en ordre il se vint

joindre vers .... au camp
des ennemis : Et il ordonna à
Lelio, & à Massinisse, qu'auec
vne partie de leurs Regimens,
ils assaillissēt le camp de Siphax
& qu'ils y missent le feu, il s'en
alla vers le camp des Carthaginois pour y faire vne mesme attaque. Les Numides voyant de
toutes parts le feu que Lelio, &
Massinissa auoyent jetté dans
leurs loges, & croyant que cela
fut suruenu par vn cas fortuit,
couroiēt desarmez çà, & là pour
l'esteindre : mais sur ce poinct
estās cōbatus fierement des Romains, ils se trouuoient en mesme temps vaincus, & consom-
mez par le fer, & par la flamme les
gardes du camp d'Asdrubal, &
les autres soldats encore se le-
uans à la rumeur de cest embra-
zement, coururent encore eux

mesmes desarmez à l'estaigne-
ment de ce feu : mais se rencon-
trans auec les Romains qui les
attendoient au pas, & qui se tenoient sur les premieres tentes,
& de main en main donnoient
le feu aux autres, ils en furent
traitez en sorte que de multitude si grande, il ne s'en sauua pas
dauātage de cinq cēs cheuaux,
& vingt mille Soldats, & encore
nuz à moitié. Cest exploict de
Scipion est preferé de Polibe à
toutes ses autres prouësses.

Mais pour reuenir à la comparaison, ie diray qu'Annibal
manifesta plus d'astuce en ses
factions, & Scipion plus de dexterité. Le premier s'auantagea
beaucoup plus de la fraude &
des trōperies, & l'autre de l'industrie & de l'artifice. Apres,
Annibal herita sa grandeur en

partie du ???? & en partie du
beau-frere, qui le laisser entre entre d'vn tres-ample exercite de
vieux soldars, qui s'estoient en-
durcis & habituez aux armes, &
au trauail. Mais Scipion deuint
grand au moyen de sa propre
vertu. Il passa en Espagne lors
âgé de vingt & quatre ans, & en
vne saison, qui à l'occasion de la
mort de son pere, & de son oncle, ne se trenuoit aucun à Rome qui voulust sonmettre l'es-
paule à charge si dificile, Et puis
il passa à l'entreprise d'Afrique,
auec bien peu de faueur du Senat, qu'à peine estoit-il content
qu'il se fit puissant d'autres soldats que des volōtaires : Et toutesfois il assembla quelque téps
apres vne bône armee, sans que
la Republique fust aucunemēt
concurrente à nulle partie des

defpens, Et d'auantage, Scipion
mania la guerre beaucoup plus
à la grandeur que non pas Annibal, car il ne s'entremit iamais
d'entreprife qui ne fut importante, & de confequence. Et la
premiere chofe qu'il tenta en
Efpagne ce fut l'expugnation
de Carthagenes, autrement nõ-
mee Carthage la neuue, laquelle ville eftoit la meilleure piece
que les Carthaginois euffent en
cefte Prouince. *Gnarus vt initia*
belli prouenissent, famã in cætera fore:
Eftãt affeuré que la reputation
feroit bonne ou mauuaife en
tout le refte, felon le fuccez des
premieres entreprifes.

Et dans vn iour il mit cefte
entreprife à fin : chofe qui pour
eftre la premiere qu'il entreprit,
& pour la grandeur , & pour la
promptitude qui s'en enfuiuit

le rendîs glorieux d'vne merueilleuse expugnation, il alloit
aux entreprises où les Chefs &
les forces de l'ennemy se trouuoient vnis. Mais aux choses
moindres il y mandoit Minucius
Syllanus, Lelio, & son frere, &
ainsi il ne s'employoit sinon qu'
en choses grandes, & la generosité de son courage faisoit voir
clairement qu'il n'auoit enuie,
nie, ny crainte que la vaillance
d'autruy se voile à la sienne. Ce
que Tite-Liue a noté auec ces
paroles, *Martium scauta habebat
cum tanto honore, vt facile appareret,
nihil minus cum vereri quàm ne quid
obstaret gloriæ suæ*: Il traitoit Martius auec tant d'honneur, que
chacun se pouuoit aizément apperceuoir, qu'il ne se treuuoit
aucune chose qui lui fust moins
en ombrage que la gloire d'autruy.

Estant retourné d'Espagne, il
ne daigna pas d'aller tout droit
vers Annibal par les campagnes
de la Poüille, ou par les montagnes de la Calabre : ains passant
en Afrique, il fit qu'Annibal
quita l'Italie, & s'en alla vers lui,
à fin de combatre pour le principal sujet de la guerre: Surquoi
on peut voir en Tite-Liue qu'
Annibal confesse luy-mesme a-
uoir esté vaincu de Scipion. Car
estant ainsi, que depuis qu'il eut
deffait les Romains à Trebia, à
Trasimene, & à Cannes, il auoit
perdu le temps à l'entour de Ca-
sisline, de Cirignole, de Cumes,
& de Nole, & encor apres auoir
mis en pieces cent mille Romains, il se vit forcé d'abandonner l'Italie, afin d'aller defendre
sa patrie contre Scipion ; *Qui*
hostem pœnum, in Italia non vidisset:

Lequel n'auoit pas veu l'ennemy Carthaginois au païs d'Italie.

Et de vray, Annibal, outre
d'auoir efnerué fon armee aux
delices de Capuë lors qu'il y fit
fejour, il fe treuua rechargé de
quatre notables erreurs en l'art
de la guerre: De qui l'vne eft cefte-cy, qu'eftant venu en Italie
pour combatre Rome, toutesfois il ne s'en aprocha iamais, finon pour deliurer Capuë d'vn
fiege: ains il alla fe confommant
par la Poüille, & la Calabre, &
l'Abruzze & par autres parties
d'Italie. L'autre fe remarque en
ce qu'il ne fceut pas faire fon
profit de la victoire en affaillant
les Romains dans Rome mefme:
qui pour lors à caufe des routes
receuës eftoient troublez, &
comme entierement defpour-
ueux

ueus de ſçauoir entreprendre
quelque choſe : Ce qui ſeruoit
d'autant plus à ſes deſſeins,
ſoit en la combattant , ou ſoit
par l'oppreſſion d'vn ſiege. Dõt
ſur ce ſujet Marc Varron eſcri-
uit ainſi au Senat *Annibalem ſede-*
re ad Cannas in captiuorum prtcÿs,
predáque alia æſtimanda : victoriam
nec victoris animo , nec magni ducis
more metientem. Annibal ſ'acrop-
pit à Cannes apres le butin des
eſclaues, lors qu'il deuoit pourſuiure vne plus ſignalee con-
queſte , ne meſurant pas ſa victoire , ny ſelon le iugement &
courage d'vn vainqueur, ny ſuiuant la façon d'vn grand Capitaine.

Et comme Flore nous racon-
te. *Cum victoria poſſet vti , frui*
maluit. Lors qu'il pouuoit vſer de
la victoire, il aima mieux en abu-

L

fer. La troisieme de ces erreurs
est ceste-cy, qu'vn Capitaine de
si grand renom, & de tant de valeur comme luy , employa &
trauailla son esprit en vne entreprise trop basse , comme fut
l'oppression , & puis le siege de
Casiline , qui n'est qu'vn petit Chasteau de la terre de Labeur, & s'oubliant aussi apres les
poursuites, & negoces d'autres
choses semblables : ne s'auisant
pas, que, *Multa bella impetu vali-*
da , per tædia , ac moras euanuere:
Bien souuent la guerre qui est
conduite par soudaineté , fait
des effets merueilleux, & au côtraire elle s'aneantit par les lon-
gueurs, & attentes. Et certaine-
ment Annibal par la longueur
de la guerre rendit hardis & valeureux les Romains, & encore
superieurs à soy mesmes en cou-

rage, & en brauade. Dont il me
semble à la fois, qu'Annibal
estoit meilleur combatant, que
guerrier, c'est à dire, plus apte,
& plus suffisant de vaincre en vn
fait d'armes, & en vne bataille
rangee, que non pas à manier
vne entreprise.

Et dauantage comme rien
n'est de plus indigne d'vn sage
Capitaine, que d'estre contraint
& forcé de combatre auec desauantage, Annibal cheut par
deux fois en cest inconuenient:
l'vne quand il fut poussé, & attiré à donner bataille contre son
vouloir, par M. Marcellus: l'autre quand il eut r'assemblé ses
forces, & qu'apres il se vit en necessité de tomber en la mesme
erreur par Claude Neron.

Ce ne fut pas peu d'escorner
vn si grand personnage que luy

d'auoir esté détenu en vain, &
comme sans aucun bon effet en
la Poüille par le mesme Claude,
tandis que Scipion combattoit
contre Asdrubal sur les riuages
de la riuiere de Metro. Mais on
ne sçait point que Scipion aye
iamais commis aucune erreur
en la Milice. Et faut ajouster icy,
que Scipion ne se mit oncques
en entreprise, qu'apres il n'en
sortist vaincueur : Ce qui procedoit d'vn vray examen de ses
forces & de celles des ennemis.
Et à ce propos Vegece escrit ain-
si, *Ille difficile vincitur, qui verè scit*
de suis, & aduersary copys iudicare.
C'est vne chose fort difficile
qu'aucun soit iamais vaincu,
s'il sçait bien iuger de ses propres forces, & de celles de son
aduersaire.

Au côtraire Annibal entreprit

en vain la conqueste de Plaisance, de Spollette, de Cume, de
Nole & de Naples, & le secours
de Capuë. Et en fin Scipiõ ne fut
iamais vaincu & Annibal le fut
quelquesfois sous les valeurs de
Marcellus, de T. Sempronius, de
Claude & du mesme Scipion, en
ce dernier exploit d'armes, en
qui luy-mesme cofesse, *Non præ-*
lio modo se, sed bello victum : nec spem
salutis alibi, quàm in pace impetranda
esse. Qu'il estoit non seulement
vaincu par ce combat : mais par
la guerre mesme, ne luy restant
aucun moyen pour recouurer
salut, que par la seule paix.

Et de vray pour la victoire
d'vn fait d'armes, ceste cy fut
possible des plus memorables
& glorieuses, dont la guerre soit
iamais esté illustree.

L iij

Comparaison entre P. Scipion, & le Grand Capitaine.

E croy que la Metem-
psicose, opinion de
Pithagore, & d'autres
Philosophes sur la
transmigration des ames, auoit
pris origine de voir quelquefois
certains personnages estre semblables en coustumes, & en toutes qualitez, comme de courage
& de corps, à ceux des siecles
passez : comme on peut lire de
Theodoze Empereur, & de Trajan, & de certains autres.

Mais si depuis vn grand interuale de temps on vit iamais vn
personnage ressembler à vn autre, cela s'est veu assez clairemét
entre le grand Capitaine Con-

salue Fernande, & P. Scipion. Ils
furent tous deux de grande stature, & de presence majestueuse,
de genereux courage, d'esprit
esleué, & tous deux furent fleurissans d'vne merueilleuse eloquence, & d'vne liberalité royale: Et se peuuent dire pareils touchant les biens naturels de l'a-
me & du corps. Et à l'vn, & à
l'autre il auint maintes choses
semblables. Scipion se treuua en
la route de Cânes auec degré de
Tribun militaire, & Consalue
en la route de Seminara, auec
charge des troupes que le Roy
Catholique auoit mandé au secours du Roy Ferdinand. Scipiõ
se mit au different de Siphax
pour le tirer en l'amitié des Romains, & Consalue se rendit entre les mains de Baudelle Roy
des Mores, à fin de le conduire à

la deuotion du Roy Catholique. L'vn & l'autre souffrit sedi-
tions des soldats : Scipion par la
malice de quelques particuliers
& Consalue par le mâquement
de la paye.   Scipion paruint à
grands honneurs estant encore
ieune, & Consalue estant cadet.
Scipion fut reclamé Roy par les
Espagnols, & pour estre Roy de
Naples il ne manqua à Consalue autre chose que le courage.
Consalue eut la fortune de donner infinis estats à ses amis, &
Scipion eut le bon-heur de pouuoir donner vn Royaume. Scipion eut l'honneur d'auoir mis
la derniere main à la seconde
guerre Punique , & Consalue
d'auoir conduit en heureuse fin
l'entreprise de Grenade. Al'vn,
& à l'autre on demanda compte
des finances qu'ils auoient ma-

nié, & tous deux s'en defpeftre-
rent genereufement:Scipion en
defchirant le liure de la recepte,
comme quelques-vns efcriuent,
& Confalue en defcriuant certaines parties non penfees, dont
le Roy en demeura efmerueillé:
l'vne defquelles eftoit de deux
cens mille fept cens & trente fix
ducats d'or,& neuf reales diftri-
buees aux pauures,& à Preftres,
à Religieux & à Nonnains à fin
qu'ils priaffent Dieu pour la vi-
ctoire:L'autre partie etoit de fix
cens mille quatre cens & nonã-
te quatre efcus, donnez fecret-
tement aux efpies. Or ces deux
Capitaines furent deftinez au
maniement d'entreprifes graues & perilleufes, où pourtant
ils ne fe treuuerent pas:Car Scipion fut mandé auec fon frere
contre Antioche qui faifoit la

guerre auec Annibal : mais à
cause d'vne maladie qui le saisit
il ne peut se treuuer à la iournee.
Et depuis la route de Rauenne
Consalue fut esleu capitaine cō-
tre les François : mais à cause de
l'alteratiō des affaires, les choses
qui estoient necessitantes à son
entreprise estant manquee il ne
partit point d'Espagne. Scipion
s'aquist la faueur du peuple par
vne certaine apparence de pieté
& de reconnoissance diuine : Et
Consalue conquist la mesme faueur par les diligences, & par les
seruices qu'il vsa en beaucoup
de grandes occasions à la Royne. Scipion fut plus fauori &
plus supporté du peuple que du
Senat : Et Consalue plus de la
Royne que du roy Catholique,
Tons deux se virent trauaillez
de l'enuie, & mal payez de leurs

seruices: Scipion du peuple Romain, & Consalue du Roy Ferdinand : Dequoy tous deux firent retraite : Scipion quitta la patrie & s'en alla à Linterne, & Consalue se retira de la Cour à Losse, où ils finirent leurs iours. Tous deux furent fort magnanimes à loüer , & à recommander les valeurs d'autruy: Car Scipion fit tousiours estime de L. Martius, & de Lelio & de quelques autres : & Consalue prisa tousiours beaucoup Prospere Colonne, & Fabrice Colonne, maints autres capitaines. Scipiõ ayant le courage porté à l'entreprise de Carthage tira à la deuotion des Romains, & de la sienne, Siphax, & Massinissa: Et Consalue voyant la guerre, en affoiblissant les François, rendit les Colonnois, & les Vrsins au ser-

uice du Roy Catholique. Scipió
se sçeut acquerir le surnom d'A-
friquain : & Consalue celuy de
Grand capitaine. A l'vn & à l'autre estoit conuenable ce que Gi-
ron comte de Vrugnia disoit de
Consalue : ce qu'il luy sembloit
qu'il estoit fort pareil à vn grãd
Nauire de Marchandise , qui
pour aller en mer a besoin d'vn
fond de grande profondeur:au-
trement il conuient qu'il demeure arresté,& ocieux. Et Tito
Liue disoit de Scipion. *Vir memo-*
rabilis, bellicis tamen quàm pacis arti-
bus memorabilior , primã pars vitæ,
quàm postrema fuis : quia in iuuentu-
te bella assiduè gesta : çum senecta res
quoque defloruere : nec præbita est ma-
teria ingenio. Homme recommẽ-
dable , & duquel toutefois la
ieunesse surpassa les dernieres
annees en l'heur des entreprises

guerrieres : car ce que le Printemps de son âge auoit poussé
auec tant de splendeur, se fanit
auec la vieillesse, à faute de n'a-
uoir vsé de preuoyance.

Ils eurent tous deux aucuns
iours grandement glorieux: Scipion quand il reuint victorieux
d'Espagne à Rome : quand il
triompha d'Annibal : & quand
il mena le peuple Romain apres
luy vers les Temples, pour rendre graces aux Dieux en l'honneur de la victoire qu'il auoit
eu en Afrique : Et Consalue
quand apres la prise d'Hostie il
entra victorieux à Rome, & puis
à Naples : Et quand la premiere
& seconde fois il retourna en Espagne : Et lors qu'à Cerignole il
vainquit les François , & qu'il
entra triomphant à Naples : Et
quand à Sauonne il disna, & fist

sié à table auec les Roys de France & d'Arragon, sans qu'aucun
autre Prince ou Seigneur y fust.
Ces deux capitaines eurét deux
escriuains de grand renom pour
escrire leurs gestes, & qui particulierement leur estoient affectionnez : Scipion Tite-Liue, &
Consalue Friçois Guichardin.

Mais venant aux choses de la
guerre, qui principalement se
doiuent considerer en la comparaison de deux Capitaines si
fameux. Il est à noter qu'ils ont
esté excellents en l'industrie,
& au maniement des entreprises. L'industrie de Scipion fut
d'assembler & d'auiser le peuple
sous espece de Religion, & de
rendre à la deuotion des Romains Massinissa & Siphax, &
d'aquerir l'affection du peuple,
auec l'aide duquel, il dressa vne

armee, & mit enfemble vn fleu-
riffant Exercite. Et non moindre induftrie fut celle de Confalue de gaigner par fubmiffiõs,
& obeïffances le courage de la
Royne Ifabelle : & de ranger les
Colonnois au feruice de fon
Prince le Roy Catholique, &
d'ofter les Vrfins hors du feruice de France, & les induire à la
deuotiõ d'Efpagne, & de maintenir en repos, & en contentement ces deux Maifons, qui auparauant eftans contraires entr'elles, fe treuuoient pleines
d'emulation & de defiãce. Mais
au maniement de la guerre Scipion eut deux auantages : l'vn
fut l'authorité fupréme & inde-
pendante aux entreprifes qu'il
auoit en commiffion, & l'autre
eftoit les prouifions des finances requifes, & de toute autre

chofe neceffaire à la guerre. Et
au contraire Confalue pour n'a-
uoir en main la totale liberté
d'executer vn affaire, d'autant
que cela depédoit des commif-
fions du Roy, & pour le deffaut
de deniers, fut côtraint de rompre la foy au Duc de Calabre, &
de mettre fouuent la main dãs
les biens d'autruy, comme il fit
à Tarente. Et pour vray les Capitaines Romains ne me fem-
blent eftre dignes de tant de
loüanges & recommandations
pour auoir vaincus des guerres
groffes & d'extréme pouuoir,
fubjugué les plus grandes Prouinces, & mené prifonniers à
Rome les Princes plus illuftres,
comme, veu le gouuernement
fupréme de leur charge, ils euffent merité de blâmes & de vi-
tuperes fils fe fuffent portez au-

tremēt: Puis qu'il eſt ainſi qu'ils
auoient de la Republique tout
ce qui ſe pouuoit deſirer pour
l'adminiſtration des entrepriſes, appareil pour leur perſonne, finances pour l'Exercite,
gens à pied, & à cheual inſtruits
à la guerre, & en nombre ſuffi-
ſant pour l'importance de la
guerre dont eſtoit queſtion. Et
à cela il eſtoit ajoint vne authorité ſupréme de faire tout ce
qui luy ſembloit bon pour le
ſeruice de la Republique. Et en
fin ils eſtoiēt libres de tous pen-
ſers, hors de celuy qui appartiēt
au gouuernement d'vne entrepriſe. Mais en noſtre temps les
Generaux des armees font la
guerre ordinairemēt auec com-
miſſions limitees, & dauantage,
au milieu de leurs courſes on
voit que les prouiſions, & les

payemens leur manquent. Dõt
ils en font bien fouuent contraints d'abandonner l'entreprife, ou de hazarder & com-
mettre indignement quelque
chofe. En quoy les Othomans
fe gouuernét beaucoup mieux
que nous : Et c'éft ainfi qu'il ne
fe lit point que iamais aucun
defordre foit auenu en leur armee pour occafion qu'vn General eut faute d'authorité, &
que les deniers & les prouifions
qui font neceffaires en vne entreprife propofee vinffent à faillir. Ainfi en cette partie Scipion
fut auantagé fur Confalue, &
encore il s'en treuua plus propre, & plus expedié, & plus prõt
& plus libre en guerre. Et de cecy il auint que Confalue fuiuoit
aux entreprifes plus grãdes, vne
raifon, & vne forme de guerre

contraire, & non seulement diferente à celle de Scipion. Car le
guerroyer, & vaincre l'ennemy,
se pratique en deux manieres:
dont l'vne est l'attendre & mener en longueur, que Tite Liue
qualifie ainsi, maintenant par le
conseil & auis , & tantost à soustenir la guerre. *Et trahi bellum sa-*
lubriter, & mature perfici potest : On
peut mener la guerre en longueur auec beaucoup dauantage, & par vne meure discretion
en obtenir vn heureux succez.

Et ailleurs , *Valerius aduersus*
coniunctos iam in Algido, Volscorum,
Æquorúmque exercitus, sustinuit con-
silio bellum: Valere soustint, & dis-
sipa les Volsces & leurs alliez
joinct en Algide, tenant les affaires en longueur.

Et Tacite en discourt ainsi:
Tridates simul fama, atque ipso Arta-

bano percuſſus; diſtrahi conſilijs, ireʒ
contra, an bellum cunctatione tractaᵕ
ret. Tiridates ſaiſi de crainte par
la reputation, & par Artabanus
meſme ſon ennemy, eſtoit diᵕ
uerſement agité ſ'il jroit droit
contre luy; ou ſ'il traineroit la
guerre en longueur & retardeᵕ
ment.

L'autre maniere eſt de proᵕ
duire le trauail, & les effets, &
d'aſſaillir : Car tout de meſme
qu'vn coup d'eſpee, ou de picᵕ
que, ſe reçoit ſans aucun domᵕ
mage, lors qu'il ſe rencontre
en vne matiere qui eſt mole,
& qui preſte au choc de la
violence, ou bien ſe rabat par
l'oppoſition d'vne forte reſiᵕ
ſtance : Ainſi l'impetuoſité d'vᵕ
ne exercite armé, & l'aſſaillance
dés plus fieres guerres, ſe rend
vaine, & ſans effet en tirant la

guerre en longueur, & en se faisant valoir le benefice du temps
ou bien elle se conduit aux termes de son plus auec le ciment
d'vne bataille. De l'vne & de
l'autre maniere les Romains
s'en sont seruis en excellence;
Car, *Et facere, & pati Romanum est:*
C'est le propre du soldat Romain d'aissaillir, ou d'attendre
& patienter. En nostre temps
nous voyons ces deux parties de
la Milice estre diuisees en ces
deux nations : la Françoise, &
l'Espagnole : Car l'Espagnol
guerroye dauantage en supportant que non pas en assaillant:
Et au contraire les François plus
en assaillant qu'en supportant.

Or suiuant les raisons susdites Scipion fut le plus promt, &
plus expedié en ses actions ; Et
Consalue plus supportant &

plus patiét. Dont par ce moyen
Scipion deffit les Carthaginois,
venát promtement aux mains,
& en l'execution de la bataille:
Et Consalue consumma la force des François, & premierement à Barlette auec la tolerance d'vn long siege, & puis au Garillan, où suportant les rigueurs
d'vn Hyuer extrememét froid,
& la perpetuité d'vne pluye ennuyeuse. Et ainsi demeurát parmy les eaux & la bouë, & neces-
sitant les François à mesme in-
cómodité & trauail, il employa
les actions d'vn courage, & d'vn
corps egalemét destinez à l'hó-
neur de la guerre, & patientant
de la sorte, il vainquit leur patience. Et ainsi les ayant affligez
& reduit en mauuais terme, il
les assaillit finalemét, & les rompant, il les força à luy ceder

Gayete, & la libre poſſeſſion
d'vn tres-noble Royaume. Et
parmy les exploits de ceſte entrepriſe Gonſalue ſe fit voir accompagné d'vne tres-ferme reſolution de courage, & de iugement Militaire. De iugement
en l'eſlectiõ de la forme de guerroyer auec les François, qui fut
de mortifier leur viuacité &
promtitude, & par la tolerance,
longueur & dilayement, & par
la patience du courage ne ſe diſtraire iamais, ni par les trauaux,
ni par les paroles d'autruy, la reſolution qu'il auoit pris auec iugement. Et ſur ce propos il ne
faut pas laiſſer en arriere ces memorables paroles qui ſont ſi ce-
lebrees de Guichardin, & laiſ-
ſees de Paul Iouë : & auec leſquelles il fit reſoudre à toutes
ſes troupes à demeurer fermes

aux logemens de Ceinture: ca
ayant esté conseillé de se retirer
vn peu arriere, il respondit qu'il
desiroit plustost d'auoir d'lors
son tombeau vne palme de terre plus auant, que si pour se retirer en arriere tãt soit peu, il pouuoit allonger sa vie de cent ans.
Et de vray puis que les offices
d'vn General d'exercite & de
guerre, sont deux: le ceder, & l'a-
uancer en temps & en lieu, il ne
se treuua iamais capitaine qui
en cela mist le pied au douant
de Consalue. Et bien que Scipion fut grandement excellent
en toutes les parties de la Milice, toutesfois pour la grandeur
de la Republique, & à cause de
la promtitude des forces auec
lesquelles il entroit aux entreprises , il n'eut pas occasion de
monstrer ce qu'il pouuoit valoir
                    par

par les preuues de la longanimi-
té, tolerance & contre-carre-
ment. Mais l'vn, & l'autre se porta excellentement en ces deux
autres parties d'vn chef de guerre, qui sont le sçauoir vaincre, &
sçauoir recueillir des fruits de la
victoire : bien que ceste seconde
partie parut mieux, ie ne sçay
comment aux entreprises de
Consalue que non pas en celles-
là de Scipion. Puis qu'il est ainsi
que Consalue auec vne victoire
rauit le Royaume de Naples
aux François, & auec vn autre,
(s'il faut dire ainsi,) l'esperance
de le recouurer : Et en moins de
deux annees il fit tout cela. Mais
les entreprises de Scipion allerent plus à la longueur, dont elles n'eurent pas vne certaine
grace que la promtitude meine
ordinairement auec soy, bien

M

qu'elles euffent la gloire que
porte en foy-mefme l'importãce de la guerre, & la grãdeur
de la victoire. Les victoires dé
Confalue parurent encore plus
illuftres & plus gracieufes, puis
qu'il les rapporta d'vn ennemy
qui iufques alors f'eftoit rendu
inuincible: à fçauoir les Frãçois,
qui peu d'annees auparauant a-
uoient couru auec peu de refi-
ftance toute l'Italie, mis le frein
à la Tufcane, donné la loy au Pape, & chaffé par deux fois les Ar-
ragonnois hors du Royaume de
Naples. Mais les Carthaginois
auoient efté vaincus plufieurs
fois des deux Scipions , & à la
derniere perte eftoient demeurez eftourdis & cõfus de L Martius qui leur auoit ofté des
mains la victoire, & la Prouince. Outre plus Annibal auoit

souffert plusieurs routes sous les
attaques de Marcellus, de Claude Neron, & d'autres, & si bien
qu'il n'estoit plus celuy, qui glorieux auec tant de valeurs auoit
deffait les Romains à Trebias, à
Trasimene, à Cannes. Surquoy
Tite-Liue prefere la victoire de
M. Marcellus à Nole, sur routes
les autres victoires des Romains
en ceste guerre. *Ingens eo die res,*
ac nescio, an maxima illo bello gesta sit.
Non vinci enim ab Annibale, vin-
cere solito, difficilius fuit quam postea
vincere. La victoire de ce iour là,
fut si grade & si glorieuse, qu'on
peut douter si en toute ceste
guerre, il s'é est treuué vne semblable. Veu qu'il estoit plus difficile de n'estre vaincu par Annibal, qui auoit eu tousiours la
victoire en main, que de le vaincre en apres.

Et dauantage Scipion combatit ordinairement auec forces plus grandes, ou esgales à comparaison de celles de l'ennemy: Et Consalue auec tousiours moins de forces, se fit superieur au moyen de la valeur, & de l'artifice. Consalue se seruit aussi par excelléce de l'industrie de bien camper. Car à la Cerignole il vainquit l'ennemy par vne trenchee, & à Sainct Germain il s'auantagea des estroites formes du passage, & au Garillan de la rigueur de l'Hyuer. Consalue monstra bien ainsi la vraye façon de defendre noblement le Royaume de Naples. Le Roy Manfrede n'ayant peu defendre le passage du Mont Cassine, contre Charles d'Anjou, s'adressa vers luy, contre toute raison de guerre en bataille au païs de Beneuent, où parmy la perte du

combat, il perdit le Royaume
& la vie. Et de noſtre temps le
Marquis du Gaſt, & les autres
capitaines de Charles V. aban-
donnant la defence de tout le
reſte, reduirent tous argumens
de guerre, & de defence en la
ville de Naples, au ſiege de laquelle, les forces d'vne ligue
fort puiſſante furent conſom-
mees auec vn exercite. Le Duc
d'Albe à la venuë du Duc de
Guiſe, penſoit de retirer encore
auec luy les forces, entre la ville
& les places fortes, & laiſſer ainſi
conſommer l'ennemy par la lõ-
gueur des ſieges, & par les pertes, & dommages de quelques
priſes de chaſteaux: Mais apres
par le cõſeil de Don Ferrand de
Gõzague il chãgea d'auis. Ferdinand d'Arragon ne pouuant faire
teſte à Charles VIII. Roy de Frã-

ce, au pas de Sainct Germain, ny
moins à Capuë, la reputation
luy vint à manquer & l'authorité de mesme, dont il en perdit
toutes choses en vn moment.
Charles d'Anjou se sentant gaillard de ses forces, & se deffiant
du courage des Regnicoles, vint
à donner bataille contre Corradin aupres de Talliacosse, où par
le conseil du vieux Alard Cheuallier, & Pelerin François, il en
rapporta vne celebre victoire.
Mais Consalue se cõnoissant de
beaucoup inferieur à l'ennemy
en infanterie & caualerie,
fuyoit sagement le risc d'vne
bataille: mais en se seruãt maintenant de l'estroit passage de S.
Germain, tantost d'vn fleuue, &
tantost des incommoditez de
l'Hyuer il empescha les ennemis d'entrer dans le sein du

Royaume: & les ayant confom-
mez parmy les fafcheries qui
arriuent par des pluyes conti-
nuelles, & demeurant leur fuperieur en courage , & diligence
d'efprit, il mit auec la ruine d'vn
ample exercite la derniere main
à la guerre. En quoy il monftra
la bonté de fon efprit à fe bien
camper, & fon iugement à fe faire valoir l'auantage de la fituation & du temps. Il fe faifoit valoir encore excellentement de
la diligence aux occafions : Et
c'eft ainfi qu'auec cefte-cy , il
prit Mamphot, tandis qu'il re-
recherchoit de fe fortifier en la
terre de Nieble. Et auec la mefme induftrie il combatit les Ba-
rons Angeuins à Laïno : & auec
la mefine diligence il defit les
François fous Auerfe, & c'eft au
mefme iour qu'il y arriua, & leur

oftant la commodité des mou-
lins. Mais que dirons nous de la
prife de Rubi, que dans vn iour
il enuironna tout autour d'vn
fiege, & batit auec artilleiie, la
print d'affaut, & y fit prifonnier
vn certain nombres d'hommes
d'armes François?

Difons encore que l'eloqué-
ce & la force eftans deux inftru-
mens d'vn chef de guerre : Ces
deux capitaines de qui nous
parlons fe font feruis de l'vn &
de l'autre par excellence. Mais
Confalue fit plus de chofes par
l'eloquence, que Scipion. Car il
eft ainfi que par cefte partie il
obtint les fortes places de Mon-
dejar, d'Alendino & de Mahala:
& vfa telle perfuafion auec le
Roy Baudelle, qu'il luy fit accepter les conditions que le Roy
Ferdinand luy auoit offert, &

luy ceder Grenade & le Royaume, & autres auec la mesme ven-
tage qui soit en repos le mesme
Royaume, qui s'estoit tout diuisé en tumultes, & encore auec si
peu de sa qualité, il entretint
les soldats en vne dure necessité
de toutes choses : tandis qu'il
estoit assiegé des François à Barlette, & qu'il estoit combattu au
dedans de la faim, de la pauure-
té & de beaucoup d'autres dis-
graces. Mais ayant, jusques à present,
discouru de la maniere que ces
deux capitaines sont receu en
guerre, soit aux batailles, ou soit
en autres exploits militaires, il
demeure que nous dressions vne
comparaison des choses qu'ils
ont mis en effet. Et premierement Scipion eut cet auantage,
lequel fit la guerre bien peu de

M v.

temps, sous la conduite du
roy: car quel loyon a qui
treuua iamais se retire ...
qu'en la ... hors qu'il sauua
la vie à son pere, & qui la iournee
de Cannes, depuis laquelle il
menaçoit de mort les ieunes romains, qui traictoyent d'abandonner l'Italie. Mais Consalue
guerroya fort long temps sous
les auspices des Roys Catholiques, où sa valeur le fit paroistre
telle façon, que par les grandes
prouesses qu'il y exploicta, il fut
estimé digne de toute grande
entreprise. Et de plus, Scipion
vainquit plus de batailles que
Consalue: Car en Espagne il de-
confit Asdrubal, Mandonio &
Indibili, Princes d'Espagne en
deux batailles. Et en Afrique il
deffit Hanon, Asdrubal, Siphax
& Annibal. Mais Consalue ...

quiſt plus de villes , & de places
de guerre que Scipion:partie en
Eſpagne,partie en Italie, & partie par aſſiegement comme Tarente,& partie par force comme
la Cephalonie, où il môſtra non
moindre valeur qu'autrefois M.
Fuluio en auoit fait voir, quand
il employa quatre mois à la con-
queſte de la meſme ville dont à
ceſte occaſion il fut eſtimé indigne d'entrer auec triomphe. Et
pour vray dire, Scipion ne prit
iamais aucune place, qui par la
forteſſe de la ſituation ou de la
main, ſe peut eſgaler à Gayete:
& de meſme il ne força iamais
aucune ville qui de grandeur,
ou de magnificéce peuſt entrer
en comparaiſon auec Naples. Et
ſi l'on auance que Scipion prit
en vn iour Cathagenes:De meſme Conſalue prit Rubi en vn
iour.   M vj

Or quelques-vns me deman-
deront icy, quelle œuure eſt la
plus grande de la guerre, ou de
prendre vne place forte, ou de
rompre vn exercite ? A cecy ie
reſpondray qu'il ſemble que ce
ſoit plus grand effet de guerre
de prendre vne place. Et premierement, à cauſe que l'ennemy en eſt mieux armé, dequoy
l'on en voit arriuer la longueur
des ſieges, & la durté, & opinia-
ſtre valeur de ceux qui ſe defendent. Et dauantage on guerroye
le plus ſouuent aux ſieges, non
ſeulement auec les hommes, &
auec les forces humaines, comme aux iournees d'vn combat:
mais bien auec la rigueur, & di-
ficulté de la ſituation, & contre
la nature meſme. On y guerroye
deſſus & deſſous la terre contre
ceux du dedans, & contre le ſe-

cours qui leur vient du dehors.
Et dauantage, sur toutes les factions de la guerre, on sçait bien
que la plus terrible , & la plus
horrible c'est de donner vn assaut. Car on y combat auec des
ennemis non seulement armez
d'artillerie, de halebardes, de piques & d'espees : mais aussi de
feux artificiels , de chaux viue,
de terebenthine, d'huile ardant,
& de toute autre sorte d'offence
& de defence: Et l'artillerie qui
peu souuent se pratique en campagne , & peu de fois apporte
dommage d'importance, se manie icy, par vne façon si terrible,
qu'en ces rencontres vne forteresse paroist vn Mont-gibel, ains
encore vn enfer. Dequoy beaucoup de Capitaines qui sont des
plus valeureux à mener les
mains en vne campagne se sont

abſtenus, d'aſſieger des places
qui ſemblent imprenables, &
s'ils ont entrepris de les auoir
par ſieges, ils ont treuué que
leur fin propoſee n'a pas reüſſit à
leurs deſſeins. Mais quelle choſe que ce ſoit qui puiſſe impor-
ter dauantage, nous ſçauõs que
beaucoup de batailles ſe ſont
donnees pour ſecourir quelque
place aſſiegee, ou bien pour em-
peſcher le ſecours: Comme bien
clairement en font foy les iournees de Pauie, & de Ceriſoles:
où les Imperialiſtes & les François arriuerent à donner bataille: les vns pour ſecourir icy Pauie, & là Ceriſoles, & les autres
pour continuer le ſiege, & ſe
rendre maiſtre de la place. Mais
pourtãt nous dirons que le plus
grand, & plus meritãt effet d'vn
Capitaine cõſiſte beaucoup da-

uantage à vaincre vne iournee,
que de prendre vne place. Et en
premier lieu, c'eſt à cauſe que les
vrayes forces de la guerre ſubſi-
ſtent aux bras des ſoldats, & non
aux foſſez, rempars & murailles
d'vne ville. Et encore aux aſſie-
gemens, les choſes paſſent toujours auec forces inegales : &
c'eſt d'autant que c'eſt vne choſe bien claire, que celuy qui aſ-
ſiege, va touſiours auec auantage à l'entrepriſe, & que ceux du
dedans ont pour objet la defence, & ceux de dehors l'offence.
Mais aux iournees en câpagne.

Agmina concurrunt animiſque,
& viribus æquis. Les bataillons ſa-
frontent eſgaux en courage, &
en force. Et l'vne, & l'autre partie demeure ſur le but de l'offence. Mais aux ſieges, le capitaine a plus de temps de conſul-

ter les affaires, & de les executer
& la raison y treuue plus de lieu
que l'artifice. Mais aux iournees
toutes choses sont comme im-
preueuës, & sujetes à mille accidens, & à mille cas où l'on n'a-
uoit pas pensé.   Dont il auient
qu'il est besoin d'auoir l'esprit,
& le courage plus grand aux exploits où la fatigue a plus de place que la valeur, la sappe que l'e-
pee, les bras que les mains, le benefice du temps que la vigueur
de l'esprit : Ainsi les sieges sont
œuures plus dures & plus labo-
rieuses, & les batailles sont d'exploits plus difficiles & plus perilleux.   Surquoy les Romains,
disoient debeller, c'est à dire finir la guerre, le vaincre vne iournee Royale : mais nous communément nommons les iournees
auec le nom vniuersel de batail-

les, & de faits d'armes. Et si par
fois on met en effet vne iournée
pour le secours d'vne place, ou
pour empescher ceux qui la veulent secourir ; Cecy n'auient pas
de ce qu'vne place s'estime dá-
uatage qu'vne bataille gaignee:
mais c'est parce que l'on fait
plus de compte d'vne place &
d'vne victoire en campagne, ensemble, que non pas d'vne place
seule : Et c'est à cause que celuy
qui s'expose au combat general,
se confie de vaincre l'ennemy
en campagne & de sauuer, ou
bien de prendre la place.

Neantmoins ie ne veux pas
nier, que par fois la prise d'vne
forteresse, ne soit de plus grande
consequence que la victoire d'v-
ne iournee : mais nous discou-
rons en general des iournees
Royales, & de la conqueste des

villes, à fin de donner le prix à
ces choses là. Car toute victoire
en campagne ne se doit pas preferer à la prise de toutes forteresses. Veu qu'il est ainsi, que Scipion n'eut pas plus de gloire d'a-
uoir vaincu Mandonio, que d'a-
uoir pris Carthagenes : Et Cesar
n'vsa pas moins de valeur à vaincre les Gaulois en campagne,
que de prendre d'assaut la terre
d'Auarico. Et de nostre temps
la guerre n'a rien veu de si merueilleux, qui se doiue preferer à
la prise d'Anuers. Et c'est d'autant qu'en ce siecle la guerre est
comme toute reduite des campagnes aux murailles, & de l'espee à la sappe: & l'artifice de fortifier vn lieu est arriué en tel degré, qu'il se sçauroit iamais inuenter pour le rendre plus grãd:
Et d'autant que pour fortifier &

pourroit de munitions, & de
soldats, toutes places, & lieux
de defence, les Princes demeurent foibles en campagne, ou
bien ils ne viennent iamais à dóner bataille, ou s'ils y arriuent
ce'st foiblement, & auec peu de
troupes. Il auient de cela que de
prendre auiourd'huy vne place
forte, c'est vne chose estimée de
plus d'importance que iamais:
Mais toutefois ceste reputation
ne procede pas, que de prendre
vne forteresse, soit chose plus
grande, que de vaincre en vne
bataille; Mais parce que les
Princes employent plus d'estu-
de, & de pouuoir à munir vne
forteresse, que non pas à faire
vne iournée d'armes: Ce qui
suruient, que puis qu'ils n'ont
pas des forces auec qui ils ayent
esperance de vaincre l'ennemy

en campagne, ils esperent toutefois de telle sorte, qu'ils se pro-
mettent de le pouuoir consu-
mer sous les murailles d'vne ville bien munie de fortification,
& de garnison.

Il reste maintenant à considerer les effets de ces deux capitaines, qui sont ceux-cy. Scipion
chassa hors de la derniere Espagne les Carthaginois, vainquit
les mesmes Carthaginois, & le
Roy Syphax, & encore Annibal
qui est vn effet plus important
que toute autre chose : Dont il
s'ensuiuit la deliurance de l'Italie. Consalue eut l'honneur de
conquerir le Royaume de Grenade, & d'auoir mis les François
hors d'Italie, auec l'aquisition
d'vn Royaume de Naples pour
les Rois Catholiques : Où con-
siderât ses proüesses à remettre

es affaires au dessus ; & de vain-
re auec les reliques des vaincus les vaincueurs , les vaincre
deux fois en vn iour, auec la prise des logemensts , cela me semble meriter d'estre proposé au
deuant des valeurs des plus illustres capitaines. En quoy il
semble que Consalue ait deux
auantages sur Scipion, l'vn pro-
uient de ce que Scipion combatit, comme nous auons dit cy
dessus , auec les Carthaginois
des-ja recreux , & comme deffaits par autres capitaines : Car
ils auoient esté mal traitez en
Espagne par le pere, & par le fils
du mesme Scipiõ, & puis estour-
dis & mal menez de L. Martius,
d'ailleurs Annibal auoit des-ja
esté rompu de Marc Mardellus,
de Claude Neron , & de Sempronius. Mais Consalue vain-

quit les François qui jusques à
lors auoient esté inuaincus. Et
dauantage les aquisitiõs de Scipion ne se doiuent pas comparer auec celles de Consalue, ny
pour la grandeur : car Scipion
ne conquist iamais chose qui
soit comparable au Royaume
de Naples : ny par la longueur
du temps : car les Espagnols se
reuolterent contre les Romains
aussi tost que Scipion fut party :
mais le Royaume de Naples fut
si bien subjugué par Consalue,
que la possession en est demeu-
ree fort paisible aux Rois Catholiques iusques auiourd'huy.

    Il ne se peut dire que Scipion
deliurast l'Italie d'entre les
mains d'Annibal, si nous ne dõ-
nons le nom d'Italie à certain
petit nombre de chasteaux de la
Calabre, qui estoient demeurez

en son pouuoir. Concluons dõques que Scipion fut parfaire-
ment plus grand capitaine que
Consalue : parce qu'il gagna
plus de batailles, combatit auec
d'ennemis plus puissans, auec
d'exercites plus nombreux, a-
uec capitaines plus illustres &
plus fameux, & sur tout, d'autant qu'il desconfit Annibal, &
mit fin aux orages d'vne longue
& perilleuse guerre. Mais Consalue fut en certaine sorte plus
grand que Scipion : Car auec
forces tousiours inferieures il se
rendit tousiours superieur sur
ses ennemis : & premier il acquist, & puis conserua aux Roys
Catholiques vn Royaume tres-
ample, & l'ordonna, & disposa
tellement, que la courõne d'Espagne ne possede pour le iour-
d'huy aucune chose plus en re-

pos, & plus pacifiquement.

Et quand à la forme de guerroyer , si nous en voulons difcourir sensiblement : Confalue
paroistra plus grãd que Scipion.
Parce que supposant que la prudence soit esgale en celuy , qui
guerroye en assaillant, qui fut la
forme de Scipion , comme la
mesme vertu en l'esprit de celuy
qui se defend , comme fit Confalue: Il semble que la constance
de celuy qui temporise , & qui
souftient vn ennemy superieur
de forces , soit vne vertu plus
grande que l'animosité de celuy
qui vient assaillir vn inferieur,
ou bien vn qui luy soit esgal en
pouuoir. Et sans doute , c'est
auec ceste façon de faire la guerre, que C. Fabius Maximus se ré-
dit le plus grand capitaine que
la Republique Romaine eut iamais

mais en la guerre Punique. Dõt
Sempronius Tuditanus l'esleut
Prince du Senat, *Quem tum Prin-*
cipem Romanæ Ciuitatis esse, vel An-
nibale iudice victurus esset : Lequel
esleué en ceste charge, la victoire lui estoit adjugee au iugemẽt
mesme d'Annibal. Et en vne
autre part, Tite-Liue dit ainsi,
Non vinci enim, ab Annibale vincere
solito, difficilius fuit, quàm postea vin-
cere : N'estre pas vaincu par Annibal acoustumé à vaincre toujours, fut beaucoup plus difficile que d'en rapporter apres la
victoire,

Et Aristote nous apprend
que le soustenir est vn acte plus
noble de la force, que non pas
l'assaillir.

N

ANNOTATION.

N voit en ce deuxieme li-
ure trois comparaisons des
valeurs de trois excellens
& fameux Capitaines a-
uec autant d'autres. Or les
deux dernieres n'apporteront pas aucune mescroyance de leurs raisons en
l'esprit des Lecteurs : parce que la ref-
semblance ou sureminence des qualitez representees aux fortunes de ces
guerriers est si bien deduite suiuant ce
qu'il a esté conçeu par les bons liures,
que si propres comparaisons peuuent estre agreables à tous. Mais touchant la comparaison d'Alexandre, &
de Cesar, où l'on voit que la palme du
plus braue Capitaine est consacree à
ce grand Romain, possible que quelques-vns s'en treuueront esmerueil-
lez,& apres incredules:Parce que ceux
qui n'ont pas leu les Histoires auec vn

iugement assez profond : pensent que
l'vnique honneur d'vn grand capitaine, consiste à conquerir quelque grande estenduë de païs : soit qu'vn peuple
peu experimenté aux armes le defende, ou bié que presque il le laisse subu-
guer sans coup ferir. Bien que l'on peut
dire que Cesar n'a pas guere moins cô-
quis de païs , & subiugué de nations
qu'Alexandre : mais il le surpasse en ce
qu'il a tousiours fait la guerre aux peuples les plus guerriers du monde , &
mesmes côtre les Romains qui auoiét
vaincu les plus braues Roys de la terre : tesmoin Mithridates Roy de Pont,
qui durant quarante ans fit la guerre
contre les forces de ceste glorieuse Republique : mais en fin malgré ses puis-
fances si grádes, & renouuellees comme par vne vertu diuine, il fut totalement vaincu par Pompee le Grand : Et
quelques ans apres , Pharnaces son fils
ayant reuolté la plus part du Royaume contre les Romains , fut deffait
entierement de Cesar en vne bataille
quand il se vint opposer à lui, lors qu'il

venoit de la conqueste d'Afrique. Et
si les Grecs estimoient glorieux Alexandre, le voyant assis triomphant dás
la chaireRoyale deDaire Roy des Perses: quelle incomparable magnificence, & comme surpassant tout à fait la
grandeur de tous les Roys qui furent
oncques,apparut esclataáte,& glorieuse
en la personne de Iules Cesar, quand
apres sa venuë d'Egypte,& du Royaume Pontique il entra durant quatre
iours auec quatre triomphes dans Rome:Car il falloit vn iour entier pour le
train , & pour la durce d'vn triomphe:
Au premier il triomphoit des Gaules,
au deuxieme de l'Espagne , au troisieme de l'Afrique , & au dernier du
Royaume de Pont. De raconter les
grandeurs & solennitez qui estoient
representees en ces triomphes, ce seroit vne chose trop longue à le dire, &
puis d'en dire peu, il ne sembleroit pas
raisonnable , veu que le commencemènt d'vn si beau sujet conuieroit d'en
escrire iusques au bout.Mais toutefois
dans vn moment ie veux faire entédre

auec quelle supreme grandeur humaine ces triomphes pouuoient estre; Car
ce Phenix & plus haut volant Aigle, de
tous les esprits Chrestiens, ce bon pere
S. Augustin disoit en ses communs
propos, qu'il souhaitoit d'auoir veu
trois choses des siecles passez : la premiere, estoit nostre Seigneur & Sauueur & Redempteur, lors que viuant
au monde il alloit auec ses Apostres : la
deuxieme S. Paul preschant : & la derniere, Rome triomphante. Or les richesses & l'appareil de ces quatre trio-
phes ne furent pas toute la grandeur de
Cesar : car quelques iours apres, par le
consentement, & determination du
peuple & du Senat, il fut creé & decla-
mé Empereur des Romains, tant sur la
domination de l'Estat comme sur le
gouuernement des armees. Et pour
lors l'Empire Romain estoit de telle
grandeur qu'il contenoit tout le beau,
le meilleur & la plus grande partie de
ce que les Chrestiens peuplent auiour-
d'huy en l'Europe, & tout le païs que
le grand Seigneur des Turcs possede en

la mefme Europe, & en Afie, & en
Afrique: Ainfi toutes les Ifles de la mer
Mediterranee eftoient foubmifes à cet
Empire, & mefmes en l'Ocean cefte
Angleterre qui maintenant f'eftime fi
puiffante & fi redoutable luy eftoit tri-
butaire, & fujete par le moïé des armes
de Cefar qui premier la domta & con-
quift. Que fi l'on veut qualifier les païs
d'vn fi grand Empire fuiuant que les
Royaumes font nommez, & limitez
auiourd'huy, on peut dire que Cefar
eftoit Monarque ou Empereur de plus
de foixante bons Royaumes. Et toutefois ce glorieux Empire fut encore plus
grand fous les regnes d'Augufte Cefar
& de Trajan. Mais principalement il
fut admirable fous Augufte comme
raconte Euthropius ancien hiftorien
Romain : Car il dit que cet Augufte fe
rendit fi fameux & fi redoutable à caufe de fa puiffance & de fes victoires,
que les Parthes le redoutant, fe repen-
tirent d'auoir efté victorieux des Romains, & lors en luy enuoyant des
Ambaffadeurs, & requerant fa paix &

son amitié, ils loy enuoyerent les enfei-
gnes Romaines qu'ils auoient gagné
par le paffé en la deffaite du Conful
M. Craffus qui s'eftoit acheminé en
leur païs pour leur faire la guerre. Ainfi
la gloire de cet Empereur eftoit extremement gráde & guerriere, veu qu'elle donna tant de peur auec vne repentance fi rare aux Parthes, bien qu'ils
fuffent efloignez de Rome d'enuiron
deux mille lieux françoifes.

Mais pour reuenir fur les merites de
guerre qui fe peuuent confiderer en
ces deux foleils de la guerre Alexandre
& Cefar, ie treuue bon de difcourir fur
le chois que fait M. de Montagne en
fes Effais en l'eftime des trois premiers
hommes du monde. Et pour le premier il met le Poëte Homere, le deuxieme Alexandre le Grand : mais à declarer le troifieme, il demeure en fuf-
pens & irrefolu, difant qu'il y range-
roit Cefar, mais qu'à l'ocafion de l'ambition qui le tourmentoit de fe rendre
Roy de fa Republique il ne luy ofe
pas donner ce tiltre, craignant de faire

tort à l'equité. Or en apportant mes auis fur la bonté d'vne eslection si rare & si releuee, ie diray que Montagne eut vn des plus beaux esprits que nostre France ait iamais porté,& que d'auoir estimé Homere, & Alexandre si hautement, il a donné vn iugement digne d'estre auoüé de tous les nobles esprits de ce temps, puis que les plus rares des siecles passez ont si glorieusement reueré la memoire de ces deux personnages. Et touchant l'honneur qui se refere à ce diuin escriuain de l'Iliade & de l'Odyssee, on sçait que sa poësie a esté depuis sa naissance en telle recommendation , qu'auiourd'huy encore il semble qu'elle ne vient que de naistre,& qu'auec sa perfection elle est tousiours en noueauté pour se rédre eternellement cherie & recherchee:tant les excellens esprits y admirent de belles & celestes inuentions pour entretenir leur pensee en la contemplation de ce que les humains imaginent de plus rare & diuin. Quelques foibles cerueaux de ce temps, cher-

chans d'augmenter leur honneur en
amoindrissant la gloire d'autruy, ont
treuué bon de mesdire ouuertement
des ouurages d'vn si grand personnage, ore mesprisant ses conceptions, cōme bagatelles, & drogues falsifiees, cō-
tes faits à plaisir & rencontres hazardeux, & tantost condamnant au billon
le fin alloy de tant de beaux & doux
vers, qui decorent ses diuines œuures,
comme l'abondance de pierreries, le
manteau de Demetrie. Mais quoy? ces
nouueaux repreneurs sont des cen-
seurs tyraniques, puis qu'ils n'ont iamais esté esleuz d'vne Academie des
bons esprits pour interposer leur iugement sur le merite du Prince de Poësie, ou du diuin Mantuan : mais il faut
croire aussi que tels Aristarques n'ont
iamais esté Cesar, ny ne seront iamais
Virgile. Or ce pere des Poëtes Homere fut en si grande admiration de son
temps, qu'apres sa mort plusieurs villes de la Grece se firent la guerre entre
elles, à fin d'auoir son corps pour luy
esleuer vn tombeau. Et à l'occasion de

N v

endiscond on siam Dittie en Gre
depuis a esté traduit ainsi en Latin.

Septem civitates disputant de origine
matri,

Smyrna, Rhodus, Colophon, Salaminis, Chios
Argos, Athenæ.

Sept Villes sont esté autresfois en dis-
pute pour la naissáce d'Homere, Smyr-
ne, Rhodes, Colophon, Salamine, Scie,
Argos, & Athenes. Mais toutesfois
Heliodore qui a esté vn Euesque au
temps de la primitiue Eglise, recite en
son histoire Ethiopique de la gloire
des graces, que la grand'ville de Thebes en Egypte estoir le lieu original
d'Homere, & que son pere estoit Mer-
cure, ou bien vn prestre & prophete
de ce Dieu fabuleux. Mais qui doute
qu'Alexádre ne fut vn des plus docte
esprits du monde, puis qu'Aristote a-
uoit esté son maistre, aussi ses paroles
n'auoient pas moins de magnificence
que la grádeur de son courage, & c'est
pourquoy il connut si bien le merite
des œuures d'Homere, qu'estant arriué à Ilion, & y voyát le tombeau d'A-

chiles, il s'escria ainsi : O bien-heureux
Heros ! à qui les Dieux ont departy
tant de gloire en luy donnât Homere
pour eterniser ses valeurs ! Mais apres
qu'on luy eut apporté en Perse vn petit coffret, qui estoit estimé le plus riche, & le plus precieux meuble qui
eust esté gaigné en la deffaite de Darius, il demanda à ses familliers quelle
chose leur sembloit plus digne d'estre
mise dedans : lors les vns luy dirét vne
chose, & les autres vne autre : mais il
leur dit, apres les auoir entendu, qu'il
y mettroit l'Iliade d'Homere pour la
dignement garder.

  L'excellence du sçauoir & de l'eloquence d'Homere a bien esté remar-
quée de du Bartas : car en sa seconde
sepmaine il l'estime le premier des
quatre meilleurs escriuains de la Grece disant ainsi :

  La Grece a pour appuy vn Homere aux
    beaux vers,
  Dont l'histoire a produit les Rudimens di-
    diuers
  Des Philosophes vieux, & fait par tout

le monde

Come vn grãd Ocean ruisseller sa façode,

Et nostre Prince des Poëtes François
le diuin Ronsard, parle ainsi sur le merite des œuures de Virgile, & d'Homere en la preface de sa Franciade,

— à genoux Franciade,
Adore l'Eneïde, adore l'Iliade.

Mais le lieu n'est pas propre icy de
s'arrester dauantage sur les loüanges
d'Homere, & mesme de dire en quelle façõ les plus celebres esprits de l'E-
glise l'ont honoré. Et ce que j'en ay dit
a esté pour authoriser dauantage, auec
la pensee dont ie l'admire, l'excellence
d'Alexandre en l'opinion de Montagne: car il dit qu'estre le premier de la
Grece, c'est estre le premier du móde:
Mais auec aussi bonne raison ie puis
dire aussi qu'estre le plus grand Capitaine des Romains, c'est bien estre le
premier Guerrier du monde. Que si
le Botero auantage sort en ceste comparaison Cesar sur Alexandre, on peut
voir qu'il ne fait que raconter la verité
qui se treuue aux histoires de ces deux

Capitaines, soit lors qu'il exalte les diligences & la prudence de Cesar, ou
qu'il blame l'impreuoyance, ou le trop
de courage d'Alexãdre. Aussi l'on voit
que Plutarque, mesme en sa comparaison atribuë quelque auantage de
gloire à Cesar plus qu'enuers Alexandre. Ainsi l'on peut dire auec tout bon
droit que Cesar est vn des trois premiers hommes du mõde pour l'excellence de la valeur, & de la puissance
mesme conjointe aux biens de l'esprit.
Et la raison de Montagne ne sert de
rien pour rauir ceste Palme à Cesar,
quand il luy reproche, l'ambition qui
le poussoit à se rédre maistre de la Republique : Car iamais homme n'eut
tant de pouuoir & de merite que luy,
à se faire Monarque de sa patrie, &
d'ailleurs treuuant que la matiere de
l'Estat apetoit telle forme de gouuernement, il ne faisoit que son deuoir de
suiure ce que le temps, la fortune & la
raison luy mettoient en main : Parce
qu'auec la reputation qui le rédoit admirable enuers tous, il voyoit que l'E-

ſtat de la Monarchie eſtoit beaucoup
plus ſeur & plus iuſte pour l'Empire
que non pas la Democratie : Ainſi armé de raiſon, de merite & de puiſſance, il vſoit d'equité d'eſtre ambitieux
de la Royauté, pourueu que ſon intention eſſentielle fut d'eſgaler à l'amour
de ſon ſcepte, l'hōneur de la Republique, le reſpect des loix, & la protection
de la vertu. Auſſi l'on voit que ſur toute ſorte de gouuernement la Monarchie eſt le plus glorieux & plus equitable : car il eſt bien plus facile de treuuer vn homme de bien que non pas
pluſieurs : Et c'eſt pourquoy les Republiques Ariſtocratiques cherchentt àt
qu'elles peuuent de dreſſer leur Gouuernement à l'exemplaire des Monarchies : à fin d'aprocher, & de iouïr d'autant plus du bien qui ſe treuue ordi-
nairemét ſous la domination d'vn ſeul
Prince. Et de fait les Seigneuries de
Genes & de Veniſe qui ſont gouuer-
nees ſous l'Eſtat d'Ariſtocratie, eſliſent
Duc, où Prince du gouuernément vn
Seigneur de la ville, qui auec le conſeil

secret qui l'assiste en tous grands affaires, manie apres comme souuerain
l'estat de la République : Il est vray
que le Duc de Gones ne demeure en
tel Magistrat que trois ans : mais celuy
de Venise dés qu'il est esleu il le possede
tout durant sa vie. Doncques si à l'occasion de si iustes considerations Cesar
aspiroit à la dignité Royale, son ambition est aisément excusable, & voire
elle est encore loüable infiniment : Car
plus vn personnage est de grãde dignité, plus la volonté qu'il a de bien faire
doit tenir lieu de merite en luy, & d'o-
bligation enuers autruy. Et quant à
moy ie tiens que Cesar estoit animé de
ce bon vouloir, comme on en peut iuger assez clairement, veu les prepara-
tifs d'armes qu'il auoit amassé en certains Arsenaux de la Grece, à fin d'aller
guerroyer les Parthes, & la deliberation dont il s'estoit determiné de s'y
acheminer bien tost, pour y venger la
perte que Rome y auoit souffert en
l'infortune de Crassus : mais quoy, au
milieu d'vn si beau dessein il fut preue-

nu de la mort par l'ingratitude, & des-
loyauté des meurtriers Brutus, & Caffius, qui enforcelez de l'enuie cou-
uroient l'acte de leur parricide fous le
pretexte de l'amour, & de la liberté de
la Republique.

Mais il n'eft pas raifonnable de laiffer en arriere l'honneur qu'on doit re-
ferer au Grand Alexandre, puis que
Cefar qui va du pair auec luy, a efté fi
dignement honoré : Or il fe treuue
quelques perfonnes de ce temps qui
penfent qu'Alexandre n'a vfé en fes
entreprifes de guerre, que d'vn courage determiné, & d'vne fcabreufe deliberation fans mefure, fans arreft, &
fans confideration: Mais ils fe trompét
fort: Car Alexandre n'a iamais tenté de
faire aucun exploit que premierement
l'auis de fes Capitaines, ou le fien propre, le faifant valoir par de bonnes raifons, ne luy euft fait deliberer de f'y
conduire: Tefmoins tant de braues raifons qu'il donna à Parmenion, à fin de
luy faire treuuer bon de paffer la riuiere du Granique, pour aller donner ba-

taille aux Perses qui estoient campez,
& rangez sur l'autre riue. Et aussi la
respõce qu'il fit au mesme Parmenion
au siege de la ville de Millet, quand il
luy conseilloit de donner bataille sur
la mer, contre la flote des Cypriens, &
des Pheniciens : Car apres quelques
autres propos, Alexandre luy dit, qu'il
ne permettroit iamais que l'on fist experience de la vaillance des Macedoniens à l'encontre des Barbares en lieu
sr instable & mal seur: Veu mesme que
son armee n'estoit que de cét soixante
vaisseaux, & celle des ennemis de quatre
cens, & outre cet auantage, ils estoient
experimentez aux guerres maritimes,
& les Macedoniens nullement. Et
quand à ce que l'on le blasme de s'estre
destourné de poursuiure Daire dans la
Perse, & auoir pris son chemin vers la
ville de Tyr, & vers le Royaume d'E-
gypte, il faut voir au deuxieme liure
que le nouueau Xenophon a dressé de
ses conquestes, comme il enseigne que
ce destournement est vtile & necessaire à la guerre qu'il a deliberee : Car

ayant fait aſſembler les Princes & les
capitaines de ſon armee, il les harangue & leur monſtre tant de iuſtes cauſes qui l'ont meu à l'entrepriſe d'Egypte & de Tyr, qu'apres les auoir enten-
duës, on ne ſçauroit douter qu'il n'euſt
tout le droit du monde de conduire
ainſi ſes deſſeins. Or toutes les fautes
dont ce grand Capitaine peut eſtre
chargé, ſont en ce qu'il ne proueu pas
touſiours ſon armee de victuailles ſu-
fiſantes, comme au voyage des Indes,
où elle fut combatuë diuerſément de
ſoif, & de faim. Qu'il hazarda par trop
ſon armee à trauerſer des lieux perilleux, & trop deffenſables pour l'ennemy. Que lui-meſme ſe mit trop ſouuët
en hazard dans les plus rudes rencontres de la guerre, comme en la con-
queſte de Tyr, où il fut des premiers à
l'aſſaut, & auſſi à la priſe d'vne ville des
Brachmanes, où ſon courage le pouſſa
ſi hazardenſement aux coups, qu'il le
fit eſtre tout le premier à monter à la
breche : comme de meſmes à la priſe
d'vne fortereſſe des Manliens, où il

font le premier à monter par escalade
sur la muraille, outre qu'en toutes batailles il se faisoit tousiours voir dans
la plus aspre meslee du combat. Ces
hautes fautes sont tres-grandes en vn
chef d'armee, mais toutefois elles sont
dignes d'estre excusees en quelque
sorte, si l'on regarde les grands desseins
& des voyages de longue traite qu'A-
lexandre auoit en main, & l'inuincible
courage de son ame qui le rendoit si
extremement hazardeux côtre la qualité de son rang, & que pour la vaillance, il n'y auoit aucun en son armee qui
le surpassast à faire de grands effets d'vn
guerrier du tout valeureux. Et en ce
que l'on l'accuse d'outre-cuidance, ou
de peu d'esprit, lors qu'il ne voulut pas
donner la bataille de nuict à l'armee
de Daire, suiuant que Parmenion luy
conseilloit, il y a tât de raisons à preuuer
qu'vn sage capitaine ne doit iamais até-
ter telle chose la nuict, que la respôce
d'Alexâdre doit estre estimee proceder
de iugement aussi bien que de hardiesse. Car quel ordre, & quelle asseurance

peut auoir vn Capitaine à conn...
en pleine nuict ? comme po...
voir en quelle part vne partie...
armee auroit besoin d'estre secou...
Et par quel moyen sçauroit-il iu...
auec asseurance la disposition, & l...
desseins de l'ennemy ? Que s'il se pro...
met la victoire à cause de la connoi...
sance infaillible que ses gens auro...
entr'eux par le moyen de la camisad...
il se peut grandement deceuoir en ce...
ste promesse : car l'ennemy les aya...
vne fois reconnus, peut auoir le loi...
de se desguiser comme eux, & par ce...
te apparence les reduire en confusio...
& desordre, & les rendre ennemis en...
uers eux-mesmes, par l'indiference d'...
connoistre parfaitement leurs compagnons, & leurs auersaires. Et en ce...
que l'on veut amoindrir sa gloire d...
ce qu'il n'a pas guerroyé auec des peu...
ples si belliqueux, & vaillans comm...
ceux contre qui Cesar a fait la guerr...
il y a quelque raison : Mais il faut dire
aussi, qu'en toutes les batailles où il...
deffit les Perses, il y auoit vn grand...

nombre de Grecs reuoltez aux armees
de ses ennemis : comme en la premiere qui se donna sur le bord du Granique, les Perses auoient ving mille hômes de cheual, & vingt mille hommes
de pied, desquels la plus grand' partie
estoit composee de Grecs, qui estoient
de la mesme valeur, & nation que la
plus part de l'armee d'Alexandre. Et
en la seconde bataille qu'il donna contre les Perses en la Cilicie pres de la
ville d'Isse, où pour la premiere fois
Daire se trouua, l'armee des Perses
estoit de six cens mille combatans, dôt
il n'y en auoit trête mille Grecs : En l'autre bataille où pour la troisiesme fois
il vainquit les Perses, Daire n'auoit pas
moins de Grecs, en son armee que l'autre fois : mais elle estoit beaucoup plus
grâde d'autres forces : Car on estimoit
qu'il y auoit quarante mille hommes
en cauallerie, & vn milion d'hommes
de pied. Auec lesquels estoiêt deux cês
chars armez de lames de fer en maniere de faulx, & quinze Elephás, de ceux
que lon ameine de ceste côtree de l'In-

die, qui est par deçà la riuiere.
Et toute l'armee d'Alexandre pouuoit
estre de sept mille hómes de cheual,
enuiron quaráte mille de pied côbat
Or de gaigner la victoire contre vn
grand nôbre d'hommes côme estoit
les Perses, cela ne pouuoit aduint
qu'au moyen d'vne bonne conduit
d'vn excellent courage, & d'vne extre
me valeur du costé d'Alexandre. C'
en ceste bataille où ce grand Macedo
nien ne voulut pas desrober la victoi
re: mais bien la gagner valeureusement
en plein iour: Elle se donna au Royau
me d'Assyrie à Gaugameles, vers la ri
uiere de Bumade loin de la ville d'A
beles d'enuiron trente lieux.

Mais on peut voir quelle excellen
de science Militaire estoit en l'espri
d'Alexandre, si l'on veut lire les histoi
res qui traitent des auātures de ce gr
Monarque: car à l'ordonnance des ba
tailles, à marcher en campagne, à met
tre le siege deuāt vne place, à la batr
à la forcer, à haranguer à ses Capitai
nes, à bien gouuerner & tenir ce qu

auoit conquis, à se faire voir prudent
aux conseils, industrieux & diligét aux
expeditions, & à choisir les soldats, &
à departir largemét des moyés à tous,
on l'estimera vn Soleil & vn Mars entre tous les grands Capitaines qui furent oncques. Mais vn seul Iules Cesar se peut esgaler à luy, & voire le sur-
passer en quelque merite de perfectiõ
militaire: Et en cela ie treuue bõ de suiure le iugement que le Borero en a fait
en leur comparaison: car c'est vne chose merueilleuse aux yeux de tous les
siecles, que l'on ne peut remarquer
que ce braue Romain ait iamais commis aucune erreur contre ce qui est du
deuoir de bien conduire la guerre. Ce
qui ne se peut pas dire d'Alexandre
comme nous auons escrit cy dessus.
Or ce qui rehaussoit d'honneur & de
gloire ces deux grands guerriers, c'e-
stoit les liberalitez, & l'amour qu'ils
employoient à fauorir leurs soldats &
leurs Capitaines : Et en l'exercice de
uertus si royales ils y sont esté esgaux
l'vn à l'autre, & admirables entre tous

les Princes: lesquelles perfections ont
esté grandement esloignees de la plus
grande partie des hommes d'authorité de ce dernier âge. Mais ie veux apporter icy vn exemple de ces qualitez
qui estoient en Alexandre : car apres
auoir festoyé en la ville d'Ecbatanes
tous les Capitaines & grãds Seigneurs
Perses & Macedoniens, & mesmes en
vn festin où neuf mille persones etoiët
assises à table, suiuant ce qu'il auoit deliberé auparauãt, il donna de son plein
gré congé aux Macedoniés, lesquels la
vieillesse, ou les maladies, ou les coups
receux en guerre auoient rendus inutiles au fait des armes: Le nombre desquels fut treuué iusques à treize mille
hommes, ausquels il fit payer entierement tout ce qui leur estoit deu à cause du seruice passé. Et non seulemenẽ
cela, mais encore il leur fit deliurer argent pour la despence de leur voyage,
& outre cela, il leur donna à chacun six
cẽs escus. Et fit laisser les enfans qu'aucuns d'eux auoient des femmes d'A-
sie, aupres de luy auec leurs meres, à cõ
qu'ils

qu'ils ne fuſſet cauſe de quelque trouble & diuiſion d'amour, eſtans meſlez
parmy les autres enfans, & les femmes
qui eſtoient demeurees en leurs mai-
ſons. Et leur promit de les faire inſtrui-
re ſelon la maniere de viure des Macedoniens, & de leur faire aprendre tous
les exercices qui ſont conuenables au
meſtier de la guerre ; & que quand il
retourneroit en Macedoine, il les me-
neroit quand & luy , & les rendroit à
leurs peres.

Mais il fit vn autre acte par lequel il
monſtra euidemment l'amour qu'il
leur portoit : Ce fut qu'il leur donna
Cratere pour les conduire , qui eſtoit
vn des plus fidelles amis & ſeruiteurs
qu'il euſt , & qu'il aimoit comme ſoy-
meſme. Puis leur ayant dit Adieu à
tous, il les laiſſa aller tous pleuräs pour
l'affection qu'ils luy portoient, & luy-
meſmes ne ſe peut tenir de pleurer à
groſſes larmes.

Voila vn gouffre d'amour , & vn
ciel de liberalité repreſentez en la gloire d'Alexandre : Que ſi les grands de

O

ce siecle s'employoient de telle vertu
enuers les soldats, il ne faut pas douter
que les conquestes ne fussent plus
promtes, & plus dilatees qu'elles ne
sont pas: & qu'elles n'arriuassent par ce
moyen auec vne conduite bien reglee
à s'esgaler à peu pres à ces grandes victoires des anciens Capitaines : Car il
ne faut pas qu'vn Prince qui souhaitte
estre des premiers du monde, se contente de commander seulement par le
droit de sa puissance les peuples, & les
armees, ains il faut que pour estre glo-
glorieux entre tous, & en toutes choses, que sa douceur & sa liberalité le
rende vnique possesseur du cœur des
siens: parce qu'en vn si riche & si diuin
possedement, tous ses commandemens
serôt suiuis d'obeïssance & d'affection,
& son honneur sera plus cher à ses soldats que leur propre vie. Or pour enrichir encore de quelques traits ces
propositions dressees à l'honneur d'A-
lexandre, il me semble estre chose bien
à propos d'y r'apporter les paroles que
le Philosophe Callisthenes disciple

d'Ariftote adreffa en vn banquet au
païs de la Medie au Sophifte Anaxarche : Car il luy dit ainfi, qu'il ne falloit
point douter que le Roy Alexandre
n'aprochaft de bien pres de la perfection de l'homme, & qu'il ne fuft
entre les bons le meilleur, entre les
Roys le premier, & qu'entre les Capitaines & chefs d'armee, il ne fe pourroit treuuer homme fi digne de commander. Donques pour conclufion de
ce difcours il faut croire qu'Alexandre
le Grand, & Iules Cefar font les deux
premiers Capitaines que iamais le mõde ait connu : Et qu'ils ont eftez l'excellence, & le zenit du firmament de la
guerre à l'endroit de tous les guerriers:
foit pour la gloire des deffeins, pour la
bonté des valeurs, & pour la grandeur
des conqueftes. Et ainfi que Montagne appelle les Commentaires de Cefar, le Breuiaire des gens de guerre, de
mefme ie puis dire à bon droit que les
Hiftoires d'Alexandre font le miroir,
& l'Academie des Princes guerriers.
Et c'eft pourquoy ie diray qu'vn Prin-

ce se pourra vanter dignement d'auoir
atteind au plus grand honneur qui se
peut acquerir en terre, s'il a fait en sorte, & si brauement en armes, que ses
faits puissent estre comparez à ceux
d'Alexandre, & de Cesar : Car de faire
mieux pour les exceller, il me semble
qu'il ne faudroit pas moins qu'vne vie
immortelle, qu'vne bonne fortune
tousiours constante, & que l'entiere
acquisition de l'vn, & de l'autre He-
misphere.

Il reste à dire quelque chose en ce
discours sur le merite de Don Consalue Fernandes de Cordouë : Car
pour le sujet de Scipion & d'Annibal
j'en diray seulement vn mot sur la fin
de ceste Annotation. Or ce Don Consalue estoit de l'illustre maison de Cordouë, qui est vne des premieres d'Espagne, il fleurissoit en l'année mil cinq
cens, & tout durant les regnes de Loys
XII. Roy de France, & de Ferdinand
Roy d'Arragon : ses valeurs, & l'affection que les Espagnols & les Italiens
luy portoient, luy donnerent le sur-

nom de Grand Capitaine. Et bien que
ses victoires ne soient pas nombreuses
& signalées, comme celles d'vn Alexandre, d'vn Pompée, d'vn Constátin,
& d'vn Charles, pour luy faire auoir
vn surnom si recommandable: toutesfois les grands effets qu'il exploita au
Royaume de Grenade, en y domp-
tant, & chassant dehors les Mores; Et
les actes signalez de grand guerrier,
qu'il manifesta en toute sorte d'occasions au Royaume de Naples en y
guerroyant les François, & les dom-
tant, & les mettant hors de ce Royaume, luy ont dignement acquis ce tiltre
de Grand. Aussi quand il n'auroit autre
gloire, que d'auoir esté victorieux d
François, qui de tout temps ont estez
redoutables par tout le monde, il faut
dire qu'vn si braue surnom luy a esté
iustement imposé: Et c'est d'autát plus
que le fruit de ses victoires a esté la có-
queste du Royaume de Naples pour
son Prince qui estoit le Roy d'Arragon, lequel fruit se peut estimer vne
des plus grandes acquisitions qui de-

O iij

puis trois cens ans soit auenuë à la fortune , ou bien à la vaillance d'aucun
Roy : Car ce Royaume est vn des plus
riches , des plus fertiles & des mieux
peuplez de tous ceux qui sont connus
en l'vn, & en l'autre Pole. Que si Q.
Fabius eut le surnom de tres-grãd pour
auoir rebouché le cours des victoires
d'Annibal, & mené la guerre en longueur pour miner les forces de l'armee
ennemie: A plus forte raison Don Cõ-
salue peut meriter ce nõ de Grand Capitaine, puis qu'au moyen d'vne valeur
ouuerte, il vainquit des François dont
la nation est si glorieuse & si renommee par les armes.

Or il ne sera pas hors de propos de
dire que plusieurs hommes illustres de
ce siecle sont esté honorez du surnom
de Grand à fin de monstrer que ce
Grand Capitaine n'a pas acquis ceste
gloire hors de merite , & de coustume
ordinaire à reconnoistre les valeurs:
Car Mathieu Viscomte fut surnommé
Grand , tant pour auoir surmonté la
fortune par patience, que par sa valeur

acquis la nompareille Duché de Milan. Et en la mesme Duché, Iacques Triuulce fut dit Grand, au moyen de plusieurs batailles où il se treuua, & pour la grandeur des entreprises qu'il fit, & qu'il sçeust conduire à fin. Alphonce I. Roy de Naples fut appellé magnanime à cause de ses œuures genereuses, tant en ses conquestes, comme au gouuernement du Royaume, & non moins aux auersitez que durant les heureuses fortunes. Mais en l'excellente, & celebre maison de Medicis, Cosme le vieil, Laurens, & Cosme Grand Duc ont esté qualifiez du surnom de Grand : Cosme le vieil, parce qu'en sa fortune particuliere il fit des œuures de Roy, tant en magnificence de bastimens comme en extreme liberalité enuers toute personne de vertu : Laurens parce que de chef de la Republique de Florence, il se rendit par sa valeur, arbitre des affaires des Potentats d'Italie. Cosme, parce que par sa grande sagesse, il fonda, & asseura en sa maison la Principauté de Flo-

rence, qu'il agrādit apres de la cōqueste
de Siene, & qu'il accōpagna ses Royales qualitez de la perfection d'vn excellent & admirable zelle enuers la Religion. Dont par ce moyen le Pape Pie
V. duquel la prudence & la sainctete
sont esté si grādes, l'honora du tiltre de
Grand Duc, qui meritoirement auec le
sceptre, & la couronne de son Estat est
acquis à ses successeurs.

Mais pour reuenir à nos brisees, ie
diray que les valeurs de Don Consalue se rendirent si recommendables au
monde, que mesmes elles furent honorees & fauories de ceux à qui elles
auoient esté dommageables: Car comme vne fois le Roy Loys XII. & le
Roy Ferdinand se treuuerent à Sauonne pour s'accorder sur le differend du
Royaume de Naples. le Roy admirāt
la vertu de Don Consalue le fit appeller pour le voir, & pour le faire souper
auec luy à sa table, auec le Roy Ferdinand & sa femme qui estoit niepce du
Roy: Car apres quelques propos que
le Roy luy tint sur la loüange de ses va-

eurs, il luy dit ainsi : Seigneur Consalue, i'honore tant vostre merite, qu'il
faut que ie vous reconnoisse suiuant
tout ce que ie puis maintenant : C'est
pourquoy ie vous prie de souper icy
auec nous: Car ie veux que le meilleur
Cheuallier du monde aye l'honneur
d'estre assis à table auec vn Roy de
France, & mesmes auec le Roy Ferdinand qui est vostre Prince. A quoy Dó
Consalue luy respondit ainsi : Sire vostre courtoisie est si grande qu'elle surpasse infiniement tout ce que ie pourrois meriter, mais outre cela il n'est pas
en ma puissance de receuoir la faueur
que vostre Majesté me veut departir:
Car c'est vne coustume en Espagne
que iamais vn vassal ne se sied à la table
des Roys. Lors le Roy luy dit encore,
Seigneur Gonsalue ceste raison ne sert
de rien pour vous exempter de ceste
faueur qui est beaucoup inferieure à
vos merites: Car celuy de qui la valeur
surmonte la puissance des Roys, peut
bien estre assis à table auec les Roys.
Et alors le Roy Ferdinand prenant la

O v

parole luy dit. Seigneur Confalue, il eſt
raiſon d'obeïr à la volonté du Roy, &
de receuoir les faueurs qui viennent de
ſi bonne part: Et voſtre valeur eſt telle,
qu'elle peut bié faire ceſſer pour vous
la couſtume d'Eſpagne que vous auez
allegué. Seez vous donc icy à table, &
ſoupez auec nous. Don Conſalue fut
ainſi honoré de ſouper auec le Roy de
France, & le Roy, & la Royne d'Arragon, tandis que la plus grand partie des
Princes, & des grands Seigneurs de
France, d'Italie & d'Eſpagne eſtoient
à la ſalle pour voir les deux Roys, & la
Royne, & qu'ils admiroient ce Grand
Capitaine à qui les Roys donnoient
vne ſi grande faueur. Et de fait i'eſtime
que cet honneur n'eſtoit pas de moindre prix que la gloire des anciens Capitaines, lors qu'ils entroient dans Rome en triomphe. Les Eſpagnols ont en
ſi grande eſtime la faueur que Don
Conſalue reçeut alors, qu'ils ne la tie-
nét pas moins glorieuſe pour luy, que
ia iournee quand il entra victorieux
en armes dans la ville de Naples: Ils en

ont fait vn Romance qui se commence ainsi,

Viniendo el Grand Capitan
De Victorias illustrado,
De ganar para su Rey
El Napolitano estado:
Iuntaronse el Rey de França,
El famoso Rey Fernando &c.

Tout durant ce repas le Roy eut
tousiours l'œil sur luy, tant il se plaisoit
d'admirer vn si vaillant Capitaine, &
de qui la façon, l'apparence, & la personne estoient toutes braues, magnifiques & luisantes de majesté. Mais
outre le respect de ses valeurs, il l'admiroit encore pour la grande loyauté
qui estoit en luy : Car au iour qu'il entra dans Naples la premiere fois, tout
le mōde pensoit qu'il se feroit declarer
roy, veu le grãd pouuoir qu'il auoit en
main, & l'amour dont il estoit chery
du peuple, & de tous les Grands du
Royaume, & de tous les Capitaines &
soldats qui estoient à son seruice : mais
il aima mieux estre bon & loyal seruiteur enuers son Prince que Roy ty-

O vj

ran. Ce qui doit feruir d'exemple à
tous capitaines & à toutes perfonnes
d'eftre fidelles à leur Roy : Car il ne fe
peut voir aucune vertu qui rende vn
homme de qualité fi glorieux & fi riche d'honneur que la loyauté.Et celuy
qui fe maintient toufiours fidellement
en l'affection & au feruice de fon Prince,fe peut bien vanter dignement qu'-
il eft poffeffeur d'vne gloire qui fera
immortelle , & qui rendra fon nom à
iamais reueré &prifé des fiecles futurs.
Comme au contraire il n'eft aucun vice qui foit fi deshonorable , & infame
que la perfidie & la deffoyauté.Et toute perfonne qui braffe quelque trahifon contre fon Roy, peut bien eftre
reputé au rang des criminels plus pu-
niffables,& plus ennemy de l'honneur
qu'autre que ce foit:Et tels infortunez
par leur propre malice, font tellement
dignes de punition, qu'il me femble
qu'vn frere fe pourroit faire deshon-
neur fil prioit vn Roy pour obtenir
pardon en faueur d'vn fien frere qui
feroit conuaincu de trahifon. L'exem-

ple de Philippe II. Roy d'Espagne l'a
bien tesmoigné en nos iours: Car bien
que l'amour naturel du pere au fils soit
plus grand que du fils au pere : toutesfois cet amour qui est extréme vniuersellement, n'eut pas tant de force à le
disposer de faire grace à son fils qui l'a-
uoit voulu trahir. Aussi ie tien que l'infidellité est vn vice si vilain & odieux
qu'il ne sçauroit iamais ce placer qu'é
vne ame toute tenebreuse d'ignorance, de bestise & d'orgueil. Et cela se
voit clairement en la destinée des trai-
tres : Car comme aueugles à voir les
dangers où ils s'exposent, & le deshon-
neur qu'ils recherchent à leur nom, ils
entreprennent des choses si difficiles
qu'en la plus-part elles sont impossibles de pouuoir estre executées suiuāt
la disposition de leur dessein. Ainsi ie
diray encore que l'infidellité ne doit
iamais trouuer mercy : Car aux erres
de sa perfidie vn traitre fait voir manifestement qu'il est infiniement ingrat,
& qu'il mesprise extrémement celuy
qu'il veut trahir, qu'il luy veut vn mal

extréme, & que de tout son cœur il recherche à le mettre en ruine:

‗ Et à ceste occasion vn Prince met en
vsage l'acte d'vne tres-equitable iustice lors qu'il fait punir vn traistre. Mais
ie veux apporter seulement vn exemple pour preuuer que l'orgueil, la bestise, & l'ignorance possedent entierement vne ame perfide : Ganes estoit
beau-frere de Charlemagne , il estoit
le plus riche Seigneur de France : mais
il fut si mal-auisé qu'il ne se contenta
pas de tant de grandeurs, car il trama
contre sa patrie vne trahison auec les
Mores & les Sarrasins qui pour lors
peuploient l'Espagne , dont il arriua
que la fleur des plus braues Princes de
France fut esteinte en vne bataille à
Ronceuaux. Mais quoy ? ny fuite, ny
grandeur, ny alliance n'en détournerét
pas la punition : car comme traistre il
en fut puny de mort exemplairemét.
Les anciens Gaulois auoient en telle
inimitié les traistres, qu'apres que sous
leur Roy Brenus ils eurent pris Rome,
& vne forteresse d'icelle par la trahison

de Tarpeya fille Romaine qui la leur
liura, moyennant qu'ils luy donne-
roient toutes les chaifnes d'or qu'ils
portoient, ils voulurent eftre fidelles
en leur promeffe, & tout enfemble
ennemis d'vn traiftre : Car ils apporte-
rent, & jetterent tant de chaines d'or
à Tarpeya qu'elle en demeura eftou-
fee côme fous là ruine d'vne maifon.
Les anciens Romains auffi deteftoient
grandement les trahifons, bien mefmes qu'elles fuffent à leur auantage:
Car comme le Medecin de Pyrrhus
eut efcrit à Fabricius & à fon ajoinct
Conful Romains, qu'il feroit mourir
fon maiftre par poifon, moyennant
qu'on luy promit vne recompenfe qui
fut condigne aux effets d'auoir termi-
né la guerre fans danger : Les Confuls
deteftant vne fi grandé mefchanceté,
efcriuirent ainfi vne lettre à Pyrrhus:
Gayus Fabricius, & Quintus Emilius
Côfuls des Romains, au Roy Pyrrhus
falut : Tu as fait vne malheureufe efle-
&ion d'amis auffi bié que d'ennemis,
ainfi que tu pourras connoiftre en li-

fant la lettre qui nous a efté efcrite par
vn de tes gens : Car tu fais la guerre à
hommes droituriers & gens de bien,
& tu te fies de defloyaux & meschans:
dequoy nous t'auons bien voulu auertir , non pour te faire plaifir , mais de
peur que l'accident de ta mort ne nous
faffe calomnier , & que l'on n'eftime
que nous ayons cherché de terminer
cefte guerre par vn tour de trahifon,
comme fi nous n'en pouuions pas venir à bout par vertu. Philippe pere
d'Alexandre le grand auoit les traiftres
en mefpris tout apparent : car ainfi
qu'vne fois quelques eftrangers de
cefte qualité, qui luy auoient fait feruice aux defpens de leur honneur, fe
plaignoient à luy de ce que les Macedoniens, les iniurians, les auoient nõ-
mez traiftres , il leur refpondit , Que
les Macedoniens eftoient peuples rudes & ignorans, & qu'ils ne fçauoient
nommer les chofes que par leur nom.
I'ay voulu expofer cefte inuectiue contre la defloyauté, à fin de la rendre toufiours plus deteftable aux bons , &

odieuse à ces esprits chancelans de ce
siecle qui sont si fragiles à se laisser deceuoir aux riches & fausses esperances
que ce vice leur apporte.

Mais pour reuenir à parler de la gloire que peut meriter vn seruiteur fidelle, le Roy eut en telle admiration les
valeurs & la loyauté de ce Grand Capitaine, qu'auant que partir de Sauonne il luy fit de riches presens: luy disant
que bien que sa valeur fut esté à son
prejudice, puis qu'elle luy auoit fait
perdre vn des plus beaux Royaumes
de la terre, toutefois qu'ayant esté si
vertueux & loyal, sa vertu meritoit
d'estre honoree de tout le monde.

Et touchant ce qui se pourroit dire
de Scipion & d'Annibal sur le sujet de
leurs merites, i'apporteray icy l'opinion qu'en auoit ce Carthaginois: Car
ainsi que P. Cornellius Scipion surnommé l'Afriquain, estant l'vn des
Ambassadeurs de Rome enuoyez au
Roy Antiochus, deuisant vne fois auec
luy, le pria de luy dire à la verité, quel
homme il estimoit le plus braue, &

excellent Capitaine de tous, Annibal luy respondit : qu'Alexandre Roy de Macedoine estoit le premier, Pyrrhus Roy des Epirotes le deuxieme, & que le troisieme estoit luy-mesme. Alors Scipion en sousriant luy dit. Que dirois tu donc de toy Annibal, si tu m'auois vaincu ? Sans doute luy respondit le Carthaginois, ie me mettrois par dessus tous les autres. Scipion eut agreable ceste responce, pource qu'il se voyoit ny mesprisé, ny amené en comparaison auec les autres : mais par vn silence artificieux laissé derriere comme incomparable par l'opinion, ou par vne flatterie secrette d'Annibal.

Or suiuant la raison du Botero j'estime que la valeur d'vn Capitaine qui peut resister contre vn ennemy plus puissant que lui, est de plus grande vertu que le courage de celuy qui le vient assaillir : mais l'honneur n'est pas entierement en la resistance : ains en la victoire qui s'en doit ensuiure : car il n'y a si foible ennemy qu'il ne puisse resister quelque temps contre les forces d'vn superieur. Et lors que la puissance est esgale la victoire est grande, mais encore beaucoup plus grande si le Capitaine qui a moins de forces se rend victorieux de son ennemy : Mais toutesfois puis que les euenemens de la guerre sont si incertains & douteux, & que les hazards & la fortune y peuuent beaucoup, il faut croire que la victoire est tousiours belle & glorieuse au vaincueur, bien qu'il ait esté beaucoup plus puissant que son ennemy : & il faut bien que cela soit estimé de la sorte, autrement le Roy d'Espagne n'auroit point d'honneur de guerroyer les Estats de Flandres qui luy sont inferieurs en pouuoirs : Et le Roy mesme se verroit priué de ceste gloire lors qu'il a surmonté des ennemis qui n'auoient pas des forces si grandes que les siennes : Mais quoy, ce grand & victorieux Monarque, a si glorieusement esleué ses valeurs, que soit qu'il ait esté ou plus fort, ou plus foible que ses aduersaires, il a tousiours veu la victoire de son party, pour le rendre heureux

en toutes ses entreprises. Et sur le sujet
d'Aristote qui dit , que le soustenir &
la defence est vn acte de plus noble
vertu que l'assaillir , ie veux dire que
ceste raison est bonne, mais condition-
nellemēt : Car pourueu que celuy qui
est sur la defensiue ait droit de se defendre , & qu'il se defende biē, il a bien
plus d'honneur que son assaillant, &
non autrement : car si tout defendant
auoit plus de merites que celui qui l'assaut, il auiendroit que ce seroit gloire
d'estre rebelle, à fin de se voir assaillir
de son Prince, & de resister contre luy:
ce qui ne peut estre. Et mesmes ie diray contre Aristote que l'assaillance est
beaucoup plus illustre que la defence,
puis que la premiere ne peut moins re-
presenter que l'actif , & l'autre non
guiere d'auantage que le passif , si par
le moyen de quelque grande vertu,ou
fortune extraordinaire il ne vient à
prēdre la forme, & les qualitez de l'assaillir. Ainsi l'assaillance est de plus
d'efficace que le soustenir , & mesmes
en guerre où les sages Capitaines la

vont porter en affaillant aux terres de
l'ennemy, & encore en particulier aux
faits d'armes: Tefmoin Cefar en la bataille de Pharfale, qui commanda à fes
gents de donner les premiers, & Pompee au contraire ordonna aux fiens de
fouftenir le premier choc auant que
de fe mouuoir pour venir aux mains.
Le confeil de Scipion l'Afriquain fe
treuua bien meilleur auffi que celuy
de Q. Fabius Maximus, qui vouloit
que les Romains fuffent toufiours fur
la defenfiue en Italie, & ruiner ainfi
auec le temporifement l'armee, & les
deffeins d'Annibal. Car ayant equipé
vne flote en Sicile, & en qualité d'affaillant conduit vn puiffant exercite
fur les terres de Carthage, ce confeil fe
treuua glorieux de deux fruits: Car en
premier lieu Annibal fut contrainct
d'abandonner l'Italie, & la laiffer en
repos pour aller fecourir fa patrie: Et
en l'autre, la victoire que Scipion gagna fur Annibal en Afrique, ruina tellement les forces de Carthage, qu'elle
fut contrainte de receuoir telle condi-

tion de paix qu'il pleuſt à Scipion , &
meſmes depuis vne ſi grande route
Annibal n'eut iamais le moyen de leuer la teſte pour faire plus la guerre,
Ainſi le conſeil d'aller aſſaillir Carthage, & la vaillance de Scipion furent eſ-
galement vtiles à la Republique.

*Fin du deuxieme Liure de
l'excellence des Anciens
Capitaines.*

LE TROISIEME LIVRE

DES MAXIMES D'ESTAT

Militaires & Politiques.

De la Neutralité.

E traicter de Neutralité est vne entreprise des plus difficiles qui soient en toute la matiere d'Estat : car de se resoudre à demeurer neutre entre deux Princes qui se font guerre , ou de se declarer compagnon de l'vn d'iceux, est chose qui dépéd tant immediatemét de la qualité des Princes, & de leurs Estats, que malaisémét il s'en peut discourir en general. Et à ceste oc-

casion , ie n'ay iamais veu chez
les antiques. Politiques aucune
chose qui traite sur vn tel sujet.
Neantmoins pour ne laisser vne
matiere si exquise , sans y toucher en quelque façon, nous en
dirons quelque chose: donques
nous commencerons ainsi. Les
Princes, commme enseigne Polibe, sont d'vne nature ainsi faite, qu'ils n'ont aucun pour amy,
ny pour ennemy parfaitement:
mais durant la course des ami-
tiez, & inimitiez , ils se gouuernent suiuant que les euenemes,
& les desseins leur sont propres,
& commodes. Et si bien, qu'ainsi que certaines viandes qui sont
insipides de leur nature , reçoiuent saueur de l'acommode-
ment que leur donne le Cuisi-
nier: Ainsi estant d'eux-mesmes
sans affection , ils vont s'encli-
nans

nans à ceste partie, & à ceste autre, suiuant que l'interest leur
acommode le courage, & l'affection : car pour dire auec bonne conclusion, Raison d'Estat
est bien peu de chose autre que
Raison d'interest.

Thucidide escrit des Lacedemoniens, qui sur toutes les nations de la Grece, se maintindrent fort long tēps en estat, &
en grādeur, que parmi leursplus
chers desseins, ils cherchoient
de suiure leur cōmodité: & sans
estre soubçonneux de dissimula-
tion quelconque, ils tenoient
pour iuste & clairement honneste, tout ce qui leur pouuoit apporter emolument, ou satisfaction. Et Agesilaus qui fut le
plus illustre Roy des Lacedemoniens, souloit dire, qu'il estimoit pour iuste tout ce qui pou-

uoit reüïffir quelque vtilité à la
patrie. De maniere qu'il n'eft
chofe plus propre d'vn Prince
que l'indiference, & la Neutralité entre deux voifins qui fe
guerroient : puis qu'il eft ainfi,
qu'elle eft prefque naturelle
aux Princes, & que la declaration leur eft accidentaire. Mais
toutefois pour fçauoir en quel
temps vn Prince doit demeurer
neutre, & quãd il doit eftre par-
tifant : nous rangerons d'vne
part les biens de la Neutralité,
& de l'autre les maux, & les inconueniens : Et de mefme en autre part les biens, & les maux de
la declaration.

Et premierement le Prince
qui eft neutre, fe voit honoré, &
refpecté des deux partis, & c'eft
pour crainte qu'ils ont qu'il ne
s'vniffe auec le parti contraire :

l'vn d'eux. Et en ceste qualité, il demeure côme arbitre des differences d'autruy, & Seigneur de soy-mesme. Il s'esiouit du present , & en ceste façon les François ont bien fait leurs affaires , il se sert du temps, & celuy qui a le temps, lequel est le porteur des meilleurs conseils, a la vie aussi , comme l'on dit volontiers. Et par cest artifice les Venitiens ont amplifié, & non seulement entretenu leur Domaine. Et encore le Prince neutre se repose, & s'entretient sans aucun ennemy decouuert, & n'offence aucun manifestement. Et comme dit Polibe, il ne se treuue chose, qui soit de tant de valeur en tous affaires , que la moderation , & de ne faire chose qui puisse estre insupportable à qui que ce soit.

P iij

Or les maux de la **Neutralité**
sont ceux-cy, le Prince qui s'entretient neutre, donne tout d'vn
coup vne mauuaise satisfaction
aux deux partis, & se les rend secrettement ennemis. *Neque ami-*
cos parat, neque inimicos tollit, Il ne
s'acquiert des amis, ny ne se deffait de ses ennemis.

Et comme disoit Aristene Pre-
teur des Achaïens, *Quid aliud*
quàm nusquam gratia stabili, velut
qui euentum expectauerimus vt for-
tunæ applicaremus nostra consilia, præ-
da victoris erimus? non quemadmo-
dum hodie vobis vtrumque licet; si
semper liciturum est nec sæpe, nec diu
eadem occasio fuerit. Qu'est-ce autre chose ne se vouloir resoudre
d'embrasser vn party, ains attendre la fin pour joindre nos conseils à la fortune, sinon que nou
rendre la proye du vainqueur

N'estimez pas de pouuoir toujours choisir l'vn des deux, comme vous le pouuez auiourd'huy
& que l'occasion soit souuent,
ou long temps semblable.

Et Titus Q. Flaminius disoit
ainsi sur ceste matiere, à l'assemblee d'vn peuple. Bien que suiuant le propos d'aucuns, ce soit
vne chose bonne que vous ne
vous entremessiez point de ceste guerre, toutefois vsant de la
sorte, il ne vous en peut arriuer
que grãd preiudice: puis qu'ainsi est, que perdant toute grace &
toute dignité, vous serez la
proye & la recompense du vainqueur. Ce qui fut experimenté
par les Citoyens de Rhodes, &
non moins d'Eumenes Roy d'A-
sie pour cause de la Neutralité
en quoy ils se maintindrent, durant que la guerre estoit entre

les Romains, & le Roy Perseus.
Car cestui-cy s'en treuua mal
traicté, & ces autres s'en virent
priuez,& despoüillez par les Romains d'vne bône partie de leur
Domaine : outre la peur qu'ils
eurent de se voir ruinez entiere-
ment.Et finalement comme dit
Tacite. *Inter impotentes & validos
falsè quiescias ; vbi manu agitur, mo-
destia, & probitas nomina superioris
sunt.* Entre les foibles & les puissans, ne demeures iamais en repos : Car la où l'on vient aux
mains, la modestie & la bonté
font le nom des superieurs.

Mais voyons maintenant les
biens de la declaration. Et premieremét il est beaucoup meilleur de courre la fortune d'vn a-
my, que de demeurer en haine
de tous deux.Et apres,il est plus
supportable de choir en quel-

que fascherie auec vn compagnon , que de s'y treuuer tout
seul. Et il est mieux procedé de
se mettre en hazard de vaincre
en se declarant, que pour faute
de ne prendre aucun party , se
rendre certain d'estre vn iour
oppressé de celuy qui sera vaincueur en l'entreprise.

Or les maux qui se considerent en la declaration sont ceux
cy. Et en premier lieu, celuy qui
se declare, se forme dés aussi tost
vn ennemy descouuert. Et apres
tout ainsi que l'on se desplaist &
ennuye d'auantage d'vne chose
amere , que l'on ne s'esioüit &
contente d'vne douce: de mesme auec plus de vehemence l'iniure, & l'offence esmeuuent l'a-
me, que non pas les seruices &
les plaisirs. Ainsi celuy contre
qui tu te declares sera tousiours

plus promt, & plus ardant à te
trauailler, que celuy de qui tu as
pris le party, ne sera diligent &
affectionné à te secourir en tes
trauersés. Ce que le Soldan d'E-
gypte experimenta en sa ruine:
car s'estant declaré contre Selim Roy des Turcs, à fauorir Ismaël Roy de Perses, il attira côtre son estat la guerre, & l'oppression de Selim, & en telle sorte qu'il y perdit la vie, & les Ma-
mellus l'Empire: & tãdis Ismaël
ne s'esmeut aucunement pour
luy donner secours, ny pour aider celuy qui legitimement succedoit à son Empire.

Mais resoluons maintenant
ceste matiere auec trois maximes, dont le premier sera ainsi,
qu'vn Prince puissant n'a pas
besoin de conseil en semblable
matiere: Car la puissance le rend

asseuré contre les assauts de celuy qui le voudroit attaquer : Et s'il s'accompagne d'vn autre, il assemble plus de forces en vn, auec lesquelles il aura mieux le moyen de se faciliter la victoire, & ioüira de ses fruits. Et s'il demeure neutre, il euite la despence & les sinistres accidens de la guerre. Et tandis que les voisins se consomment l'vn l'autre à se guerroyer, il tire ses entrees en repos, & s'augmente de finances & de forces.

L'autre maxime est ainsi, qu'en vn Prince foible & de bas Estat nul parti n'est bon, & mesmement celuy de la Neutralité : parce que ses forces ne sont pas capables de le pouuoir soustenir, & régir de soy mesme en pied: ains par ce defaut il se treuuera en fin ordinairemēt le jeu,

& le prix du vaincueur. Mais d'aucun Prince la condition n'est point si fascheuse, que de celuy, qui outre la foiblesse de son pouuoir, connoit ses Estats au milieu de deux Princes qui sont plus puissans que luy, & qui se guerroyent ensemble.

Mais aprenons quelle chose est plus conuenable à la deliberation d'vn petit Prince: la Neutralité ou la Declaration ? *Hoc opus, hic labor* : Cecy est l'œuure, icy est le labeur. On ne sçauroit treuuer chose plus difficile à resoudre : & ie croy que la bonne fortune vaut plus en cecy que la raison. Syphax Roy de Numidie entendoit tres-bien ce poinct, lors qu'apperceuant la guerre allumee entre les Romains & les Carthaginois, & se voyant voisin de cest embraze-

ment si dangereux, il s'efforçoit
de persuader aux Romains, qu'-
ils allassent guerroyer hors de
l'Afrique: afin qu'il ne fust point
forcé à s'vnir de l'vn ou de l'autre parti. Et durant la route de
la guerre entre les Romains, &
le Roy Persee, les Princes des
Villes libertines s'estant decla i-
rez pour l'vn, ou pour l'autre
parti, les plus sages auroiēt voulu, que ces deux partis se fussent
pacifiez, auāt que l'vn d'eux fust
mis en ruine : parce qu'ainsi ils
seroient tousiours esté defen-
dus, & maintenus en paix de
l'vn, & de l'autre parti. Et neantmoins j'estimeray qu'il est generalement meilleur qu'vn foible Prince se maintienne en cō-
ditiō de Neutralité plustost que
de Declaration : Et tousiours
d'autant plus volontiers, si les

P vj

voisins qui se font la guerre, ne
font tout à fait Princes inhu-
mains, ny barbares, ny ennemis
de l'honneur & de la vertu: Et la
raison en est ainsi, que bien que
la Neutralité soit desagreable
aux deux partis, toutesfois elle
ne les offense pas effectuelle-
ment, & ne leur apporte aucun
dommage. Dont il ne s'y treuue
matiere d'autre ressentiment,
& d'autre vengeance, sinon de
celle-là, qui est de les voir, & ne
les aider à leur besoin. Mais si tu
te declaires, tu fais iniure, & te
decouures necessairement auec
les armes en main contre l'vn
des deux partis, dont en ceste
occasion,

> *manet alta mente repostum*
> *Iudicium Paridis, spretæq, iniuria*
> *formæ.*

Le iugement de Paris, & l'iniu-

re de la beauté mefprifee, demeure empraint profondemét
en l'ame.

Mais qui fe tient neutre n'a
point en mefpris, ny ne craint
l'vn ny l'autre : il ne leur fait feruice, ny auffi iniure. Et ajoutons
à cecy, que les effets de la Declaration eftans douteux, puis
que rien n'eft de plus incertain
que les euenemés de la guerre,
Dont Annibal fouloit dire, *Nuf-*
quam minùs, quàm in bello euentus
rerum refpondent : Les euenemens
n'arriuent iamais moins confor-
mes à nos attentes, qu'aux entreprifes de la guerre.

Il n'eft pas raifon que le Prince de qui nous parlons, fe doiue
affeurer d'auátage de la Declaration que de la Neutralité, &
auffi il ne fe doit pas rendre d'vn
nouueau parti f'il n'eft meilleur

que le vieux. Côme nous voyõs
que la nature ne laiſſe iamais pe-
rir la fleur ſinon pour le fruict,
& n'auance pas la corruption
que pour mettre en effet la ge-
neration. Les exemples fauori-
ſent grandement ceſte opinion.
Parce que Philippe Roy de Macedoine perdit vne grand' partie de ſes eſtats, pour ſ'eſtre declaré en faueur des Carthaginois côtre les Romains. Et pour
la meſme occaſion Siphax perdit ſon Royaume & ſa liberté.
Les Epirotes auſſi, & Gētio Roy
des Illiriens fauoriſant le Roy
de Macedoine contre les Romains ſe virent ruinez miſera-
blement. Et pour ne rememorer
choſes antiques, on peut ſçauoir
que Campſon Gaure perdit la
vie & l'eſtat, pour ſ'eſtre monſtré partial d'Iſmaël Roy de Per-

se côtre Selim I. Roy des Turcs,
Et aux guerres de noſtre temps,
les Ducs de Lorraine ſe ſont
maintenus honorablemēt hors
de tout peril & dommage par le
benefice de la Neutralité. Mais
au contraire Henry Roy de Nauarre perdit vne partie de ſon
Royaume pour ſ'eſtre declaré
partiſan de Louys Roy de France contre le Pape Iules. Et par
meſme fortune Charles Duc de
Sauoye fut chaſſé de la plus grād
partie de ſes eſtats pour ſ'eſtre
mis du party de Charles V. Empereur, contre François premier
Roy de France. Et Guillaume
Duc de Cleues ſe vit ſur le terme d'eſtre ruiné, dés qu'il ſe li-
gua auec le Roy François, contre Charles V. Empereur. Et en
fin pour vn que l'on peut mettre
en auant à qui la Neutralité ſoit

esté dommageable il s'en treuuera trente à qui la declaration
a esté nuisante. Or i'ay dit que
ceste Neutralité est valable
pour le respect des Princes, en
qui l'humanité & la Religion
tient place: car pour traiter chose semblable entre Princes Barbares, il ne s'y faudroit pas fier.
Puis que c'est vne chose asseuree
que n'ayant autre fin en leur entreprise , que la grandeur & la
puissance, ils opprimeront tousiours sans aucun respect tous
ceux enuers qui ils se connoi-
stront superieurs , & non seulement les neutres , mais encore
ceux qui seront estez leurs par-
tiaux. Surquoy ie ne sçaurois assez suffisamment recommander
la sage resolution du Seigneur
Sigismond Battori , Prince de
Transiluanie : Car ayãt son estat

assez petit au milieu de l'Empire
de la maison d'Austriche & des
Turcs, à fin de ne venir en proye
de ses infidelles, il s'est accosté
& vny genereusement du party
de ceste grande Maison. Maxime, qui outre la prudence humaine, auec laquelle il s'est gouuerné en vn affaire de tant d'importance, on y voit joindre vn
merueilleux zelle de la foy Catholique, & du seruice de Dieu,
& duquel zelle il en a desia re-
cueilly de grands fruicts d'vne
valeur, & d'vne gloire immortelle.

Mais puis qu'on se doit declarer partisan pour vn de deux
Princes qui se guerroyent, quel
party doit-on prendre pour rencontrer le plus asseuré? Certai-
nement c'est vne chose hors de
doute que l'on se doit accoster

du plus puiſſant, ſi l'on regarde
les moyens & l'intereſt. Mais ſur
ce point , il faut ſçauoir que la
puiſſance eſt de deux ſortes : l'v-
ne abſoluë ou parfaite, & l'autre
de treſ grand pouuoir auſſi, mais
auec condition , & parce elle ſe
doit nommer conditionnelle.
Le Prince qui abſoluëment eſt
le plus puiſſant & plus vigoureux, eſt celuy qui poſſede plus
de païs, & qui le voit mieux armé, & fourny d'hommes & de
Capitaines, de victuailles & de
munitions, & de tous appareils
militaires, tant maritimes que
terreſtres : qui ſe connoiſt eſtre
le plus riche en deniers contant
& qui a plus d'induſtrie & de
moyens d'en tirer de ſon peuple: Car les finãces ſont les nerfs
de la guerre: Et par leur aſſiſtan-
ce les armes deuienent vtiles &

glorieuses:mais si l'on n'est abō-
dant en deniers,on ne peut longuement faire la guerre. Et vn
Prince se doit estimer riche,non
tant pour les reuenus ordinaires, comme pour l'artifice & façon qu'il a de faire leuee de finances par voyes extraordinaires.

La puissance plus grande,
mais conditionnelle est celle-
cy : Que bien qué ceste puissance soit moindre que celle qui est
parfaite ; toutefois elle est plus
apte pour l'offence & pour le secours. Surquoy le voisinage est
important sur toute maniere:
Car vn Prince voisin de forces
mediocres, a le pouuoir de vous
nuire plus facilemēt, & de mesme il est mieux en terme de vous
secourir qu'vn Prince de plus
grand pouuoir qui sera esloigné

de vous : Car qui pourroit douter que Louys X I I. Roy de Frã-
ce ne fuſt beaucoup plus puiſſant que Ferdinand Roy d'Aragon: Et toutefois Henry Roy de
Nauarre partiſan de Louys, &
Charles de Sauoye qui ſuiuoit
l'Empereur, ſe virent oppreſſez
en peu de iours : Henry ſous les
armes de Ferdinand, & Charles
ſous la guerre de François I. &
non pour autre ſujet, que d'autant que la Nauarre eſt par le
voiſinage trop expoſee aux forces d'Aragon, & Sauoye à celles
de France.

Gerion qui fut vn Roy de Syracuſe doüé de grande prudence, connoiſoit bien cela : Car en
la guerre qui ſ'alluma pour la Sicile entre les Romains & les
Carthaginois, il ſe rangea du
cõmencement au party de ceux

de Carthage , voyant qu'ils e-
stoyent desia les maistres d'vne
partie de l'Isle qui voisinoit son
Royaume : Mais depuis que les
Romains se furent agrandis de
forces & de suite , connoissant
que par le voisinage d'Italie
ceux-cy estoient plus aptes à le
fauorir ou preiudicier, il quita le
party des Carthaginois & s'vnit
auec les Romains. L'esloignement ou longue distance des
lieux est sujette à tant de diffi-
cultés, & à tant d'accidens, qu'à
l'endroit de ceux là qui atten-
dent aide,& secours des Princes
qui sont esloignez de leurs estats
par montagnes,ou Mers, ou autres notables causes d'interuale
& de disionction de païs, on verra tousiours suruenir l'inconuenient où tomberent les Sagon-
tins, qui se virent plustost rui-

nez d'Annibal que secourus des
Romains, & toutefois ils se defendirent obstinément plus de
six mois.

Mais le fraiz exemple de Portugal qui s'est veu saisi en peu de
mois par le Roy Catholique, &
la consideratiõ des Païs bas que
le mesme Roy n'a sçeu recouurer en trente annees, donnent
vne foy indubitable de cecy:
Veu qu'il est ainsi, que tout cela
procede du voisinage de ce
Royaume, & de l'esloignement
de ces Païs bas. Car pour la distance qui se treuue entre l'Espagne & la Flandres, il meurt
vn si grand nombre de gens par
le voyage: Et d'ailleurs pour les
interests excessifs qui demeurent auec les remises, & parties
qui se traictent auec marchands
& banquiers, il se consomme

telles sommes de deniers par les chemins, que c'est chose que presque on ne peut croire. Et dauantage si les gens que l'on mande en ceste Prouince partent en Hyuer, ils meurent, ou bien ils arriuent mal conditionnez par le froid, & par les incõmoditez qu'ils ont enduré, & ainsi ils se treuuent peu propres pour s'employer aux trauaux de la guerre. Et si l'on les mãde dés le bon temps, ils arriuent là sur terme que le temps n'est plus propice pour guerroyer. Et en fin puis qu'aux entreprises militaires, rien n'est plus important que l'occasion, le Prince qui fait la guerre loin de son païs, ne se peut pas seruir de ceste partie: Car l'occasion s'enfuit en vn poinct, & l'esloignement enfante necessairemẽt la tardité. Aussi

L. Martius disoit. *Si in occasionis momento, cuius praeteruolat opportunitas, cunctatus paulum fueris, ne quicquam mox omissam queraris.* Si au poinct de l'ocasion, qui est d'vn soudain despart, tu t'arrestes tãt soit peu, ne te plains pas si quelque chose manque incõtinent.

Mais parce que la guerre s'exerce, & se soustient d'auantage par les forces du courage & de l'esprit, que par les puissances du corps, lors que l'on viendra à se declairer partisan, il est de besoin de cõsiderer soigneusement la nature & les coustumes des Princes, & de faire capital plus de constance que de hardiesse : & de patience & de tolerance plus que de brauade. Les Atheniens estoiẽt plus animeux, & deliberez que les Lacedemoniens : mais parce que ceux

que ceux-cy estoient plus conside-
rez & endurans que ceux-là, ils
en demeurent en fin superieurs.
Et les Romains conduirent à
bonne fin la premiere & la seconde guerre Punique, plus auec
la fermeté de l'esprit, qu'auec la
grandeur des forces. Et Scipion
disoit, *Nobis sors est vt magis omni-*
bus bellis victi, vicerimus. Omitto Por-
senam, Gallos, Samnites, quot classes,
quot duces, quot exercitus priore bello
amissi sunt? Nostre sort & fortune, est d'auoir en toutes nos
guerres plus vaincu apres estre
vaincus : Ce qui se voit outre
celle de Porsena, des Gaulois &
des Samnites, principalement
en ceste-ci, en laquelle combien
de Capitaines, combien de Nauires, & d'Armees n'auons nous
perdu sur le commencement.

Et les Venitiens qui durant

la guerre de Lombardie , sont
esté vaincus plusieurs fois aux
batailles dõnees cõtre leurs ennemis , se sont releuez auec la
constãce, & se sont rendus vaincueurs en leurs entreprises. Les
Espagnols aussi ont acquis la
victoire en la plus grand' partie
des guerres , parce qu'ils les ont
conduites plus auec la patience,
& suportemẽt de tout ce qu'vn
corps humain peut souffrir, que
non pas auec l'impetuosité , &
auec la force des bras. Parce
que les choses violentes , & ve-
hementes sont de peu de duree:
& par ceste occasion l'impetuosité des armes ne dure pas beaucoup : car elle ressemble au feu
de paille, ou de serment, & aux
pluyes de la Prime vere, qui passent bien tost: Mais au contraire
la patiẽce & la tolerance se treuuent facilement vainqueresses.

ANNOTATION.

TOVT ainsi que c'est vne chose fort rare, & difficulteuse de connoistre parfaitement quelle issuë aura vne guerre, bien que l'on connoisse distinctement toutes les forces de l'vn, & de l'autre party: De mesme la raison qui se peut souhaiter parfaite pour rendre neutre, ou partisan vn Prince, est d'vne connoissance fort difficile, puis qu'autant de Princes, ou de Republiques à qui l'vne de ces deux qualitez doit estre conseillée, sont autant de diferences, & de varietez de causes pour engendrer diuersité d'auis, & de conseils. Aussi les matieres d'estat sont de telle nature qu'elles sont la plus grand' partie incertaines & douteuses, & en ceste quantité l'affirmation n'est pas moins probable que la negation : mais il me semble que la neutralité est vn

Q ij

terme plus douteux, & disputable que
tout autre : puis qu'il est tout apparent
que la raison est, fort annexee aux autres : mais en cestui-cy, elle ne peut
estre connuë, sinon qu'auec laconnois-
sance eminente des forces, & des pre-
tensions de ceux qui se font la guerre,
& des qualitez & puissances de celuy
qui doit prendre vn party, ou bien demeurer neutre. Mais puis qu'il est ainsi
que rien n'est de si obscur, & caché en
la Nature, que la lumiere de l'entendement ny puisse arriuer, pour en apprendre quelque chose : Ainsi ceste matiere de Neutralité n'est pas si reculée,
& inconnuë que l'on ne luy apporte
quelques raisons pour la rendre receuable, ou reiectable en la qualité du
particulier, & du general.

Or i'estime que la raison du Botero
est fort bonne, quand il dit que l'indiference, ou neutralité est vne chose
beaucoup plus vtile, & propre à l'estat
d'vn Prince, que non pas la qualité de
partisan. Mais quoy ? ie treuue qu'vne
grãde difficulté se rencõtre en la bonté

de cesteration : Car suiuât le païs, & le
pouuoir d'vn Prince qui seroit indiferant, & suiuant aussi les qualitez & les
mœurs des partis qui seroiët en guer-
re, ceste neutralité pourroit estre bonne, & non autrement. Mais il faut spe-
cifier cela par exemple. Ainsi, posons le
cas que le Roy voulut passer en Italie
auec vne armee pour recouurer la Duché de Milan, & le Royaume de Naples, & qu'à ce dessein il demanda au
Duc de Sauoye le passage libre en ses
terres de Sauoye, & du Piemont: A sçauoir si le Duc le refuseroit ou non:
Or si l'on met en consideration l'alliance, & l'vnion qui le côioint auec la
couronne d'Espagne, & les Espagnola-
des, & braues & magnifiques esperances & boute-hors du Comte de Fuen-
tes son voisin il refuseroit tout à plat
le passage au Roy : Mais s'il estoit bien
conseillé comme ie crois qu'il le seroit
veu que c'est vn Prince de grand merite aussi bien que de grand pouuoir, il
accorderoit la demande du Roy: autrement ses terres tomberoient en la con-

Q iij

dition du païs que le Roy auroit deliberé de conquerir, veu qu'il se declare-
roit d'estre entierement du party d'Espagne, & que pour estre si desauétageu-
sement inferieur aux forces du Roy, &
son païs si voisin de la France, la premiere perte & plus grande de ceste
guerre tomberoit sur les estats, sans
qu'il en peut estre suffisamment defendu par le secours d'Espagne, veu la longue distance d'vn païs à l'autre, & que
les armees ne se dressent pas en vn iour,
& qu'elles ne vont pas en poste. Et les
effets que les armees Françoises ont
produit victorieusement en Sauoye y
a quelques ans, & du temps aussi du
Roy François I. font preuue que les
Ducs de Sauoye n'ont pas grande raison d'esperer leur support, & leur entiere defence aux secours que l Espagne leur peut enuoyer, lors qu'ils sont
entrez en guerre contre la France. Mais
on peut alleguer que si le Duc donnoit
ceste faueur aux François, qu'il cher-
roit en deux inconueniens: Le premier
est, qu'il se rendroit ennemy de l'Espa-

grad, & à l'eure quoil offáceroit l'honneur de parétage qui l'oblige au party d'Espagne. Or il est aisé de preuuer
que ces inconueniens ne sont pas si
grads qu'à leur consideration ce passage deut estre refusé. Et en premier
lieu, qui sondera bien l'Estat de la
France & de l'Espagne à l'endroit de
la Sauoye, il iugera qu'à cause du voisinage, & du grand pouuoir, l'amitié de
la France est beaucoup plus necessaire
à la Sauoye que non pas celle d'Espagne, & qu'à ceste occasion elle doit
preferer le respect & l'amitié des Frá-
çois sur toute autre nation. Et c'est
pourquoy ie diray que les plus seures
forteresses de l'Estat de Sauoye consi-
stent au vray amour que les Princes
doiuent auoir à l'endroit des Roys de
France, en quoy ils ne se treuueront iamais despourueus d'affection recipro-
que, veu que les Monarques François
sont tousiours naturellement equita-
bles, & remplis de courtoisie. Et touchant l'autre inconuenient que le pa-
rentage represente, il est aisé de faire

Q iiij

voir qu'il y a de la raison à ne le craindre pas: Car pour le bien, & pour l'entiere conseruation d'vn Estat, il ne faud
pas qu'vn Prince aye en extreme vene-
ration toutes les qualitez qui le peuuent obliger d'affectionner ses parens.
ou ses alliez puisque rien n'est si cher.
& si glorieux au monde que de conser-
ner en honneur & repos le bien d'vn
Estat. Or tout ce qui peut trauerser dauantage les raisons que i'ay representé
pour ceste faueur, c'est le droit & l'esperance que les fils de Sauoye ont en la
Couronne d'Espagne : mais si le present doit estre plus estimé que l'auenir, & le certain plus que l'incertain, il
faut croire que la Sauoye aura toujours plus de raison d'estre bonne amie
de la France, que de s'opposer contre
ses desseins, pour aucun respect estranger qui la pourroit induire à luy refuser faueurs.

Ainsi par ces raisons, tout Prince
doit estre auisé de ne se rendre partisan
que de celuy qui aura plus de moyen
de le secourir promptement à son be-

foin, & non pas se liguer auec vn Prince qui est fort esloigné de ses terres, &
se rendre ennemy d'vn voisin qui est
plus puissant que luy, & de qui les Prouinces sont aboutissantes dans son
païs. Et ainsi vn Prince doit estre du
party de celuy qui le voisine, & qui le
surpasse en pouuoir: Car toute personne qui a le moyen de secourir promtement, a de mesme la puissance de nuire
beaucoup auec facilité. Et de dire ensemble auec la puissance & la raison,
ce que le braue Roy de Sparthe enuoya dire à vn autre Roy, luy demandant s'il vouloit qu'il passast par ses terres en qualité d'amy, ou d'ennemy.

Que si vn Prince a ses estats disposez en telle sorte qu'il ne luy soit pas
necessaire de fauorir vn party plustost
que l'autre, allors il aura raison de se
tenir neutre, & indiferent sur les querelles de ceux qui se guerroyent, &
ainsi il ioüera au plus seur.

Mais lors qu'vne Republique, ou
vn Prince se trenuera enuelopé de
quelque guerre, il doit estre secouru,

Q v

& assisté de tout le pouuoir du Prince
qui l'aura en sa protectiõ: Car vn Prince protecteur ne doit point demeurer
indiferent lors qu'il voit que ses alliez
ont besoin de son support, sinon qu'en
l'accord de leur alliance sa faueur, &
son aide ne fussent exceptees en telle
sorte de guerre qui se pourroit presenter. Cemme les treize Cantons des
Suysses ont traité en leur confederation auec les Princes de la Chrestienté: Car en la teneur de leur alliance on
voit plusieurs cas où l'exception de
leur secours est comprise.

Mais si quelque Prince d'Italie ayãt
pour son protecteur vn grand Monarque, entroit en guerre contre quelques
puissans Prelats: A sçauoir si son protecteur luy pourroit donner secours sans
offencer son denoir? veu qu'il sembleroit aller contre l'Estat du souuerain
chef de l'Eglise en s'opposant à ses mé-
bres. Or pour iuger candidement de
ceste raison, il faut proposer que toute
guerre se fait ou pour la conseruation
de l'estat, ou pour l'augmentation d'i-

celuy, ou bien pour la defence de quelque Religion. Et touchant la defence d'vne Religion nul Prince d'Italie ne peut pas entrer en guerre enuers l'Eglise, veu que nulle sorte d'Heresie ne fust point glissée en ce païs. Et si pour l'augmentation de son Estat, ce Prince s'exposoit à l'offensiue, pour rauir les terres d'autruy, le protecteur ne seroit point obligé de le supporter & fauorir de ses forces: Car vn Grand & legitime Monarque n'oblige iamais ses faueurs que pour l'equité, & pour le support, & la garentie de celuy qui est oppressé. Mais si ce Prince estoit en qualité de defendeur, & qu'en ceste guerre il ne recherchast que la conseruation de son droit, la cause de sa leuee d'armes estant le sujet d'vne matiere ciuille & non tyrannique, iuridique & non heretique, il pourroit meriter d'estre assisté des forces de son protecteur, pourueu que parmy les articles de l'alliance le support fust specifié en semblable occasion. Mais toutefois pour faire mieux, ce Monarque protecteur, côme Chre-

Q vj

ſtien qu'il ſeroit, & fils de l'Egliſe, ne ſe
mettroit pas en guerre contre les fils.
d'vne ſi douce & ſi ſainɛte Mere, ains
il employeroit tout ſon poſſible pour.
appaiſer leurs differens : ce qu'il ne ſeroit pas impoſſible de conduire à heu-.
reuſe fin, veu les humeurs ciuilles &
vertueuſes qui pourroient eſtre en l'eſprit des querellans, & le râg & les me-.
rites de celuy qui moyenneroit leur.
pacification. Que ſi ce Monarque ſe
rendoit ainſi iuge, & moderateur de
leur diuiſion, il ne ſeroit pas offencé.
d'vne ſentéce que Ciceron propoſe en.
ſes Offices, diſant, que celuy qui prend.
la qualité de Iuge laiſſe là qualité d'a-
my : Car il ſe monſtreroit plus parfaitement amoureux de la gloire de l'vn, &.
de l'autre parti, en recherchant de les.
pacifier ainſi, que ſi par le moyé du ſecours de ſes armes la paix en eſtoit auſſi toſt reduite.

Vn Prince doit eſtre auiſé de ne pré-
dre pas le party d'vn Prince iniuſte &.
tyrannique, contre vn autre qui ſera.
vertueux & qui aura le droit de ſon co-

té: Car comme dit Aristote, la vertu doit estre preferee sur toutes choses. Porsena Roy des Tuscas ayât pris la querelle de Tarquin septieme & dernier Roy de Rome, se repentit de ceste vnion, voyant que les Romains estoient si vaillans & vertueux, & ayant en admiration l'inuincible constâce de Mutius Sceuole, & la valeur nom-pareille d'Horace le borgne: Et c'est pourquoy il voulut estre amy des Romains, & se pacifia auec eux, & quita le party de Tarquin, disant qu'il ne vouloit pas estre ennemy de gens si braues.

Pyrrhus Roy des Epirotes bien que tout glorieux, & passionné amoureux de la guerre & des victoires qu'il auoit acquis, ayant connu la vertu, & la preud'hommie des Romains, les requist de paix, & d'amitié. Et Eumenes Roy d'Asie refusa l'alliâce d'Antioche Roy d'Armenie, bien que ce fust le plus riche & plus puissant Roy du Leuant, voyant qu'il alloit faire la guerre contre les Romains, de qui la vertu & la vaillance, suiuant ce qu'il en iugeoit,

les rendroient victorieux de leur ennemy : comme de fait l'euenement en a-
uint ainsi qu'il en auoit iugé.

Et bien que Solon donna vne loy
aux Atheniens , par laquelle il estoit
porté , que lors que quelque sedition
auiendroit à la ville, le Citoyen qui ne
se seroit mis d'aucun party seroit con-
damné au bannissement : Vn Prince
bien que voisin de deux qui sont en
guerre, ne doit pas auoir esgard à ceste
Loy : Car il n'y a que la raison qui le
puisse obliger à suiure ou l'vn, ou l'autre party , ou bien à demeurer neutre
s'il voit que ce soit son auantage : D'autant que pour la vraye conseruation
d'vn Estat, il se faut tousiours vnir auec
le party qui est le plus vtile & necessaire , & ainsi ceste election est la plus
equitable : Car c'est vne chose tresiuste
de conseruer le sien, soit auec la defence , ou bien auec le destournement de
ce qui le pourroit nuire. Or la iustice de
ceste election se peut entendre en cest
exemple. Si vn Prince est iniustement
assailli d'vn autre beaucoup plus grand

que luy, n'aura il pas toutes les raisons
du monde de se liguer auec les ennemis de son opresseur, à fin de repousser
la violence & le pouuoir de celuy qui
le vient assaillir, & le repoussant ainsi,
l'équité sera-elle pas de son party ? Et
la conseruation de ses Estats ne sera-
elle pas ainsi par vn moyen tref-iuste?
Mais si pour l'apparence de quelques
foibles pretextes de raisons ou d'vtilité
vn Prince se ligue auec toutes les ambitions d'vn autre qui ne se trauaille
iamais que pour vsurper sur autruy,
son vnion sera barbare & tyrannique,
& partant indigne d'vn Chrestien.

Doncques pour finir ce Discours, ie
diray qu'vn Prince doit en toutes deliberations sonder iustement de quelle
part y a plus de raison & d'auantage, à
fin de s'y ranger, & de se retirer des entreprises qui sont la moitié plus rui-
neuses, que profitables & iustes. Ainsi
vn sage Prince doit faire tousiours en
sorte, que le profit & le droit soient de
son costé : soit qu'il suiue la partialité,
ou l'indiference : Et ainsi ses Estats se-

ront asseurez ; Car c'est pour l'honneur, & pour la conseruation de son
Païs, qu'vn Prince doit eslire ce que la
raison luy enseigne.

Fin du troisieme Liure de la Neutralité.

LE QVATRIEME LIVRE

DES MAXIMES D'ESTAT
Militaires & Politiques.

De la reputation du Prince.

Quelle chose est la Reputation.

IL me souuient qu'il y a quelques ans que discourant de la Reputation auec Torquate Tasso Poëte fameux, entre-autres choses qu'il toucha doctement sur l'appartenãce de ceste matiere, il me dit, Que de mesme qu'vn vignerõ taille souuent la vigne, & en oste les tiges

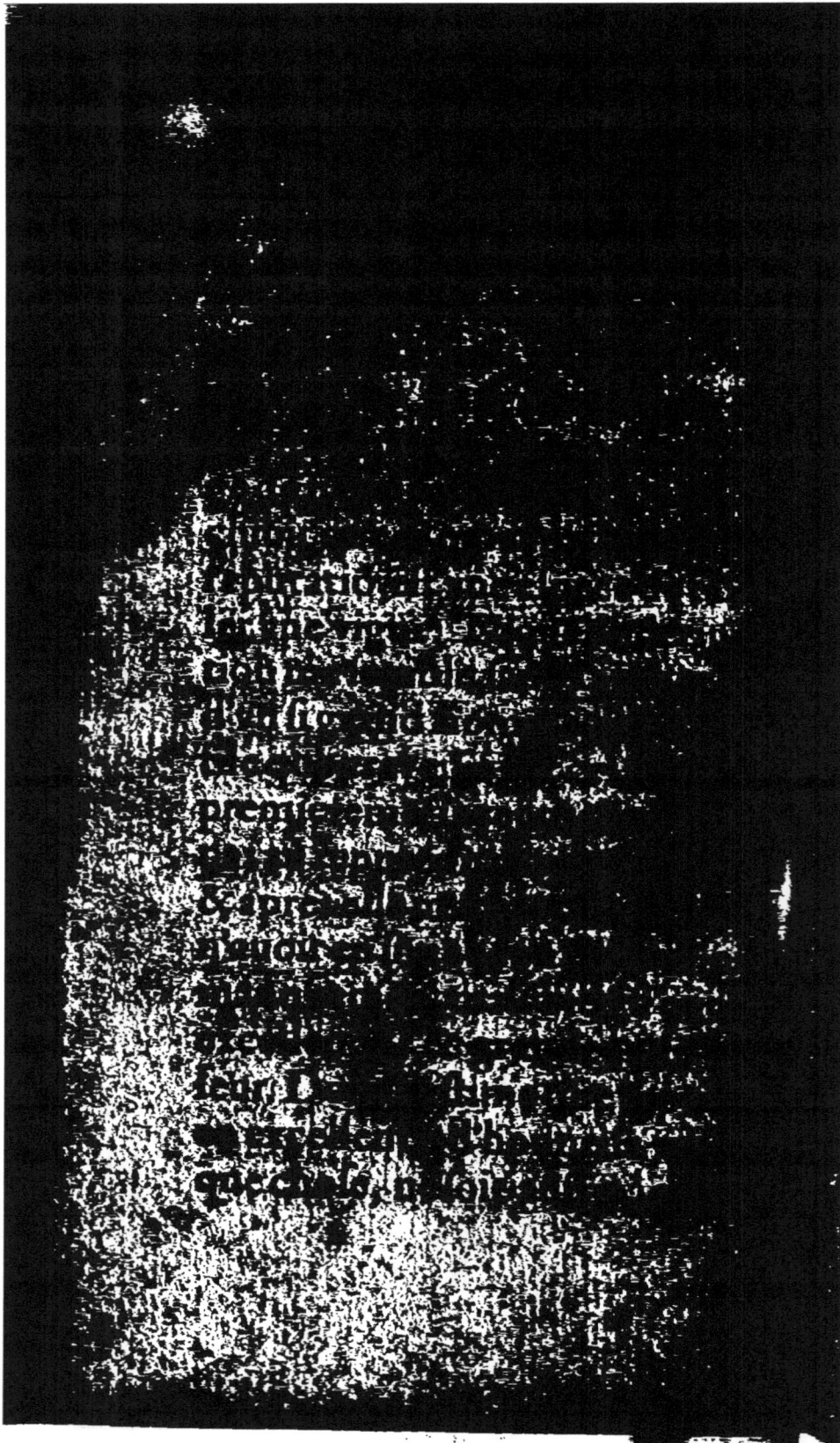

repenſer, ou bien vne profonde
cóſideration de l'objet qui nous
eſt propoſé. Et qu'vn homme
de reputation ſoit celuy là, de
qui la vertu, pour ne pouuoir
eſtre facilement penetree, &
compriſe en vn traict d'œil, ſe
treuue digne d'eſtre dauantage
conſideree & priſee: Ainſi ie tien
que le reputer ſe manie de ceſte
façon. Mais j'ajouſteray icy, que
la reputation n'eſt pas le meſme
que le credit: bien qu'ils ſe reſ-
ſemblent aſſez: car le credit ſe
refere aux perſonnes priuees, &
la reputation aux publiques, &
eſleuees en Eſtat de dignité.

La reputation eſt encore dif-
féréte de l'authorité, parce que
ceſte-cy eſt par exemple du Capitaine au reſpect des ſoldats:
mais au contraire la reputation
eſt aux Soldats pour le reſpect

du Capitaine. De quoy nous difons ainfi par-fois de quelques-
vns: Ils ont l'authorité, mais non
pas la reputation. Et cefte authorité eft poffible la mefme
chofe que l'eftime : mais c'eft
feulemẽt lors qu'elle eft accom-
pagnee de grandes & fignalees
qualitez. Surquoy les Latins
n'ont aucun moyen en leur A-
cademie d'eloquence, qui puiffe mieux fignifier vn homme de
reputation que ces paroles, *Virum magnæ exiftimationis*: Homme
de grande eftime.

Or il n'y a chofe qui foit de
plus grande reffemblance auec
la reputation que la merueille:
Et toutesfois ce n'eft pas le mefme : Car la merucille fe dilate
dauantage aux chofes fpecula-
tiues & naturelles, que non pas
aux humaines & pratiques: mais

la reputation ne s'esloigne iamais des choses qui sont prati-
quées. La merueille prend naif-
sance de ce qu'on n'entend pas
la raison des effets, d'où l'Eclip-
se de la Lune & du Soleil, & les
apparéces des Cometes, & d'autres choses semblables sont cau-
sez, dont par ce moyen ils pa-
roissent merueilleux à ceux qui
n'en sçauent pas le pourquoy.
Mais la reputation procede, non
parce que l'on ignore la raison
de l'effet : mais d'autant que sa
grandeur n'est pas facilement
comprise.

D'où procede la Reputation.

PVis qu'il est ainsi que
nous ne reputons que
ceux-là, qui pour quel-
que excelléce & gran-
deur qui se trouue en eux, nous

estimons qu'ils ont passé au delà
des termes ordinaires de la valeur humaine , & qu'ils ont en
foy ie ne fçay quoy de celefte &
diuin : nous deuons eftimer que
la reputation eft l'enfantemẽt,
& le fruict d'vne excellente vertu,& de toute perfection. Ainfi
c'eft vne chofe aueree qu'vne
petite v rtu , & vn peu de bien
qui ne fort point des limites de
la mediocrité , font bien capables d'enfanter amour : mais nõ
reputation ; parce que fe rendãt
facilement compris de l'intellect, l'appetit efmeut foudain la
volonté , qui fe complaifant en
eux , les embrafle & les aime:
Mais vne vertu excellente entretient l'intellect , & l'occupe
tellement en fa confideration,
que bien peu de place y peuuẽt
auoir l'amour & la volonté. Et

...parce, Ariſtote nous apréd , que
...les pareils ou les moindres ſ'ai-
...ment , que les plus grands ſont
...obeïs & reuerez, & que l'on ho-
...nore & glorifie les Heros, & les
...perſonnages qui par hauteſſe de
...vertu & de perfection, ont preſ-
...que ſurpaſſé les bornes ordinai-
...res de l'humaine nature. Ainſi
...la Reputation ſe joinct auec ces
...vertus qui ónt de la ſublimité,
...& de l'admirable, & qui eſleuét
...es Princes ſur terre, & les ſortét
...hors du nombre des hommes
...communs.

   Tentanda via eſt , qua me quoque
     poſſim.
   Tollere humo victórque virum vo-
     litare per ora.

On doit entreprédre le moyen
de ſurpaſſer le reſte du monde,
& par vn effet victorieux obtenir la reputation d'Heroïque.

Or l'homme ne peut auoir
icy bas aucune chose pour s'éleuer, & se rendre glorieux auec
elle, sinon qu'auec la subtilité
de l'entendement, & auec la vigueur du courage. Et parce que
la reputation d'vn Prince est po-
see aux opinions, & conceps
que le peuple s'imagine de luy:
la matiere auec laquelle vn Prince se doit occuper pour faire acquisition d'vn bien si requis, doit
estre telle que le peuple y aye interest: or la paix, & la guerre sont
le sujet de ceste matiere: Parce
que par le mestier de la paix les
sujets sont entretenus en repos,
& auec celui de la guerre on fait
que les ennemis sont esloignez.
Mais auec les manieres & industries ciuiles Orphee, Amphion,
Eacus, Rhadamãte, & Minos s'a-
quirent reputation & renom de
diuinit.

uinité parmy les animaux, parce.

Syluestres homines sacer interprés-
que Deorum,

Cædibus, & victu fædo deterruit Or-
pheus,

Dictus ob hoc lenire tigreis, rapidósque
Leones.

Dictus & Amphion, Thebane conditor
arcis,

Saxa mouere sono testudinis, & prece
blanda

Ducere quò vellet.

Le sacré Orphée interprete des
Dieux, retira premierement de
la vie deshonneste & des cruau-
tez inhumaines les hommes sau-
uages, ayant à ceste occasion acquis le bruit d'accoiser la cruauté des Tygres, & la fureur des
rauissans Lyons: Comme Amphion fondateur de Thebes la
forte, d'auoir au son du Luth esmeu les rochers, les conduisant

R

à son plaisir par la douceur de
ses paroles.

Et par le moyen des victoires
& des triomphes les hommes
ne se font pas moins esleuez en
honneur.

Res gerere, & captos offendere ci-
uibus hostes,

Attingit solium Iouis, & cœlestia
tentat.

Exercer & gouuerner les
charges publiques, & mener les
ennemis captifs en triomphe en
presence de son peuple, c'est atteindre à la grandeur des Dieux
& entreprendre des choses celestes.

Et le mesme Horace voulant
parfaitement loüer Auguste Ce-
sar, il le descrit excellent en l'vne, & en l'autre partie.

Cum tot sustineas, & tanta negotia
solus,

Res olim ipsas tueris; moribus or-

dibus emendes.

Suportant seul, & soustenant vn si grand nombre de grands affaires, il defendoit par armes l'Estat de son païs, l'honoroit par ses mœurs, & le regloit par la prudence de ses loix.

Et Virgille ayant concedé aux Grecs de sçauoir bien dire de toutes choses, de fabriquer auec merueilleuse delicatesse statuës de marbre, & de metail, & de marquer & descrire les mouuemens du Ciel & des Astres, il ne veut qu'autre chose que la prudence ciuile, & militaire conuienne à la grandeur Romaine.

Tu regere Imperio populos Romane
memento:
(Hæ tibi erunt artes) pacisque impo-

nere morem: *(bos.*

Parcere subiectis, & debellare super-

Qu'il te souuienne, ô Ro-
main, de regir sous ton Empire
les peuples estrangers , & leur
apprendre la conseruation paisible, obseruant tousiours ceste
industrie d'estre gracieux aux
sujets & de guerroyer & domter les superbes.

Deux Roys sont esté entre
les Iuifs, incomparables en reputation, vn pour le mestier de
la guerre, qui fut Dauid, & l'autre pour la saisõ de la paix Salo-
mõ. Et à Rome deux personnages firẽt aquisitiõ de surnõs émi-
nens, l'vn auec la valeur des armes, qui fut Pompee surnommé le Grand , & l'autre auec la
prudence ciuile Q. Fabius Rul-
lus dit Tres-grand. Et toutefois
que personne n'aye pas estonné

ment de ce que les Romains ont
donné vn plus grãd tiltre à Rul-
lus, qu'à Pompee: parce que c'est
chose beaucoup plus difficile &
plus importante la cõseruation
d'vn Empire que non pas de
l'amplifier, comme nous auons
dit autrefois. Puis qu'il est ainsi,
comme disoit aux Romains,
Heraclide Ambassadeur du
Roy Antioche, que, *Parari singula*
acquirendo facilius potuerunt, quàm
vniuersa teneri: On pouuoit plus
facilement acquerir tout cela,
vne partie apres l'autre que de
les conseruer & tenir toutes ensemble.

Et mesme en guerre il est plus
de gloire de vaincre auec le conseil qu'auec les armes : Parce
qu'en guerroyant de la sorte
vous domtez l'ennemy auec
l'entiere conseruation de vostre

R iij

armee:mais en l'ordinaire façon
de la guerre:

La victoria sanguinosa
Spesso suol far il Capitan men degno.

Souuent le Capitaine est moins digne de gloire
Quand il vainc l'ennemy par san-
glante victoire.

Et si bien que meritoirement
Auguste Cesar blasma Alexandre le Grand, quand il entendit,
que depuis qu'il eut fait conqueste de tant de Royaumes, il
disoit qu'il ne sçauoit plus à
quoy s'employer: Car Auguste
s'esmerueilloit de ce qu'Alexandre n'estimoit pas beaucoup
plus grand œuure de gouuerner les biens acquis, que d'en
auoir fait acquisition.

Et comme les Estats se ruinent maintenant, ou par folie,
ou par cruaute, ou par intempe-

rances , ou par peu d'esprit du
Prince:tout de mesmes,ils se cô-
seruent,& s'augmentent auec la
sagesse & la iustice , & auec la
temperance & la force du mesme. Et ses vertus vont produi-
sant les effets de plus grande reputation & merueille, enuers le
peuple, plus elles sont en degré
plus haut & plus eminent. La
prudéce est commune à la paix,
& à la guerre. La iustice,sous laquelle ie comprens la Religion,
est auec la temperance plus propre de la paix que de la guerre,
& la force est plus attribuee à la
guerre qu'à la paix.

De quelle importance est la Reputation.

IL est necessaire que toute
Principauté soit appuyee
sur vn de ces trois fondemens,

qui font: l'amour, la crainte & la
reputatiõ: Or les deux premiers
font fimples, & le troifieme eft
compofé de l'vn, & de l'autre.

De ces trois parties, il faut
croire fans doute, que l'amour
eft le plus gaillard & le plus apte
à tenir le peûple deuot & fujet:
Parce qu'être tous nos éfets, l'a-
mour eft tres puiffant, & de fupréme force, & voire il eft le premier & le principal, & celuy qui
donne mouuement aux autres.
Surquoy on peut dire, que l'õ ne
fçauroit rédre meilleure vne Republique, ou Seigneurie qui feroit toute fondee fur l'amour, &
fur la biẽ-veilláce des fujets: mais
fi l'on le confidere par autre mefure, on connoiftra qu'il n'eft
forme de gouuernemẽt qui foit
plus incertaine & trompeufe
que la fienne: non pas que cela

dépéde des effets de cet amour:
mais c'est par l'imperfection des
sujets. Et c'est vne chose bien
claire , que c'est vn affaire tro p
difficile , qu'vn Prince s'entr o-
tienne auec tant de mesure, &
de discretion auec ses sujet,qu'il
leur donne longuement tout
qu'ils desirent pour leur satisfaction & contentement. Nos esprits sont d'vne nature insatiable, & d'vne maniere fort difficile à contenter.

Hor mi diletta, e piace
Quel, che piu mi dispiacque.
Ore ie treuue doux, & sauoure amia-
ble
Ce qui plus me desplaist, & m'est desa-
greable.

Dequoy nous voyõs des Princes auoir esté esleus auec grand
applaudissemét & auec merueilleuses festes, & apres en peu de

R v

peu de temps eſtre abandonnez
ou meurtris:Et de ces accidens
toute l'hiſtoire des Empereurs
Romains en eſt pleine. Car tout
ainſi que la matiere premiere
n'eſt longuement contente d'v-
ne forme: de meſme nos ames
recherchent d'heure en heure
quelque no[u]ueauté en toute
choſe : & principalement en la
forme du gouuernement. Et
d'ailleurs la multitude eſt de ſon
naturel murmurante, & difficilement elle peut ſe voir ſatisfai-
te, & la domination qui luy eſt
preſente luy ſemble touſiours
trop graue & faſcheuſe. Et puis
il eſt impoſſible que tant de milliers d'hommes ſ'accordent, &
concurrēt en l'amour d'vn perſonnage,& de meſme il n'eſt pas
moins impoſſible qu'vne perſonne face touſiours en ſorte

qu'il plaise à tous. Parce qu'vn
bon tour, vne faueur, & vne grace qui se fera à l'vn plus qu'à l'autre est capable de rendre en a-
mertume to⁹ les plaisirs receus,
& d'effacer la memoire de tous
les benefices passez, & de poser
la haine où premierement logeoit l'amour. Ainsi par ces raisons, & par quelques autres que
l'on pourroit auācer, beaucoup
de Princes ne se fiant pas de l'humeur des sujets, ont laissé le chemin de l'amour, & ont fondé
leur Empire sur la crainte, comme sur vn fondement plus ferme & plus asseuré. Car l'amour
est en la puissance & maniement
des sujets: mais la crainte dépéd
de celuy qui se fait craindre: &
d'auantage les manieres de se
rendre aimable ne sont pas choses si asseurees & vniuerselles,

R vj

comme celles qui font propices
à fe rendre formidable. Or d'a-
mour & de crainte, la reputatiõ
eſt compofee , & ainſi elle eſt
meilleure de l'vn & de l'autre:
parce qu'elle contient tout ce
qui fe treuue de bon & d'vtile
en tous les deux. Car il eſt ainſi
que la reputation emprunte de
l'amour l'vnion des ſujets auec
le Prince, & de la crainte la fub-
iection: parce que l'amour paci-
fie & vnit les parties, & la crainte les range, & les foubmet à ce
qui leur eſt fuperieur. Mais quelqu'vn me demandera icy, quelle chofe à plus de part en la reputation, l'amour, ou la crainte?
à cela ie refpondray fans doute
que c'eſt la crainte : Car le refpect, & la reuerance, comme encore la reputation, à caufe de l'é-
minence de la vertu dõt ils pro-

cedent, fe peuuent nommer ef-
peces de crainte pluftoft que
d'amour. Ce qui fe peut comprendre facilement de ces raifons : L'amour eft vne paffion
côciliatrice de defirs, & la crainte vne retiratrice, ou def-vnian-
te d'affections : l'amour vnit, &
la crainte diftrait & fepare : l'a-
mour efgale les parties, & la
crainte les rend inegales. Or
c'eft chofe euidente qu'en la reputation paroiffent dauantage
la proprieté, & les effets de la
crainte, que de l'amour : parce
qu'elle a plus de force de fepa-
rer & de rendre inegal, que d'affembler, ou d'vnir, ou d'efgaler.
Et de cet auis Ouide en fut auffi :
Car ayant difertement difcou-
ru, que depuis l'antique Caos,
les chofes demeurerent confu-
fes vn long temps, fans aucune

ſr naiſſance, quand le reſpect &
la crainte ayans pris enſemble
leurs ſieges, donnerent en meſme temps à chacun des Dieux
ſa place conuenable.

Or on peut connoiſtre de
combien d'importançe eſt la reputation, puis que par icelle on
a veu encore des hommes morts
auoir fait des choſes qui ne ſem-
bloiết pouuoir eſtre effectuees
que par hommes en vie. Car on
lit de Zuid Ruidias, perſonnage de treſ-grande valeur aux armes, que ſes gens, apres qu'il fut
mort, l'accommoderent & le
monterent armé ſur vn cheual,
dõt par le moyẽ de ſa ſeule preſence, ils deffirent vn gros exercite de Mores, qui eſtoient venus ſur la ville de Valence. Et
Baldrine Panicallia fut de ſi grãde reputation enuers les ſoldats

qu'apres fa mort, ils fe gouuernoient prefque entierement par
luy : Car ils portoient fon corps
enbaumé, & luy dreffoient le
Pauillon, comme quãd il eftoit
viuant : & au moyen de certains
forts, & recherches de deuina-
tions, ils efploroyent fon auis, &
par iceluy ils fe gouuernoient
apres. Les Turcs auffi fe mirent
en fuite dés auoir veu les gens
de Georges Scamderbec, defia
mort, ayant opinion qu'il fuft
encore en vie, & qu'il les guidaft
comme autrefois. Et les mefmes Turcs, portant fur leur perfonne quelques reliques de ce
grand Guerrier, fe donnoient
accroire d'acquerir force, & de
participer à fes valeurs. Et pour
autre exemple, Tacite écrit que
Tibere eftant vieux, connoiffoit
que les affaires fe maintenoient

plus par benefice de reputatiõ,
que par le fondement des forces. Et aussi l'Empereur Nerue
se despoüilla de l'Empire , apperceuant que pour estre trop
vieux, il auoit perdu la reputation. Le mesme sont ordinairement les Roys de Malabar, &
de ces autres contrees de l'O-
rient.

Fin du quatriesme Liure de la
la reputation du Prince.

LE CINQVIEME LIVRE

DES MAXIMES D'ESTAT
Militaires & Politiques.

De la Reputation du Prince.

MAINTENANT que nous auons monſtré la nature de la Repu-tation, & en general les occaſions dont elle procede: Il demeure que nous propoſiós aucuns chefs particuliers, & cer-tains moyens, auec qui elle ſe puiſſe acquerir & conſeruer.

Le premier ſera donc ceſtuy-cy, qui eſt decouurir & receller accortement ſes foibleſſes : Car plusieurs Princes bien que foibles, se maintiennent en credit, & en reputation de puissance, en recellant leur impuissance, & non à se fortifier.

La reputation est aussi acquise de faire monstre de ses forces, sans y mesler aucun traict d'ostentation, ou de vaine gloire. Et comme dit Tite-Liue. *Ipse Romulus cum factis vir magnificus, tum factorum ostentator haud modicus, spolia ducis hostium cæsi, suspensa, fabricato ad id apte ferculo gestans in Capitolium ascendit:* Comme Romulus estoit tres-magnanime en ses faits, & qu'en la vanterie d'iceux il ne cedoit à personne, il monta au Capitole portant en trophée les armes de l'ennemy qu'il auoit vaincu.

Et si Ezechiel fut repris de cela, il auint qu'au lieu de donner

entendre aux infidelles, qu'il
n'auoit sa fiance qu'en Dieu, il
monstra que son esperace estoit
fondee en ses tresors. Mais au-
une nation, ny Prince, ne montra iamais son pouuoir tant à la
grandeur que les Romains. Et
lors que Pyrrhe guerroyoit en
Italie, les Carthaginois mande-
ent vn Capitaine nommé Ma-
on auec six vingts vaisseaux
pour les secourir : Or le Senat
remercia les Carthaginois du
bon desir qu'ils auoient eu:mais
il ne voulut pas accepter le secours, disant, que les Romains
ne souloient iamais entreprendre guerre, qu'ils n'eussent le
pouuoir de la soustenir auec
leurs propres forces. Aussi durant les trauaux de la seconde
guerre Punique, la Ville de Naples manda des Ambassades à

Rome, auec quaráte Taſſes d'or,
à fin que les Romains s'en ſer-
uiſſent, veu qu'il y auoit grandie
apparence que leurs coffres ne
fuſſent du tout eſpuiſez pour
tant de deſpences paſſees : Les
Napolitains furent aſſez remer-
ciez d'vne offre & d'vn deſir ſi
meritát : mais en ſigne d'amour
ils en retindrent vne Taſſe ſeulement. Perſee Roy de Macedoine ayant vaincu en vne groſ-
ſe faction P. Licinius Conſul,
fut cóſeillé de ſes meilleurs Officiers, qu'il ſe ſeruit de ceſte occaſion pour obtenir vne honneſte paix des Romains : à quoy
obtemperant volótiers, il manda dés auſſi toſt requerir la paix
au Conſul, auec les meſmes có-
ditions , auec qui ſon pere Philippe l'auoit deſ-ja obtenuë.
Mais le Conſul fit reſponce, que

si pensée desiroit la paix, qu'il eut à se demettre de tout son Royau-me entre les mains du Senat, & du peuple Romain. Surquoy apperceuant que ceste asseuran-ce, & hautesse Romaine proce-doit d'vne inuincible fiance que les Romains auoient de leurs forces, il demeura tout esbahy: & lors il tenta diuerses voyes pour obtenir ce qu'il desiroit, mais le Consul ne voulut iamais flechir à donner autre reponse.

La Reputation est beaucoup moindre, lors qu'vn Prince faict voir que ses volontez sont dependantes du conseil, & de l'œuure d'autruy : car en ceste façon, c'est constituer vn supe-rieur sur soy, ou bien vn compa-gnon en l'administration de ses Estats, & vn descouurement de ses incapacitez, & foiblesses. Cô-

me il auint à Claude Empereur,
& de nos iours à vn des plus
grands Monarques du monde,
& à quelques autres de ce fiecle.

Or eftant ainfi qu'il n'eft entreprife plus difficile, & plus ar-
duë que de commander & gouuerner les Peuples, ni chofe plus
glorieufe que la grandeur, & la
Majefté d'vn Prince, vn perfon-
nage de la forte ne doit faire
profeffion d'autre chofe que de
ce qu'il appartient à fon office.
Doncques c'eft vne eftude fort
difconuenable à vn Prince de
f'occuper à eftudier des fables,
& des fubtilitez de Grammaire:
côme Tibere Cefar, ou de fon-
ner des inftrumês, comme Neron, ou de tirer des flefches côme Domitian, ou de faire des
lampes & des lanternes, comme

me l'rrope Roy de Macedoine
ou images de cire comme l'Empereur Valentinian, ou peinture comme René Roy de Na-
ples, ou de composer des vers,
comme Chilperic Roy de France, & Theobalde Roy de Nauarre, ou de chaffer fans ceffe
comme vn Roy Charles, ou côme Alphôce X. Roy d'Efpagne
s'adonner auec tant de foin, &
de veilles en la recherche de
l'Astrologie.

Philippe pere d'Alexandre le
grand, s'eftant vne fois entremis
à difcourir de la Mufique auec
vn Muficien excellent, & apres
quelques differés, voulât que le
Muficien luy cedaft en fes opinions: O Philippe, luy refpondit alors, Dieu te garde de ce
mal, que tu fuft auffi fçauât que
moy en la connoiffance de la

S

Mufique! comme voulant faire
entendre que c'eft faute de iugement en vn Prince, de f'employer tout à fait en femblables
eftudes, & d'y pourchaffer l'é-
minence d'honneur. On lit au
côtraire que le Philofophe Pha-
uorin eftant vne fois repris hors
de raifon par l'Empereur Adriã,
fur vne parole Latine, dont fes
côpagnons demeuroient efton-
nez de ce qu'il auoit cedé fi faci-
lemét:il leur refpondit plaifam-
ment en fe fous-riant: Qu'il cedoit volontiers, & qu'il croyoit
encore que celuy qui commandoit à trente Legions fuft plus
docte que luy qui eftoit vn pauure Philofophe.

Mais le peintre Apollodore
fe rit bien de luy plus libremét:
Car difcourãt vne fois auec luy,
fur aucuns edifices qu'il enten-

doit de baſtir, & ceſt Empereur
deſirant qu'Apollodore cedant
ſon auis, il luy dit encore ce
qu'il luy en ſembloit bon : Le
Peintre luy reſpondit, qu'il ſ'en
allaſt peindre des Citrouilles:
Parce que d'vne peinture ainſi
faite il auoit eſté eſtimé autresfois.

Mais Adrian ne pouuāt vaincre ce vaillant homme auec le
ſçauoir, il le voulut vaincre par
la puiſſance, & ſi bien que de cō-
current il deuint aſſaſſin : car
auſſi roſt qu'il fut Empereur, il
fit edifier vn grād & riche Temple de Venus, & voulant mōſtrer
par orgueil, & parade combien
il ſ'entendoit en l'Architecture,
il manda le modelle à Apollodore, pour en rechercher ſon
auis: Et parce qu'il en donna ſon
opinion & ſon iugemēt, & qu'a-

S iij

pertemẽt il le corrigea, & meil-
leura en beaucoup d'endroits,
Adrian en fut ſi deſpité , que
quelques iours apres il luy fit vn
mauuais tour. Mais auec beaucoup de gentilleſſe la ſotte ambition de Marc Anthoine fut
mocquee de Cleopatre:Car cõ
me ils eſtoient tous deux vne
fois à paſſer le temps à peſche
des poiſſons : Et Anthoine ne
pouuant prendre aucune choſe,
il fit aller ſecrettement ſous les
eaux certains hommes,qui atta-
cherent à l'haim quelques poiſſons qui auoient eſté pris deſia,
Dont Cleopatre ſ'en eſtant pris
garde,elle fit,qu'au iour ſuiuant
tandis qu'Anthoine attendoit
la proye,qu'vn homme nageant
accortement dans le fond des
eaux , vint attacher à ſon haim
vn poiſſon, qui auoit eſté ſeiche

... bien ... Authoi ...

... ors, la ligne & fa

... matiere derifee d

... qu'il apperceurent du

... quoy Cleopatre luy dit

... beaucoup der dexterité.

... z nous Egyptiés les rechs

... hicz, parce que vos exer-

... cices sont de prendre les villes à

... force, subiuguer les peuples &

... des ennemis en côbatât.

Mais cestuicy seditieux Muffar

s'esleua contre le sud Caliphe de

Baldacco, sans autre pretexte,

que disant que parce que le Ca-

liphe ne se ployit en autre cho.

se que d'estre versificateur, il

estoit plus apte à faire des vers,

qu'à manier vn sceptre.

Et pourtant il ne sera pas dis-

conuenable à vn Prince de se

... ser à faire quelque excellent

... de guerre. En laquelle af.

S iij

fection Demetrie Roy de Macedoine s'aquist vne grande loüã-
ge:Car entre autres ouurages, il
fit faire deux merueilleux vaif-
feaux, l'vn de quinze, & l'autre
de feize ordres de rames , &
beaucoup de machines de guerre : Parmy lefquelles on voyoit
auec grand merueille celle qui
eftoit appellée Prenereffes-de-
villes. Ces ouurages eftoient de
telle grandeur & de fi grand artifice, que Lyfimaque fon ennemy en ayant veu aucunes, en demeura tout efbahy & troublé,
& iugea qu'elles eftoient faites
auec vn efprit plus diuin qu'humain. Alphonce premier, Duc
de Ferrare n'amoindrit pas auffi
fa reputation, lors qu'il fondoit
& iettoit de fes mains de groffes
pieces d'artillerie, de toute per-
fection:Car ces chofes ont pour

leur grãdeur, ie ne sçay quoy de
reputation, & c'est d'autãt plus
qu'elles appartienent à la Milice, que Pyrrhe tres-grand Roy
des Epirotes, estimoit estre le
propre mestier d'vn Roy.

C'est chose de grande importance de tenir secrettement ses
desseins, & ses entreprises qui
sont du merite d'estre gardez en
secret : Car outre que cela rend
vn Prince semblable à Dieu,
Qui posuit tenebras latibulum suum.
Qui a estably les tenebres pour
sa demeure. Il fait que les hommes, ignorans les pensees du
Prince, demeurent en suspens,
en repos, & en expectation grande de ses deliberations.

C'est vne espece de secret d'a-
uoir plus de faits que de paroles : & ceux-cy, sont tousiours
plus estimez que celles-là : Et

S iiij

par consequét les hommes qui
font profession de faire, seront
tousiours plus prisez que ceux
qui s'adonnent à tenir des longs
discours: Henry II. Roy de Frã-
ce s'employoit seulement au faire, & son Fils Henry III. s'exer-
çoit curieusement à discourir
bien au long. Et parce les hommes taciturnes , & qui discourent brieuement, & bien à point
sur vn propos, font de plus d'estime que les parleurs qui ne
veulent iamais manquer de langage. Mais en somme, où le Prince se peut faire entendre auec
les effets, il ne doit iamais employer les paroles.

Les Rhodiens ayant parlé
vne fois au Senat de Rome altie-
rement, & demonstré, que s'il
ne faisoit paix auec le Roy Persee, leur Republique penseroit à

ce qui conuiendroit mieux: Le
Senat ne voulant rendre parole
pour parole, fit soudain vn decret, par lequel il mit en liberté
la Carie, & la Licie, Prouinces
que les Romains auoient donné deſia aux Rhodiens, en consideration de quelques seruices
qu'ils en auoient reçeu: & ordõ-
na que dés lors la nouuelle leur
en fut mandee prõtement auec
le decret.

La brieueté des paroles ſert
auſſi auantageuſement à la reputation: Car elle eſt vn ſigne de
bõ iugemẽt & d'vn vray courage. Polibe racõte que Philopœ-
inen eſtoit en grand credit & reputation enuers tous, à cauſe de
ſa verité, & de ſes brieues paroles. Et Corneille Tacite, diſoit
parlant de l'Empereur Galba,
Imperatoria breuita e à ſe Piſauem

S v

*adoptari pronuntiat.*D'vne briefueté Imperiale, il declara Piſon ſon adoptif.　Et il appelloit la brieueté, Imperatoire, parce qu'elle eſt fort conuenable aux Empereurs,& à toute autre perſonne de commandement.

Les paroles ſont comme les monnoyes. Dont tout ainſi que les monnoyes ſont les vnes plus que les autres, quand en moins de matiere elles contiennent plus de prix & de valeur : De meſme les paroles ont plus du grand &du magnifique,qui embraſſent proprement plus de choſes : & qui ſe rendent ſemblables non à deniers, ny à douzains, ny a pieces de cinq ſous: mais aux Eſcus, & aux Doubles d'or d'Eſpagne, & encore aux perles,& aux diamansd'Orient.

Mais au parler la reputation

est fort agrandie par la grauité,
& la fermeté, & aussi de promettre moins de soy que ce que l'on
peut. Et de ne laisser sortir de sa
bouche aucune parole de vantance, & vaine brauade: En quoi
manqua grandemét vn des plus
grands Roys de ce siecle, quand
il dit, qu'il ne partiroit iamais du
siege d'vne ville qu'il tenoit assiegee, que premierement il ne
l'eust prise. Et le Seigneur de
Lautrec Lieutenant du Roy
François I. Roy de France, quãd
il luy escriuit que pour chose af-
seuree, l'armée de la ligue ne
passeroit point la riuiere d'Ad-
de, & que Naples ne pouuoit
eschaper de ses mains. Et aussi
Prospere Colonne, quand il escriuit au Pape, qu'il se tint asseuré, que les François ne passe-
roient pas les Alpes. Surquoy

toutes ces choses eurent succés
contraires , auant que ces personnages euffent changé d'opinion. Or en ceste partie Scipion
l'Afriquain fut de rare vertu : &
duquel Tite-Liue escrit, que res-
pondant aux Ambassadeurs des
Villes d'Espagne , *Loquebatur ita
elato , ab ingenti virtutum suarum fi-
ducia, animo, vt nullum ferox verbum
exciperet , ingensq́, omnibus , quæ age-
ret, cum maiestas ineffet, tum fides.* Il
parloit d'vn courage si releué, &
porté par la grande côfiance de
ses genereuses vertus, eu esgard
encore qu'en toutes ses actions,
il se rencontroit vne Majesté &
creance nompareille, & qu'il ne
mettoit iamais en auant aucune
parole abjecte, ou menaçante.

Et Probe dit ainsi de Timoleon, *Nihil vnquam insolens, & glo-
riosum ex ore eius exijt.* Il ne sortit

iamais de sa bouche aucune parole insolente ou vaine. Et Vespasian ne fut pas moins admirable : lequel estant arriué en la
possession de l'Empire. *In ipso ni-*
hil tumidum, arrogans, aut in rebus
nouis nouum fuit. Il ne fut reconnu
en luy rien d'enflé, ny d'arrogāt,
ou autre chose nouuelle pour
aucune fortune qui luy suruint.

   Que le Prince euite en ses paroles les amplifications, & les
manieres de dire Hiperboli-
quement : parce que ces façons
de discourir, ostent le credit à ce.
qui se dit, & enseignent peu de
connoissance des choses.

   Les paroles de Saluste sont
fort notables, parlant de Iugur-
the Roy de Numidie: *Plurimum*
facere, & minimùm ipse de se loqui: Il
faisoit beaucoup de choses, &
parloit de soy bien peu.

L'vniformité de la vie, & des actions, & vne inuariäce de manieres, & de gouuernemēt, produisent tousiours vne bien ample reputation, parce que ces qualitez ont ie ne sçay quoy de celeste & de diuin. Et comme il est noté de Corneille Tacite, l'Empereur Galba se vit assez indigēt de parties si requises.

Que le Prince ne conuerse, & ne se familiarise pas auec toutes sortes de personnes: & principalement auec hommes parleurs, mocqueurs & boufons, parce qu'en diuulgant ce qui se doit tenir secret, ils amoindrissent son credit enuers le peuple. Et ainsi qu'il tienne pour chose asseuree, qu'il sera estimé tel que ceux qu'il conuersera, & de qui il se rendra seruy.

Aussi tost qu'Henry IIII.

Roy d'Angleterre, fut arriué à
la couronne, il retira de sa con-
uersation tous ceux auec qu'il
auoit passé sa ieunesse, & en leur
place, il appella pour estre ses
familiers, certains personnages
graues & de valeur, à fin qu'auec
leurs conseils & ministeres, il
peut gouuerner la pesanteur de
la Royauté, & la grandeur des
affaires de la paix cõme de ceux
de la guerre : Et par le moyen
d'vn changement si auisé, il en
deuint tres-illustre & glorieux
Prince.

Qu'il ne se fasse pas voir tous
les iours, ny en tous lieux : ains
que sa presence se manifeste rarement, & auec occasion. *Conti-
nuus aspectus verendos homines, ipsa
satietate, facit* : L'accoustumance
de voir souuent vne chose, est
cause de faire raualer l'honneur

qu'on luy doit rendre.

Qu'il tienne en pied l'obeïſſance, & la ſubjetiõ des Vaſſaux,
& l'entiere dépendance de ſoy
aux choſes importantes.

Qu'il ne communique pas
auec qui que ce ſoit, ce qui appartient à la grandeur, à la ma-
jeurance, & à la Majeſté : comme ſont l'authorité de faire des
loix, & des priuileges d'entreprendre la guerre, ou de faire la
paix, d'inſtituer les principaux
Magiſtrats, & Officiers de la
paix & de la guerre, de faire grace de la vie, de l'honneur, & des
biens à celuy qui iuridiquemẽt
en aura eſté priué, de batre mõ-
noyes, d'inuenter & ordonner
meſures & poids, d'impoſer tailles & ſubſides ſur le peuple, & de
mettre des Capitaines aux places fortes, & autres choſes ſem-

blables qui concernent l'Estat. *Quæ magni valeant, inania transmittamus.* On doit s'arrester à l'important, & ne faire cas de ce qui est inutile.

De pareille valeur est maintenir la parole & les promesses: parce que cela procede d'vne fermeté d'esprit, & de iugemét.

La seuerité aide aussi beaucoup pour vne partie de la reputation, & sert d'auantage que le trop de douceur, comme il est vray que l'amertume est chose plus salutaire que la douceur. Et cóme dit Meandre, la seuerité est salubre aux Republiques: Mais pourtant ie ne nomme pas ceste seuerité de faire mourir tous les iours vn nóbre de gens, Parce que tout ainsi qu'il n'est pas honneur au Medecin, que continuellement les malades

meurẽt entre ſes mains:de meſme ce n'eſt pas reputation à vn
Prince de faire mourir beaucoup de gẽs par la force des loix
ſeueres.Mais lePrince ſera doüé
de grande prudẽce qui moyennant peu d'aſpreté , & d'execu-
tiõs tiendra les ſujets en deuoir,
& ſe fera eſtimer terrible:Et vſãt
de la ſorte il ſera imitateur de
Dieu,qui ſouuentefois animant
le tonnerre , occaſionne les eſprits des hommes à la crainte,&
à la terreur de ſa iuſtice, biẽ que
ces menaces n'endommagent
perſonne : mais à fin que les foudres ne perdent leur credit ſ'ils
ne faiſoient iamais coup , il veut
qu'entre mille tonnerres,il foudroye quelquesfois , & pour le
plus ſouuent quelques hautes
branches d'vn Sapin,ou bien les
cornes orgueilleuſes des Montagnes.

Ipse pater media nimborum in nocte
   corusca,

Fulmina molitur dextra; quo maxi-
   ma motu,

Terra tremit. Fugère fera & mor-
   talia corda

Per gentes humilis statuit pauor ille
   flagranti

Aut Atho, aut Rhodopen, aut alta
   Ceraunia telo

Deÿcit.

Le Pere des Dieux en la nuict
pleine d'esclairs va menaçant de
son foudre : Et lors que par vn
mouuement si redoutable &
grand, la terre tremble, & que
la peur enseigne la fuite aux
cœurs des mortels , & des animaux, ce Dieu courroucé espar-
gnant les humains , va desco-
chant sa tempeste foudroyante
sur le superbe front des Monts
Athos, ou du Rhodope, ou des
Acrocenaures.

Et puis qu'il ne se treuue auiourd'huy aucune chose de plus
grand cherté que d'hommes
pour la guerre, pour les Galeres,
& pour autres affaires, c'est chose raisonnable d'espargner leurs
vies le plus que l'on peut.

Cest vne chose aussi qu'im-
porte beaucoup, d'auoir la constance parmy les euenemens
contraires: parce que cela signi-
fie grandeur de courage & de
forces. Et de mesme il est requis
de s'accompagner de moderation auec la prosperité, d'autant
que ceste vertu rend l'ame superieure de la fortune. Or en l'vne,
& en l'autre partie les Romains
furent merueilleux en la seconde guerre Punique: en laquelle,
bienqu'ils eussent perdu la fleur
& la torce de leurs gens, & qu'ils
fussent comme reduits à l'extre-

me foufpir : neantmoins ils ne
rauallerent pas leur courage d'vn
poinct. Et aux entreprifes de l'A-
fie, ils propoferent au Roy Antioche les mefmes conditions
auant la victoire comme s'ils
euffent ja vaincu : Et depuis a-
uoir efté vainqueurs, ils offrirēt
les mefmesque s'ils neuffent pas
obtenu la victoire. *Ita tum mos*
erat, in aduerfis vultum fecūdæ fortu-
ne gerere; moderari animos in fecun-
dis: Ils eftoient allors ainfi cou-
ftumiers, ils fe portoient altiere-
ment aux auerfitez, & moderé-
ment aux chofes profperes.

Que le Prince fe garde de
tenter vne entreprife qui foit
par-deffus fes forces, & d'entrer
en affaires, qui ne foient proba-
lement affeurez de luy en reuffir
honneur. En quoy fans doute
les Efpagnols font bien auifez,

& si bien qu'ils ne veulent iamais vaincre sinon en donnant
vn Pion.

Et toutefois il ne doit pas s'en-
tremettre de basses & petites
entreprises: parce que ce qui n'a
rien de grand, ne sçauroit enfanter reputation.

Les entreprises doiuent estre
grandes, & mesmemēt au commencement de l'Empire & du
Gouuernement : parce que de
celles-là, on fait iugement du
reste: & au commēcement consiste la moitié de tout. Telle fut
l'entreprise de Carthage, faite
de Scipion sur l'entree de son
gouuernement d'Espagne. *Non
ignorabat, instandum famæ, prout prima cessissent, fore vniuersa.* Il n'e-
stoit pas ignorant qu'il est requis de pourchasser nom, & reputation, & que le principe des

& entreprises donne mouuement
au reste. Mais au contraire en
l'entreprise de Naples, les François se perdirent premierement
sous Roche-seiche, & puis à l'entour de Ciuitelle, qui sont deux
places de fort peu d'estime. Mais
vne action se produit en grande
estime en la bouche de la renõ-
mee vniuerselle, ou par soy-mesme, comme la prise d'vne ville
He Troye, d'vne Carthage, &
d'vne Syracuse : Et les victoires
par le moyen d'vne grãd' deffaite, & mortalité d'ennemis, comme celle de T. Manlius à Vesu-
ue, d'Annibal à Cannes : de l'armee nauale des Chrestiens pres
du Goulphe de Lepanthe : Ou
bien d'autant que ces effets victorieux apportent salut au peuple, comme la route des Gaulois par les valeurs de Furius Ca-

millus : la victoire de Marius sur
les Cimbres : de Etius sur les
Huns : de Charles Martel sur les
Sarrazins : la contention & trauail de Fabius Maximus contre
Annibal : & la vigilance de Ciceron contre la coiuration de Ca-
tilline : Ou parce qu'il en procede facilité & bien estre, comme
les loix donnees aux peuples,
l'edification des Villes illustres,
dequoy Didon Royne de Carthage se prise ainsi,

Vrbem præclaram statui : mea mœ-
nia vidi :

I'ay edifié vne Ville tres-illustre
& veu le comble parfait de mes
bastimens Royaux.

Les Eglises magnifiquemen
edifiees & doüees : en quoy Salo
mon rendit son nom glorieux
ayant inuenté & accomply le
merueilleux Temple de Hieru
salen

salem : Et Alphonce III. Roy
d'Espagne, pour les rares enri-
chissemens dont il decora l'E-
glise de S. Iacques. Les actions
ont aussi de la grandeur à dila-
ter glorieusement la renommee
comme sont les loingtaines entreprises, telles que celles de Ba-
chus, de Semiramis, d'Alexadre,
& des Portugais aux Indes, des
Espagnols aux autres Indes, de
Godefroy Duc de Boüillon en
la Terre Saincte, & en l'Orient.

Raro, ô nessu, che in alta fama saglia
Vidi doppo costui (s'io non mi ingaño)
Operarte di pace, ô di battaglia.

Quelques autres entrent en
l'estime de Grands, par l'excellence du conseil dont ils se gou-
uernot. Tel fut l'auis, par lequel
Themistocles sauua la Grece
contre les forces de Xerxes, Xa-
tippe la ville de Carthagenes des

T

Romains, Q. F. Maximus Rome
d'Annibal. Tel fut l'auis que le
vieux Alard donna à Charles
d'Anjou, contre Corradin, & de
Iean de Procida à certains infulaires contre des estrangers.

La hardiesse augmente aussi
la grandeur, & c'est en plusieurs
manieres : côme si auec des foibles commencemens on entre
en vne entreprise importante, &
qu'on en rapporte la victoire:
Ainsi que Trasibule qui suiui de
quatre cens hommes ; & Dion
de cinq cens , deliurerent leur
Patrie des fers de la Tyrannie.
Et comme Georges Castriot,
surnômé Scanderbec Roy d'Albanie, qui se maintint glorieusement contre Mahomet. Et aussi
le Prince Sigismond Battori,
Prince de Transiluanie, qui de
noftre temps s'est fait la targe, &

le rempart de la Chrestienté
contre les Turcs. Ceste grandeur s'acquiert aussi glorieusement, lors qu'auec grand desauantage on surmonte de puissans Auersaires : Et en ceste faço
on a veu s'enrichir d'vne renommee immortelle Miltiades, Themistocles, Pausanias, Leonidas,
Alexandre le Grand & Cesar.

> *E quel, ch'armato sol difese il mote,*
> *Onde poi s'a sospinto: e quel, che solo*
> *Contra tutta Toscana tenne il pote.*

Et les Suisses à Nouarre.

La reputation s'acquiert de
mesme auantageusement, si en
peu de temps on fait beaucoup
de choses, comme Scipion qui
print Carthagenes en vn iour.
Et Cesar qui vint, vit, & vainquit. Et Charles V. Empereur,
qui reforma ceste eloge, & luy
donna plus grande grandeur

T ij

auec la modeſtie, diſant, *Veni, vi-di, & dominus Deus vicit:* Ie ſuis ve-nu, i'ay veu & le Seigneur Dieu a vaincu.

La reputation eſt auſſi beau-coup augmentee lors que lon ſe rend le premier à rapporter l'hō-neur d'vne entrepriſe. Comme C. Duillus qui fut le premier qui remporta ſur les Carthagi-nois vne victoire nauale, & M. Marcellus contre Annibal. Et non moins de gloire s'acquiert celuy qui met la derniere main à l'entrepriſe, comme les Sci-pions aux guerres Puniques. Pompee à la guerre de Mithri-dates. Car c'eſt vne choſe vraye ce que diſoit Claude Neron à ſes ſoldats, *Semper quod poſtremo adiectum ſit, id rem totam videri tra-xiſſe.* Touſiours ce qui eſt rap-porté à la fin ſemble contenir la

...que tout le reste.

...Charles V. Roy de ...l'illustra d'vne celebre ...ation, d'auoir battu les An... ...par tout, & les auoir chaf... ...hors de Frâce, sans que pour exploiter si grâds effets, il sortist jamais de la ville de Bourges.

Et en fin, que le Prince n'aye pas soucy de faire beaucoup de choses, mais bien de s'employer seulement aux entreprises où la grandeur, & les exploits se peu- uent treuuer.

Polibe nous dit de Scipion l'Affriquain qui fut vn Maistre de reputation, que laissant aux autres les choses communes & vulgaires, il se donnoit aux en- treprises ardues, & qui estoient estimees impossibles. Et suiuant que Plutarque raconte, Alexan- dre le Grâd manifestoit en tou-

tes ses actions le signe d'vn courage esleué : car il n'éuioit point
de s'aquerir renommee par toutes sortes d'affaires, comme faisoit son pere, mais seulement
auec des effets les plus illuftres,
& glorieux. Adrian Empereur se
mocquãt de l'ambition de Trajan, qui vouloit que son nom
fust graué sur le frontispice de
toutes choses, tant petites fus-
sent-elles, lors qu'elles estoient
dressees par ses commãdemens,
& desseins, l'appelloit herbe de
muraille. Mais retournant vers
Alexandre le Grand, ce grand
Heros logeoit si grande partie
de la reputation en la grandeur
des choses, que pour laisser vne
memoire extraordinaire de son
merite sur les dernieres Prouinces de l'Orient, il fit agrandir le
circuit des Logemens : & y laissa

des lits beaucoup plus grands
que ceux qui font requis à la
proportion du corps humain.
Et y fit laiffer encore des armes
plus grandes que celles que les
foldats auoient en vfage, & auffi
de freins, & de harnois de cheual plus amples que les ordinaires.

Que le Prince f'auife de n'e-
ftre pas en certaines chofes trop
minutif & fubtil. Et de cefte fau-
té Charles d'Anjou Roy de Naples fut notablement noté de
Bertrand du Balfe.

Car ayant vne fois au deuant
de luy fur vn tapis tout le threfor du Roy Manfrede qu'il auoit
vaincu & tué en vne bataille, il
commanda à Bertrand qu'il fift
apporter des balances pour le
mefpartir efgalement à caufe
qu'il eftoit prefque tout d'or.

T iiij

Voicy les balances, respondit
Bertrand, & lors auec le pied, di-
uisant le thresor en trois parts, il
dit apres: Ceste partie est à vous,
ceste autre est pour la Reine, &
l'autre doit appartenir à vos
Cheualiers. Le Roy approuuant
ceste magnanimité, loüa grandement ce que Bertrand auoit
fait:& dés aussi tost il luy donna
la Comté d'Aueline.

Lors que le Prince s'est mis
en vne honorable entreprise, il
ne la doit pas abandonner facilement : à fin de ne faire voir
qu'il auoit peu de iugement à y
entrer & peu de courage à la sortie. Et sur ce M. Marcellus disoit
à Q. Fabius au siege de Caseline.
Multa magnis ducibus sicut nō aggre-
dienda, ita semel aggressis, non dimit-
tenda esse : Quia magna famæ mo-
menta in vtramque partem siunt. Il y

plus ... choses qu'vn grand
Capitaine ne doit pas entreprédre, ou bien ne les abandonner
apres les auoir entreprifes puis
que de toutes parts il y va beaucoup de reputation.

Mais fi le Prince connoift tout
à fait que l'entreprife ne luy
puiffe iamais reuffir, qu'il se fou-
uienne de ce que Tite-Liue dit
de Lucrece : *Id prudenter, vt in te-*
merè fufceptare, Romanus fecit, quod
circunfpectis difficultatibus, ne fruftra
tempus tereret, celeriter abftitit incep-
to. Ayant veu la difficulté, il mô-
ftra toute la prudence qui conuenoit en vne entreprife teme-
rairement commencee, à fin de
l'abandonner promtement.

Que le Prince aye auffi en memoire le dire de Tibere Cefar,
Cæteris mortalibus in eo ftare confilia,
quod fibi conducere putent, Principum

T v

diuersam esse sortem, quibus præcipua
rerum ad famam dirigenda : Le reste des mortels dresse ses conseils à ce qui luy est vtile, au lieu
que le Prince estant d'autre cõdition doit en ses plus importans exploits viser à la renommee.

Que le Prince aye soin que
tout ce qui procede de luy, soit
grand, & accomply : & en particulier tout ce qui regarde la Religion, & l'honneur de Dieu.

At Cæsar triplici inuictus Romana
triumpho
Mœnia, Dijs Italis votum im-
mortale sacrabat,
Maxima tercentum totam delu-
bra per Vrbem.

Cesar esleué par trois fois en
triomphe sur les murailles Romaines, rendoit vn vœu immortel aux tutelaires Dieux d'Ita-

lie, confacrant à leur honneur
trois cens magnifiques temples.

Les Empereurs Conftantin,
& Charles furent extrémement
magnifiques en cela, & parce ils
en rapporterent le glorieux tiltre de Grand.

Que le Prince aime encore
que tout ce qui regarde à luy en
particulier, aye de la grandeur,
de la galantile, & du decore-
ment. En quoy Alexandre,

Edicto vetuit, ne quis se, præter
Apellem,
Pingeret, aut alius Lysippo excu-
deret ære,

Il defendit par Edict exprés que
nul ne peignit fon image, finon
qu'Apelles, & qu'autre ne le gra-
uaft en airain que Lyfippe.

Augufte Cefar eftoit fi jaloux
de la Reputation, qu'il ordonna aux Preftres & Gouuerneurs

T vj

des Prouinces, qu'ils ne fouffrif-
fent pas, que fon nom fuft tou-
ché par la bouche, ou par la plume des hommes de peu d'efprit,
& de iugement. Et parce qu'il
aima & honora Virgile, & Horace, perfonnages tres excellés
en Poëfie, il ne f'immortalifa pas
moins que par la nom-pareille
grandeur de fon Empire. Or entre les modernes, Alphôce Roy
de Naples, & nõ moins Mathias
Coruin Roy de Hongrie, &
François premier Roy de France, ont employé grand artifice,
& acquis infinis honneurs à fe
faire grands par le moyen des
doctes Efcriuains.

Que le Prince ne traite iamais
les négoces par le moien de perfonnes baffes ou foibles : comme Antioche Roy de Surie, qui
fe feruoit d'Apollophane fon

medecin pour chef de son conseil d'Estat. Et Loys XI. Roy
de France, de son medecin pour
Chancellier, & de son barbier
pour Ambassadeur. La bassesse
des Messagers des-ennoblit les
negoces, & la foiblesse les rend
imparfaits. Que le Prince se serue d'Officiers, en qui la valeur,
& la prudence soit conjointe
auec la dignité.

Antioche Epiphane ayant le-
ué les armes contre Ptolomée
Roy d'Egypte, amy des Ro-
mains : Le Senat à l'instance de
ce Ptolomee, manda trois Ambassadeurs à ceste fois pour mettre en paix ces deux Monarques. C. Popillius estoit le chef
de ceste Ambassade, & parce
qu'Antioche luy respõdit, qu'il
en consulteroit auec les siens, &
qu'apres il luy donneroit respõ-

ce : L'Ambaſſadeur luy fit vn
cercle ſur la poudre tout autour
de luy , auec vne baguette qu'il
auoit en main , & luy diſant de
la ſorte : Auant que vous ſortiez
de là , il eſt beſoin que vous reſ-
pondiez, & que vous vous reſol-
uiez ſi vous voulez ou la guerre
ou la paix : Et accompagnant
ces paroles d'vn front , & d'vn
geſte tout magnifique & deliberé, à fin de le ranger à ſon vouloir. Dont le Roy tout eſtonné,
& vaincu de la brauade de ceſt
Ambaſſadeur , ſe remit entierement à la volonté du Senat. Surquoy Tite-Liue ajouſte que cette Legation fut de treſ grande
gloire aux Romains, veu que par
vne facilité ſi grande, ils ſortirẽt
du Royaume d'Egypte Antio-
che qui deſia ſ'en eſtoit preſque
rendu le maiſtre.

Que le Prince se delecte en
habits plustost graues & mode-
stes, que volages & pompeux.
L. Empereur Tacite ne porta iamais durant sa Monarchie autre
sorte de vestemens que de ceux
qu'il souloit auoir lors qu'il e-
stoit homme particulier.

Que le Prince s'auise aussi de
fuïr les extremitez, qu'il ne soit
pas precipiteux, ny lent : mais
meur & moderé, & qu'il aille
plutost lentement qu'auec precipitation: Car la retenuë, & moderation ne s'acompagnent iamais de la temerité, qui est vn
vice qui sur toute chose est le
plus contraire à la reputation.

Et en fin que le Prince tienne
pour chose bien consideree &
resoluë, qu'au long aller la reputation depend plus de l'essence
que de l'apparence. *Nihil rerum*

mortalium tam instabile, & fluxum,
quàm fama potentiæ non sua vi nixa:
Il n'est rien de si fraisle, & de si
peu solide que la renommee de
la puissance qui n'est appuyee
sur la baze de sa propre force.

Et ce dire de Tite Liue est
bien vray. *Parum tutam maiestatem*
sine viribus esse: La Majesté qui est
desarmee de forces est bien peu
asseuree. Et Tacite escrit, qu'Artabanus mesprisa la vieillesse de
Tybere, comme impuissant &
impropre aux armes. Et le mesme Tybere n'eut pas le courage
de se ressentir des menaces de
Getuliq, parce qu'il consideroit,
Publicũ sibi odiũ extremã ætatem, ma-
gisq; famã, quàm vi stare res suas. La
haine publique qu'il s'estoit acquise, l'extremité de sa vieillesse,
que ses affaires estoient souste-
nuës plus par reputatiõ que par
force.

ANNOTATION.

VIS que la reputation procede des excellentes valeurs qui sont en vn personnage, & mesmement lors qu'estans vtiles aux peuples l'estime qu'ils en font, & l'amour qu'ils luy portent le rend admirable en leurs pensees, & fameux & prisé en leurs discours : Le Prince qui est le personnage plus eminent & plus necessaire de la Republique, doit faire en sorte que pour acquerir la reputation qui est requise à sa qualité, ses vertus & ses desportemens tiennent tous de la grandeur de l'excellence, & d'vne perfectió qui passe les communes valeurs des hommes : Car auec la reputation, qui le rend recommandable à tous, il enfante l'vtilité publique. Et à ceste cause dés qu'on voit qu'vne Republique est bien gouuernee, que les loix y

sont en regne, & les vertus en honneur
il faut croire que le Prince est doüé de
qualitez extremement vertueuses, &
qu'il est honoré d'vne glorieuse reputation : Comme par mesme raison a
mettre ceste proposition au contraire.
Lors qu'vn Prince est renommé par
le moyen des qualitez heroïques qu'il
possede , il faut conclurre que ses sujets sont fleurissans sous les loix d'vn
gouuernement tres-iuste & tres-heureux.

Or pour acquerir ceste reputation
qui est vne chose si riche qu'elle n'est
pas moins qu'vn thresor du tout celeste & immortel, il n'est pas necessaire
qu'vn Prince soit si parfaitement accō-
ply d'excellentes parties qu'il n'y ait
aucun vice en lui: Car nul ne peut estre
parfait : Mais il est bien raison qu'vn
Prince fasse en sorte que par industrie
& par amandement, il rende ses vices
si petits , & si peu apparens, qu'ils ne
puissent pas engendrer en autruy aucun mespris & raualement de ses merites. Et s'opposant ainsi contre ce qui

luy est imparfait, il fera voir que son
deffaut est causé par la force de quelque fortune, & non pas d'aucune volonté qui soit en luy. Et en ceste sorte,
le vice qui pourroit estre en luy n'empeschera pas que l'excellence de ses
valeurs n'enfante glorieusement la lumiere & l'amour de sa reputation.

Mais ie ne sçaurois appreuuer l'opinion de l'Autheur, quand il dit que la
crainte tient plus de place en la reputation que non pas l'amour, sans appreuuer de mesme le dire de Diogenes:
Que la plus grande partie des hommes
est la pire. Mais ceste sentence est vn
peu trop rigoureuse enuers l'humanité. Et si l'on croit qu'elle soit fondée
sur vn terme veritable, il est bien raison de croire que la crainte tient plus
de place en la reputation que l'amour,
& non autrement, puis que le nombre
des mauuais passeroit celuy des bons,
& que l'habitude & le naturel des
mauuais est de craindre vn Prince pour
vertueux qu'il soit, & celuy des bons
est de l'aimer plus que leur propre vie:

Car les mauuais craignent & redoutent vn bon Prince, parce qu'il suient
nir les meschans. Mais les bons suiets
ne craignent point vn Prince qui est
bon, ains ils l'aiment & le reuerent de
tout leur cœur, & c'est d'autant qu'vn
bon Prince ne fait iamais rien qui soit
contraire aux sujets qui sont bons, ains
il se gouuerne enuers eux comme vn
bon & sage Pere de famille enuers ses
enfans & ses seruiteurs qui sont vertueux. Ainsi chacun redoute & hait
son contraire, & chacun aime son semblable, & ce qui luy est vtile. Les brebis craignent le loup, & l'ont en horreur, d'autant qu'il les deuore, & qu'en
mesme temps il se monstre si cruel,
qu'il en destruit tout autant qu'il en
peut treuuer, ne se contentant pas de
ce qui luy suffit pour sa nourriture.
Mais les aigneaux aiment les Brebis
leurs meres qui les nourrissent de leur
laict, & les brebis aiment les chiens &
les dogues qui les defendent de la violence des loups, & aiment aussi le berger qui les sçait bien entretenir, & qui

...maent aux biens pa-
...ssent & sçauent en-
... & obeïssent à la verité.
... doncroit... qu'vn bon
...dispons bien aimé & bien
... fes sujets. Et qu'il est haï &
...doreux qui sont mauuais. Car
...la lumiere. Quoi si le
meschant s'arreste de faire mal, c'en'est
pas pour l'amour de l'honneur, ou de
...la vertu, mais bien pour crainte de la
...que les loix ordonnent contre
...Au contraire celuy qui
...est vertueux est seulement
...pour l'amour qu'il porte à la vertu, &
...pour la haine dont il déteste le vice.
...que la vertu est chose si bel-
...le & parfaite, qu'elle est infiniement
...desirable pour l'amour d'elle mesme,
...on auroit raison de dire que
...est à desirer. Concluons
...que la crainte, & l'amour
...des sujets à la reputation du Prince, soient logez en deux
...la crainte demeure auec les
...& l'amour auec les bons.

Et toutefois quelqu'vn pourroit dire qu'il ne suffit pas qu'vn Prince soit
seulement aimé : mais il faut qu'il soit
craint de tous, parce que la crainte s'a-
compagne tousiours de la reuerance,
& que l'amour se treuue bien souuent
esloigné du respect : Or pour abatre
ceste opinion, ie propose que nul n'est
pas tant ignorant, qu'il ne sçache que
l'amour des sujets aux Princes est fort
diferent de celuy de l'amy à l'amy, du
mary à la femme, & de l'amoureux à
sa maistresse : Car autant qu'il y a d'ob-
jects pour causer d'amour, autant y a-il
d'amours diferens. Et c'est pourquoy
l'amour des sujets enuers le Prince est
de telle nature qu'il ne sçauroit iamais
estre sans le respect & la reuerance :
que si l'on luy oste ces deux qualitez,
on le priue aussi du nom & de la condition d'amour. Ainsi vn bon sujet ne
peut aimer son Prince sans le respecter
& le reuerer tout ensemble, & voire
auec crainte : Mais quoy? non pas vne
crainte qui procede de considerer la
rigueur des loix : mais bien vne seule

crainte de faire desplaisir au Prince. Et
c'est ainsi qu'vn bon sujet doit craindre vn bon Prince, & non pas pour aucune autre consideration : Car celuy
qui aime bien ne recherche autre chose si desireusement que d'apporter plaisir à ce qu'il aime, & de l'honorer de
tout son pouuoir. Et lors qu'vn Prince
vertueux connoistra que ses sujets l'aiment, qu'il ne souhaite pas à rien de
plus grand en leur subiection : Car cõme dit vn ancien sainct Pere, toutes
vertus sont comprises au cercle d'a-
mour. Et les Theologiens escriuent
que tout ce que Dieu demande aux
Anges & aux hommes c'est l'amour:
Car celuy qui aime bien, sçait bien
obeir & bien seruir.

Mais puis que nous sommes en vn si
beau chemin comme celui de l'amour,
allons y encore vn peu dauantage, à fin
de preuuer qu'en toutes choses excel-
entes l'amour se place beaucoup plus
dignement que la crainte. Or il faut
sçauoir qu'en l'vnicque Religion vne
ame est arriuee en la perfection de la

vie Chrestienne, lors qu'elle obserue
entierement les loix & les commandemens de l'Eglise, accompagnant sa
foy auec les œuures meritoires , non
pour crainte d'estre condānee aux En-
fers:mais prīcipalemēt pour le respe&
de l'amour dont elle adore Dieu , &
qu'en cet amour tous ses desirs & toutes ses penfees ne recherchent autre
chose que de se confirmer au plaisir &
à la gloire de Dieu. Et l'ame qui aime
de la sorte , surpasse de beaucoup en
merite de beatitude vne autre qui vi-
ura en l'obseruation des loix diuines,
plus pour crainte des peines d'enfer,
que pour vne parfaite deuotion qui la
peut esleuer & posseder en l'amour de
Dieu. Mais puis que pour authorifer
l'honneur de la crainte, le Botero allegue quelques vers du Poëte Ouide, difant que la crainte donna ordre, & siege capable aux Dieux inferieurs & fuperieurs, au iour que le monde fut fot-
mé du Caos : il est bien raison que ie
desploye icy quelque vers en faueur
de l'amour, & comme il triomphe, &

se

se fait voir admirable au plus haut des
Cieux en la felicité des ames , & des
Anges. Ainsi aux Illustres auantures ie
dis de la sorte en l'auanture du Procez
d'Amour:

Amour dedans les Cieux se fait voir si
 diuin,
Qu'il fait que l'amoureux sans mesure , &
 sans fin,
Donne tout son amour à la beauté supreme:
Car le diuin obiet luit d'vn tel appareil,
Que l'amour de soy-mesme au pris de ce qu'on
 l'aime
Est moins qu'vne estincelle au regard du So-
 leil.
 Aussi l'Ange plus beau , plus haut , &
  plus heureux,
Est tousiours plus ardant de desirs amoureux
Que l'Ange qui sous luy moins glorieux se
 place:
Car plus l'Ange est en gloire , & plus il est
 ardent
A s'embraser d'amour vers la diuine face,
Et d'estre mesme Amour ses beautez regardãt.
 Ainsi tant plus vn Ange est parfait en
 beauté,

V

Plus il brusle d'amour, vers la Diuinité,

Adorant ses beautez en eternel hommage:

Et comme en vn miroir en soy-mesme ad-
     mirant

La beauté qui sur tous luy donne son image

Plus amant, & plus humble il monte en l'a-
     dorant.

Mais pour mieux esleuer encore en
gloire la palme, & la preeminence d'a-
mour, en ce discours, j'aiousteray icy
quatre Stances prises du mesme sujet.

Amour d'vn si beau vol s'est mis dedans
     le Cieux,

Où tout plein de beautez il luist si glorieux

Que les heureux esprits le desirent sans cesse:

Et sont en leur amour autãt de vrais amours,

Qui tous diuins, & beaux de diuine richesse,

D'aimer, & d'adorer ils s'enflamẽt tousiours.

Mais qui dedans les Cieux ne brusleroit
     d'amour!

Y voyant des beautez la gloire, & le beau
     iour,

Qui n'aimeroit aussi la beauté de ce monde?

Puis qu'elle est vn rayon de la mesme beauté

Et du souuerain biẽ qui sur les Cieux abõde,

Non seulement sans fin, mais en infinité!

Amour aime de Tout , de Tout est le vray
   maistre,
Et si Tout n'aimoit Tout, rien rien ne pourroit
   estre,
Amour gouuerne Tout , Tout respond à l'a-
   mour:
La terre aime le Ciel, le Ciel aime la terre,
Mesmes les Elemens, & la nuict, & le iour,
En la cause d'amour sont en paix, & en guer-
   re.
Aussi de cet amour viët aux intelligences,
Puissance, honneur, plaisir, amour & diligen-
   ces,
Meuuant tout en aimant, & s'aimant vers
   le beau:
Ainsi du firmament la force, & la lumiere,
L'influance, & le cours, l'ardeur & le flam-
   beau
Ont de leurs beaux effets Amour cause pre-
   miere.

Voila comme l'amour de l'Amour
nous a fait parler, à fin de monstrer que
l'amour est vn desir de plus grand &
plus merueilleux effet que la crainte,
& qu'il la surpasse en tout excellent
merite non moins que la sommité des

Cieux la bassesse de la terre: Car en l'
Empyree l'amour ou la charité se ré-
pand vniuersellement aux angeliques
essences, & aux bié-heureux esprits, &
en la Majesté diuine infiniement: mais
la crainte n'y sçauroit iamais auoir aucune place: car on y est iouïssant & asseuré d'vne beatitude qui durera sans
fin. Aussi les plus anciens Poëtes Grecs
ont bien connu les merites d'amour,
quand ils ont escrit que ce fut le premier des Dieux qui sortit du Caos, &
que d'vne masse si confuse il en disposa
& forma l'vniuers. Doncques vn Prince pour mieux asseurer sa reputation
fera mieux de suiure les voyes de douceur, de liberalité & de magnanimité
où l'amour des peuples s'acquiert, que
non pas au moyen d'vne seuerité, d'v-
ne auarice, & d'vne grandeur trop ru-
de, & trop sourcilleuse se rendre redoutable aussi tost aux bons qu'aux
mauuais. Et à ce propos Alexandre le
Grand apprend bien en vne de ses bri-
ues modesties qu'vn Prince doit estre
doux, & aimable enuers ses sujets, tant

acquis que naturels : Car ainſi qu'vne
fois le Rhetoricien Anaxarche ſe treuuant aupres de luy, lors qu'il faiſoit vn
ſi violent orage de tonnerre, que tout
le monde en eſtoit effrayé, luy dit : Et
toy, fils de Iupiter, en ferois-tu bien autant? Alexandre en riant luy reſpondit:
Ie ne veux pas eſtre eſpouuantable à
mes amis, comme tu veux que ie le
ſois, quand tu meſpriſes le ſeruice de
ma table, y voyant mettre des poiſſons
deſſus, & diſant, qu'on y deuſt voir des
teſtes de Princes, & de Satrapes. Voila
comme Alexandre enſeigne royalement qu'il eſt meilleur qu'vn Prince
ſoit aimé de ſes ſujets par ſa douceur,
que non pas redoutable par aucune rudeſſe, ou rigueur illegitime.

Mais j'auanceray encore vne raiſon
en faueur de l'amour : Ainſi ie propoſe
que l'amour eſt non ſeulement beaucoup plus vtile que la crainte : mais encore bien ſouuent il vaut plus que la
Reputation meſme : Car la haute Reputation peut deffendre vn Prince côtre les cauſes externes, qui ſont les

estrangers desquels il sera redouté par
le moyen de ses valeurs , de son grand
courage , de l'excellence de son esprit,
& du puissant pouuoir de son Estat: Et
la bonté & iustice dont il manie son
gouuernement le peut rendre aimé de
son peuple, & luy tenir ses païs en conseruation côtre les causes externes qui
le pourroient nuire. Or si vn Prince
qui seroit riche de toutes ces qualitez,
se treuuoit assailli en ses terres de quelques puissans ennemis, & qu'ayât perdu la victoire en deux ou trois batailles, il vit la pluspart de ses païs au pouuoir, & en main de ses auersaires, sans
doute vn tel Prince auroit perdu vne
bonne piece de sa reputation: mais non
pas aucune partie de l'amour dont ses
sujets l'aimeroient : Car leur amour
estant procedé de causes si vertueuses
& necessaires, comme sont la iustice &
la bonté , il ne pourroit manquer de
durer tousiours : car contre vn amour
bien fondé la fortune , ny le changement ne sçauroit auoir lieu : Ainsi par
le moyen d'vn si bon amour, le Prince

pour en estre touliours liberalement
assisté de tout ce qui seroit au pouuoir
de ses sujets. Et par cest exemple on
peut voir que le vray amour demeure
touiours entier & vtile, & que la reputation peut estre diuisee & infru-
ctueuse. Que doncques vn bon Prince ne souhaite pas moins d'estre aimé
de ses sujets que redonté de ses ennemis, car de cest amour & de ceste crainte il se peut acquerir la reputation, plus
glorieuse & plus asseuree.

Or il faut reuenir au sujet de la Reputation, & parler de quelques hommes illustres qui l'ont acquise par leurs
vertus. Ainsi de mesme qu'il ne suffit
pas à vn marchand d'auoir beaucoup
d'argent contant : mais il faut qu'il ait
credit en toutes parts, vn Prince ne se
doit pas contenter seulement d'estre
puissant, mais encore il luy est necessaire d'estre estimé tel, afin que le bruit
de sa reputation luy serue de pauois,
& de rempart contre ses ennemis,
de terreur à leur oster le courage
d'entreprendre aucune chose contre

V iiij

fes Eftats. Mais à parler du bien que
reputation apporte à vn Prince, ie parleray en premier lieu d'Alexandre le
Grand, de qui les valeurs eftoient fi
grandes & redoutables, qu'en la plufpart des affauts, & des batailles où il
eftoit reconnu des ennemis, la terreur
& la peur fe gliffoit tellement en eux,
qu'ils luy quittoient auffi toft la place
& la victoire : auffi fa valeur, fon courage, & fa peine eftoient de telle excellence que rien ne pouuoit demeurer deuant luy inaceffible, ou inuinci-
ble.Et le renom de fes côqueftes cou-
rut fi glorieufement la terre, que lors
qu'il eftoit en chemin pour aller des
Indes en la ville de Babylone d'Affyrie,
aupres des ruines de laquelle la ville de
Bagadel eft auiourd'huy fituee, il rencontra des Ambaffadeurs d'Afrique:
lefquels apres l'auoir haut-loüé, à caufe des conqueftes par luy faites, & de
fes beaux faits d'armes, ils luy poferent
fur le chef vne couronne comme à celuy qui eftoit Roy de l'Afie. Des parties d'Italie auffi les Brutiens, Lucaniē

& Tuſcans luy enuoyerent des Ambaſſadeurs, pour luy faire entendre combien ils eſtoient ioyeux des victoires
par luy gagnees. Les Carthaginois en
firent autant, & les Ethiopiens auſſi.
Et meſmes des Scythes qui habitent
en l'Europe, des Gaulois Celtiques, &
des Eſpagnols, le haut-loüans, & de-
mandans ſon amitié, & alliance. Les
noms & accouſtremens deſquels furent lors premierement connus des
Macedoniens. Ariſte & Aſclepiade
qui ont eſcrit des conqueſtes d'Alexandre, racontent que les Romains
auſſi enuoyerent des Ambaſſadeurs
vers luy, & qu'apres qu'il eut entendu
d'eux bien au long leur origine, progrez, & manieres de viure, & l'eſtat de
leur Republique, il dit, comme ſil euſt
prophetiſé, qu'ils ſeroient grands &
puiſſans à l'auenir.

Et pour dire en peu de mots de quelle reputation eſtoit Iules Ceſar, il me
ſouuient d'auoir leu dans vn bon Autheur, qu'apres que ce valeureux Romain eut gagné la victoire de Pharſale,

V v

sa renommee se rendit si glorieuse au
monde, que lors il n'y auoit aucun Roy
qui fust connu sur la terre, que s'il venoit à parler de luy, il n'en parlast auec
tous les honneurs & loüanges, dont vn
sujet pourroit parler en faueur de son
Prince, qui outre quelques excellentes
valeurs qu'il pourroit auoir, auroit esté
mesme en particulier le restaurateur
de sa patrie.

Leonidas Roy des Lacedemoniens
acquist vne grande gloire à son nom:
Car acompagné de quatre mille hommes, aucuns disent seulement de trois
cens, au destroit des Thermopiles, il
resista par l'espace de trois iours contre l'armee de Xerxes Roy des Perses,
qui estoit enuiron d'vn million d'hommes, & telle qu'elle mettoit à sec les
riuieres: Et en vne resistance si glorieuse il se delibera de mourir plustost ainsi
auec la gloire des armes, que de viure
dauantage, & voir son païs conquis, &
son peuple mis en seruitude.

L'honneur d'Horace le borgne sera
tousiours memorable: car tout seul il

deffendit le paſſage d'vn Pont contre
l'armee de Porſena Roy des Tuſcans,
qui, gaignant ce paſſage, ſe fuſt rendu
maiſtre de Rome, & apres qu'on eur
achené de couper le pont derriere luy,
il ſe jetta tout armé dans la riuiere du
Tybre, & ſe ſauua heureuſement vers
les ſiens. Ainſi par le moyen d'vne ſi
grande valeur, il fit que le ſiege ſe retira loing de la ville.

Et en ce meſme temps, & contre
les meſmes ennemis Mutius Sceuole
Cheualier Romain s'honora d'vne renommee immortelle : Car ainſi que
Rome eſtoit aſſiegee de fort pres de
l'Armee des Tuſcans, il s'en alla deſ-
guiſé au camp pour y tuer le Roy; mais
prenant vne perſonne pour vne autre,
il tua le Secretaire. Apres eſtant pris,
& mené deuant le Roy, il luy con-
feſſa purement ce qu'il auoit deliberé
de faire, & lors connoiſſant qu'il auoit
failly à ſon attente, il ſe bruſla lui-meſme la main qui auoit máqué à ſon deſ-
ſcin, endurant ce tourment auec vne
merueilleuſe conſtance, & grandeur

V vj

de courage : se puniffant ainfi magnanimement en la prefence du Roy, l'ayant mefmes prié de luy faire apporter le feu, pour fe punir de fon erreur fur le champ : Cefte magnamité de courage fut tellement eftimee du Roy Porfenna, qu'elle luy fit prendre enuie de faire paix auec les Romains. Marc Sergius Romain f'eft acquis vn honneur qui ne mourra iamais : Car apres auoir perdu la main droite à la guerre, & recen vingt & trois playes par diuerfes fois en autant de duels, dont il en eftoit forty vainqueur, il combatit de la feule main gauche quatre fois, & ne f'en pouuant plus aider, il fe fit faire vne main de fer, & l'ayant fait attacher proprement à vn de fes bras, il combatit deuant le fiege de Cremone, defendit Plaifance, & print, douze places aux païs des Gaules.

Miltiades & Themiftoeles Atheniens, ont efté glorieux d'vne reputation, pour les grâds feruices qu'ils ont fait à leur Republique, tant en paix comme en guerre. Mais le premier estant Capitaine d'vnze mille Atheniens, deffit l'armee de Daire Roy de Perse qui estoit de six cens mille hommes. Et l'autre par le moyen de ses conseils, fut cause qu'vne petite armee de Grecs ruina sur le destroict de Salamine la merueilleuse armee de Xerxes, Roy de Perse, où l'on estimoit qu'il y auoit vn million de gens de guerre. Pierre Terrail Sieur de Bayard Gentilhomme Dauphinois, s'est monstré glorieux d'vne valeur semblable à celle d'Horace le borgne : Car en ces guerres de Milan & de Naples, parmy plusieurs autres effets qu'il exploita valeureusement, il deffendit vne fois tout seul en Italie le passage d'vn pont, contre deux cens Espagnols, iusques à ce que le secours de ses compagnons fut arriué, employant en vne si grande valeur enuiron l'espace d'vne heure.

Et outre l'honneur qui s'acquiert par les armes, il se voit beaucoup de Princes qui se sont enrichis d'vne glorieuse reputation au moyen de la liberalité. Comme l'Empereur Tite, qui pour sa

grande douceur & liberalité fut nõ-
mé les delices du genre humain. Et cõ-
siderant que Vespasian son pere auoit
esté diffamé par la seule auarice, il delibera d'acquerir vne renommee tout
autre par la vertu contraire à ce vice, &
si bien qu'il ne passoit iour qu'il n'eust
fait quelque don gratuit. Et vne fois au
soir ayant memoire qu'il n'auoit rien
donné au iour precedent ; il ietta vn
profond souspir, disant aux assistans
Mes amis ce iour est perdu pour moy.
Leur disant apres qu'il estimoit que le
iour estoit perdu pour luy, s'il n'auoit
fait quelque present. Cest Empereur
fut si liberal enuers tous, que mesmes
il fit cesser la seuce des tailles permises
& accoustumees. Et l'Empereur Nerue relascha toute la creuë que l'õ auoit
mis sur les tailles, & soulagea les villes
pour peu qu'elles fussent trop char-
gees, & fit vne legitime restitution des
thresors publics que son predecesseur
Domitian auoit prins contre l'authorité, & contre le vouloir du peuple &
des Senateurs. Charles huictieme Roy

de France auoit deliberé d'abolir toutes les tailles, & se contenter de son
Domaine, & des Aydes : mais la mort
luy osta le moyen d'executer vne si
bonne entreprise. Mais Loys douzie-
me amoindrit tellement les imposts,
& les tailles, que par vne si grande bonté, il fut surnommé generalement Pere du peuple, comme de mesmes quelques autres de ses predecesseurs pour
auoir esté si doux enuers le Royaume
se sont acquis des noms ainsi memorables, & Auguste. Aussi Homere & Platon appellent les Roys Pasteurs des
peuples, & quelquefois Pasteurs de
gens d'armes. Mais la science n'est pas
moins necessaire pour agrandir la reputation d'vn Prince que la connoissance parfaite de l'art militaire & de la
Police. Et l'on voit que tous les braues
Princes, & Capitaines de l'antiquité
sont tous esté sçauans, ou accompa-
gnez d'vn bon nombre de gens de lettres, ausquels ils portoient vne extreme amitié, & les honorans de faueurs
tres-grandes. Mais en nos iours la scie-

ce eſt tellemẽt priſee au Royaume de
la Chine que celuy ſeul y eſt noble qui
eſt ſçauant. Charlemagne ce Roy ſi renommé n'eſtoit pas moins amoureux
des lettres que des armes, bien que ſur
tout autre Roy de France, il ſoit touſiours eſté plus preſſé de grandes peines & entrepriſes de guerre, & lors
qu'il prenoit ſa refection, il auoit touſiours auprès de la table vne perſonne
qui liſoit tout haut dans quelque bon
liure : mais ſur tous les autheurs, il ſe
plaiſoit aux œuures de S. Auguſtin, &
meſmes au liure de la Cité de Dieu.
Laurens de Medicis aima tãt la Philo-
ſophie, la Poëſie & la Muſique, & honora de tãt de faueurs ceux qui eſtoiẽt
ſçauans, qu'il en fut nommé Pere des
Muſes. Sa maiſon eſtoit comme vne
eſcole, & vne maiſon paternelle de
tous les plus doctes perſonnages de
l'Europe, tels qu'eſtoient de ce temps-
là, Ange Politian, Pierre Aretin, Mar-
celle Ficin, Laſcares, Calcondyle, Lan-
din, Iean Picus Prince de la Mirande,
qui pour la diuinité de ſon eſprit fut

furnõmé le Phenix, & autres rares hõ-
mes qui l'ont loüé grandement, & ont
immortalisé son nõ en leurs doctes escrits, & luy ont aquis le nõ de pere des
sciences. Il fit dresser en la ville de Florence vne tres-ample librairie de toute
sorte de liures Grecs, & Latins, qu'il faisoit venir de la Grece. Mais ie ne veux pas
laisser en arriere la memoire de Cosme
le Grand qui fut nommé Pere de la patrie, & qui fut l'ayeul de ce Laurés: Car
son pouuoir fut si excellent que par sa
vertu il restablit François Sforce en sa
Duché de Milã, il edifia & fonda richement cinq Eglises, ou monasteres fort
magnifiques, & autant de Palais, dõt les
fraiz mõterẽt iusques à quatre milions
d'or, il fit bastir vn bel hospital en Hie-
rusalẽ qu'il rendit acõply d'vne entree
fort riche, & sa liberalité fut si royale,
& admirable entre les plus grandes,
qu'il donna aux pauures vn million
d'or pour aumosne, & sa reputation le
poussa en telle grandeur de gloire qu'-
estant decedé il fut regreté mesmes de
ses ennemis.

Or pour reuenir à noſtre ſujet, ce
grand Roy François I. eſtoit il pas tellement amoureux des ſciences que par
ſes vertus, & liberalitez les bonnes lettres furent reſſuſſitees en France, auſſi
il en fut nommé Pere & reſtaurateur
des lettres. Et tel que le Grand Alexandre, il diſoit qu'il eſtimoit beaucoup
dauantage de ſurmonter les autres en
connoiſſance d'excellentes doctrines,
qu'en puiſſance, grandeur & force d'armes.

Mais il n'eſt pas raiſon de faire icy
vn dénombrement de tous les hommes illuſtres qui ſe ſont acquis vne excellente reputation durant leur vie, &
vn renom immortel apres leur mort.
Et l'on peut voire dans les hiſtoires
qu'vn tres grãd nombre de Romains,
de Grecs, de Perſes, d'Hebrieux, d'Egyptiens, d'Africains, d'Eſpagnols, de
François, d'Anglois, d'Allemans, d'Albanois, & d'Italiens, voit leur nom
marié auec vn honneur qui ſera à iamais admirable au monde: Les vns ſe-
ſtans acquis ceſte grande gloire par les

armes , & les autres par vn heureux
gouuernement de Royaumes , & de
Republiques en saison de paix , & encore en temps de guerre.

Toutesfois ie ne veux pas sortir de
ce discours sans dire quelque chose à
l'honneur de la Royale & inuincible
France en la gloire de Charles Martel,
de Pepin son fils Roy de France , & de
Charlemagne aussi Roy de France &
Empereur des Romains fils de Pepin.
Ce Charles Martel fut renommé d'v-
ne reputation si glorieuse , qu'vn sien
Ambassadeur estant enuoyé à Luyprád
Roy des Lombards qui auoit assiegé
Rome fort estroitement, & l'ayát prié
de la part de son Maistre de quitter cette guerre , & de laisser en paix la ville
de Rome, & le Pape qui y estoit enfer-
mé : Le respect de sa priere fut de telle
efficace, qu'aussi tost ce Roy abandonna l'entreprise qu'il auoit sur l'Estat de
Rome, & du Pape. Ce valeureux Martel rangea totalement le païs du Lan-
guedoc, qui pour lors s'appelloit Septi-
manie, sous l'Empire des François qui

iusques allors en auoit esté priué :
vainquit les Gots, subiugua les Frisons
& reconquit la Prouence, & prit la ville d'Auignon sur les Sarrazins d'Espagne, qui s'en estoient saisis de nuit par
la trahison de Maurice gouuerneur de
Marseille, & de toute la Prouence, qui
auoit vendu ceste ville d'Auignon à
Athin Roy desdits Sarrazins : il gaigna
aupres de Tours vne admirable victoire sur Abdimarus Roy d'Espagne, qui
estoit entré en ce Royaume auec plus
de quatre cens cinquante mille Sarrazins : mais il les combatit si valeureu-
semét qu'il en fit demeurer sur le cháp
trois cens & septante cinq mille, vne
partie du reste fut prisonniere, & l'autre se sauua par la fuite. Durant la plus
part de son temps, & de son Estat qui
estoit d'estre Maire du Palais, la France
fut iouïssante d'vne tres-heureuse paix,
& mesmes quelques ans auparauant
son decez. Il fut le premier qui se fit
creer & nommer en vne assemblee des
trois Estats du Royaume Prince &
Duc des François, & par ses valeurs

des Roys qui regnerent de son temps n'en eurét que le tiltre, & luy en auoit l'authorité & la puissance. Mais apres son trespas ses successeurs le qualifierent Roy, côme il se voit sur son tombeau en l'Eglise de sainct Denis en France, où sa statuë est couronnee & vestuë à la Royale, & est escrit autour d'icelle en termes Latins, CHARLES MARTEL ROY. Mais auec bonne raison ce nom de Roy luy peut estre donné, veu que nul n'a esté Roy de son temps que celuy qu'il a voulu. Aussi Ronsard en parle ainsi dans sa Franciade:

C'est ce Martel le Prince des François,

Non Roy de nom, mais le maistre des Rois.

Mais lors qu'vn de ses amis luy dit vne fois pourquoy il ne se faisoit eslire & nommer Roy: veu qu'il ne luy en mâquoit que le nom, il luy respondit ainsi en ceste braue & remarquable senténce: Que c'estoit vne chose plus illustre & plus grande de commander aux Rois que d'estre Roy. Son pere estoit Pepin Horistel, son ayeul Ansi-

gise, & son bisayeul sainct [...]
estant veuf fut fait Euesque de [...]
lequel sainct Arnoul estoit [...]
directement & en ligne masculin[...]
Clodion fils de Pharamond pre[...]
Roy de France : Il acquist ce surno[...]
de Martel à cause des excellentes v[...]
leurs qu'il exploita de son espee [...]
iournee de Tours.

Pepin surnómé le bref, fils de Ch[...]
les Martel, heritant aux valeurs & [...]
reputation de son pere hon moins [...]
aux biens temporels, fut couróné R[...]
de France par Boniface Archeuef[...]
de Mayence, & deux ans apres il [...]
derechef sacré & couronné en l'Eg[...]
sainct Denis par le Pape Estienne [...]
cesseur de Zacharie. Mais auant q[...]
paruenir à la Couronne, ayant en m[...]
toute la Monarchie de France, il a[...]
cta de joindre en soy le nom, auec l'[...]
thorité Royale, lors les Estats de Fr[...]
ce estans assemblez à Soissons, i[...]
proclamé & sacré Roy des Franç[...]
La declaration du Pape Zacharie l[...]
beaucoup à le faire monter à la ro[...]

té. Car comme quelques mois auparauant, Pepin luy euſt eſcrit quel de ces deux perſonnages meritoit mieux d'eſtre Roy, ou celuy qui n'ayant que le tiltre de Roy ne faiſoit aucun acte de Roy, ny de Prince : ou celuy qui n'ayant pas le nom de Roy, auoit en main toute la puiſſance de la Royauté, & gouuernoit heureuſement tous les affaires du Royaume. Le Pape luy reſpondit par ſa lettre, que celuy ſeul meritoit d'eſtre Roy, qui ſçauoit bien gouuerner vn Royaume, & qui auoit en poſſeſſion toute la puiſſance & toute authorité Royale. Ceſte lettre eſtant reuë à la ſeance des Eſtats, les diſpoſa d'autant plus volōtiers à le creer Roy. Au commencement de ſon Regne il chaſtia aigrement par armes les Saxōs qui s'eſtoient rebellez, & quelques ans pres il alla en Italie, où il vainquit par deux fois Aſtolphe Roy des Lōbards, & le força de laiſſer au Pape Eſtienne & à ſes ſucceſſeurs, la ſouueraineté du Senat de Sainct Pierre, la Seigneurie de Rauenne, & vne grande partie de la Romagne.

Il domta encore vne autre fois les
Saxons rebelles , & les fit obliger de
payer tous les ans à chacun Parlement
de France trois cens cheuaux de seruice par forme de tribut. Ayant ainsi reduit les Saxons en deuoir, il alla contre
Vvaifer Duc & gouuerneur d'Aquitaine , & le fit venir à composition qui
toutefois ne sortit aucun effet , si bien
qu'il fallut venir en guerre, dont l'ayât
deffait en plusieurs batailles , & pris la
pluspart de ses villes , il le contraignit
de se resoudre à mettre le reste de sa
fortune au hazard d'vne bataille aupres
de Perigord, où ce rebelle Vvaifer perdit la victoire , le païs & la vie ensemble. Ainsi l'Aquitaine receut vn gouuerneur , qui en ce temps s'appelloit
Duc, de la main du Roy, & fut reünie
à la Couronne de France. Pepin re-
menant son armee , fut arresté d'vne
maladie à Tours, de laquelle il mourut
en la cinquante-quatriesme annee de
de son âge , laissant deux fils de ceste
sage & grâde Princesse la Royne Ber-
the sa femme , Charles & Carloman
ausquels

aufquels par le partage qu'ils firent entre-eux la France Occidentale, & enfemble la Bourgongne & l'Aquitaine,
auint à Charles, & à Carlomã l'Orientale, fous laquelle les Prouinces d'outre le Rhin eftoient comprifes. Le premier eftablit fon fiege à Noyõ & l'autre à Soiffons : mais Carloman ne fur-
nefquit guere à fon pere, dont par ce
moyen Charles fe faifit de fes Eftats,&
les annexa à la France Occidentale, ne
voulant pas que deux fils qu'il auoit
laiffé fuccedaffent à la Royauté, ou
Principauté de leur pere, à fin que l'hõneur & la felicité de la Monarchie de
France ne tombaft pas en amoindrif-
fement par tant de partages, & de diui-
fions.

Les deffeins, l'efprit, les valeurs, &
les victoires de ce Charles arriuerent
fur tous les Roys de fon fiecle en tel
degré de gloire, qu'ils luy donnerent le
furnom de Grand, de façon qu'il en fut
depuis toufiours nommé Charlemagne. Ses entreprifes & fes victoires
font en fi grand nombre, que pour en

parler brieuemét de toutes, il faudroit
pourtant que le discours fut bien long.
Et i'estime que de tous les Roys, ou
Princes Chrestiens qui furent oncques
nul ne peut parfaitement entrer en cō-
paraison auec luy, soit en victoires, ou
en dignité. Aussi ses valeurs ont esté si
merueilleuses, qu'elles l'ont mis au rãg
des Neuf plus valeureux, & plus victorieux Princes, & Cheualiers que la
guerre ait iamais veu. Il dōta plusieurs
fois les Saxons, qui estoient si faciles à
se rebeller, & en fin il les contraignit à
receuoir le Christianisme. Il fit la guerre en Espagne, qui pour lors estoit possedee des Roys Sarrazins, où ses victoires furent telles, qu'il les rendit tri-
butaires à la couronne de France. Le
Royaume d'Angleterre aussi lui payoit
tribut, & conduisant la guerre contre
les autres Bretons qui l'estoient reuoltez il les iubiugua. Il domta les Nor-
mans. Il fut deux fois en Italie pour y
guerroyer les Lombards, la premiere
en faueur du S. Siege, & l'autre pour
chastier la rebellion d'Adalgise fils de

Didier autrefois Roy des Lombards,
sur qui il auoit conquis la Lombardie,
où à la deuxieme fois comme à la premiere il en sortit victorieux. Il receut
le serment de fidelité d'Aragise Duc de
Beneuent, & de Trasilo Duc de Bauiere, sur lequel certain téps apres il côfis-
qua le païs de Bauiere, le treuuant chargé de quelque sinistre accusation. Il
vainquit les Sclauons & Vandales, qui
tenoient le païs de Brandebourg, de
Melgebourg & de Pomeranie, comme aussi il vainquit les Huns, & les
Auarois qui occupoient alors la Hongrie. Il fut créé à Rome Empereur des
Romains l'an huit cês & vij, le iour de
Noël. Et sa reputatiô vola auec tant de
gloire par tout le monde, qu'il ne fut
pas moins honoré des estrangers que
le Grand Alexandre à son retour des
Indes, comme nous auons dit cy dessus. Car le Roy de Perses luy enuoya
des Ambassadeurs pour le louänger de
sa grandeur, & de tât de victoires qu'il
auoit obtenu, & pour luy certifier
qu'il estoit son amy tres-affectionné,

X ij

& luy mandant aussi des precieu[x]
estoient vn amas des plus belles & p[lus]
riches pierreries de l'Orient, encha[s]-
sees sur diuers ouurages d'or. Il fut requis aussi en mariage de l'Emperie[re]
Irene de Constantinople. Il fonda vn
grand nombre d'Eglises & d'Abbayes
en diuerses parts de la Chrestienté, &
mesmes les Vniuersitez de Paris, de
Boulongne & de Pauie. Il desseigna
d'assembler par vn canal le Rhin auec
le Danube, à fin de faciliter les trafi[cs]
& les voyages d'Alemagne, & y fit trauailler fort heureusement: mais à cause
des grandes affaires de guerre qui l'occuperent ailleurs, l'entreprise fut arro-
stee. Il deceda l'á huit cës & quatorze,
le vingt-huitieme de Ianuier, estant âgé
de septante & deux ans, & la quarante
sixieme annee de son regne des François, & de l'Empire le quatorzieme.

    Ce grand Roy, & grand Empereu[r]
fut ainsi glorieux de puissance, & de
renómee: mais il y a deux choses par-
ticulieres qui l'ont rendu si grand en s[a]
vie, & si fameux & prisé aux siecles q[ui]

l'ont suiuy. La premiere estoit l'excellence des vertus heroïques qui estoiét
en luy, & entre autres la liberalité y vi-
uoit si royalement, que iamais il ne
manqua de distribuer largement ses richesses, & en telle faço qu'il en acquist
vn extreme amour a l'endroit des sujets, aussi bien qu'enuers les soldats &
les seruiteurs : & nul ne luy fit iamais
aucun seruice pour peu remarquable
qu'il fust, sans estre aussi tost suiuy d'v-
ne riche recompense. L'autre chose
estoit les excellentes valeurs, & subli-
mité de courage qui viuoient d'vne
vertu nompareille en plusieurs Princes, & Seigneurs François de son téps.
Où sur tous autres Roland de Clair-
mont son nepueu fils d'vne siéne sœur
Comte d'Angers, & Renaud de Clair-
mont cousin germain dudit Roland, &
Seigneur de Montauban paroissoient
comme deux nouueaux Mars, & comme deux Soleils pour les plus extremes effets de conduite, & de vaillance
guerriere. Les prouesses de ces deux
Cheualiers, qui se sont esgalez en va-

leur aux plus braues du monde, les
ueurs, & liberalitez qu'ils ont usé
l'endroit des gens de lettres, les ont ré
dus si recommandables à la gloire, que
depuis leur temps, il ne s'est presque
treuué aucun Poëte d'estime qui n'ait
fait mention de leur honneur en ses
escrits, soit d'inuétion, ou d'imitation,
bien que sous mille discours fabuleux
diuers escriuains tant anciens que modernes ayent augmenté l'histoire de
leur vie & de leurs destins. Mais les
vaillances, & les vertus de ce grand
Monarque, & de ses Capitaines se sont
eternisées auec telle renommee sur la
longue duree des siecles, que lors que
quelque homme de iugemét parle auiourd'huy des merites d'vn Charlemagne, d'vn Roland & d'vn Renaud, &
des autres valeureux Cheualiers de ce
temps-là, il semble à voir son affection
& ses paroles, qu'il discour' d'vn Prince de nostre temps, & de qui les faueurs & magnifiques largesses sont encore toutes apparentes. Aussi quand
lon voit maintenant en certaines Egli

les de Prince, le tombeau, ou l'espee,
ou le Comte Roland, cela ne donne
pas moins d'agreable admiration, que
si l'on voyoit encore ceste pique fatale
que l'ingenieux Chiron donna au vaillant Achilles, ou bien les armes du
preux Hector, ou la masse dont Her-
cules vainquit & tua tant de mon-
stres, & de Tyrans. Voila comme la
vaillance conionte à l'amour, & au
support des vertueux, tend immortellé
& touſiours aimable la memoire d'vn
Prince: Et au cōtraire l'auarice, ou peu
de courtoisie d'vn Grand, eſt occaſion
que ſon nom eſt filé auec la meſme trá-
me de ſa vie: Car le monde & le temps
ne ſont point flateurs, bien qu'vne perſonne particuliere le puiſſe eſtre, & cela eſt naturel à tous peuples, & à tous
eſprits de ſe deſplaire de parler à l'honneur d'vn Prince qui aura fait peu de
bien en ſa vie, & c'eſt pourquoy nul n'en
fait aucune mention: que ſi l'on n'en dit
point de mal, auſſi l'on n'é dit point de
bien: & ainſi c'eſt touſiours vne mort à
la renommée. Doncques il faut croire

X iiij

qu'autant qu'vn hômc eſt auare & trop
retenant de threſors, autant eſt-il diſſi-
pateur & prodigue de ſon honneur.

   Que doncques vn Prince qui ſera
deſireux d'acquerir reputation banniſ-
ſe pour iamais l'auarice bien loin de
ſoy : Car c'eſt vn vice qui contrarie extremement à la nobleſſe & à la vaillance , parce qu'il ne ſe treuue iamais en
aucun lieu ſans auoir pour compagne
l'ingratitude. Comme au contraire iamais l'honneur & l'auarice ne vont enſemble. Le Prince qui ſera captiué de
ce vice ne ſera iamais ſeruy des ſiens
auec vne entiere affection, veu qu'outre le peu de recônoiſſance qu'ils peuuent attendre, ils redoutent infiniment
vne ingratitude. Ainſi vn Prince auaricieux bien qu'il ſoit fort riche , ne ſera
iamais ſi bien aſſiſté qu'vn autre qui
ſera pauure , & qui aura la reputation
d'auoir eſté liberal: Car il eſt beaucoup
plus agreable de ſeruir vn Prince qui
eſt pauure à cauſe de ſa liberalité, qu'vn
autre qui ſeroit fort riche à l'occaſion
de l'auarice : parce qu'ordinairement

vne bonne fortune peut enrichir celuy
qui est pauure : mais fort difficilement
vn grand vice se peut changer en grande vertu. Le sage des Hebrieux connoissant la laideur de l'auarice, la nomma la racine de tous maux. Et à bien
iuger des causes de tous les desordres
qui se treuuent parmy les hommes, on
verra que l'auarice est cause pour le
moins de la plus grand' partie de tout
ce qui est iniuste & miserable au monde. Et c'est pourquoy elle est ainsi des-
chifree aux Illustres auantures dans l'a-
uanture de Renaud.

O fureur lethargique! Harpie insatiable!
Indiscrette Auarice! humeur impitoyable!
Qui d'esclaues desirs & d'infidelles mains
Commandes si puissante aux cœurs de tant
   d'humains!
Qui destournes les vœux dont les ames plus
   belles
Se pourroiēt acquerir des palmes immortelles!
Et qui les captiuant & d'esprit & de corps
Les contraincts d'adorer les terrestres thresors,
Qui te pourroit charger d'iniures assez fortes
Puis que tous les malheurs en ta dextre tu
   portes?   X v

Mais puis qu'il n'est rien de si... pre, & de si divin que la confe... de son estre, vn... doit faire en so... te de se rendre immortel, voila non... pour le respect du corps : car la nat... & le Destin ont determiné vne fin... vie des humains : mais il doit procurer que son nom demeure immortel sur la terre, & son ame eternellement heu... reuse dans le Ciel.   Et ces felicitez... peuuent acquerir par les richesses qu'... départira liberalement aux esprits ver... tueux, de qui les doctes plumes eterni... feront ses loüanges au monde, il les distribuera aussi à ses seruiteurs, aux Eglises necessiteuses & aux pauures que la mesme parole diuine à tant... commandé en ce monde : mais il dou... blera ceste liberalité de la pure donna... tion de son cœur à la Majesté de Dieu. Et liberal de la sorte, il se rendra tout glorieux pour la terre, & tout diuin pour le Ciel : Car il sera ainsi de tout... sa puissance imitateur de Dieu, qui n'... pas donné seulement aux hommes... seruice des Elemens & des Cieux, m...

encore sa liberalité s'est renduë si merueilleuse & infinie que lui-mesme s'est
voulu dóner à eux. Ainsi par le moyen
de se rendre liberal du sien, il gagnera
la reputation d'vn bon, vertueux &
magnanime Prince, auec mesmes les
merites du Ciel. Et ceste vertu si diuine, fera que ses heritiers trouueront en
son peuple vn precieux Empire d'a-
mour, aussi bien que de sujetion : Car
l'amour que l'on a porté au pere se raporte & se retourne tousiours entje-
rément vers le fils. Et ainsi il monstre-
ra qu'il est le vray maistre de ses thresors, & qu'il en a sçeu vser quand il en
auoit le temps : Car c'est vne vaine esperance en vne personne d'attendre
que la liberalité des heritiers soit suffisante de lui faire meriter quelque chose au monde, si de son costé il ne s'est
employé à la vertu quand il le pouuoit.
Et par ceste raison *Dum tempus habemus*
operemur bonum. Tandis que nous auons
le temps faisons bien. Ainsi tádis qu'vn
Prince est riche & puissant, qu'il donne
pour meriter ; Car apres la vie ses ri-

X v.j

cheſſes & ſes puiſſances ne ſont plus
luy. Mais en recommandation d'employer ce que le temps nous preſente,
la ſuſdite-auanture de Renaud porre
ces termes.

Qui refuſe le bien que le temps luy preſente

Treuue en vn repentir mainte peine cui-
　　ſante:

Et trop tarp repentant de ce qu'il a commis

Il requiert vainement les Deſtins pour
　　amis:

Car le temps qui s'enuole, & qui vole nos
　　âges,

Ne retourne iamais pour nous faire plus
　　ſages:

Il nous faut d'ôc ſeruir du temps que nous
　　auons,

Pour ne perdre le bien de ce que nous pou-
　　uons.

Afin d'eſtre illuſtré d'vne vraye reputation, vn Prince ne doit pas imiter
en ſes faueurs l'artifice des liberalitez
de Denis le ieune Tyran de Syracuſe:
car icelui ayant le Philoſophe Platon à
ſa Cour., & ſe plaiſant de tant de ſages
diſcours, que pour luy faire amander

à vie, ce Philosophe luy tenoit ordinairement : Il luy presenta souuentes-
fois de grands tresors, le priant de les
receüoir comme venant d'vne franche
liberalité : mais cest excellent esprit
n'ayant que là vertu pour ambition,
refusa tousiours ces faueurs. Surquoy
les Couttisans de Denis disoient ainsi:
Nostre Prince est deuenu fort liberal,
mais auec condition : car il fait ses liberalitez seurement, & il n'y pert rien : car
il les presente à celuy qui les refuse :
Mais il n'offre rien à nous, il ne nous
despart aucunes richesses : car il voit
bien qu'elles ne seroient pas refusees,
veu les grands seruices que nous luy
auons rendu, & la despence que nous
faisons à sa suite, & les ordinaires de-
mandes que nous luy tenons pour obtenir quelque chose de ses faueurs.
Ainsi il offre à celuy qui refuse, & ne
presente rien à ceux qui demandent.

Que le Prince euite aussi vne autre
forte de liberalité qui n'est pas moins
vicieuse que celle-là : Ceste liberalité
se remarque en vn grand Seigneur, lors

qu'on voit qu'il ne donne iamais rien
à ceux qui n'ont pas le moyen de s'en
reuācher par vne autre liberalité : mais
qu'il fait touſiours ſes preſents à des
Seigneurs plus grands que luy. Et ainſi auec aſſeurance vn tel Pedagogue de
Leſine inciuille fera vn preſent de la
valeur de mille eſcus, ou dauantage, à
fin d'en retirer vn autre de beaucoup
plus grand prix : ſçachant bien que les
grands ne veulent iamais eſtre vaincus
en courtoiſie de leurs eſgaux, & que ſi
vn perſonnage de leur rang leur fait
quelque preſent, ils ne manquent pas
de s'en acquiter par la donnation d'vn
autre de plus grande valeur. Or de
donner quelquefois à plus grand que
ſoy, cela eſt bon : mais de n'eſtre iamais
liberal aux inferieurs, cela eſt vilain
tout à fait. Et lors que quelque Prince,
ou Seigneur ſe gouuerne ainſi en ſes
faueurs, il fait bien connoiſtre à tous,
qu'il priſe bien peu l'honneur, & qu'il
n'en a point en ſon ame, & qu'il eſt vn
Leſinant, & qu'au lieu d'aller à la grandeur, ſuiuāt ſon rang, il ne ſe plaiſt que

de suiure la trace des Iuifs, & des plus
desloyaux vsuriers.

Mais en exerçant la liberalité, vn
Prince n'y doit pas aller auec tant de
largesse & de magnificence, qu'elle se
treuue dommageable à la grandeur de
son Estat : Comme fit Charles le
Chauue XXVI. Roy de France, &
Empereur des Romains, lequel pour
monstrer qu'il auoit puissance de faire
des Rois, bailla en pur don à Boso frere
d'Hemengarde sa femme tout ce qui
s'appelloit anciennement le Royaume
de Bourgogne, qui depuis fut nommé
le Royaume d'Arles : C'est aller trop
à la grâdeur en liberalitez si excessiues,
& de si grande importance : Et telles
donnations n'appartiennent venir que
des mains de la Majesté Diuine, qui
donnant toute chose, ne se treuue pas
pourtant moins riche, & moins puissante, & qui d'ailleurs peut aussi aisément oster les Royaumes, comme facilement sa dextre les donne. Telles
liberalitez, ou partages que les anciēs
Rois de France ont vsé enuers leurs

puiſnez, ou parens, ſont cauſe que ceſt
excellent Royaume n'eſt pas ſi grand
la moitié comme il deuroit eſtre, veu
tant de belles parties que l'on a retran-
ché de ſon Empire en diuers temps, &
à diuerſes perſonnes. Le Royaume de
la Chine n'a pas eſté gouuerné ainſi,
bien que ſon eſtenduë ſoit autant que
douze fois la France, & depuis plus de
deux mille ans que la Monarchie d'vn
ſi grand païs eſt fondee, les Rois y ont
touſiours eſté vniuerſellement ſouue-
rains, ſans deſpartir aux puiſnez aucune terre en tiltre de Principauté, à fin
qu'ils n'euſſent occaſion de tenir châ-
bre à part, de faire la nique au Roy
leur frere, & d'entreprendre aucune
choſe contre ſa couronne. Leur apa-
nage eſt le gouuernement d'vne grande Prouince, auec vne entree aſſez riche pour vn entretien Royal. Et c'eſt
la cauſe que depuis ſi long temps ceſte
Monarchie a demeuré entiere & ſigrã-
de, ſans auoir eſté troublee ſeulement
en certaines Prouinces, que de quelques petites guerres ciuilles, mais de

bien peu de duree. Les Rois de Perse
& les Empereurs d'Ethiopie vsent à
à l'endroit de leurs enfans d'vn partage semblable à celuy de la Chine. Mais
ce n'est pas vne chose desauantageuse
en vn Estat, lors que l'on donne au fils
du Prince quelque païs fort esloigné
du corps du Royaume: car ainsi l'on ne
diuise point la principale piece de l'E-
stat, & telle sorte de donnation a esté
prattiquee dextrement en nos iours
par Philippe II. Roy d'Espagne, en
faueur de l'Infante sa fille, lui donnant,
en la mariant auec l'Archiduc Albert,
la Franche-Comté de Bourgongne, &
tous les Païs de Flandres & de Holande.

V   Vn Prince doit estre ainsi bien auisé
de ne diuiser iamais aucune partie de
son Empire; sinon que pour y conioin-
dre en mesme temps vne plus grande
& plus vtile. Et ne faire pas comme
Charles VIII. qui par la seule per-
suasion d'vn sien Confesseur Religieux
de l'Ordre des Iacobins, donna en
pur don au Roy d'Espagne la Côté de

Roſſillõ : car il l'aſſeuroit que ſon a͏̈
ſeroit damnee ſ'il ne faiſoit cela. Or
eſt bien raiſon de croire aux parole
d'vn docte & vertueux Religieux, o͏̈
Preſtre , veu que telle perſonne eſt en
terre le vray miniſtre de Dieu : mai͏̈
puis que tel auis n'eſtoit pas fondé ſu͏̈
la croyance d'vn article de Foy, & q͏̈
tout homme , pour ſage qu'il ſoit ,
peut abuſer en iugeant ou affection͏̈
nant quelque choſe qui regarde le te͏̈
porel , de donner ainſi vne Prouin͏̈
qui ſeparee de la ſorte, peut à l'auen͏̈
apporter mille Incommoditez au bie͏̈
d'vn Eſtat:cela ne doit iamais venir
effet que par le Conſeil des plus ſage
& plus fidelles teſtes du Royaume l͏̈
determination n'en ſoit eſté donnee
au prealable. Et lors que la redition
ou donatiõ d'vn païs ſe fait apres ſem
blable ceremonie, elle peut eſtre iuſt͏̈
& neceſſaire,bien que ce ſoit vne cho͏̈
ſe qui n'eſt pas de la nature des Mona͏̈
chies de laſcher ce qu'vne fois on poſ
ſede : mais toutesfois ſous l'apparen͏̈
de quelques beaux pretextes,& de co͏̈

...taines pretentions, il ne faut pas s'opposer contre la raison & l'equité, en la
retention de ce qui peut appartenir à
autruy, puis que nostre Seigneur a dit
de sa propre bouche, qu'il faut rendre
à Cesar, & à Dieu ce qui leur appartient.

Pour s'entretenir tousiours en vne
excellente Reputation, vn Prince doit
estre extremement affectionné d'ob-
seruer ce qu'il a promis: Car au moyen
de ceste vertu, il fait voir clairement
à tous, qu'il est accompagné de grand
iugement & preud'homme: Au contraire, s'il vient à manquer à ses promesses, &, comme on dit, d'estre em-
porté du dernier qui luy parle, il manifeste qu'il a peu de prudence, & peu
d'affection à promettre, & moins de
resolution à tenir sa parole: ainsi il mō-
stre qu'il est despourueu de prudence,
de iugement & de magnanimité, ou
force d'esprit, en qui consiste la constā-
ce, & la resolution inuincible d'vne
chose qui ayant esté estimee bonne, a
esté deliberee aussi: Or ceste imperfe-

ction eft diferente en intereft fuiuant
les perſonnes qu'elle rencontre : car à
l'endroit d'vn Monarque qui ne peut
pas venir plus grand qu'il eſt , il rauale
beaucoup la reputation qu'il pourroit
auoir deſia , & amoindrit l'amour que
le peuple luy porte : Mais en la qualité
d'vn Prince inferieur , elle le recule &
tient au loing les bonnes fortunes qui
le voudroient aller voir,& les dignitez
qui pourroyent augmenter ſa grandeur.

Mais le vice qui plus ordinairement
met en ruine la fortune & la reputa-
tation d'vn Prince, c'eſt la flaterie. Et à
la verité les flateurs ſont les vrayes pe-
ſtes des Roys & des Royaumes.   Car
ils ſont de telle condition , qu'ils ne
conſeillent iamais aux Roys ce qui eſt
honneſte & profitable ains ce qui leur
eſt agreable , & en fantaiſie. Et telles
perſonnes peuuent eſtre comparees
aux mouſches : Car ſi ces petits inſetes
ſe poſent ſur vn tafetas blanc ils y laiſ-
ſent vne ordure noire , & ſur vne autre
qui ſera noir ils y laiſſeront des taches

grifes & blancheaftres:les flateurs font
ainfi : Car fi le Prince eft auare ils luy
diront qu'il eft bon mefnager, & qu'il
fe gouuerne fort prudemment de faire
vn amas de threfors à fin de f'en feruir
à fon befoin. Et f'il eft prodigue, ils luy
feront entendre qu'il eft liberal, & genereux, & que c'eft ainfi qu'vn bon
Prince doit employer fes richeffes. De
tous autres vices qu'vn homme peut
auoir ils en font la mefme trâfpofition
à la vertu qui leur eft oppofee, àfin que
par le moyen de ces fauffes louanges,
ils foient toufiours eftimez enuers le
Prince qui de fon naturel fera ainfi leger à croire tout ce qui luy vient à gré.

Et quand vn Prince fe laiffe ainfi
abufer aux pipeufes raifons des flateurs, on peut bien penfer que le gouuernement de l'Empire n'eft plus à lui,
ains à ceux là qui luy font acroire tout
ce qui leur plaift. Affifté de fi mauuais
amis il ne tient plus les refnes de l'E-
ftat finon que par leurs mains, difpo-
fant des affaires feulement à leur rap-
port, & ne connoiffant le bien, & le

neceſſitez du Païs , que ſuiuant q̃
leurs flateries , & cautelles ſe plaiſe
de luy en apprendre quelque cho
Et lors que la deception de tels con-
ſeillers a ſi grand credit onuers le Prin
ce , on peut bien dire auec le Poëte d̃
Bellay :

> *O trois, & quatre fois malheureuſe la tou-*
> *re,*
>
> *Dont le Prince ne voit que par les yeux*
> *d'autruy!*

Auant la premiere bataille qu'Al
xandre le Grand donna au Roy Dair
il ne ſe treuua qu'vn ſeul Amincas,
ne voulât deſguiſer la verité de ce qu'
penſoit, conſeilla à Daire d'attendre
Alexandre en vne large campagne q̃i
eſtoit fort propre , & commode po
ſeruir à ſon armee au iour de la batail
le:mais croyant les flateurs qui luy venoient dire de toutes parts, que pou
l'honneur de ſa Grandeur & de ſo
pouuoir, il falloit aller chercher A
xandre,& que ſa ſeule Cauallerie ſu
ſoit pour paſſer ſur le ventre de to
les Macedoniens: il ne fit point d'e

d'vn si bon auis, ains le conseil pernicieux l'emporta, comme estant plus
agreable à son ambition.

Mais vn Prince peut connoistre facilement les flateurs, à fin de se garantir
de leurs charmes, & de leurs cautelles:
Car ces esprits d'adulations ne parlent
iamais au Prince que pour leur estre
complaisans en tous ses desseins, y
meslans tousiours quelques traits à leur
auantage & profit, & iamais ils ne s'en-
tremetent de parler que pour eux, que
si par fois ils sont comme forcez à recommander les vertus de quelque ga-
lant homme, ils en diront bien quelque chose au Prince, mais ce sera auec
si peu d'affection, & auec des paroles si
froides & brieues, qu'autât en emporte
le vent, & si bien que ce qu'ils ont promis & rié c'est vne mesme chose. Ainsi
vn Prince pour la plus seure conseruation de sa grandeur & de la reputation,
doit euiter de prester l'oreille aux flateurs, puis qu'ordinairement telles manieres de gens conduisent le Prince
à d'entreprises indeuës & infortunées.

luy donnant à croire que tout ce qui
vient d'vn Prince doit eftre eftimé iufte & neceffaire, imitans en ce vice la
flaterie du Sophifte Anaxarche, qui
pour confoler Alexandre le Grand fur
l'extreme douleur qu'il auoit de la
mort de Clite, luy dit en fous-riant,
qu'il ne fçauoit pas encore pourquoy
les fages ont feint la iuftice eftre affife à cofté de Iupiter. Ce qui auoit
efté inuenté par eux, à fin que tout ce
qui eft fait & arrefté par Iupiter, fuft
eftimé iufte & equitable. Qu'il falloit
auffi que tout ce qui fe faifoit par vn
grand Roy, fuft tenu pour chofe bonne & iufte, premieremét du Roy mefme, puis apres des autres. Mais à telle
feance de iuftice on peut donner cefte
interpretation qui eft bien plus receuable, & plus iufte que l'autre : car i'e-
ftime que les Anciens ont feint que la
iuftice eft affife aupres de Iupiter, pour
faire entendre qu'vn Roy ne doit iamais proceder en aucune chofe fans
eftre accompagné de la raifon & de l'e-
quité, & que la iuftice doit eftre touf-

iours

ours à sa deue, comme estant l'vnique ornement & souſtien de ſon Empire. Antigonus Roy de Macedoine l'entendoit bien ainſi : Car ainſi qu'vn flateur luy eut dit que toutes choſes eſtoient permiſes aux Roys, il reſpõdit, Aux Roys barbares toutes choſes ſont permiſes : mais non pas aux Roys de Grece & de Macedoine.

Vne grande reputation honore vn Prince lors qu'il pourſuit viuement vn deſſein où la magnificence eſt toute apparente, comme en la conſtruction de quelque grand & Royal edifice : Car en le faiſant conduire en ſa perfection en peu de temps, il monſtre que ſa prudence & ſes deliberations ſont plus grandes que ce que les hommes peuuent entreprendre de plus grand. Le temple renommé de Hieruſalem rendit Salomon autãt fameux que la meſme ſageſſe qui eſtoit en luy : Car apres l'auoir fait commencer de baſtir, il ne demeura que ſept ans d'eſtre parfait de tout ce qui luy eſtoit requis. Il couſta rente millions d'or: mais outre l'excel-

Y

lence des richesses nompareilles &
l'Architecture qui le rendoit admirable sur tous les edifices du monde,
estoit vne des plus superbes forteres
de ce temps-là. Les anciens Romains
sont presque autant rendus glorieux
par les edifices qu'ils faisoient côstrui-
re, comme par les victoires qu'ils ob-
tenoient sur les estrangers : Car le plus
souuent vn Theatre, vn Amphitheatre
vn Temple, ou autres superbes edifices de l'antiquité estoit acheué de construire en quelques mois. Aussi ils y faisoient trauailler ordinairement quinze
ou vingt mille hommes à la fois. Mais
pour acquerir vne reputation insigne
qu'vn Prince ne s'abaisse pas de sçauoir
autre chose que ce qui sert à la grandeur de sa qualité, & au gouuernement
de son estat, qu'il ait bien estudié en sa
ieunesse en la connoissance de la Phi-
losophie, & qu'il continuë tousiours
de lire aux histoires : Car les histoires
sont de sources inepuisables de sagesse
de prudence, & de delectation ensemble : & iamais la lecture d'icelles n'ap-

ennuyent, ny ne s'exerce iamais sans
vtilité. Et ainsi que frequentant au
moins vne heure de chacun iour les
sans siures, il ne rencontrera pas des
flateurs & des amadoüers Courtisans,
ains des hommes asseurez & fidelles,
qui luy conseilleront librement sans
crainte, & sans artifice la verité de tout
ce qui sera de son deuoir pour gouuerner heureusement son Empire. Ainsi
qu'il ne s'adonne pas d'aprendre ny
peinture, ny musique ny autres choses
qui appartiennent aux hommes qui
doiuent seruir aux Princes, comme fait
de nostre temps vn des plus grands
Seigneurs d'Alemagne, qui tient ses
pensees & ses ambitions si raualees,
qu'il ne s'employe ordinairement qu'à
forger, à limer & à monter des Horlo-
ges. Qu'vn Prince cherisse la musique,
la peinture & les autres arts en l'esprit
de ceux qui sont maistres en telles choses, & qu'il les honore de ses liberalitez, à fin que luy mesme augmente son
honneur en l'excellence de leurs ouurages. Neron fut mesprisé des Ro-

mains de ce qu'il estoit si desireux &
folement passionné de iouer de la Cy-
thre, qu'il en faisoit dresser des triomphes publiquement, & sen faisoit donner le prix, & la victoire d'auoir mieux
ioüé que tous, bien qu'il n'eust combatu contre le jeu de personne. Alexandre le Grand fut repris de son pere tandis qu'il se plaisoit vne fois à chanter
auec des musiciens: Car ayant veu qu'il
tenoit si bien sa partie, il luy dit, Comment mon fils as-tu point de honte de
chanter si bien? Donnant à entendre
par ces paroles, qu'Alexandre auoit
perdu beaucoup de temps pour aprendre à si bien chanter, & qu'au lieu de
cela, il le deuoit auoir employé au seul
sçauoir qui est requis à la qualité d'vn
grand Prince. Mais si vn Prince est d'vn
tel naturel qu'il ait enuie de frequen-
ter les Muses, il ne sera que beau, &
bien conuenable, qu'il s'esgaye par fois
à faire vn petit nombre de vers sur quel
que bon sujet : Car ceste vertu le rendra tousiours plus estimé, & plus adm
ré de son peuple, & des nations estra

geter, veu que la façon des beaux vers
ne peut sortir que d'vn esprit beau &
relevé. Aussi comme dit Ronsard,

Vn Roy pour estre grand ne doit rien ignorer,

Il ne doit seulement sçauoir l'art de la
guerre,

De batre vne Cité, de la ruer par terre.

Et quelques-vns ont escrit que ce
grand Roy Charlemagne s'employoit
quelquesfois à composer des vers en
Latin, & en langage François tel qu'il
pouuoit estre de son temps. Mais en ce
siecle le magnanime Roy François I. &
Charles IX. ont grandement illustré
leur renómée par les beaux vers qu'ils
ont fait : le premier à la loüange de la
belle Laure d'Auignon, & l'autre en faueur du diuin Ronsard.

Ainsi lors qu'vn Prince s'esgayera en
choses semblables, cela ne luy doit pas
estre imputé à perte de temps : Car il
est bien raison que celuy qui trauaille
pour tous, & en qui repose la protection de tout le païs, aye quelquesheu-
res du iour pour sa recreation particu-

here, foit pour la chaffe, ou pour autres
jeux d'exercice, ou pour la frequenta-
tion de fon eftude. Et fur le fujet qu'vn
Prince péut auec honneur fe mefler
d'efcrire fur quelque chofe de vertu,
Denis le Tyran le fceut bien dire : Car
comme Philippe Roy de Macedoine
eftant vn iour à table , fut tombé en
propos des chanfons, poëfies, & trage-
dies que Denis le pere auoit compofé,
& feignit f'efmerueiller, quand, & cõ-
ment il auoit eu loifir de vacquer à
femblables compofitions : Il luy refpondit ainfi. C'eftoit, dit-il, aux heures
que toy, & moy, & tous autres Seigneurs que l'on repute grands & heureux, employons à folaftrer, & à fe def-
border en diffolutions de banquets.

　Mais d'autant que la chaffe apporte
quelquesfois parmy fes delices vn employement de beaucoup de temps, de
hazard, & de peine trop violente contre la fanté, & vn ennuy de refider aux
villes, & d'entendre aux grandes affaires qui iournellement arriuent en la
maiftrife d'vn grand Royaume , vn

Prince se doit prendre garde de ne s'y
laisser pas esgayer durant tant de iours,
qu'apres il n'en puisse pas retirer sa pé-
sée, ny s'imaginer aucun autre plaisir
ailleurs. Mais ie ne sçaurois parler
mieux à propos sur vn semblable sujet
de la chasse, qu'en la remonstrance que
la Princesse Arese du Cathay adresse à
son fils Cleophille en la Nereïde, en
ceste sorte

   Cleophille mon fils, quand on parle de
     vous,
On en discour ainsi, Cleophille est sur tous
Vn vaillant cheuallier, & qui joinct la
     vaillance
A la beauté d'vne ame heureuse en ex-
     cellence.
Il est courtois en tout, & d'vn cœur ge-
     nereux
Il prise les vertus, & les faits valeureux,
C'est la mesme beauté la fleur de sa ieu-
     nesse,
Il remplit l'Orient du bruit de sa prouesse,
Et si bien que l'honneur de ses exploits
     guerriers
Surpasse le renom des plus grãds cheualiers:

Mais il a ce defaut, & cet humeur sauua-
    ge,
Qui tousiours par les champs encheine son
    courage,
N'exerçant son esprit que parmy des ve-
    neurs,
Et tousiours à la chasse estimans ses hon-
    neurs.
   La chasse est bien loüable, & l'ame gene-
    reuse
Come d'autre exercice en doit estre amou-
    reuse,
Comme propre en vn Prince, où l'honneste
    labeur
Auec le doux plaisir employe vne sueur:
Ainsi pour sa grandeur vn Prince ma-
    gnanime
En l'exerçat par fois l'a tousiours en estime:
Mais d'employer sans cesse & les nuicts,
    & les iours,
A chasser des Sangliers, & des Cerfs &
    des Ours,
De mettre tout son temps, sa force , & son
    courage
De brosser au trauers d'vn espineux boca-
    ge,

De cheuaucher les champs, de prendre à
    toutes heures

Dans les sombres forests sa peine, & son
    repos,

D'auoir tousiours aux bois sa retraicte, &
    satire,

C'est le destin d'vn Pan, d'vn Faune, &
    d'vn Satyre,

A qui le Ciel commun d'vn droit bien
    ordonné

Le peuplement des bois en partage à doné!

Mais aux hommes heureux de supreme
    auantage,

Il a voulu donner les villes en partage,

A fin qu'auec l'honeur joignât l'vtilité,

L'amour de son prochain, & la ciuilité,

Les vœux qu'on doit à Dieu, les biens de
    la sagesse,

Y fussent exercez en heureuse largesse,

Et qu'en vn corps vni tant de diuers hu-
    mains

Au seruice du Chef eussent vnes les mains.

    Ainsi ce Cleophille encore qu'il soit
    Prince,

Et le plus grand guerrier de toute sa Pro-
    uince,

Y v

Il se fait bien paroir peu desireux d'hon-
    neur,
Puis qu'aux Deserts reclus donnant tout
    son bon-heur,
Il semble mespriser la presence des villes,
Et les tenir au rang des choses les plus vi-
    les,
Comme si les Citez ne se faisoient pas voir
Escoles de vertus, d'honneur & de sça-
    uoir!
Aussi ie ne croy pas qu'auec tant d'excel-
    lence
Auec le iugement il ait eu la vaillance:
Ains ie croy que sa dextre a si bien com-
    batu
Par la faueur du sort & non par la vertu.
    Ainsi l'on dit de vous, sans vous por-
    ter enuie,
Voyat que vous viuez de si sauuage vie,
Comme si la fortune & les mortels moyens
Vous auoient rendu Prince & non pas les
    vrais biens.

Mais pour venir à la conclusion de
ce discours, la raison me permetra bien
de dire qu'il est necessaire à vn Prince
pour acquerir vne parfaite reputation,

non seulement vn vray amour qu'il
portera enuers les personnes vertueuses, mais encore que de sa part il possede splendidement la vertu en soy mesme: à fin qu'auec les graces de la Nature, qui dés la naissance l'ont esseué si
grand & illustre, la vertu que son bon
esprit & sa diligence luy auront acquis,
luy fasse meriter dauantage l'honneur
qu'il a de commander à tout vn peuple : puis que sans la vertu les merites
du sang sont de nul effet pour le faire
estimer vn vray Prince : Car comme
dit Ronsard en l'institution qu'il adressa pour le Roy Charles IX.

*Vn Roy sans la vertu porte le sceptre en
vain,*

*Et luy sert pour neant d'vn fardeau dans
la main .*

Au contraire plus sa vertu sera grande, plus le monde estimera que sa valeur passe les merites de l'Empire qu'il
possede, puis que la vertu est le lustre,
& la lumiere qui embellit, qui releue,
& illumine de gloire la Majesté d'vn
Monarque, le rendant tousiours glo-

rieux au cours de toutes ses fortunes, suiuant cet autre sentence de ce mesme Poëte,

La seule vertu peut vn grand Roy decorer.

Or en glissant peu à peu aux bornes de ces propositions i'ameneray vne exemple de Pyrrhus Roy d'Epire, auquel, estant vn iour en vn festin, il fut demandé qui luy sembloit le meilleur joüeur de fleutes de Python, ou de Caphisias, il respondit, qu'à son auis Polysperchon estoit le meilleur Capitaine. Comme s'il eust voulu dire que la guerre doit estre la seule science qu'vn Roy doit apprendre, & sçauoir parfaitement. Ainsi ie diray qu'vn Prince doit auoir en soy trois conditions à fin d'estre à iamais heureusement accomply de reputation.

La premiere est vne parfaite cōnoissāce de l'estat, & du gouuernemēt de son Royaume, l'autre est vne exacte sciencede tout ce qui se peut sçauoir de l'art militaire. Et la derniere est vne ardante affection, & vray zele à l'endroit de la Religion. La premiere luy donnera

... moyens de gouverner ... son peuple, y faire fleu-... dans la Paix, les trafics & la paix ... Le deuxiesme le fournira d'esprit, de courage & de pouuoir à re-pousser hors de son Royaume les ma-ladies intestines des guerres ciuiles, des partialitez & rebellions qui pourrosent troubler la serenité du repos public: Et voire mesme si le temps, & la raison le conseille: ceste science de la Milice le pourra conduire victorieusement sur les terres des estrangers qui l'auroit voulu nuire. Et la derniere de ces con-ditions qui consiste au respect, & à l'a-mour que l'on doit à Dieu, rendra le Prince bien aimé de ses sujets, honoré de ses voisins, redouté de ses ennemis, glorieux en ses desirs, heureux en ses entreprises, & en fin auec vne gloire celeste elle l'enrichira d'vne renom-mee immortelle.

Fin du cinquieme Liure de la
reputation du Prince.

LE SIXIEME LIVRE

DES MAXIMES D'ESTAT
Militaires & Politiques.

De l'agilité des forces du Prince.

De l'importance de l'agilité
des forces.

QVATRE conditions sõt requisés aux forces d'vn Prince, lesquelles sont ainsi : Propres, Nombreuses, Valeureuses & Agiles. Or nous auons declaré autresfois

les trois premieres , & maintenant nous sommes en lice de
descouurir la necessité,& les occasions de la quatrieme qui est
l'Agilité,sans laquelle les autres
ne peuuent pas effectuer beaucoup de pouuoir aux entreprises.

Par ce que tout ainsi que l'A-
gilité est de plus grande importance en vn soldat que la force:
De mesme en vne Armee , qui
n'est autre chose que multitude
de soldats vnis ensemble , il est
plus desirable que ses forces
soient promtes & expedies , que
non pas grosses & trop popu-
leuses. Le fameux Epaminondas voulāt dés sa ieunesse se rendre habile à la guerre , recherchoit beaucoup plús la legereté
que la gaillardise : parce qu'il
estimoit que ceste derniere qua-

lité conuenoit mieux aux luit-
teurs qu'aux foldats. Homere
cest admirable poëte atribuë par
tout à son Achilles vne grande
legereté & habilleté de pieds.
Papirius qui fut le premier foldat de son tēps, fut aussi le plus
agile, & le plus difpos : Dont il
en acquist le furnom de Coureur. Et la raifon en eft ainfi:par-
ce que la legereté eft neceffaire
en plus de chofes que la gaillardife : & qui eft agile eft gaillard:
mais tous ceux qui sōt gaillards
ne font pas agiles. Et nous voyōs
que les plus forts, & les plus ro-
buftes des Animaux ne font pas
les plus braues & plus guerriers:
cōme les Leopards, les Tygres,
les Lyons, l'Aigle & le Dauphin,
qui font moins puiffans, mais
auffi beaucoup plus le gers que
le Chameau, le Beuf, l'Elephāt,

le Mulard, & la Baleine : Et entre les Elements la legereté va du pair auec l'efficace. Dequoy le feu qui est tref-puissant de nature, est aussi d'vne tres-legere proprieté. Motezuma Roy de la nouuelle Espagne , institua certains ordres de Cauallerie,& pour monstrer de quelle qualité il vouloit qu'ils fussent , il les distingua auec les nõs de Lyõs, d'Aigles & de Leopards,qui sõt animaux tous agiles , & adextres. Or ceste mesme Agilité n'est pas moins importante en tout vn Exercite, comme en vn soldat particulier : Parce que la promtitude qui est si requise aux entreprises, despend de l'Agilité de ses forces : Aussi c'est ceste partie qui fit si grand Alexandre, & qui donna tant de victoires à Cesar.

Or cefte qualité fe confidere
en partie auant le mouuement,
en partie au mouuement & en
l'entreprife, & auant le mouuement elle fe recherche premierement au Prince.

De l'Agilité du Prince & chef de l'entreprife.

'VNITE', l'indepen-
dance, & la refolution
font trois conditions
qui fe recherchent
pour l'Agilité du Prince. L'vnité eft mife en premier lieu, parce que beaucoup de chefs ne
peuuent donner mouuement à
vne entreprife, s'ils ne font de
mefme concours en vn auis. Et
parce, où l'vnité fe treuue, fans
qu'vn tel concours foit necef-

stant le nom de Roy, ils mespar-
tirent à trente Ducs de leur nation le païs qu'ils auoient conquis. Ceste multitude de chefs
occasionna qu'ils n'occuperent
pas toute l'Italie, qu'ils ne prin-
drent iamais Rome, ny Rauenne, & qu'ils ne peurent passer
oncques outre les villes de Beneuent, de Naples, & de Man-
fredoine : Et c'est d'autant que
la vertu qui premierement vnie
sous vn chef estoit de tres-grande efficace, deuint lasche, & foible se treuuant dispersee apres
en tant de personnes. De mesme qu'vne riuiere qui, tandis
qu'elle court entiere auec toutes ses eaux recueillies en vn canal, traine son cours auec grande impetuosité, & donne l'espouuante aux villes, bien que
defenduës de bónes murailles:

mais si lon diuise ses flots en plusieurs parties , comme le Roy
Cyrus diuisa l'Euphrates , elle
perd sa force & sa profondeur, &
lors chacun y passe hardiment à
gué.

Mais l'vnité n'est pas seule
suffisante pour conduire vne entreprise heureusement, si le chef
ne se treuue independant: parce
que nous voyons beaucoup de
tardité, & de longueur aux desseins des Empereurs , des Rois
de Poloigne & d'autres Princes
conditionnels : & c'est d'autant
que leur authorité & puissance
depéd en Alemagne des Dietes,
& des Comtes en Poloigne. Laquelle dependance retarde en
plusieurs façons vne entreprise.
Et en premier lieu , bien que le
besoin soit vrgent , & les occasions en haste: ces Princes n'ont

pas la puiſſance de ſe mouuoir,
ſi premierement la Diète n'en
eſt conuoquee, en quoy vne bõ-
ne partie de l'annee ſe conſom-
me. Et apres que la Diete eſt aſ-
ſemblee, il eſt neceſſaire de deſ-
pendre vne autre partie du tẽps
à la rendre capable de cõnoiſtre
ce qu'il faut, & la reduire à donner le ſecours & ſupport qui eſt
requis, ou de ſvnir à l'entrepriſe
deliberee. Et pour l'ordinaire
ils cõcedent moins de ce qu'on
y deſire, & l'enſuiuent comme
choſe qui leur appartient peu.
Dont nous auons veu que les ai-
des promiſes aux Empereurs
Ferdinand, Maximilian, & Ro-
dolphe ont eſté le plus ſouuent
petites, foibles, & touſiours lentes & de peu d'efficace.
    Mais il ne ſuffit pas que ſeule-
ment le Prince ſoit vn, & inde-

pendant, il eſt neceſſaire encore qu'il ſoit plein de reſolution.
Car il ſe treuue quelques Princes qui pour deſir d'éuiter en
leurs deliberatiõs toutes les difficultez qui ſe preſentent en l'eſprit (ce qui eſt vne choſe impoſſible: parce que tout ainſi que la
roſe ne ſe treuue iamais ſans eſ-
pine, de meſme on ne ſçauroit
imaginer aucũ negoce ſans trauail) ou d'autant que le ſens, &
le courage leur manque de faire
ferme, & de ſurmonter les differences & oppoſitions, ils ne ſe
reſoluent iamais, & iamais ils
n'acheuẽt d'aſſembler les Con-
ſeillers, & de conſulter. Or il eſt
beſoin que celuy qui ſe cõſeille,
preſupoſe de ne pouuoir euiter
tous les incõueniens, & qu'ayãt
en main & en ſa faueur les trois
cinquieſmes de ce qui ſe recherche

che en vne entreprise, qu'il y entre hardiment : Et croye pour chose asseuree, que la multiplication des conseils n'est rien autre que ietter & perdre le temps & laisser sortir l'occasion de ses mains.

Auguste Cesar voulant recommander singulierement Tybere Cesar, qu'il auoit desseigné à la succession de l'Empire, disoit qu'il estoit homme qui n'auoit iamais mis deux fois vne chose en conseil. Et les Carthaginois ne punissoient pas leurs Capitaines de ce qu'ils auoient perdu la bataille : mais parce qu'ils s'estoiét mis à faire iournee sans y auoir esté conduits d'vne raison bien fondee. Et cela auient d'ordinaire que le Prince qui est irresolu aux Consultations, entre foiblement aux entepri-

Z

les, & pour quelques difficultez
qu'il y treuue, il fe trouble, il fa-
refte & par fois il f'en retire du
tout Ces paroles font fort notables auec lefquelles Tacite dé-
peinct l'irrefolution de Fabius
Valent, & le mal qui f'en enfuiuit, *Ipfe inutili cunctatione agendi*
tempora confultando confumpfit, mox
vtrunque confilium afpernatus, quod
inter ancipitia deterrimum eft, dum
media fequitur, neca'fus eft fatis, nec
prouidit. Il confomma tout le
temps en vn retardement inutile apres la confultation tandis
qu'il eftoit faifon de mettre la
main à l'œuure. Et en ce deter-
minement ayant en vn inftant
mefprifé tous les auis de fon cõ-
feil, & ce qui eft le plus pernicieux en femblable cas, lorfqu'il
voulut fuiure l'entre-deux il
manqua de courage & de preuoyance.

Donc puis qu'aux conseils la
vigueur du courage n'est pas
moins requise que la lumiere de
l'entendement : tout ainsi que
les Coseillers fort ieunes ne me
plaisent pas : de mesmes ceux
qui sont fort vieux ne me donnent pas satisfaction : parce que
la preuoyance manque aux ieunes, & aux vieux le courage. Et si
bien que de ceux-là il en proce-
dera des conseils trop animeux,
& vehemens : & des autres des
propositions trop timides, & ir-
resolues. Comme fut le conseil
que le Comte Pierre Ernest hôme Octogenaire donna à l'Archiduc Albert sur la matiere de
secourir la ville d'Amiens. *surda*
ad fortia consilia Vitellio aures. Le
Chef doit fermer les oreilles
aux coseils qui sont trop hazardeux.

Z ij

Et en autre part, *Pauidis consilia in incerto funt :* Les conseils des
timides n'aportent aucune resolution. Les bons Conseillers seront ceux à qui le long âge aura
raffiné la prudence & le iugement, sans leur auoir amoindri
le courage & la valeur.

De l'agilité des gens.

L faut que les gens
soient vnis à fin qu'ils
soient agiles : Or l'v-
nion est d'obligation
ou de lieu. L'vnion d'obligation
est en ces gens là , que par le
moyen d'vn entretenement perpetuel vous maintenez promts
& deliberez à vos commandemens. Mais l'entretenement cõsiste en possessiõs, auec les fruits

desquelles les soldats viuent, &
se tiennent pourueux d'armes,
& de tout ce qui leur est necessaire pour la guerre, ou bien en
prouisions courantes en deniers
ou en autre chose semblable.
Les Turcs entretiennent la Caualleire auec les Timarres, qui
sont certaines estenduës de terroir aux païs qu'ils ont conquis
par armes. Les Princes les assignet aux vns, & aux autres, auec
obligation de tenir vn, ou plusieurs cheuaux pour le besoin
de la guerre. Et en la mesme façon les Roys de Perse maintiennent vn gros nombre de caualleire. Et de mesme en partie le
Seriffe. Les Roys de Narsinge,
& du Iapō, & de Siam, sont maistres du fonds & du terroir de
leurs Estats : mais ils n'assignent
pas des Timarres à soldats par

ticuliers: ains seulement à Princes, & à grands Capitaines , &
c'est auec obligation de maintenir des gens , qui plus , & qui
moins. Ainsi les soldats particuliers en Turquie dependent im-
mediatemēt du Prince : mais au
païs susdits mediatement : parce qu'ils sont entretenus des
moyēs d'vn ou d'autre Seigneur
à qui le Prince à dōné la Timarre. Et en Turquie il ne se treuue
aucun de qui la Timarre soit si
grande, que de ses fruicts il puisse entretenir vne notable multitude de cheuaux : Mais aux autres païs on donne les prouinces
entieres à vsu fruit.   Et si bien
qu'au Royaume de Siam sera
tel Capitaine, qui tirera de ses
terres iusques à vn million d'or
chacune annee , auec lequel il
entretient pour le seruice du

Roy plusieurs milliers de cheuaux, & d'infanterie. Or d'autât
que les Prouiñõnels dependent
immediatemét du Grand Turc,
& qu'ils ne poßedent pas grande quantité de terroir, il auient,
qu'ils en sont plus obeißans, &
plus sujets à leurs Princes, &
plus promts, & plus prests aux
affaires. Aux Royaumes de la
Chrestienté on voit beaucoup
semblables aux Timarres les
Commanderies des Cheualiers
de malthe, & de quelques autres
ordres militaires. Les Feudes y
ressemblent außi : horsmis en ce
qu'ils sont perpetuels & heredi-
taires; Et les Timarres sont donnez pour le cours de la vie, ou
bien au bon plaisir du Prince. Et
dauantage les Feudetaires ne
sont pas ordinairement obligez
à faire la guerre à leurs despens,

sinon pour la defence de l'Estat,
& pour vn temps limité : mais
les Timarriens sont obligez de
comparoir, & de marcher aussi
bien pour l'offence, côme pour
la defence. Dont il auient que
par l'exercice continuel des armes, ils sont plus pratics de la
guerre, & plus belliqueux.

L'autre sorte d'entretenemêt
est la prouision courante, & ceste-cy consiste en deniers, ou en
victuailles : ou bien en partie à
ceux-cy, & à ceux-là : Comme
sous le Seriffe, & sous le Roy de
Sueslie. Et de ces deux sortes
d'entretenemens, celle des Timarres est de moindre trauail
au Prince: parce qu'elle ne donne aucune chose qui lui sorte de
la bourse : mais celle qui vient
des deniers est plus expedie, &
plus agile pour la guerre & pour

toutes autres occasions. Mais
quel nombre de gens doit estre
entretenu du Prince? Pour deci-
der ce point, disons que les armes peuuent auoir deux fins: l'v-
ne iuste, & legitime, qui est la
defence, & la conseruation du
sien, & la paix des sujets: l'autre
ambitieuse & barbare, qui est la
puissance & la grãdeur de l'Empire. Or pour le regard de la premiere fin, il n'est pas besoin d'a-
uoir des forces infinies: mais biẽ
pour l'autre: Et c'est d'autãt que
pour la defence du sien, vn homme en vaut dix: Et pour occuper
sur autruy, dix à peine en valent
vn. Mais pour parler vn peu plus
distinctement, disons qu'entre
les Princes il s'en treuue quelques vns qui font plus armez
pour l'offence, que pour la defence, & plus pour l'acquisition

Z v

du bien d'autruy que pour garder le leur. Et ceux cy ne tiennent pas seulement bonnes garnisons aux forteresses: mais encore des grosses armees en campagne. Le Turc est ainsi : Car il
tient par ses païs plus de cent
mille cheuaux prouisionnez, &
plus de quatorze mille soldats,
pres de sa personne. Dont auec
telles forces il est mieux armé
en temps de paix, que plusieurs
autres Princes en têps de guerre.
Mais il se peut disputer quelle
chose vaut mieux entretenir, la
Cauallerie, ou l'infanterie? pour
ce qui vise à l'agilité il est meilleur d'êtretenir la cauallerie: parce qu'il n'est pas si facile d'equiper vn hôme à cheual, côme de
luy donner les armes pour le faire pieton : Et c'est d'autât que le
soldat n'a soucy de conduire à la

...er...quelquesfoy me rue armé...le cauallier outre le
...que il est deu à fa perfonne, il
...qu'il treuue vn ou plufieurs
cheuaux (vn s'il doit feruir de
cheual-leger, & plufieurs s'il
doit eftre hôme d'armes.) Et cela fera plus difficile encore, aux
païs qui ne fôt pourueus de cheuaux belliqueux, & puiffans.

Quelques autres Princes font
plus armez pour la defence, que
pour l'offence. Et ceux-là tiennent leurs fortereffes conuena-
blement pourueuës, & armees
d'vne Milice de leurs fujets, biê
fournie & entretenuë. Auec laquelle garnifon ils efperent de
pouuoir renforcer au befoin les
places fortes, & mettre des gens
en campagne.

Quelques autres font armez
& pour fe defendre, & pour of-

Z vj

fencer : mais mediocrement.
Ceux-cy tiennent des garnisons
aux forteresses & vne Milicie
descrite en leurs Estats, comme
les secõds,&outre cela,ils maintiennent,non pas Exercites for-
mez comme les premiers, mais
bien aucuns milliers de soldats
en campagne , partie à pied, &
partie à cheual , qui sur les occurrences leur seruent comme
de nerf & de fondemẽt de Milicie. Or c'est vne chose commune à ces trois sortes de Princes,
armez d'auoir outre les susdites
forces,des Princes , ou des peuples estrangers à les seruir en
guerre par obligation , ou par
confederation : comme le Roy
de France a les Suisses:ou de dépendance, comme le Turc a les
Tartares:ou de vassellage, comme le mesme Turc a les Vala-

chiens, & les Moldauiens. Les
Princes, & les Republiques qui
ne tiennét aucune Milicie payee
en nulle forte, ny ordonnance
asseuree, ont besoin de viure à la
deuotion & sous l'ombre d'autruy, puis qu'ils ne peuuent offencer personne, ny se defendre
eux-mesmes : Dont l'indepen-
dance leur manquant ainsi, ils
ne peuuent pas auoir l'Agilité.

Or le Prince sera plus prest,
& plus promt quant aux gens,
s'il en a plus grand nombre pro-
uisionné tant à pied comme à
cheual, parce que la gent payee
sera tousiours plus agile & plus
expedie que l'autre : Et premierement d'autant que par la solde courante, elle est obligee à
marcher : Et apres, parce que par
la mesme solde, elle est tousjours en ordre d'armes, & de

tout ce qui est neceffaire : Et finalement à cause que ceste-cy,
à comparaifon de celle qui fe fera de nouueau, fera comme ac-
couftumee aux armes, & par ce
moyen plus difpofte de corps &
de courage.

L'autre vnion qui fe recherche pour l'agilité , eft celle du
lieu. Parce que plus vne chofe
eft vnie, plus auec le renforce-
ment de fa vertu elle participe
de l'agilité. Or il ne fuffit pas
que voftre milice foit vnie auec
l'obligatiõ qu'elle a de vous feruir à la guerre, pour caufe de l'v-
tilité qu'à cefte fin elle tire en la
paix : Il eft befoin qu'outre cela,
elle foit encore vnie de lieu : Car
fi elle eft difperfee par le païs, &
partie en vne Prouince, partie
en vne autre , elle fe treuuera
mal aifee à fe mouuoir aux occa-

vous, & de rendre où le besoin
se demandera. Mais quoy? nous,
en ôsi-ie en vne difficulté presque indissoluble: car tandis que
par l'vniõ des soldats en vn lieu,
nous voulõs aider l'agilité, nous
mettrons en peril l'obeïssance,
qui est le fondement de l'agilité. Puis qu'il est ainsi, que c'est
vne chose impossible à la prudence humaine, de tenir longuement, vne multitude de soldats en vn lieu sans qu'il n'y arriue quelque tumulte. Les soldats Pretoriẽs en font foy à Rome, lesquels tandis qu'éparse-
ment ils furent logez sous l'Empire d'Auguste, on ne vit iamais,
qu'ils fissent rumeur. Mais depuis que Seyan, *vim præfecturæ
modicam antea, intendit, dispersas per
vrbem cohortes vna in castra condu-
cendo, vt simul imperia acciperent, nu-*

meróque & robore, & visu inter se fi-
ducia ipsis, in cæteros metus crederetur.

Agrandit l'Estat de Prefait au-
paruant d'assez peu d'estime,
conduisant les bandes des soldats dispersez par la Cité , tous
ensemble au Camp pour rece-
uior les commandemẽs des Capitaines, & q̃ par mesme moyen
le nombre, la force , & l'entre-
ueuë leur enfla le courage , &
augmenta la terreur aux autres:
Ils deuindrent tant insolents,
qu'ils en atterrerent l'authorité
du Senat, & exposerent l'Empire à l'inquant , s'enflerent d'arrogance en l'eslection des Princes,& en la souueraineté des affaires.

Les mesmes soldats ont ainsi
plusieurs fois esmeu des sedi-
tions aux Exercites sous Tybere , & de main en main sous les

autres Empereurs. Mais il n'y a
chose, où lon puisse mieux comprendre cela , qu'en la Milicie
Turquesque : car la Cauallerie
pour estre esparse çà , & là par
cest Empire , n'a iamais fait tumulte que lon sçache : mais l'infanterie des Ianissaires , parce
qu'elle demeure toute ensemble à Constãtinople, esleue tous
les iours des rumeurs, met la ville en confusion, le Prince en trauail , & ne s'appaise que par le
moyen de presents, & de grosses
donnations.

    Les occasions de ces mouue-
ments sont diuerses : Et en premier lieu , la nature du Soldat,
qui est licencieuse, inquiete, &
prõte à l'ire, & au mal : & apres
la paresse qui est vne nourrice
de tous maux , & puis de se voir
ensemble & en si grãd nombre,

cela leur acroiſt le courage & la
confiance. Dequoy ce fut vne
choſe merueilleuſe que la Milice Romaine : parce que Rome
eſtoit vn ſeminaire ineſpuiſable
d'hommes guerriers, & enſemble vne eſcole de paix. Et iamais
ne fut aucune ville , où les ſoldats fuſſent en plus grand nombre, & de tant de valeur, ny plus
repoſez & modeſtes.

Ce bien procedoit de pluſieurs
occaſions : l'vne eſtoit les occu-
pations domeſtiques, & l'autre
les publiques : Parce qu'entre
les intereſts, & les affaires priués
& ciuils la pareſſe n'auoit point
de lieu , lequel vice corrompt
touſiours les bônes couſtumes.
Les habits importoient encore
beaucoup en cela : car ils portoiết
le ſaye à la guerre, & à la ville la
robe longue. Dont tout ainſi.

ayant le faye au dos ils deuenoient tous hautains & remplis
de hardiesse : de mesine en prenant la robe, ils se vestoiét d'humanité, de douceur & de modestie. Et en ceste façon se verifioit
en eux ce que dit Aristote de
l'homme vaillant : Qu'il soit valeureux au faire, & doux hors de
l'œuure. Les Romains estoient
ainsi bons soldats à la guerre, &
en la maison bons Citoyens :
choses qui rarement vont ensemble. Ainsi, il ne fut iamais aucun Prince qui eut de plus grandes forces en vn lieu, & auec plus
de repos que les Romains.   Et
pour n'alleguer autre exemple,
c'est ainsi que l'an de la fonda-
tion de Rome quatre cens & six
Decem legiones scriptæ dicuntur qua-
ternum millium, & ducentorum pe-
ditum, equitum trecentorum. Quem

nunc nouum exercitum, si qua exter-
na vix ingruat, h.e vires Populi Ro-
mani quas vix terrarum capit orbis,
contracte in vnum , haud facile effi-
cient. On fit la defcription de dix
legions, de quatre mille gens-
d'armes, deux cens pietons, &
trois cens hommes de cheual.
Telles eftoiët les forces du peuple Romain, lefquelles à grand
peine le refte du monde peut
fouftenir en tel equipage de
pouuoir en vn inftant feruir enfemble, & rendre vne parfaite
armee au moindre remuëment
des forces eftrangeres.

Et par l'efpace de fix cens annees, ils ne mirët iamais la main
aux armes pour leur diffention,
& le fang ciuil ne fe refpandit
oncques, que iufques à tant que
la grandeur de l'Empire vint
corrompre la modeftie des cou-

ftumes. Or que ce doit-il donc
faire: l'vnion des soldats en vn
lieu aide à l'Agilité : mais aussi
elle enfante les rebellions, les
euolemens & les scandales: la dis
persation est vtile pour la paix,
& pour le repos public: mais elle
est de peu de moyen pour aider
à l'agilité que nous cherchons.

Ie ne treuue pas bon que
les troupes des soldats se tiennent tout à fait vnies en vn lieu:
parce que d'vne telle vnion
la paix, & l'obeïssance ne peut
pas demeurer long temps en
estre. Et la façon dont le Turc
gouuerne sa caualleric me semble meilleure que celle auec
qui son infanterie est entretenuë. Or il faut donc que la Milice soit diuisee, & que chacun
demeure au seiour de sa maison,
en laquelle faço les Princes d'I-

talie entretiennent leurs troupes militaires, ou bien qu'elle
soit par les villages, comme le
Roy d'Espagne tient la troisieme partie de son infanterie, &
de ses hômes d'armes au Royaume de Naples, ou en autre semblable maniere, par laquelle demeurant mespartis en plusieurs
lieux, les souslevations, & les
coniuratiôs vniuerselles ne leu
seront pas faciles. En quoy il
faut gouuerner pourtant en telle façon, qu'vne partie de la Milice demeure dãs les places plus
fortes du païs conquis, à fin que
le peuple n'en soit pas chargé
immoderément, & qu'il n'aye
pas occasion de faire des vespres
Siciliennes.

Ce seroit vne chose propre,
que le païs où la milice se doit
entretenir ainsi, fust de figure.

onde, ou voisine à ceste rondeur, à fin qu'elle se peust plus facilement assembler, & conduire où seroit besoin. Et si c'estoit vn païs en plaines, & parsemé de riuieres nauigables, il seroit encore mieux à propos pour la commodité qu'il en auiendroit à la conduite des hommes & des victuailles: Comme en la plus grand' partie de la France, & des Païs bas, & de l'Alemagne & de la Hongrie, & comme la Lombardie en Italie: Car les païs qui sont disposez en campagnes aplanies estant vniuersellement abondans & fertiles, peuuent nourrir plus aisément vn grãd nombre d'hommes & de cheuaux, & les pouruoir de tout ce qui leur est requis.

Des Munitions.

OVTce qui peut seruir
à la guerre, d'armes de
defence, ou d'offence
s'appelle munition, dont au rãg
de ces armes sont cõprises: pou-
dres, boulets, cordages, ponts,
eschelles, barques, chaines, ton-
neaux & autres semblables atti-
rails & prouisions : Dont il est
necessaire d'en auoir abondance, & promtement: Car d'attendre de faire amas de tant de choses lors qu'il est temps d'exploiter vn dessein, iamais l'entreprise ne reüssiroit : Et les apparte-
nãcesde la guerre sont en si grãd
nombre, qu'auec toutes les dili-
gencesqui se peuuent employer
pour en faire assemblee & munitions,

nitions, toutefois il se treuuera
toufiours qu'il y manquera quelque chose. Et à ceste occasion,
quelques Princes tiennent des
Arsenaux, où ils assemblent toutes sortes de matieres qui peuuent seruir à la guerre, tant maritime que terrestre ; & continuellement ils y font fabriquer
toutes sortes d'instrumens militaires, entretenir, & polir ceux
qui sont faits, & racommoder
les vieux ou gastez. Dont il auiét
qu'aux occasions ayat en vn lieu
toutes choses necessaires pour
l'entreprise, ils mettent en peu
de iours des grandes armees sur
l'eau, & pouruoyent les exercites terrestres de toutes choses
qui sont necessaires pour marcher, pour trauerser riuieres,
pour batre les villes, & pour
tout ce qui est requis à vn Prin-

ce qui fait la guerre. Tel estoit
l'Arsenal des Atheniens au port
du Lyon, & celuy des Roys d'E-
gypte en Alexandrie , & celuy
aussi de Denis le Tyran à Syracuse : Et ces Princes estant ainsi
fortifiez, par le benefice de lieux
si bien pourueus, mettoient en
peu de mois en mer vne armee
de plus de deux cens voiles en
moins de mois , que ne fera
maintenant en quelquesannees
vn Roy de l'Europe. Les Athe-
niens̃ont mis quelquefois en mer
vne armee de deux cens Galeres, comme en la guerre de Xerxes, & vn autre de deux cens cinquante en la guerre Peloponesiaque. Ptolomee Philadelphe
Roy d'Egypte auoit en son Arsenal deux vaisseaux de trante
ordres de rames , vn de vingt,
quatre de treize, deux de douze,

quatorze de vnze, & quelques
autres de neuf, de sept, de six, de
cinq, sans beaucoup d'autres
moins capables. Et Marc-An-
toine sortit du mesme Arsenal
les deux cens vaisseaux, qui sembloient des chasteaux par leur
hauteur, & auec lesquels il donna bataille à Cesar Auguste. Denis de Syracuse auoit cinq cens
vaisseaux à rang au temps qu'il
fit la guerre à Dion. Il se voit aujourd'huy en la Chrestiété deux
Arsenaux memorables : Dont
l'vn est celuy des Venitiens, &
l'autre du Duc de Saxe en la ville de Dresdra. Le premier surpasse toute autre soit en appareil
terrestre, ou maritime : Et pour
le second, il est si bien fourny
qu'il ne cede pas de beaucoup
au premier, pour le nõbre d'artillerie & de toute autre chose

A a ij

neceſſaire pour vne guerre terreſtre.

Mahomet deuxieſme , Roy
des Turcs , à l'imitation des Venitiens en dreſſa vn à Conſtantinople, auec les moiens duquel
luy & ſes ſucceſſeurs n'ont aucunement eſtimé , ny n'eſtimēt
plus les armees Chreſtiennes. Et
de vray, puis qu'il ny a rien ſi neceſſaire que d'eſtre armé , ſoit
pour faire la guerre , ou pour aſſeurer la paix : tout Prince doit
auoir vn lieu , où comme en vn
magaſin de guerre , il faſſe amas
& munitions de tout ce qui ſe
recherche à la milice: à fin qu'au
beſoin il l'aye en main , & de
meſme promptement. Mais vn
Prince qui n'a pas les commoditez de fonder, & de mettre en
ordre vn Arſenal, doit pour le
moins procurer que ſon Eſtat,

ou sa ville Royale, soit abondant
de toutes matieres, & de toutes
maistrises pour tel effet : A fin
que ce qui manque au public
soit suplée des particuliers aux
occurēces. Les villes de Milā, &
de Naples sont en Italie en ceste
qualité, où l'on voit si grande
quātité de matiere, & si amples
multitudes d'artifices de toutes
sortes, qu'en peu de iours, on y
peut fournir l'equipage de toutes grandes armees.

Fay veu plusieurs hommes de
iugement & de valeur, s'esmer-
ueiller de la promtitude, auec
qui les Romains mirent ensemble en la premiere guerre punique de si grandes armees comme celles qu'ils dresserent : Parce que deux mois apres que le
bois fut coupé, ils acheuerent
de construire, & d'aualer en mer

Aa iij

cent vaisseaux de cinq rames
pour bãc,& quelques ans apres,
ils firent,& armerent en fort peu
de temps deux cens vaisseaux de
la mesme grandeur des susnom-
mez. Et Puble Scipion mit en
point en quarante cinq iours
vingt vaisseaux de mesme ordó-
nance que les premiers , & dix
autres de quatre rames pour
banc. Et si bien que lon estime
vne chose admirable qu'en l'Arsenal de Venize où l'on treuue
toute chose appareillee,& pourueuë, vne galere soit formee en
vn iour : Combiẽ doit estre plus
merueilleux de faire deux Galeres en vn iour,& encore deux de
cinq rames pour banc, sans aucun precedent appareil ? Mais
nous ne deuons pas auoir tant
de merueille des effets des Romains comme de leur courage:

ny de ce qu'ils firent de si grosses armées en si peu de temps,
comme de la resolution dont ils
s'animerent à le faire: parce que
le pouuoir estoit aprés corres-
pondant à la resolution. Puis
que c'est ainsi qu'estans abondans de bois infini, & employât
pour le mettre en œuure, tous
les artifices & tous les maistres
de leur Empire, ils pouuoiét faire en brief temps toute grande
armée. D'autant que si par le
moyen de cent artifices vous
faites dix galeres en vn mois,
vous en ferez cent auec mille, &
deux cens auec deux mille. Veu
que c'est chose certaine que la
promtitude du labeur corres-
pondra à la multiplication de
l'ouurage. L'armee nauale des
Carthaginois ayant esté bruslee
des Romains en la troisieme

guerre punique , & l'emboucheure de leur port ayant esté
bouchee & gastee, ils mirent en
œuure tout le peuple, & firent
en vn traict, vn nouueau port, &
vne armee de cinquante gros
vaisseaux outre plusieurs autres
petits, & tout cest ouurage naual fut fait de bois vieux , &
gasté qui estoit dispercé dans
Carthage, mais le chanure & le
lin leur manquant totalement,
ils se seruirent de la cheuelure
des femmes.   Et Iules Cesar allant aussi en affaire auec la mesme diligence , fabriqua en dix
iours vn pont sur la riuiere du
Rhin. Et en trois hyuers il mit
trois armees en point : vne contre les Venetes, & deux contre
les Anglois: & la derniere estoit
composee de six cens nauires &
de vingt huit galeres. Et ie m'es-

merueille de ce que Polibe dit,
que de son temps les Romains,
n'auroient peu mettre en mer
de si grosses armees comme ils
auoient fait en la premiere guerre contre les Carthaginois. Parce, cōme se peut-il croire, qu'on
ne doiue pas esperer d'vne puissance plus grande des effets qui
soient au moins esgaux à ceux
d'vne qui est moindre? Et toutefois en l'entreprise des Corsai-
res, Pompee mit en mer auec
vne grande prōtitude cinq cens
gros vaisseaux en ordre, auec cēt
vingt mille soldats & cinq mille
cheuaux: Et Cesar, comme nous
auons dit, dressa en trois hyuers
trois grandes armees.

Or ie ne m'esmerueille pas
des œuures des Romains, mais
bien j'admire l'excellence de
leurs conceptions, & la grādeur

Aa v

de leur courage : Puis qu'il est
ainsi , que beaucoup de choses
tres-grandes se pourroient faire
encore de nostre temps , si les
Princes y donnoient leurs pensees & leurs forces : Parce que
l'entendement & les esprits des
hommes sont maintenant les
mesmes , & les mesmes forces
qu'ils estoient en ce temps. Et
quoy ? ne naissons-nous pas auiourd'huy auec deux pieds &
deux mains comme les hom-
mes naissoiet aux siecles passez?
Mais la bassesse des pensees qui
passent maintenant par les courages fait que plusieurs choses
faciles sont reputees impossibles : Et c'est vne chose bien veritable , *Multa experiendo fieri, quæ*
segnibus ardua videantur. L'experience mostre la facilité de plusieurs choses que les lasches &

uant... estoient impossibles.

...... a deuancé de

... les façons antiques, en

... grandeur inestimable des na-

uigations, & des voyages, & en

la terrible façon des ordres de

la guerre, & en plusieurs autres

inuentions tres - importantes.

Pourquoy donc ne les pourra-il

pas esgaler à faire des ponts, &

des fabriques, & des armees, &

en toute autre entreprise? Ia-

mais de plus grandes œuures ne

furent faites, que sous Alexan-

dre le Grand, & sous les Ro-

mains: Et ces effets si grāds pro-

cederent de l'incomparable ma-

gnanimité d'Alexandre & des

Romains: auec laquelle ils dé-

pendoient largement, defente-

roient les artifices, & l'esprit des

artisans, & facilitoient toute dif-

ficulté. Et les conceptions des

Ingenieurs correspondoient si
bien à la puissance des Princes,
que Stasicrate voulut transfor-
mer vne tres-haute montagne
nommee Athos , en la statuë
d'Alexandre le Grand : Et Marc
Varron Citoyen Romain auoit
entrepris de faire vn Pont
qui s'estendist depuis Otrante
iusques à la Velone , & par ce
moyen faire presque moquerie
des fureurs de la mer. Et comme
dit Tite-Liue il est vray, *Eò im-*
pendi laborem , ac periculum , vnde
emolumentum , atque honos speretur.
Nihil non aggressuros homines si ma-
gna conatis, magna præmia proponan-
tur , magnos animos , magnis honori-
bus fieri. On employe le labeur, &
le peril, là où lon espere le profit
& l'honneur. Et rien ne se peut
voir que les soldats n'entrepre-
nent , si aux grands efforts on

ioüit des grandes recompenses.
Les grands honneurs rendent
les courages semblables.

Des Victuailles.

E s victuailles sõt vne
autre sorte de muni-
tions tres-necessaires
à la guerre : car les au-
tres prouisions sont vtiles pour
pouuoir vaincre, mais le pain est
necessaire pour viure. Et en cette partie Cesar surpassa tous les
Capitaines qui furent iamais au
monde. Veu qu'il est ainsi, qu'il
ne desiroit rien tant, *Quàm rem*
frumentariam : Que la prouision
des victuailles. Et là où il n'auoit
commodité de forments, il procuroit de sustanter son Armee
auec la chair, & auec le bestial.

Et puis mesurant auec vn iugement inestimable la quãtité de
ses victuailles & celles de ses ennemis , & connoissant d'auoir
l'auantage, il se mettoit en campagne à l'entreprise. Et par cest
artifice il domta toute la Gaule:
car Vercingentorix s'estant enclos dans la ville d'Alexie auec
quatre vingts milles Gaulois, il
calcula combien de temps les
victuailles luy pourroiẽt durer,
& cõbien les siennes à ses troupes , & lors connoissant qu'il
auoit le meilleur en ses proui-
uisions, il enuironna & assiegea
Alexie,& bien que plus de deux
cens quarante mille autres Gaulois vinssent au secours de Vercingentorix pour le mesme respect , neantmoins il n'en fit pas
conte:mais s'estant fortifié auec
des fossez , & de nompareilles

trenchées contre les vns, & contre les autres, il vainquit les vns par la famine, & les autres par la valeur. Mais en quoy peut aider l'abondance des hommes & des armes, & de tous les appareils militaires, si les viures vous mãquent? Que si cet inconuenient vous arriue; il sera necessaire, que vous abandonniez l'entreprise au milieu de sa course, ou bien que vous soyez vaincu sans coup ferir. Ainsi donques, vne principale partie de la science Imperatoire doit estre, à procurer soigneusement que l'armee soit tousiours fournie de viures. En quoy Philbert Emanuel, Duc de Sauoye, Prince & Capitaine d'excellente valeur, confessoit qu'il y treuuoit vne tresgrande difficulté en la guerre de Picardie.

Et à cest effet les Romains,
comme raconte Iulles Capito-
lin, tenoient en certains lieux
opportuns vne ample quantité
de vinaigre, de formēt & de lard,
qui estoit le viure ordinaire des
soldats, & outre cela, vne grande abondāce d'orge, & de paille
pour la nourriture des cheuaux.
Et bien que nous estimions barbares les Rois du Peru, toutesfois ils ont ceste industrie, qu'ils
retirent en des magasins tres-
amples, vne merueilleuse quantité de victuailles, pour l'vsage
& pour le seruice de la guerre:
Mais le Prince qui ne voudra
suiure ceste regle à tenir des magasins, au moins il se doit mouuoir à la guerre auec telle raison, qu'il aye vne riuiere nauigable à costé, ou bien vne fertile
prouince proche de soy, qui le

pourueye continuellement de
tout ce qu'il lui fait besoin. Que
si par quelque entreprise il doit
passer outre la mer, il sera necessaire qu'il conduise auec soy vn
grand nombre de nauires chargez de victuailles, ou bien qu'il
asseure tellement les mers aux
marchands que ses forces y soiēt
tousiours les maistresses. Et cōme aux autres choses qui sont
necessaires à la guerre, de mesme en ceste-cy il doit abonder
en cautelles, & en prouisions:
Car la guerre est vne beste, qui
ne sçait rien faire que deuorer,
gaster & ruiner : Et tout ainsi
que le feu ne se contente iamais
d'aucune chose, de mesme la
guerre n'est iamais saoule, ny
lassee de rien qu'elle rencontre.

Ce iours passez vn Gentil-

hõme François fort experimenté aux armes , difcouroit auec
moy , & me difoit que le Lan-
guedoc qui eſt vne tref-noble
partie de France , ne peut nourrir longuement en vn lieu plus
de dix mille foldats & deux mille cheuaux,ou chofe femblable,
& f'efmerueilloit fort de cela,
parce qu'il difoit , que la fufdite
Prouince maintient , par exemple , aux villes ou aux villages
plus ou moins de cent mille hõ-
mes aptes aux armes,ainfi à quel
le caufe ne pouuoit elle pas entretenir en campagne vn nombre beaucoup moindre? Or fi la
fuppofition eſt vraye , on pourroit amener plufieurs raifons de
cela, qui feroiĕt tirees de la qualité, & fituation de ce païs.   Et
quand il n'y auroit autre raifon,
ceſte cy ne doit-elle pas fuffire?

ar ce... que le peuple de
plusieurs villes ne fe pourroit
maintenir en vne feule, de mef-
... en exercice qui feroit com-
... de pareille grādeur ne fçauroit f'entretenir beaucoup en vn
logement. Mais la raifon qui
marche à noftre propos, eft cefte-cy. Les Citoyens viuent auec
regle, & les foldats fans mefure.
Les Citoyens mettent leur eftude à conferuer, & les foldars ne
fe plaifent qu'à diffiper. Et fi biē
que ce n'eft pas merueille que
ce qui contente quarente mille
perfonnes en vne ou plufieurs
villes, ne foit fuffifant à dix mille
foldats en campagne.

Des deniers.

E denier, ou l'argent eft nō-
mé le nerf, & le ventre de la

guerre. Parce qu'auec luy les armees se meuuent , & se maintiennent en mouuement & en
œuure. Surquoy Thucidide escrit, qu'au respect de la grãdeur
de la Grece , bien peu de Gre-
geois allerent à l'entreprise de
Troye, & c'est à faute de moyẽs,
& que ceux qui y estoient allez
ne se maintindrent pas long
temps sans querelles & diuisions. Et le mesme dit, que les
peuples de la Moree faisoient
brieuement la guerre , parce
qu'ils n'auoient pas les facultez
de l'entretenir longuement.

Nous auons veu en nos iours
que les Suisses , qui sont gens
puissans & belliqueux, ne se sont
iamais mis à nulle entreprise
d'importance, ny acquis aucune
chose de consideration , pour
n'auoir les commoditez de s'e-

...re peu maintenir long temps
hors de la maison. Le denier est
aussi nommé le vétre de la guerre. Car ainsi que le ventre admi-
nistre l'aliment à l'animal, ainsi
le denier donne la vie aux exercites. La guerre est vn gouphre
qui est sans fond, & qui efface,
destruit & consomme choses in-
nies: & ainsi par vne despence,
& par vne consommation inestimable, il lui faut aporter pro-
isions de toutes parts. Et au-
uns me font rire lors qu'ils veu-
ent monstrer par leurs discours
que la despence de la guerre consiste en tout au payement des
soldats : Ne s'auisant pas que
la despence des Espies , des
Messagers, des ponts, & des barques à passer les riuieres, des machines, des cordages, des Pion-
iers , & des Commissaires des

victuailles, Sergens majeurs, Ingenieurs , Fourriers , Preuosts,
Threforiers , Conteurs , Escriuains, Controlleurs , Auditeurs
generaux du camp, marefchaux,
Notaires, Iuges, & Guides, & fur
tout de l'artillerie au feruice de
laquelle il fe recherche des Ca-
nõniers generaux, des fupports,
des Charpétiers, & Marefchaux,
Bœufs , Cheuaux & gens pour
les gouuerner & en auoir foin,
& apres les roües, & les tables,
les boulets, la poudre le vinaigre, & tant d'autres chofes , que
feulement à cela eft requis vne
defpence royale.

Iean Iacques Triuulze perfon-
nage de grand' pratique aux armes, fouloit dire que trois chofes eftoient neceffaires pour faire la guerre : defquelles la premiere eftoit les deniers, la deux

...iesme les deniers, & l'autre les
...deniers. Et ce vaillant homme
...ajouſtoit à cela, Qu'il falloit infinité d'argent pour la guerre.
Eſtant impoſé au Grand Capitaine d'auoir receu en la guerre
de Naples beaucoup plus d'argent que les parties de ſa deſpē-
ſe ne monſtoient pas, il ſortit
vn liure, en qui deux parties
eſtoiēt eſcrites entre les autres,
dont l'vne, comme nous auons
dit ailleurs, eſtoit de deux cens
mille ſept cens trēte & ſix eſcus,
employez en aumoſnes dōnees
à Preſtres, Religieux & Nonnains, à fin qu'ils priaſſent Dieu
pour la victoire: Et l'autre eſtoit
de ſix cens mille quatre cēs no-
nante & trois eſcus donnez aux
eſpies. Surquoy, par l'ordonnance du Roy, il fut impoſé ſi-
lence aux calomnies, qui pou-

uoient charger ceſt Heros ma_
gnanime , ſur l'opinion qu'on
auoit qu'il fut debiteur de quelque exceſſiue ſõme de deniers.
Mais à parler d'auantage de la
grand' deſpence qui ſe treuue
pour l'entretient d'vne guerre,
que dirons nous des larcins des
Capitaines , & des officiers en
quoy lon ne ſçauroit mettre remede ? Le Seigneur de Lautrec
qui eſtoit vn grãd guerrier, perdit l'Eſtat de Milan pour le mã-
quement de trois cens mille eſcus qu'on luy deuoit mander de
France. Et auſſi le Roy Catholique ayant conduit preſque iuſques au bout le recouurement
des païs bas auec la priſe de Siri-
ſee, le perdit preſque tout à fait,
parce que ſes Officiers n'eurent
pas promtement vne certaine
ſomme de deniers pour payer
                          les

les soldars vaincueurs, qui par ce
moyen s'esmeuuans à butina-
tions & pilleries, donnerent aux
peuples du païs occasion de s'armer : Dont il en est venu depuis
tant de desordres que nous auós
veu. Doncques pour commencer bien à propos vne guerre, il
est besoin d'estre pourueu d'vne
grosse somme d'argent contant,
& d'vne bonne entree courante
pour la continuer. Et ceux là se
trompent qui se mettet à grandes & longues entreprises, se
confians aux thresors qui ont
esté laissez des parens, ou bien
assemblez par eux mesmes. Parce qu'il s'en consommera beaucoup auant qu'il leur arriue aucune chose de leur attête. Tous
thresors sont limitez : mais les
despens de la guerre sont sans
mesure, & les necessitez n'ont

Bb

point de fin, Pericles entra en la
guerre Peloponesiaque, se con-
fiant aux richesses de la maison
commune des Atheniens, lesquelles estoient de six mille ta-
lens, qui sont trois millions &
six cens mille escus: mais les occurrences de la guerre deuore-
rent en peu de temps ceste somme, & ensemble l'or, & l'argent
des lieux sacrez.   Il ne faut pas
s'exposer en entreprise aucune,
sans auoir en main vn bon nombre de contant, auec lequel les
prouisions necessaires se fassent,
& que les gens se mettent en
campagne bien fournis, & mu-
nitionnez. Mais pour grand que
soit le thresor, il vous manquera
bien tost entre les mains, si les
entrees annuelles ne courent,
ou bien si les facultez du peuple,
& les voyes extraordinaires d'as-

sembler d'argent ne vous sou-
stiennent. Les Romains espreu-
uerent cela en la premiere, & en
la seconde guerre Punique, lesquelles ils soustindrent, & conduirent à bonne fin, non tant a-
uec le thresor public, qui s'espui-
sa en trois, ou quatre annees, côme par les richesses de la ville &
de quelques particuliers Citoyens. Et souuent il auient que
les Princes se rendent tellement amoureux de leurs thresors, qu'ils ne peuuent estre in-
duits à les toucher, non pas mesme en saisô de necessité, ne pouuans croire que les necessitez
soient telles qu'il ne se puisse faire rien de moins. Ceste vaine
fantasie d'amour, ou d'auarice
posseda Persee Roy de Macedoine: Le Caliphe de Baldacco, & tout de mesme Estien-

ne Prince de Bosne, qui fut fait
prisonnier auec ses thresors par
Mahomet Roy des Turcs, ne s'é-
stant voulu seruir des moyens
qu'il auoit en son pouuoir. Mais
d'autant qu'aux guerres defensiues , on se peut malaisément
seruir du sien: Parce que l'ennemy qui est entré sur les limites,
destruit le païs, consomme les
peuples, ruine & met en desordre l'Estat : tout Prince doit a-
uoir soin de demeurer sur l'offence, & de tenir la crainte des
armes loin de sa maison: Car outre qu'il tiendra son païs en repos, il iouïra de ses entrees, & du
fruit de l'obeïssance des peuples
de qui nous parlions, & lequel
fruit est la promtitude & l'agilité. Et encore il se conseruera
tousiours mieux la reputation
& la Majesté : Car pour vray, ce-

luy qui se defend ne guerroye
pas:mais il souftient le mal de la
guerre.Le guerroyer n'eft autre
chofe que l'affaillir,le combatre
& l'offencer. Le Turc eft tres-
propre, & bien fourny en fes expeditions pour les entreprifes.
Car auec les deniers qu'il tire du
threfor il fait les troupes , & les
prouifions neceffaires. Et pour
reparation de ces deniers employez, il charge le peuple d'vn
efcu pour tefte, ou chofe femblable, & continuë cefte impo-
fition auec les entrees ordinaires. Et à fin qu'elles durent, &
faffent leurs cours, il n'attend
pas l'ennemy, mais il le va treuuer en fa maifon , & ainfi il demeure perpetuellement fur l'offence.

Fin du fixieme liure de l'agilité
des forces.

LE SEPTIEME LIVRE

DES MAXIMES D'ESTAT
Militaires & Politiques.

De l'agilité des forces du Prince.

IL peut estre qu'vn Prince aye les forces promtes au mouue-ment : parce qu'elles seront propres & payees, & que les victuailles, les munitions & les autres choses necessaires à l'entreprise seront appareillees. Mais il reste à discourir qu'au maniement de la guerre, il ne consomme pas inutilement le

Bb iiij

temps & les appareils, & qu'ainsi il ne demeure pas sans faire
progrez. Ainsi nous traiterons
maintenant de ces choses d'où
despend l'agilité au mouuemēt.

Du General de l'entreprise.

E General est la pre-
miere occasion aux
entreprises, & pour
cest effet il se re-
cherche en lui trois
conditions , dont la premiere
consiste en ce qu'il soit vn, qu'il
ait libres les commissions , &
qu'il soit hōme de vertu & d'efficace. Or l'vnité se souhaite en
ce personnage: Parce qu'vne entreprise gouuernee de plusieurs
chefs, ressemble vn Serpent que
l'on nomme Amphisbene qui

ayant deux testes, & cheminant
lentement & auec trauail, on ne
sçait quel chemin il veut prendre. Dequoy le Poëte l'appelle
pesant.

Et grauis in geminum vrgens ca-
put Amphisibena.

Amphisbene lent & tardif,
& pressé du faix de deux testes.

Et que seroit ce serpent s'il
en auoit plus de deux ? L'experience nous enseigne manifestement ceste verité : car les armes
des Romains ne furent iamais
si foibles & de si peu d'effet, ny
les Chefs plus irresolus & plus
lents, qu'au temps des Tribuns
militaires : & alors ils aprindrēt,
Cum plurimum imperium bello inuti-
le esse: L'Empire, ou le commandement de plusieurs estre inutile à la guerre.

Et les Atheniens furent de

ſtoits à l'entrepriſe de Sicile à
cauſe de diuerſes volontez de
pluſieurs Chefs. Et le Roy d'Eſ
pagne a eſpreuué ce deſordre
aux entrepriſes d'Arger, & d'An
gloterre.   Et bien que les Sparthains euſſent deux Rois, neā-
moins ils n'en mandoiēt qu'vn
à la guerre. Mais il n'eſt pas requis au General qu'il ſoit ſeule-
mēt vn, ains il faut encore qu'il
ſoit touſiours le meſme : c'eſt à
dire qu'il ne ſoit pas changé facilement, ains qu'il ſe laiſſe continuer au maniement de l'entrepriſe: car de changer ſouuent
de Capitaine, eſt preſque le meſme que d'eſtre ſeruy de pluſieurs. Puis qu'il eſt ainſi que les
deſordres qui ſont cauſez de la
pluralité de pluſieurs chefs en
vn temps, ſont apportez de meſme en vne entrepriſe, & inter-

rompent le cours, suspendent les resolutions, & retardent les exploits. Surquoy on remarque que les Romains firet plus d'effets sous les Rois à proportion du temps que sous le gouuernement des Consuls: parce que les Rois continuoient l'entreprise, & que les Consuls estoient changez d'vne annee à l'autre. Dont à cause des mutations si frequentes, ils n'en deuenoient pas plus accorts. *Interrumpi tenorem rerum, in quibus peragendis continuatio ipsa efficacissima esset inter traditionem imperij, ibuitatémque successoris, quæ noscendis, potiusquam agendis rebus imbuenda sit sepe benè gerendæ rei occasionem intercidere.* La liaison, & continuation des affaires qui leur estoit necessaire pour les conduire à la fin, estoit souuent interrompuë en la des-

B.b vj

charge du premier, & constitu-
tion du successeur en la charge
de Capitaine. Car le nouueau
venu deuant connoistre auant
que poursuiure, treuuoit que
l'occasion de bien faire estoit
passee auant qu'il eust recon-
neu.

Les deux Scipions ont confirmé cela par plusieurs annees,
aux entreprises d'Espagne, &
d'Afrique : Et Titus Quinctus
Flaminius en la Macedoine : &
Caius Marius en la guerre Cim-
brique, & C. Cesar en Gaule:
Car vn Capitaine doit estre laissé en vne entreprise, tout autant
qu'on voit qu'il est suiui & accompagné du bõ heur, qui n'est
autre chose que l'assistance de
Dieu. Car lors que le vent qui
fauorisoit en poupe vn Lieutenant, se change en opposition de

vents contraires, le Prince doit
estre auisé de meilleurer l'estat
de ses affaires, auec le changement qu'il en fait. Les Romains
laisserent à Lucullus le gouuernement de la guerre , iusques à
tant que les armes luy fussent
heureuses : mais quand ils s'aui-
serent que la prosperité luy má-
quoit au milieu de la course , ils
manderent Pompee en son lieu.
Les Carthaginois ayát esté vaincus sous la códuite de leurs propres Capitaines , changerent de
fortune auec l'eslection d'vn
estranger qui estoit Xanthippe
Lacedemonien. Et en la mesme
façon les Syracusains se treuuans vaincus auec leurs naturels Capitaines , sortirent victorieux de leur guerre, estant com-
mandez du Lacedemonien Gi-
lippe. Et ainsi quelques autres

auec vn changement semblable
ont rendu meilleure leur condition. Les Poëtes disent que la
fortune est vne chose

Inconstante, fragile, infidelle & lu-
    brique.

pour enseigner que la prosperité humaine est de peu de duree,
& qu'ordinairement les plus illustres, & fauorables felicitez
manquent, & perissent sur le
poinct de leur abondance. Ainsi
c'est vn ouurage de grande prudence en vn Prince, lors qu'il
sçait connoistre quand il se doit
seruir, & auantager du labeur
d'vn Officier, ou Lieutenant.

L'autre condition du Ge-
neral doit estre qu'en la charge
de son entreprise, ses pieds, & ses
mains ne soient pas liez auec l'e-
stroite reigle des Commissions,
Et vn Prince doit de sa part estre

meurement auisé, & vser de prudence en l'ellection d'vn mini-
ftre: mais depuis qu'il l'a efleu, il
eft raifonnable qu'il luy donne
vne tres-ample authorité de faire fon office : autrement il em-
broüillera le Lieutenant, eftro-
piera les negoces, & fera grand
fortune fi les chofes fuccedent
bien. Licurgue ce prudent Le-
gyflateur des Sparthes, ayant
grandement refrené l'authorité
des Roys, tandis qu'ils feroient
de fejour en la maifon, dreffa
auffi vne loy contraire à cela:
Car il ordonna qu'ils fuffent
libres, abfolus & indepen-
dans lors qu'ils fe treuueroient
à la guerre. Et les Romains
mefmes, bien qu'ils euffent le
Senat remply d'hommes excellens en toutes les parties de la
milice, & reconnus d'vne valeur

cimentee de mille preuues:Ne-
antmoins lors qu'ils mandoient
dehors quelque Capitaine , ils
n'vsoient iamais d'autre com-
mission , sinon : Qu'il procurast
que la Republique ne receust
aucun dommage. Et durant les
plus grands perils , & fascheries,
ils creoient vn Dictateur, & luy
mettoient en main vne authorité plus que royale,sur le gouuernement des armees , & c'est autant dans la ville , comme en la
plaine campagne. Tybere manda son fils Druse en Pannonie.
Nullis certis mandatis ex re consulturum : Sans aucun exprés commandemēt,à fin qu'il print auis
de la chose.   Et cela par beaucoup de raisons:Et sest d'autant
que la guerre se traicte bien peu
souuent en la façon qu'elle a
esté desseignee. Et souuentefois

il vous sera besoin de combatre, non parce que vous le voulez : mais à cause que vostre ennemy vous y force, ou bien vous
y estes contrainct par la necessité en quoy vous vous treuuez.
Et comme nous apprend Thucydide, la guerre enfante plusieurs choses d'elle - mesme:
L'ennemy en enseigne beaucoup, & beaucoup les cas, &
la fortune, & suiuant le dire de
Fabius Maximus. *Consilia magis*
res, dant hominibus, quàm homines
rebus? Les conseils accommo-
dent, & acquierent beaucoup
plus les choses aux hommes,
que les hommes aux choses.
Dont il detestoit la temerité
du Consul Varron, qui deuant
qu'auoir veu l'ennemy, des-
seignoit desia ce qu'il eust deu
faire.

Nous auons veu vne des plus
grãdes armees qui iamais ayent
fillonné l'Ocean, s'eftre perduë
en fumee, parce que les Capitaines fe voulurẽt gouuerner auec
les confeils portez de la maifon,
qui eftoient contraires à ceux
que l'occafion leur prefentoit?
Et à quelques autres les confeils
arriuent depuis que l'occafion
eft paffee. Et comme dit Tacite,
Ex diftantibus terrarum fpatijs confi-
lia poft res afferebantur : On apportoit de diuers endroits plufieurs
auis & confeils, apres l'occafion
des affaires.

    L'efficace qui eft appartenan-
te à l'agilité eft la troifieme qualité d'vn Capitaine, & à cefte-cy
quatre conditions font enchai-
nees, affauoir l'inclinatiõ à l'entreprife, la pratique, la folicitude
& la hardieffe. L'inclination fait

que le Capitaine entre promtement, & auec ardeur d'affection
au maniement de l'entreprise:
& que cest ardeur est de duree
jusques à la fin qui doit couron-
ner les desseins. Or le mouuement naturel differe du violent
en cecy, que le naturel est perse-
uerant en sa vehemence , & en
core il l'augmente continuellement: & au contraire le violent
ne dure pas beaucoup, & va mã-
quant, & en fin il s'aneantit totalement. Le mouuement d'vn
esprit qui se met en vne entreprise auec inclination & amour,
est presque naturel: mais celuy
qui s'employe sans inclination,
est comme vn agent violent, qui
s'en ira tousiours diminuant , &
perdant. Et c'est vne chose difficile qu'vn Capitaine fasse rien
de bon, s'il se met en vne entre-

prise contre son intention & cõtre son auis : comme l'exemple de Nicias le fit voir en la guerre de Syracuse. Ferdinãd qui estoit vn Roy de beaucoup de prudẽce procuroit non seulemẽt que les Officiers & Lieutenans fussent enclins aux choses d'importãce qu'il entreprenoit, mais encore tout le peuple : Et si bien qu'auant qu'il eut publié de sa bouche les conceptions de son ame, & les deliberations qu'il auoit pris, la multitude les auoit desja desirees, comme sages, & iustes. Et apres la pratique conduit l'entreprise par vn beau, & grand chemin royal. Parce qu'vn homme qui sera nouueau en vn negoce, ne peut estre habile, & promt à le conduire suffisamment, ains il entrera en lieux inconnus, perilleux & embrouil-

...ez, il sortira du chemin, & fera
des choses qu'apres il luy sera
besoin de deffaire : Et cela s'experimente veritable en toutes
negociations, mais sur tout en la
guerre : Parce que les cas, & les
accidens qui d'heure, en heure
s'y presentent sont comme infinis. Et au cours de ces rencontres impreueus, il n'est pas
possible qu'vn Capitaine y puisse estre auec iugement, ou
bien auec vn courage ferme
& resolu, si l'experience ne
l'a desia confirmé & asseuré
contre tant d'oppositions diuerses. Et en suite la diligence
recueille tout ce qui peut seruir
à aider, & secourir les affaires, &
se fait valoir non seulement ses
auantages propres, mais encore
le desordre, & le peu de conduite des ennemis.

Les forces sont vnies apres au
milieu, & par ce moyen le General les rend plus aptes, & plus
gaillardes aux executions. Mais
aucun effet d'importance ne
pourra sortir des choses susdites,
si elles ne sont accompagnees
de la vigueur d'vn courage braue & determiné: Parce que tout
ainsi qu'il ne suffit pas qu'vn nauire soit bien equipé, & fourny
de tout ce qui est besoin au nauigage, si le vent n'enfle les voiles, & ne le pousse en mer: Ainsi
bien peu seruira l'inclination,
ou la pratique, ou la diligence, si
la hardiesse d'vne ame toute excellente, & courageuse ne la fait
aller auant: Et toute deliberation est inutile, si elle n'est poursuiuie efficacement. Dequoy on
lit d'Aratus Sicionien, qui estoit
grand guerrier en certaines qua-

...tez, que iamais il ne faisoit rien
de glorieux aux batailles, à cause que le conrage luy manquoit
au plus fort des occasions. Et du
temps de Paul troisieme nous
auons veu vne tref. puissante Ligue Chrestienne auoir perdu le
temps , & en suite celuy qui la
conduisoit auoir fait naufrage
de l'authorité. Mais au contraire les antiques & modernes histoires nous enseignent que
la plus grand'partie des entreprises plus importantes ont esté
exploitees par des Capitaines
hardis & resolus. Et de ce nombre on peut admirer Alexandre
le Grand, Pyrrhus, Annibal, Pō-
pee & Iules Cesar. Or la douceur, l'amour, la seuerité, & la
reputation sont les matieres qui
aident à l'efficace , desquelles
parties nous en auons parlé cy

deuant au traité de l'excellence
des anciens Capitaines.

Des Soldats.

L'AGILITE' des sol-
dats dépend en par-
tie de leur qualité, &
en partie des armes.
Or pour ne defcrire icy ambi-
tieufement l'âge, la ftature, & la
difpofition, & les autres parties
que Pyrrhus, & Marius recherchoient au foldat, il eft affez important de fçauoir de quel païs
il eft forty. Puis qu'il eft ainfi,
que côcedant aux Suiffes, & aux
Allemans de marcher conftans
& fermes, & d'auoir l'ordonnã-
ce affeuree & reglee: Six nations
de la Chreftienté font eftimees
d'eftre guerrieres auec l'agilité
la Fran-

la Françoise, l'Angloise, la Hon-
gresque, la Vallonne, l'Espagnole & l'Italienne. Or entre les
François les Gascons sont les
meilleurs. Et entre les Anglois
il semble que les Escossois ayent
produits de plus grands effets
aux guerres de Flandres, & en la
nation de Hongrie, la Noblesse
est plus valeureuse que le populaire.

Ce que ie dis des hommes, se
doit entendre aussi des cheuaux:
parce que le cheual d'Allemagne n'est pas seulement pesant:
mais encore de peu d'industrie.
Mais neantmoins les cheuaux
Dannois & les Flamans meritent d'estre mis entre les bons.
Le cheual Barbe est tres-agile,
le Turc & le Genet. Et si le cheual de Naples n'est pas si leger
que l'Espagnol, il a toutesfois

tant d'agilité, qu'auec les autres
parties dõt il eſt doüé, il merite
d'eſtre eſtimé le plus agile & le
pl⁹propre à ſeruir vn hõme d'armes. Mais ie ne veux pas laiſſer à
dire ici, que l'agilité de qui nous
traitons, ne conſiſte pas ſeulement en la gaillardiſe des iam-
bes, mais dauantage en l'habilité, aux factions, & neceſſitez de
la guerre. Car en quoy me ſerui-
ra qu'vn cheual courre, ou pluſtoſt volle l'eſpace de deux ou
trois mille pas? ſi d'autre part il a
beſoin de tant de ſoin, & de tant
d'eſgard, qu'il ne puiſſe eſtre
employé à toute heure, ny pour
long temps, ny pour quelque
grande fatigue? & que le plus
ſouuent il doiue eſtre mené à la
main auec vne couuerte ſur le
dos, & qu'il le faille eſtriller, la-
uer, & bouchonner lors qu'il

commander, receuoir ou donner
vne charge. Vn cheual fait de la
forte est plus apte à monstrer
son agilité en vne place, à courir
la bague, ou bien en vn Theatre
à rompre quelque foible lance
esmoucée , que non pas en vne
libre campagne , & parmy les
ennemis en vn fait d'armes. Et à
ceste occasion les Genets ne
m'ont iamais esté agreables à
cause de leur delicatesse. Mais
parmy tous les grands cheuaux,
les courtaux de bonne race doiuent estre estimez tres propres:
Parce que tels cheuaux sont
tousiours dispos, & disposez à la
fatigue,& y durent long temps,
& n'ont pas besoin d'estre soi-
gnez , & traitez si delicatemét.
Puis qu'il est ainsi que les guerres ne se vainquent pas tant en
combattant , comme en souf-

frant : Et l'aptitude & proprieté
à supporter la faim , la soif, le
froid & la chaleur, est apparte-
nante à l'agilité d'vn cheual, &
d'vn soldat, non moins qu'en la
legereté des pieds.

La Cauallerie legere est de
plus grāde agilité que les hommes d'armes,& l'vsage des cour-
tes armes que de la lance,de qui
l'on ne peut nier que le maniement, & le port ne soit d'vn empeschement bien grand , & d'v-
ne adresse la plus difficile de tou
tes les autres armes. Et à ceste
occasion les François , par conseil de ie ne sçay qui, l'ont laissee,
& ont pris à sa place la harquebuse & le coutelas. Parce qu'en
la plus grande partie de leurs
troubles s'estans guerroyez entr'eux , non auec batailles iustes
& royales: mais auec courses &

surpris, le fardeau de la lance
n'a pas esté propre à leur seruice.
Mais possible qu'ils s'en repenti-
ront quelque iour, lors qu'il leur
conuiendra combatre non entr'eux: mais auec ennemis estra-
gers. Car on ne sçauroit nier que
la meilleure arme d'vn caualier
ne soit la lance, & d'vn soldat la
pique. La harquebuse est commune à l'vn, & à l'autre: Et auec
l'effort de ces trois sortes d'armes les batailles se terminent.
Car il est ainsi que par les har-
quebuses les troupes sont aba-
tuës & ruees par terre, & auec
la lance, & la pique elles sont
mises en desordre, & rompuës
tout à fait. L'espee est bien l'arme la plus asseuree de toutes:
mais elle vient rarement en vsage. Les armes defensiues seront
d'autant meilleures pour l'agili-

té, quand elles seront plus legeres & plus lestes. Et de cela nous
en auons parlé ailleurs.

De la Discipline.

MAIS tout l'Exercite se
rend agile auec la dis-
cipline, qui est déter-
minee en trois parties
en ce qui apartient à nostre propos. L'vne est la defence, & in-
terdiction de toutes choses qui
rendent malade vn soldat, ou
qui le rendent fai-neant, & qui
luy seruent d'empeschement.
L'autre est l'exercice aux choses
militaires, & la troisieme est cõ-
sideree en l'ordre.

Quant à la premiere partie
qui rend les soldats non seulement paresseux, mais inutiles,

ce sont les delices : & les commoditez superfluës de manger,
& de dormir, sont encore de pire condition. En quoy Alexandre le Grand fut repris , parce
qu'il entretint ses soldats en Babilone ; qui estoit la plus deli-
cieuse ville du monde. Dont,
comme escrit Q. Curse, ceste armee qui auoit domté l'Asie , en
sortit engraissee en telle façon,
qu'elle ne fut pas esté capable
de demeurer asseuree en quelque gaillarde rencontre. *Nec vl-*
lus locus disciplinæ militari magis no-
cuit : Qu'il n'y eut iamais lieu
plus nuisible à la discipline
militaire que cestuy-là. Et Annibal tomba en la mesme erreur
pour auoir tenu ses gens en la
ville de Capuë. Mais Scipion
l'Africain s'asseura de la victoire
ayant entendu qu'Hannon Ca-

pitaine Carthaginois tenoit d'e-
ſtat quatre mille cheuaux à l'e-
ſtable en la ville de Salara. Et au
ſiege de Numãce Scipion Emi-
lien fit premierement ſur toute
autre choſe , vuider le camp de
laquais & de cheuaux de charge : Et en celuy de Carthage il
chaſſa de l armee tous ceux qui
n'eſtans ſoldats faiſoient autre
exercice que de vendre des viures. Metellus en la guerre Iu-
gurthine fit crier à ſon de trom-
pette, que nul ſoldat particulier
n'euſt à tenir ſeruiteurs, ou cheuaux pour conduire ou porter
aucune choſe qu'il euſt , & qu'-
auſſi nulle perſonne ne vendiſt
au camp pain , ou autre choſe
cuitte pour manger. Et de vray,
il n'y a choſe qui rende l'Exercite plus poltron que les commoditez du ſeruice, & la delicateſſe

comme aussi il n'est
chose qui le trouble & l'empefche dauātage. Donc les soldats
Romains portoiēt eux-mesmes
au dos tout ce qui leur estoit necessaire. Et les prouisions du viure se contenoient en trois choses: En forment, lequel ils man-
geoient le plus souuēt bouilli
que non pas en pafte, les deux
autres estoient, le lard & le vinaigre: & le vinaigre leur seruoit
de viande, & de vin le meslant
auec abondance d'eau. Dequoy
on lit que Scipion Emillien, par
fa cenfure confifqua vn cheual
à vn ieune gēd'arme, par ce que
tandis qu'il assiegeoit Carthage,
il auoit fait vn festin, où parmy
d'autres delices, il auoit donné
à fac vn grand pafté qui estoit
fait à la semblance de Carthage.
Mais estant enquis de ce gen-

d'arme pourquoy il luy auoit
osté son cheual, il luy respondit
ainsi:Parce que tu as donné premier que moy la ville de Carthage à saccager. Or puis qu'il
ne se treuuoit au camp des Romains ny bouches inutiles , ny
viures delicieux , il estoit force
qu'ils fussent tres-agiles & tres-
propres pour la guerre. Les
Turcs s'aprochent fort de ceste
agilité : car ils mettent toute la
quantité de leur viande en vn
petit sac, & laquelle n'est autre
chose que de la chair seiche &
brisee. Et les viures de leurs
chefs sont en chair de mouton,
& en ris. Et si bien qu'il nest pas
merueille, s'ils maintiennent en
campagne de si grãdes armees,
sans qu'il y naisse aucun man-
quemẽt de victuailles , ou quelque desordre pour tel respect:

comme ordinairement on voit
arriuer aux armees Chrestiennes, en qui les prouisions du vin
importent beaucoup plus que
toutes les victuailles que le Turc
meine auec soy. Et aussi les Carthaginois, & les Romains n'v-
soient aucunement du vin en
guerre. Et mesmes auiourd'huy
les Turcs n'en vsent point, ny
dans la guerre, ny durãt la paix.
Les Sparthains estoiẽt extremement prests & disposez aux entreprises de la guerre : car ils a-
uoient banni non seulement de
leurs armees, mais encore de
leur ville, toutes choses superfluës.

L'autre partie de la Discipline est l'exercice, auec lequel les
soldats comme presque par pas-
setemps, s'accoustument aux
vrayes preuues des batailles. Et

ceſt exercice eſt de deux ſortes:
l'vne eſt l'adreſſe du maniemét
des armes,& des operations militaires , & l'autre eſt le trauail,
ou fatigue auec lequel les ſoldats ſ'endurciſſent , & ſe font
robuſtes pour les affaires de la
guerre,& ſe rendent ſains & diſ-
poſts de la vie,deſquelles choſes
nous auons parlé en autre part.
La forme de l'ordonnance de
l'Exercite appartient encore à
l'agilité,&ceſte forme doit eſtre
diſtinguee en pluſieurs parties:
faciles à ſouffrir & à ſ'vnir , ſu-
bordonnee,& reglee:Et en cette partie de l'agilité la Legion
Romaine eſtoit beaucoup meilleure que la Phalange Mecedo-
nique.

CE n'est pas de moindre importance aux entreprises maritimes qu'aux terrestres. Surquoy l'historien Florus escrit qu'en la bataille nauale entre Cesar Auguste & Marc Anthoine, la legereté des vaisseaux donnerét la victoire à Cesar: & que rien ne fut si preiudicieux à M. Anthoine que la grandeur de ses Galeres, qui estoient de sept à neuf ordres de rames, & celles d'Auguste estoient seulement de trois à six ordres.

Nous auons veu de nostre teps que les vaisseaux adextres & legers des Anglois trauaille

rent, & oppresserent en mille façons la grandeur des nauires de
l'armee Espagnole. Or c'est vne
chose claire qu'en nostre Mer
Mediterranee les vaisseaux propres à combatre sont ceux qui
vont à rames : parce que tout
ainsi qu'ils fussent animez, ils se
meuuent auant, & arriere, à flãc
& en rond : nauiguēt auec vent,
& sans vent aussi, & encore font
quelques progrez contre le vēt:
En quoy les Nauires sont inutiles tout à fait , parce qu'ils ne
peuuent nauiguer ny sans vent,
ny contre vent, ny se tourner ny
se mouuoir facilement où la necessité le requiert. Dont par ce
que les Armees Chrestiennes
ont tousiours colloqué bonne
partie de leur esperãce aux Nauires , elles ont este le plus souuent mal traictees des Turcs:

comme il se vir à la Preuese, & à
Gerbe. Et en la seconde annee
de la ligue faite de Pie V. les
Chrestiens perdirent le temps à
cause de cela : parce que les
Turcs ne voulurent iamais s'accoster des Nauires, & les nostre
n'oserent combatre sans elles.
Et l'année auparauant les Nauires sur lesquelles estoient enuiron trois ou quatre mille soldats, ne peurent se treuuer à la
bataille d'autāt qu'elles furent
destituees de vent, & ainsi elles
ne seruirent d'aucune vtilité. Et
toutesfois ie confesse bien que
si les Nauires sont fauories du
vēt, qu'elles fōt de merueilleux
effects, & de plus grande consequence que les Galeres : parce
qu'outre le grand nōbre d'artillerie qu'elles portent, & l'auantage qu'elles ont pour leur hau.

teur vne Nauire mettra à fonds
vne Galere auec l'impetuosité
de son choc seulemēt. Mais puis
qu'en la guerre il ne conuient
pas se remettre aux euenemens,
& à la fortune, & que pour auoir
cet auantage, il faut que vous
ayez le vent à commandement,
il est besoin de faire plus d'estime des Galleres que des Nauires.

Les Anciens desireux d'assembler la grandeur auec l'agilité,
faisoient de Galleres de quatre,
de six, & de dix, & de plus grand
nombre d'ordre de rames : mais
à cause de l'impuissance, & tardité que la grosseur porte necessairement auec soy l'vsage de si
grādes machines a esté laissé, & si
bien qu'à peine en est demeuré à
nous la notice de leur forme. Les
grosses Galeres representent vn

ne sçay quoy de l'antique grãdeur, mais c'est auec peu d'agilité. Où en ceste fameuse victoire Nauale de la iournee de Lepanthe, on connu ce que ces
grosses Galleres ou Galleasses
valent en vne bataille nauale:
mais toutesfois elles eurent besoin d'estre remorguees. Et si
bien que la loüange de l'agilité
militaire en nostre mer, l'attri-
buë toute aux Galleres & aux
Galleottes: Et en la mer Oceane aux Carauelles & à semblables autres vaisseaux mediocres,
qui se peuuent mouuoir auec
peu de vet, & auec peu de fonds.

ANNOTATION.

TOVT ainsi que pour les plus
heureux traffics maritimes
il n'est pas seulement neceffaire d'auoir vn vaisseau biẽ
grand, bien freté, & bien equipé de munitions, de mariniers. & de soldats: ains
il faut qu'il ait encore de soy, ceste bõ-
té d'estre propre & agile, & d'aller biẽ
à la voile. De mesme pour la perfectiõ
des forces d'vn Prince il n'est pas requis seulement vn grand exercite composé de bons Capitaines, & de valeureux soldats, mais il luy est encore befoin que l'argent, les munitions, l'esprit
& l'authorité d'vn grand General s'y
treuuent à fin de le rendre prompt, &
agile pour l'acheminer, & conduire au
lieu où les affaires le demandent. Mais
il auient fort rarement que les armees
qui sont enuoyees en vn païs fort e-
sloigné du lieu où elles ont esté leuees

soient accompagnées de ceste agilité,
& promptitude, qui est si requise pour
la guerre : Car auant que l'on soit arriué au païs destiné, le changement d'air,
la peine du trop long chemin, & les
mauuais temps qui se rencontrent ordinairement en vn grand voyage, rendent les gens incommodez, foibles &
malades pour la plus part. Et la gaillardise manquant ainsi aux soldats, le
moyen, le courage, & l'agilité de faire
quelque chose de bon y manque de
mesme. Mais pour conduire en quelque païs loingtain vne armee auec plus
d'asseurance de ses forces, & d'agilité
pour le voyage, il n'y a rien de si propre
que la mer : Car en peu de iours on y
peut faire le chemin qu'en plusieurs
mois on ne sçauroit acheuer. Le Prince Maurice General de l'armee des
Estats en la guerre de Flandres, est vn
Guerrier accomply de tout ce que la
guerre peut desirer en l'honneur d'vn
grand & valeureux Capitaine : mais outre les valeurs de son esprit & de son
courage, ce qui le rend admirable en

ses entreprifes , eft l'agilité dont il manie les voyages , & les courfes de fon
armee : Et à cet effet il a toufiours non
trop loin de foy en quelque grande riuiere , enuiron quatre mille barques,
dans lefquelles il fera quelque fois embarquer en moins de fix heures toutes
fes troupes, auec tout l'attirail des munitions , & des canons.   Et fe feruant
ainfi de la promptitude & du feruice des
riuieres & de la mer, il euite les dangers d'vne part, & de l'autre il exploite
heureufement par la diligence maintes entreprifes fignalees. Les anciens
Romains fe feruoient ainfi du nauigage tant qu'ils pouuoient , & par ce
moyen les entreprifes d'Efpagne, &
celles de Macedoine, de la Grece & de
l'Armenie ne leur eftoient pas incom-
modes, veu que la nauigation rendoit
comme voifin ce que la Nature auoit
rendu eftranger. Et il n'eft pas raifon de
parler des flottes qu'ils dreffèrent pour
les guerres de la Sicile, de l'Afrique, de
l'Egypte, & de la Iudee , ou autres terres infulaires , ou fort efloignees , ou

... en se ... moyen de la mer, veu
que ... il y fallut aller ainsi. ... se seruant ainsi de la commodité maritime, ... armees se treuuoient tousiours entieres, bien disposees & gaillardes, bien qu'elles eussent
abordé en vne terre fort esloignee de
leur païs natal, & ainsi les forces guerrieres conjointes à l'agilité, leur faisoiét
acquerir tant de grandes victoires sur la
terre des estrangers.

Les Othomans ont experimenté de
mesme que le plus propre mouuemét
d'vne armée se fait coustumierement
par les voyages de la mer, côme il s'est
veu en l'entreprise que Selim fit sur la
conqueste d'Egypte, Mahomet au siege de Constantinople, Solyman au siege de Rhodes, & le dernier Selim en
l'oppression de l'Isle de Cypre. Au côtraire nous voyons qu'en nos iours le
Ture n'a guere conquis par armes aux
parties de Perse & de Hongrie: Car entre l'acheminement de Constantinople iusques en ces païs, & apres entre
le retour, outre ce qu'il pert la meilleu-

re partie du Printemps & de l'Esté, à
pert aussi tant d'hômes de necessité, &
de peine, q iamais le prix de ses victoires ne correspôd à la dépence. Ainsi les
armees nauales sont fort necessaires
pour la conqueste des païs estrangers
& fort esloignez : Car elles facilitent
les entreprises pour l'aisance & commodité de la conduite: parce qu'en peu
de temps les nauires portent de grandes armees en païs loingtains, auec toute prouision necessaire pour les armes,
& pour le viure. Et outre cet auantage
celuy qui est puissant sur la mer, peut
oppresser l'ennemy en plusieurs endroits, & à l'improuueu, & à l'impreueuë, & à ceste cause il luy debilitera
ses forces, & l'empeschera de sortir de
sa maison pour aller faire le semblable
à celuy qui le vient assaillir. Germani-
cus ayant veu que la guerre luy estoi
peu fauorable de guerroyer les Allemans par les forces terrestres, delibera
pour cháger de fortune de dresser vne
grosse armee nauale, à fin de se rendre
plustost auec facilité dans leurs païs, &

pour les trauailler auſſi par les forces
maritimes. Ou Corneille Tacite diſcourant ſur l'auantage de telles armees
de mer, dit ainſi au deuxieſme liure de
ſes Annales qu'apres que ce Germani-
cus eut reçeu mandement de ſon oncle Tybere Ceſar de quiter la guerre
d'Allemagne à fin de dõner ceſte charge à vn autre: D'autant que plus il connoiſſoit l'affection que luy portoient
les ſoldats, & le peu de bien que luy
vouloit ſon oncle, d'autant plus il deuint intentif à diligenter d'auoir la victoire, & à chercher les plus propres
moyens de donner la bataille: Diſcourant en ſon eſprit toutes les fortunes
tant auerſes, que fauorables, qui luy
eſtoiẽt ſuruenuës depuis trois ans qu'il
auoit commencé ceſte guerre, par leſquelles il connoiſſoit que les Allemans
eſtoient aiſez à deffaire en bataille rangee, & en lieux où ils n'euſſent point
d'auantage. Au contraire que les fo-
reſts, les mareſcages, le peu de duree de
l'Eſté, & l'Hyuer qui ſuruenoit incontinent, leur aidoient beaucoup. Con-
ſillæ

noiſſoit auſſi que les ſoldats n'eſtoient
tant endommagez des playes qu'ils re-
ceuoient, comme de la peſanteur des
armes, & de la longueur du chemin.
Pareillement que les Gaules eſtoient
laſſees de fournir cheuaux, & que le
long train de ſon bagage eſtoit fort ſujet aux embuſches des ennemis, & de
peu de defence. Voyoit au contraire
que s'il mettoit ſes gens ſur mer, il s'en
ſaiſiroit incontinent, & s'en mettroit
en poſſeſſion: d'autant qu'elle eſtoit inconnuë & peu frequétee des ennemis.
Que par ce moyen la guerre commen-
ceroit pluſtoſt que de couſtume, & ſeroient les legions, & les viures conduits enſemblément, de ſorte que les
gens d'armes, & les cheuaux menez par
les bouches & canaux des riuieres arri-
ueroient tous fraiz, & entiers au milieu
de l'Allemagne. Et ayant deliberé ainſi, il pourſuiuit apres ſon entrepriſe faiſant equiper mille Nauires à cet effet,
& leur ordonnant l'Iſle de Holande
pour le terme de leur nauigation, & du
lieu où elles ſe deuoient aſſembler.

Auſſi

Auſſi Alexandre le Grand connoiſſoit bien la diligence, & l'vtilité des nauires : Car eſtant en la ville de Babylon, il commãda que les Galleres qu'il
auoit en la mer Mediterranee fuſſent
miſes en pieces, à fin d'eſtre portees
par terre ſur des chariots, & ainſi eſtãt
obey, on en mena par charroy quarante depuis la Phenicie iuſques à Thap-
ſac ville ſituee ſur l'Euphrates, & de là
eſtans raſſemblees & miſes ſur la riuiere on les conduiſit en Babylon. Vne
des plus grandes forces par leſquelles
Mahomet I I. Triompha de la ville de
Conſtantinople, fut par le moyen de
douze galleres qu'il fit monter ſur la
terre de l'Aſie, & de là dans la ville qui
eſt ſur le bord de la mer, tout à l'opoſi-
te de Cõſtãtinople, où apres les ayant
fait aualer dans l'eau, il ſe rendit totalement maiſtre du grand port, dont ceſte excellente ville eſt ſi renommee.

Ainſi tout Prince qui voudra conquerir des terres qui ſeront fort diſtã-
tes de ſon païs, ou bien de qui les Prouinces ſeront bordees d'vne grande

D d

estenduë de mer, se doit resoudre d'a-
uoir sur pieds vne bonne quantité de
vaisseaux, ou de galleres, à fin d'estre nõ
seulemẽt Seigneur de la mer, mais aussi d'auoir les moyẽs de faire passer bien
tost son armee vers les Prouinces plus
reculees.   Les Portugais ont eu deux
excellens Capitaines en l'entreprise de
l'Indie: François d'Almeïde, & Alphõ-
ce d'Arburquerque.   Ces Capitaines
estoient d'opinions fort diferentes au
maniement des guerres : Car l'Almeïde ne se vouloit employer en conquestes des villes & des païs : mais seulement il auoit dessein de se maintenir
Seigneur de l'Ocean auec vne puissante armee nauale, & par ce moyen se
faire maistre des traffiques, & contraindre tous les marchands, & tous
les Princes qui nauigueroiét, & qui auroient des ports en ceste mer, à leur
payer impost, ou tribut.   Mais au contraire, Alburquerque iugeant qu'vne
tempeste pouuoit mettre à fonds vne
grande flotte, aussi bié qu'vn seul vais-

l'eau, ou l'affoiblir tellement qu'elle en
demeureroit despoüillee de forces, &
de reputation, & qu'il estoit impossible, de se maintenir bien puissant sur
la mer, sans auoir en main les forces
terrestres, il se saisir des Royaumes de
Malacca, & d'Ormus, & de la fameuse
ville de Goa : où ayant fait vn tresbon
Arsenal, & planté vne Colonnie de
Portugais, & fauorisé en toute façon
la conuersion des infidelles, il est aisé a
connoistre qu'il ietta les fondemens
de la Seigneurie que ceste nation possede aux Indes. Et sans doute si la ville
de Goa, & les païs d'alentour n'eussent
fourny le bois pour fabriquer des nauires & des galleres, & le metail pour
faire des artilleries, & de gens, & d'armes pour fournir l'armee, & de victuailles pour les maintenir, il n'estoit
pas possible que les portugais se fussent
conseruez si long temps au milieu de
tant de puissans ennemis qu'ils auoient
en ce païs.

On voit ainsi par cet exemple, que
les forces terrestres seruent à l'entre-

tient & suſtentation des maritimes, & que les maritimes ſont grandement vtiles & neceſſaires aux terreſtres, parce qu'elles leur donnent l'agilité, & outre cela bien ſouuent augmentation de forces, & de moyens par le tranſport des biens que la nauigation porte d'vn païs abondant à celuy qui en a faute. Et par ces raiſons il faut croire que plus vn Empire terreſtre eſt grand, & ſpacieux, d'autant eſt il plus lent & impropre au mouuement, & que pour le ſoulager de ceſte incommodité, il faut qu'il ſoit puiſſant en forces maritimes, à fin que l'agilité des vnes ſerue à faire valoir la puiſſance des autres. Vn Empire eſtant ainſi copieux des forces de la mer, ſe pourra eſtimer à bon droit treſ-puiſſant pour ſe rendre redoutable à ſes voiſins. Et à ceſte occaſion, Coſme de Medicis deuxieſme Duc de Florence, qui a eſté vn des plus braues Princes de ce ſiecle, diſoit, Qu'vn Prince ne pouuoit dire de poſſeder grand pouuoir, s'il ne joignoit aux forces terreſtres les maritimes.

Mais puis que nous sommes en train de parler des forces de la mer, il n'en faut pas sortir sans auoir dit quelque chose sur le iugement du merite d'icelles. Or il est tres-notoire à ceux qui ont frequenté la mer Oceane que les galleres y sont peu requises veu les grandes vagues dont elle est enflee ordinairement, qui est vne chose du tout contraire à la condition des galleres, qui pour faire brauement soit pour la guerre, ou pour le nauigage, demandent, comme disent les Latins, *Mollities maris, siue Malacia,* vn calme & vn repos de mer, vne mer toute aplanie de tranquillité, ou bien vn vent fauorable, & non guere violent. Et outre que ceste mer empesche le cours de leur valeur par ses agitations trop haut ondoyantes, lors que nauigeant ainsi elles arriuent sur la hauteur des ondes, leurs corps qui est estendu en longueur demeurant suspendu de la prouë, & de la poupe, il auient qu'ordinairement la Carenne se rompt par l'oppression de la charge & de la pesanteur de son

Dd iij

corps, qui allors n'estant plus soustenu
de la mer se repose entierement sur
icelle. Le flus, & reflus leur est contraire aussi , à cause que par iceluy il faut
que les vaisseaux demeurent quelquefois à sec sur les plages, ce qui porte vne
indisposition & des-reiglement à la
gaillardise d'vne gallere. Les grandes
Caraques dont les Espagnols se seruent pour le traffic des Indes sont fort
proptes pour ceste grande mer , tant
pour ressister contre les tempestes &
les orages plus violens , comme à porter vne tref grande quantité de mar-
chandises. Et l'on en voit quelques
ynes aux ports de Callix & de Lisbon-
ne, estre de si merueilleuse grandeur
qu'elles portent seulemét en marchandise le poids de huit millions de liures,
outre ce que peut peser encore l'artillerie, les munitions, les victuailles, &
l'equipage qui leur est requis. Mais
bien que semblables vaisseaux soient
extremement bien fournis d'artillerie
& de gens, toutefois ils ne sont pas si
puissans, & si propre pour vn combat

comme vn autre vaisseau qui ne sera
grand que de la troisieme partie d'i-
ceux : parce que les petits vont tousjours mieux à la voile qu'vn autre de
grandeur si enorme, ils ont le moyen
de le battre de loin à leur auantage, de
le suiure, de l'accoster & de l'esloigner
comme il semble bon aux mariniers
qui les gouuernent.

Et à ceste cause, on a veu que si souuent auec vn petit vaisseau les Holandois se sont rendus maistres d'vn autre
des Espagnols, qui surpassoit le leur,
deux & trois fois en grandeur. Et cela
n'auient pas de ce, comme quelques
vns pensent, que les Holandois soient
plus vaillans, ou meilleurs matelots
que les autres : mais seulement d'autant que le petit nauire ayant la faueur
des vents, & des voiles plus aisément &
plus proprement, il en est aussi de mesme plus propre, & plus fort pour la
guerre, qu'vn autre qui pour sa grandeur excessiue est d'vn mouuement
pesant & tardif. Ainsi pour vne guerre
maritime qui se deuroit faire en l'O-

cean vn vaisseau d'enuiron vingt, ou
trente mille quintaux de charge franche, sera tousiours plus vtile que toute
autre, parce qu'enuers les moindres il
aura la force pour les repousser, & contre les plus grands l'agilité du nauigage
pour les trauailler, les assaillir, & les batre de toutes parts auec auantage. Et de
cela se peut donner la comparaison
d'vn ieune & foible garçon, qui bien
instruit aux exercices, & monté sur vn
cheual d'Espagne ou de Barbarie bien
dressé, vaincra en vn combat le plus
puissant homme qui se pourroit treuuer, lors qu'ignorant le maniement des
cheuaux, il seroit monté sur vn des plus
forts Coursiers d'Allemagne qui n'auroit encore entendu la voix, ny les si-
gnes d'vn Escuyer.

Or pour vne armee nauale en la mer
Mediterranee, rien n'est si propre que
les Galleres, puis que durant les trois
saisons plus paisibles de l'annee elles
peuuent nauiguer par tout ore auec la
rame, & tantost auec la voile, les accompagnant d'vn suffisant nombre de

grands nauires pour porter apres les
prouſions des munitions & des victuailles. Mais ſi l'on vouloit ſeulement trajecter vne armee d'vn
Royaume à l'autre comme de Naples
en Barbarie, & que la mer fuſt aſſeu-
ree ſous le pouuoir de celuy qui
voudroit faire ce voyage, il ſeroit
meilleur d'embarquer vne partie d'i-
celle dans des vaiſſeaux, à fin de mener beaucoup plus grand nombre de
gens auec moins de frais, & d'expedier
pluſtoſt les embarquemens, veu qu'il
eſt bien plus aiſé d'equiper quatre vaiſſeaux que non pas vne Gallere. Le reſte qui ſeroit dans les vaiſſeaux à rame,
pourroit ſeruir à la ſurptiſe d'vne ville,
on d'vn port, ou pour le moins à fauorir par leurs courſes, & par leurs defences le riuage où l'on voudroit faire le
deſembarquement. Mais en toutes les
armees de ceſte mer il ſera fort auan-
tageux d'auoir des Galleaſſes bien
qu'elles ſoient ſi grandes & ſi peſantes
que ſi elles n'ont touſiours vn vent
bien fort pour enfler leurs voiles, elles

D d v

font bien peu de chemin auec les rames, & tellement qu'il les faut faire
remorquer par trois ou quatre Galleres, à fin de les auoir à la fuite de l'armee quand il fait bonnace : mais en re-
compence de ceste peine, elles font fi
bien fournies de canōs de toutes parts,
qu'au lieu où elles peuuēt exercer leur
valeur, on peut bien estre asseuré qu'elles apporteront vne extreme perte aux
ennemis. Et bien qu'elles n'ayent pas
l'agilité des Galleres, toutefois l'vtilité
qui viēt de leur puiffance qui est comme inuincible, & toute remplie de
brauade & d'espouuante, se peut au
moins esgaler à la gaillardife de tout
autre vaiffeau. Et i'ay entendu de quelques gens d'honneur qui ont esté en la
bataille du Lepanthe que les Galleaffes
de l'armee Chrestienne estoiēt feules
capables de refifter, & voire de ruiner
toute la flotte des Turcs, tant leurs ca-
nonnemens furent espouuantables, &
terriblement dommageables fur les
ennemis : mais ie ne fçauroy parler
mieux à propos fur les effets de fi

forts vaiſſeaux, qu'é ces vers de la Nereïde, où ie repreſente ainſi le commencement de ce combat ſi fameux.

Aly fait auancer ſes guerrieres Cohor-
 tes,
Mais ces remparts aileʒ , ces Galleaſſes
 fortes,
Les choſiſſans à part, de leurs canõs bruyãs
Tant de foudres guerriers , fumeux vonᵗ
 foudroyans,
Qu'en ce ſalue morſel maintes belles gal-
 leres
Eurent le creux tombeau de mille vagues
 claires.
Le bruit haut reſonnant fait treſſaillir
 la mer,
On la voit friſſonner , paſlir & eſcumer,
Et cet horrible ſon paſſant par ces campa-
 gnes
Va gronder ſur le flanc des prochaines
 montagnes,
Et là les fermes Rocs apres le vont pouſ-
 ſant
D'vn bruit qui croiſt grondant , & gron-
 de en deſcroiſſant.
La fumee enſoulphree, eſpaiſſe & tene-
 breuſe,   D d vj

Rase de ses vapeurs la marine sombre,

Et contraincte des mains d'vn vent do
resſpirant

Sur les troupes des Turcs va son vol sous-
pirant,

Cependant le Chrestien toussiours foudroye
& tonne,

Ce soit dix mille morts autant de coups
qu'il donne.

Les flamboyans esclairs que le canon départ

Vn iour rouge, & fumans peignent en
ceste part:

Icy l'on voit flotter en desbris vne antene,

Et arbres, poupe, & proüe, esperon &
carenne,

S'esleuer sur les eaux en cent sortes d'esclats,

Et sembloit à les voir que ce fust de Palas.

Le desastré courroux quand les Nefs Lo-
criennes

Apres auoir rasé les Pergames Troyennes,

Se croyans d'aborder quelques lieux asseurez

Firent si dur naufrage aux rochers Capha-
rez.

Où les Phares trompeurs ardens de deux
    vengeances
Accordans la tourmente à leurs intelli-
    gences,
Se vengerent d'Ajax en leurs fausses
    clairtez.
Parmy l'obscure nuict, & les flots irritez.
  Icy l'on voit nager en desordre les rames,
Et la mer engloutir mille infidelles ames,
Qui par divers moyens devalent en enfer,
Les vnes par le coup du fier foudroyãt fer,
Autres par les esclats du bois qui se des-
    pece
A tronçon violent qui vole, brusle, &
    blesse:
Et d'autres par l'effroy des foudres redou-
    blez
Qui rédent leurs esprits mortellemét trou-
    blez:
Et ces autres aussi, pour ignorer la nage,
Treuuer en vn sujet tombe, mort &
    breuuage.
  On voit flotter icy par infinis morceaux
Les corps, les draps, les bois, les armes, les
    drapeaux,
Les tris, & les abois que les mourans re-
    sonnent

De soin, de dueil, de peur les Musulmans
   estonnent,
Et ja l'onde azuree en ces premiers abords
Du sang des Circoncis peinst son sein &
   ses bords.

Il y auoit six Galleasses en ceste armee, qui au iour de la bataille estant
rangee en trois escadrons, auoit enuiron vn mille sur la pointe d'iceux, deux
de ces grands vaisseaux. Et lors qu'A-
ly Bassa General des Turcs voulut s'a-
uancer auec les plus gaillardes troupes
de ses Galleres, pour s'inuestir auec les
Chrestiens, & qu'il fut aupres des Galleasses, il en fut salüé si furieusement
de leurs Canonnades, qu'il perdit à ce
premier choc quinze Galleres, outre
que quelques autres en furent grandement offencees, & que cela apportant
beaucoup d'effroy à ses escadrons, ils
en sortirent de l'ordre qui leur auoit
esté commandé, bien que se rallians
apres ils se refirent l'asseurance & le
courage pour entrer au general combat. Aly Bassa vouloit aller attaquer
ces Galleasses, mais il en fut dissuadé

par le raisons d'vn Hermite de sa secte,
luy conseillant d'aller contre les autres
Galleres des Chrestiens, & de laisser en
paix celles-là, qui luy sembloient inuincibles. Mais pour faire mieux voir
ici le merueilleux effort de ces Galleasses, & comme on peut dire à bon droit
qu'elles ont l'agilité d'vne force vrayement Martiale, puis qu'elles ont tant
de pouuoir à nuire si grandement, &
en si peu de temps aux plus vigoureu-
ses attaques de leurs ennemis : Ie mettray icy de la mesme Nereïde vn effet
admirable de la Galleasse où le Clarissi-
me André Pesare Venitien commandoit. Ainsi pour venir plus propremēt
au but de ceste intention, il faut que
ces vingts ou trente vers le précedent
en ceste façon.

> *Mais tandis que par tout les fureurs &*
> *les armes*
> *Rallument le courage au soustient des al-*
> *larmes,*
> *Et qu'ainsi destinés le Turc, & le Chrestiē,*
> *Au combat plus ardant s'attaque & se*
> *maintien,*

Ces rempars innuaincns, citadelles,
De toiles, & de bois sur Neptune roulai
Ces Galleasses sans fin de leurs canōs brūg
Foudroyens auec Mars par les thāops sur
    doyans,
Sur les poupes des Turcs lors que l'œil de
    la guerre
Leur presente vn sujet digne de leur
    tonnerre.
Leurs Commandeurs prudens, & leur
    grand General,
François Duode heureux en ce chāp Mar-
    tial,
Faisoient si iustemēt lascher ces canōnades,
Auec tant de fureurs, & d'horribles
    brauades,
Que les Turcs en tremblans doutsient que
    quelque Dieu
Auec tant de canons eut son foudre en ce
    lieu:
Tant le brauademēt de foudres si molestes
Passant l'ordre mortel ressembloit aux ce-
    lestes,
Et tant ces grands vaisseaux en guerre si
    vantez
Se rendoiēt admirez se rendant redoutez.

Aussi d'vn tel effort ces vaisseaux ad-
    mirables

Se faisoient aux Turcs de tout poinct
    redoutables:

Que les plus courageux de ces Lunez Dra-
    peaux

Les admirans de loing si fiers dessus les
    eaux

Par vn forcé respect engendré de la crainte

Les craignoient, & prisoient à regret, &
    sans feinte,

Sans vouloir s'auäcer de force, ny de cœur

D'oser les assaillir pour s'en faire vain-
    cueur.

Toutesfois Caragial Capitaine de Thu-
    nes,

Trop ployable à son cœur, trop credule aux
    fortunes,

Enflé du chaud desir de se faire admirer,

D'vn laurier où les Dieux seuls pourroiet
    aspirer,

Poußé d'ardeur, d'audace, & d'ardantes
    coleres,

Et menant auec soy quatre grandes Gal-
    leres,

Feit ramer, feit armer esclaues & soldars.

Vers le flanc, vers le front de ces durs
    rampars,

Et plein d'vne fureur qui l'anime, &
    l'esgare,

Ramant, & canonnant deuers André
    Pesare,

Il l'aproche, & le bat, & plus pres rebat-
    tant

Il croit d'estre vaincueur si tost qu'il com-
    batant.

    Mais le Venitien grand d'espris &
    d'audace,

Ordonnant le repos aux rangs de sa Gab-
    leasse,

Pour estre comme vn Ciel de cent foudres
    pourueu,

Se rempara soudain d'vn grand rempart
    de feu :

Mais quel est ce Rempart dont la façon
    nouuelle

Rempare ce Guerrier d'vne force si belle?
Ah! c'est l'horible feu dont les durs
    Canonniers

Experts, & diligents sur les champs
    nautonniers,

Esgalans de Iupin la tempeste & la foux,

Toute en fureur, & enflame
   l'amorce,
D'un double reng de quatre vingts
   Canons,
Qui chargent d'vne part, d'autant de
   Gonfanons,
Ce redoubté vaisseau sur les seruantes
   ames,
Qui branlent à couuert le nagemens des
   rames,
   Ainsi le preux Pesare en rebouchant
   l'effort,
Dont le Turc Garadial le menaçoit si fort,
Feit donner tout à coup la meiche plus
   ardente,
A tant d'ardans Canons dont la bouche
   grondante
Esparpillant le feu, la fumée & l'horreur
Couuroit tout ce vaisseau de feux & de
   fureur,
Si bien qu'on estimoit en si terrible guerre,
Tout flanboyant de feux, tout bruyant de
   tonnerre
Et de telle vertu ce grand Canonnement
Poussa l'ire, & la playe & le ruinement,
Que voila tout d'vn coup par les flots
   dispersees.

Les Galleres des Indiens, & de [...]
     froissees,
Se briser, s'eclater, s'enfondrer, & desjoin[...]
Et de diuers malheurs se perdans dans
     la mer,
Perdre auecque leur perte auec si grand
     naufrages,
Capitaines, Soldats, mariniers, equipages,
Tãt ces Canõnemens détachés en vn coup,
Sur ces quatre vaisseaux de l'vn à l'au-
     tre bout,
Exerçoiẽt la tẽpeste en leurs bales bruyãtes
Si fortes d'espouuante & si fort fou-
     droyantes.
     Ainsi pour rendre à Mars des passetẽps
     nouueaux,
La deffaite des Turcs lamenta par ces
     eaux:
Ce n'est que bois rompu, & que sanglant
     carnage,
Que cris, que plainéts, que pleurs & q̃ vne
     mortelle rage,
En desordre, en souspirs, souspirans &
     mourans,
Qui font voir de ces coups les piteux
     demourans:

Aussi es Caragial, ce trop hardy
Barbare,

Aux guerres de ce iour trop orgueilleux
Briare,

Vit auec ses soldats, & ses vaisseaux ra-
mez,

Sa cœur, & son pouuoir dásla merabimez
Par le Canonnement dont si forte Galeasse
Luy foudroya la vie außi tost que
l'audace.

On peut connoistre par cest exemple de quelle vtilité sont les Galleasses
en vne armee maritime qui flotte en
destinee de donner bataille: Toutefois
quelqu'vn me pourroit dire que pour
honorer le sujet Poëtique de l'Héroï-
que, i'ay voulu auátager ainsi de mon
inuention la valeur de ces grands vaisseaux: mais ie répōdrai à celui qui dou-
tera ainsi de la verité de cest exploict,
Que ce n'estoit pas vne chose impossible qu'vn si grand nombre de canons
ne peussent de leurs canonnades vnies
ensemble, mettre à fonds trois ou quatre Galleres à la fois : Et d'ailleurs vn
tel effet m'a esté conté pour vray par

certains personnages qui ſe ...
voir honorablement en ceſte ...
iournee : Et ainſi par l'vne, ou ...
tre raiſon, ou pour toutes deux enſem
ble ceſte authorité doit eſtre recom...
ble, pour faire eſtimer que ſemblables
vaiſſeaux ſont de grand auantage l'heur
party.

Or pour venir aux moyens qui ...
dent vne armee agile : il eſt requis ...
qu'en faire leuee qu'vn Prince aye ...
abondance de munitions, de victail-
les, & de finances. Et ayant ces trois
choſes qui ſont ſi neceſſaires à la guerre, qu'elles y doiuent eſtre comme en
qualité d'accidẽts inſeparables, le Prince doit former toutes ſes troupes ...
gens de ſa nation, ſi ſon païs eſt de ſi
grande eſtéduë qu'il luy puiſſe fournir
ſuffiſammẽt l'armee qu'il deſire leuer.
Et en icelle il ne doit pas mettre aucun
Capitaine, ou autre perſonnage de cõ-
mandement, que la pratique des armes
ne l'ait honoré autrefois. Et ainſi la
ieuneſſe, & inexperiente qui pourroit
eſtre aux ſoldats ſe changera, en peu de

temps fous la cõduite des bons chefs,
en affeurance, en difcipline & en vaillance: car, comme dit Homere, vne
armee de Cerfs conduite par vn Lyon
vaut beaucoup plus qu'vne autre de
Lyons cõduite d'vn Cerf. Et donnant
ainfi de bons Capitaines à fon Exercite, il f'auifera auffi de n'y mettre pas
vn General qui foit d'vn efprit pefant
& endormy, & d'vne humeur paref-
feufe & infertille à treuuer de cõfeils,
d'inuentions, & de refolutions pour
endommager l'ennemy, ains il donnera cet excellent office de Generalité à
celuy qu'il iugera luy eftre merité par
le moyen de fes valeurs, & de fes braues experiences : Car vne charge de
grande importance doit eftre donnee,
non à celuy qui pour le feul refpect de
fa qualité la pourroit meriter en quelque forte : mais bien à celuy qui en eft
digne par fes propres vertus: puis qu'v-
ne charge dignement poffedee eft honoree & renduë heureufe par fon poffeffeur : & au contraire yne perfonne
qui fera incapable en l'eftat qu'il ma-

nie, le rendra infortuné & roi
auec luy. Ainsi par ces raisons, il
dire que l'agilité, & le bon-heur d'vne
armee consiste principalement en ce
que les Chefs soient gens d'experience,
& de valeur.

　Mais tout ainsi que sans les munitions, & les victuailles, il est impossible d'entretenir vne armee en vigueur
pour exploiter aucun bon effet, De
mesme l'argét n'y est pas guere moins
requis, à fin que par le payement de la
solde les Capitaines, & les soldats ayét
dequoy se pouruoir de tout ce qu'il leur
est necessaire. Et c'est ainsi que par le
moyen de l'argent les gens de guerre
demeurent tousiours en affection de
suiure les commandemens du General, & beaucoup plus volontiers ils endureront patiemment vne disette de
viures qu'vne longue sterilité d'argét.
Mais il est bien difficile, & cela peut arriuer fort rarement qu'vne armee qui
sera abondante en sináces soit oppres-
see d'vne famine trop durable: parce
que toutes commoditez sont portées

　　　　　　　ordinai

villes... ... les lieux où l'argent
... mêmes ceux du party en-
... ne vendre leurs dérees, apor-
... toutes fortes de viures en vne
armee : car rien n'est pas commande tant les
defirs, & la force des hommes que l'ef-
... de fe faire riche. Et par ces fai-
... Iulles Cefar eftoit autant curieux
d'affembler de grandes fommes d'argent, comme les prouifions de toute
autre chofe neceffaire à la guerre : Car
comme en a efcrit Dion Caffius, ce
grand Capitaine difoit qu'auec l'arget
on commandoit aux hommes, & qu'a-
uec les hommes on gagnoit les Empires. Que fi les deniers manquent en
vne armee, les plaintes & le murmure
des foldats ne tardent pas long temps
de s'y treuuer, & le plus fouuent bien
toft apres la rebellion, & le defbande-
ment des particuliers, & des troupes.
Ce qui contraint toufiours vn General
de donner bataille contre les regles de
la force, & de fon deuoir comme il en
print au Roy de Sparthe en vne bataille qu'il donna auec le Macedonien. An-

Ee

tipater : car à faute d'argent il voulut
entrer au hazard de ceste bataille qu'il
perdit ; laquelle il eut differé, si les finãces fussent esté abondãtes de son costé :
Et s'en desistant par quelques iours,
les nouuelles de la mort d'Alexandre
le Grand venant allors, luy eussent mis
la victoire en main sans coup ferir :
mais se treuuant en ceste necessité d'argent, & craignant que par ce moyen
son armee l'abandonna, il se treuua
forcé de faire iournee. Or de la consideration de cet inconuenient : Quinte
Curse a esté le premier d'auoir escrit
que les deniers sont le nerf de la guerre. Et pour opiner au contraire ceux-là
n'ont aucun esprit en leurs raisons, lors
qu'ils disent que l'argét est faussement
appellé le nerf de la guerre, & qu'il sert
de peu de chose en icelle : Et disant,
que si les deniers auoient tel pouuoir,
que Daire eust vaincu Alexandre, veu
qu'il le surpassoit mille & mille fois en
richesses, que les Grecs eussent vaincu
les Romains : Les Troyens les Grecs.
Et les Carthaginois & les Gaulois, les

Romains. Et de ce siecle Charles dernier Duc de Bourgongne auroit domté les Suisses, & en la guerre d'Vrbin,
les Florentins & le Pape vnis ensemble fussent venu facilement à bout de
François Marie nepueu du Pape Iules
II. Et à ce propos on dit que les oppu-
lences de Carthage estoient si grandes
qu'il se trouuoit plusieurs de ses Ci-
toyés qui entretenoiét ordinairement
par recreation en leur maison cuisine
deux ou trois cens cheuaux: mais outre
cela la richesse y estoit si merueilleuse
que lors que les Carthaginois se soul-
leuerent pour la derniere fois contre
les Romains, estans despourueus de
fer, ils employerent leur or, & leur argent pour faire des harnois. Et ils en
auoient si grande quátité que plusieurs
milliers de gens d'armes, & de soldats
en furent armez tout à fait suiuant les
armes qui leur estoient requises. Or
ceux qui ont porté ceste raison contre
la puissance de l'argent, pensoient auoir
descouuert en cela vne gráde finesse de
leur iugement, mais ils ont donné si loin

du blanc de la verité, que du lieu où
ont planté leurs trajets, on peut de ve￼
le but qu'ils vouloient atteindre ; Ca￼
ils ne se prenent pas garde que la va￼
leur des hommes, & non les seules ri￼
chesses, est l'eminente cause des victoi
res, & qui pour entretenir les liber￼
tes il faut aussi necessairement que
les moyens, & les commoditez man￼
chent pour le moins suffisamment, &￼
l'abondance ne s'y peut rencontrer. Et
c'est bien vne chose vraye, & venuë de
tous en ceste reputation, que l'argent,
ou l'or qui est en bourse ne fait pas la
guerre, ne donne pas les batailles, ny
les assauts, ny ne prend pas les villes￼
force d'armes, mais il est bien si vray
que l'or, & l'argent sont des moyens
qui commandent l'affection, & la vo￼
lonté de tous ceux qui font ces choses
là, parce que l'honneur, & le repos du
monde s'accompagne toujours de ce￼
luy qui possede les richesses, & qui en
sçait bien vser. Ainsi on peut voir que
l'argent est reputé à bon droit, le nerf
de la guerre, puis que par iceluy com-

... des choses ... recommandé aux hommes ... & esquelles hommes ... les Romains. ... Par ce ... pourquoy ie diray qu'il est impossible qu'vn Prince del ... seurté de sommes soit bien suiui en guerre, si l'excellence de ses vertus ne l'a ... rendu extrémement aimé des siens, ... si bien que l'esperance de ses victoires ne leur promette vne bonne fortune, & vn enrichissement asseuré. Mais pour desmoudre entierement la raison de ceux qui voudroiét dire que les plus riches ont esté vaincus si sou uent des moins aisez, & que par ce moyen les richesses ne sont pas neces saires à celuy qui entreprend vne guer re. Ie dis qu'il leur faut respondre à l'i mitatió du dire de Caius Fabricius, qui voyant que l'armée du Consul Albi nus auoit esté deffaite sous les armes de Pyrrhus Roy d'Epire, il dit publi quemét que ce n'estoient point les Epirotes qui auoient vaincu les Ro mains : mais que c'estoit Pyrrhus qui auoit vaincu Albinus, voulant dire que l'inexperience, & peu de vertu d'Albi

Ee iij.

nus auoient cause que la vaillance
Pyrrhus suiuie du bon ordre de ses
gens auoit vaincu les Romains. Et
ainsi il faut dire que ce ne sont pas les
pauures qui ont vaincu les riches, mais
bien que la valeur, & la bonne conduit-
te des pauures à remporté la victoire
sur la foiblesse & peu de vaillance des
riches. Mais en ce siecle l'argent n'est
pas seulement tres-propre pour entretenir en deuoir vne grande armee,
mais encore pour gagner, ou à dire
plus naïfuement, pour acheter le courage & la fidelité des sujets, & des seruiteurs de nostre auersaire. Anciennement vne telle negociation de ruse
& de loyauté estoit infiniment blasmee,
& des-honorable enuers les vns, & les
autres : mais auiourd'huy on cherche
toute sorte de moyens pour vsurper
sur autruy, bien qu'il se treuue encore
quelques Princes qui suiuant ceste antique preud'hommie, n'aspirent que
par les forces d'vne iuste guerre de tirer raison de ce qui leur est retenu. Les
Perses ont esté les premiers qui par le

moyen de l'argent ont corrompu le
deuoir des plus capables personnages
de leurs ennemis à fin de semer la discorde entre eux, ou bien de se rendre
par leur trahison maistres de quelque
bonne place. Agesilaus le connut bien:
car se treuuant contraint vne fois auec
son armee de quiter l'entreprise qu'il
auoit sur l'Asie, à cause des guerres ciuilles qui s'allumoient en Grece, il dit à
ses amis que trete mille Archers le chas-
soient du païs de l'Asie. Voulant signifier par ces Archers trente mille Dari-
ques qui estoient marquees d'vn Sagi-
taire, & que le Roy de Perse auoit enuoyé aux Orateurs d'Athenes, à fin
qu'ils semassent par leurs oraisons la
discorde, & la guerre aux peuples de la
Grece, & qu'à ceste occasion Agesilaus
fust contraint de laisser la conqueste
des païs estrangers pour venir au secours de sa patrie. Philippe pere d'Alexandre pratiqua en ses guerres ceste
industrie de gagner les places & les
Capitaines au moyen de l'argent, &
disoit pour s'excuser de ceste sorte de

conqueste, qu'ayant enquis vne fois
l'Oracle de Delphes, auec quelle ma-
niére de force, ou d'artifice, il pourroit auoir victoire sur ses ennemis, il
luy fut respondu ainsi,

Auec lances d'argent commence & fait
     la guerre,

   Lors tu renuerseras toute chose par terre.

Mais pour reuenir à discourir sur l'a-
uantage que l'argent apporte au Prince qui s'en sçait bien seruir: Il faut dire
qu'il ne suffit pas d'auoir seulement vn
grand thresor assemblé: mais il faut que
la force des hommes soit correspon-
dante aux moyens que l'on possede,
autrement les richesses sont inutiles:
Et c'est ainsi qu'vn pauure Gentilhomme, & vn riche auaricieux ne sçauroiēt
estre magnifiques : car le pauure ne le
peut pas estre, à cause qu'il a faute de
moyens, & celuy qui est riche ne le
peut estre aussi à cause qu'il ne le veut
pas: Et ainsi l'vn, ny l'autre n'est magnifique: l'vn a faute de pouuoir, & l'autre
a faute de volonté. Que si quelques
Princes abondans en richesse ont esté

... que quelque bon

... accompagnent ... plus

... l'Assyrie, Darius

... Mahomet Roy de ...

... tous ... ne ... pas estre

... en sa puissance, ... que leur

... Car il n'y a point de diffe-

rence d'avoir beaucoup d'argent en

ses coffres, & ne s'en seruir en ce qui est

de besoin, & de n'en auoir point pour

le maniement d'vn affaire, d'autre part

parce que les deniers ne sont iamais

... sinon lors qu'ils sont employez,

... par libéralitez, ou payemens, ou

pour autre employement necessaire.

Mahomet ... en si grande inimitié

les Princes ... qui ... n'ont pas les ...

... Estre ... Pompée ... n'a point

qu'il ... mieux aymé de ... laisser croistre

... d'autant ... en la puissance des ...

qu'il ... ne ... qu'à de se mettre

... bonne armée en campagne, ...

en ... de ses richesses. Aussi Ha...

... Prince ... ayant pris la ville

... y ... le cinq

... les monceaux des richesses.

Ee v

qu'il auoit assemblé par voye d'a[...]
ce. Mais en la querelle de[...]e[...]
Pompée auec Cesar, ie [...]eque que Pom
pee tomba en deux [...]rieu[...] & ine[...]
cusables erreurs au commencement
de la guerre : le premier est quand il
quitta la ville de Rome qui estoit le
chef de tout l'empire, & l'autre qui fut
encore plus grande, de ce qu'en ce mesme despart, il laissa dans les coffres de
la Republique vn iuste thresor, que
seruit apres de grand auantage à Cesar
pour payer, & recompenser richement
toute son armee, & de dresser vn be[...]
equipage pour la guerre entreprise.

Marcus Crassus ce riche Romain
sçauoit bien de quelle importance e[...]
stoient les deniers pour de tels choses [...]
guerres. Car il disoit qu'il n'est point ri[...]
qu'vn homme fust riche, s'il ne s[...]bien [...]
il ne pouuoit soldoyer, & entretenir
vne armee. Et Archidamus Roy de
Sparthe souloit dire, que la guerre ne
se fait point auec vn prix arresté de la [...]
pence : au moyen dequoy il faut [...]
que la richesse suffisante pour le soulstie[...]

nir, ne soit point limitee. Mais on peut
voir par les histoires en quels inconueniens les Lacedemoniens sont tombez, pour auoir mesprisé l'vsage des
richesses contre la coustume de toutes
les autres Monarchies, Principautez &
Republiques: Car n'ayant pas assez de
peuples pour dresser vne armee à fin
de resister à leurs ennemis, ils furent
contraincts de se seruir d'estrangers:
mais ceux-cy ne voulans pas seruir sans
tirer finances, il fallut que cette Republique monarchique, en empruntast
de quelque Prince, y laissant en gage
ore vn de leurs Rois, & tantost la mere;
mais en fin il fut force à ce peuple de
s'accommoder à l'vsage vniuersel des
hommes, en la possession des richesses d'où toutes commoditez, & grandes entreprises deriuent, & se pourluī-
uent.

Ces entreprises plus hautes & plus
difficiles que les richesses entretiennet
en vigueur & en mouuement, se remarquent clairement aux desseins, &
aux guerres diuerses que les Rois d'Es

pagne ont mangé depuis cent &
terze ans: car dés ce temps là que premierement Christofle Colomb Gene-
uois, descouurit les Indes Occidétales
à leur nom & fineur, ils ont eu de tres-
grandes richesses pour faire la guerre
contre les plus puissans du monde, &
si bien que le plus souuét les gent leur
ont plustost manqué que l'argent. Et
la premiere fois que Colomb retourna dés Indes, il alla trouuer à Barcelonne le Roy Ferdinand, & la Royne Isa-
belle, ausquels il liura vne excessiue
quantité d'or: mais au second voyage
ayant descouuert les mines d'or de
l'Isle de Cibao, il en enuoya en Espagne douze brigantis chargez. Mais on
peut penser quelle grande richesse les
Rois Catholiques ont tiré de ce païs
depuis si long temps, veu que l'on treuue en l'histoire vniuerselle des Indes
Orientales & Occidentales, qu'il y a-
uoit dans vne des vingt & quatre Nauires dont estoit General Christofle
Bouadilla Cheuallier de l'ordre de Ca-
latraua, & deuxieme Gouuerneur de

... en mesme temps de
... si grande qu'el-
... trente trois, quinze, & dix
... mais cette flotte, tirant vers l'E-
... fut rencontrée d'vne tempeste,
... violente qu'elle en demeura subi-
... en la mer ...

Mais ... qu'on reconnoist tout
ouuertement que les guerres qui se
font en ce siecle sont entretenuës, &
voire animées par le benefice de l'argent, on peut croire, que sans la com-
pagnie d'iceluy vne armée ne sçauroit
demeurer long temps en force, ny en
estre, & qu'ainsi que Pyrrhus disoit à
ses soldats qui le surnommoient Aigle,
Si ie suis Aigle, c'est par vous que ie lo
suis, car vos armes sont les aisles qui
m'ont esleué. Tout de mesme vn grãd
Monarque qui en nos iours seroit tousiours en guerre, pourroit bien dire, Si
mes entreprises sont si grandes, si mes
armées sont tousiours si fortes, si ses
mouuemens sont si agiles, & si ie suis
seruy de tant de soldats, c'est par vous
Or, & argẽt que tant de choses si rares

sont pour moy : car c'est vous qui aprés
l'honneur estes la chose la plus riche &
la plus desiree du monde!

Mais, comme i'ay dit cy dessus, lors
qu'vn Prince aura tant de païs qu'il en
pourra leuer vne armee suffisate pour
l'acheminer au but de ses entreprises,
il ne doit pas augmenter ses forces du
secours des estrangers, si ce n'est de
quelques gaillardes troupes qui pour
le respect de leur valeur, & de la fidelité de leurs Capitaines doiuent estre
honorees & receuës au rang des sujets
naturels : car de faire qu'vne armee
soit composee de plus d'estrágers que
de naturels, cela amoindrit le courage,
& la reputation des sujets : & d'autre
part il est dangereux que l'infidelité ne
s'y loge, ou bien que la desobeïssance,
la mutination, & le desbandement n'y
suruienne dés que les deniers de la solde auront retardé seulemét trois iours
de venir. Les Princes qui de nostre
temps ont mis leurs esperances en certaines forces estrangeres, ont espreuué
que si la solde máque d'arriuer au iour

comme les peuples auxiliaires s'aller
ainsi rassasier, s'en retournèrent en leur païs,
ou bien ils demeurèrent immobiles pour
la gardèrent qui se présente, & le plus sou-
vent ils, veulent faire la loy au Géné-
ral, & le forçant à faire retraire, ou de
rompre le siege d'vne ville, ou bien de
donner vne bataille mal à propos, come fit le Sieur de Lautrec à la iournée
de la Bicoque, où les Suisses qui estoiēt
les plus forts en son armée, voyāt que
l'argent leur auoit failly, le contraigni-
rent à combattre les Espagnols, & les
assaillir dedans leur fort, menaçant ledit Sieur, & protestant de retourner à
leur païs sur l'heure, en cas qu'il ne do-
nast la bataille. Et de ce ils firent telle
instance, que le grand Capitaine fut
forcé d'obeïr à leur volonté, & de co-
battre à son tres-grand desauantage,
dont il fut repoussé, & en suite chassé
de l'Italie. L'armée du Roy François au
siege de Pauie fut grandemēt affoiblie,
& incommodee de ce que les Grisons
s'en retirèrent sous pretexte d'aller secourir leur païs. Or il estoit à iuger v

que les suiets n'vseront iamais de semblables traits enuers leur Prince, ou
pour le moins auant que venir à ces
contraintes & diuisions, ils endureront
long temps toutes les incommoditez
que la faute de l'argent, ou la rigueur
du païs, ou de la saison pourroit apporter en vne armee. Charles VII l'entendoit fort bien quel auantage auoit
vn Prince de ce qu'il s'armoit de ses
propres armes : car il institua en France les ordonnances de sa gendarmerie,
& des gens de pied : mais depuis Loys
XI. son fils poussé de quelque opiniō
ou d'espargne pour ses finances, ou de
crainte enuers d'estranger, supprima l'infanterie de son païs, & commença à soldoyer les Suysses. Et il est auenu de là
que la reputatiō que les Suysses ont
acquis depuis, a esté en autant d'amoin-
drissemēt d'honneur aux gens de pied
de ce Royaume : mais ie ne dis pas
cecy pour aucun mal, ou enuie que ie
porte aux Suysses, n'ay ien ay point
d'occasion : au contraire ie les estime
vaillans, & bien meritans d'estre aue-

Royez ciuguette, & qu'ainsi comme
l'on dit, ils ne reculent iamais, tant leur
courage & leur asseurance sont bien
fondez : mais ie veux bien dire aussi
que la nation Françoise est peuplee de
si grande quantité de bons Soldats,
que sans emprunter aucunes forces des
estrangers, le Roy en peut dresser des
armées non seulement capables pour
deffendre suffisamment son Empire,
mais encore d'aller conquerir valeureusement sur les terres de tous ceux
qui voudroient entreprendre sur son
Estat.

Et à ce propos qui donnera bien
son esprit à connoistre la ruine ou la
decadence de l'Empire Romain, il
verra que la cause n'est venuë d'autre
part que d'auoir rangez les Gots en
l'estime du peuple de Rome, les sol-
doyant & les menant à la guerre sous
l'enseigne de l'Aigle, dont il auint apres
qu'il sembloit que les Romains auoient
forty de leur bras, & de leur courage
la plus grāde partie de leur vertu pour
la donner aux Gots, & les rendre plus

valeureux qu'eux-mesmes. Mais pour
faire voir que de se seruir des peuples
sujets, le seruice en est plus asseuré, &
plus braue, on peut lire que les armées
de Philippe de Macedoine & d'Alexandre son fils estoient presque toutes co-
posées de leurs sujets, & qu'il y auoit
bien peu d'autres Grecs, & on sçait les
grandes conquestes & victoires que
ces deux grands Rois ont obtenu. Le
peuple de l'ancienne Rome estoit tout
guerrier, & si bien que toute la ville se
pouuoit dire vn arsenal, & vne pepinie-
re d'enfans de Mars, aussi la plus grand'
partie de toutes leurs armées n'estoit
iamais formée d'autres gens que de
Citoyens Romains, tant ceste ville si
braue estoit populeuse, & tant ce peuple estoit aguerry. Cynee ce grãd Ora-
teur Grec le connut bien: car il rapporta à Pyrrhus son maistre que Rome
estoit si peuplée de Citoyens guerriers
qu'elle estoit semblable à l'Hydre: veu
que l'on ne sçauroit tellement vaincre
les Romains qu'apres plusieurs armées
perduës, ils n'eussent encore le moyen

s'en rencontre au pied d'autres aussi
fortes. Aussi pour la plus asseurée au dis-
cidence armée il est de besoin s'il se
peut qu'elle soit toute composée de
subjets propres : car en ceste façon il en
reuiendra deux aduantages : l'vn est que
les subjets s'en feront toujiours d'autant
plus meilleurs soldats, veu qu'ils seront
employez à la guerre, & l'autre que
leur solde, ou les butins qui leur pourroient arriuer demeurera toujiours au
proffit de leur païs. Mais lors qu'vn
Prince sera comme contrainct d'emprunter le secours des estrangers, il
doit appeller ceux qui sont d'vne nation ciuille, loyalle & qui est subiette
sous le joug des loix diuines, afin que
leur secours ne se change pas en rebellion, & tyrannie : comme celuy de Saladin Sultan des Sarrazins à l'endroit
de Guy de Lusignan dernier Roy de
Hierusalem : Car ce Roy estant entré
en querelle contre Raymond Comte
de Tripoly, & ne se sentant assez fort
pour le guerroyer, il appella à son secours ce Saladin, lequel apres auoir dé-

fait Raymõd, se rua sur le Roy qui l'a-
uoit appellé, & le chassa de la Palestin
y ruinant l'Estat des Chrestiens, & le
Royaume de Hierusalem. Aemurath
premier Roy des Turcs deceut aussi
Iean Paleologue Empereur de Constantinople qui l'auoit requis de le secourir contre le Roy de Bulgare, aussi
apres l'effet du secours, les Turcs demeurans en garnison en quelques villes de la Grece, furent cause que peu
de temps apres Amurath passa en l'Europe auec soixante mille hommes, &
qu'il se saisit de plusieurs villes, & places fortes des Chrestiens, dont on sin
il s'en est ensuiui la perte des Empires
de Constantinople, & de Trebisonde.

Les Clarissimes de Venise se gou-
uernerent bien plus sagement que cela, du temps de Iules I I. car estans cõ-
batus de toutes parts presque de tous
les Princes Chrestiens, ils refuserent
vertueusemẽt le secours que Bajaseth
I I. Empereur des Turcs leur presenta.
Dont à cause d'vne vertu si religieuse,
Dieu ne les abandonna point, ains il

... li ... soigneusement re-
... l'honneur qu'ils avoient perdu en
Lombardie.

Mais pour retourner au sujet de l'agilité qui est requise aux forces d'vn Prince, ses alliez, ou sujets naturels doiuent se maintenir en telle façon, à la
guerre qu'ils ont entrepris, que lors
que la solde a failly de venir au iour
destiné, ou bien que l'on est oppressé
de quelque autre incommodité qui
n'est pas tout à fait insupportable, il ne
faut pas qu'ils s'esmeuuent aussi tost
sous vn vent d'impatience, ou de di-
uision: ains il leur est necessaire que par
vn patientement honorable, ils fassent
voir que leur honneur, & l'affection
qu'ils ont à l'endroit du Prince, leur est
vne chose beaucoup plus chere, que
l'vtilité, & que le repos. Et ainsi ils seront imitateurs d'vn acte genereux du
grand Pompée qui pour le seruice de
la Republique s'embarquant vne fois
en Sicile pour retourner à Rome, vn
vent furieux se leuant alors en mer,
menaçant de naufrage les nautes, lui

quoy les mariniers redoutans la tourmente, n'oſoient leuer les ancres:mais
luy-meſme montant le premier dans
ſa nauire, commáda qu'on mit les voiles au vét auſſi toſt, & criát tout haut,
il eſt neceſſaire que i'aille , & non pas
que ie viue. Les fidelles Capitaines,les
vaillants ſoldats,& les bons ſujets doi-
doiuent auoir en ſemblable affection
l'honneur,& le ſeruice de leur Prince.

Il ſe trenue vne autre partie qui depend de la volóté du Prince pour voir
ſes forces propres & agiles à les rendre
heureuſement employees à la guerre:
Or ceſte partie n'eſt autre choſe que
l'independáce,ou ſouueraineté du General au gouuernement , & projets de
l'armee qu'il a ſous ſa main. Les Romains donnoient anciennemét à leurs
Conſuls la Generalité des armees,auec
vn pouuoir du tout parfait & ſouuerain,& meſmes quád les deux Conſuls
ſe treuuoient enſemble en vne armee,
la ſouueraineté de commander eſtoit
alternatiue entr'eux : car apres qu'vn
d'iceux auoit eſté ſouuerain tout du-

... vivant, l'autre luy succedoit en la
mesme puissance & authorité, le tout
interpolé ainsi tout autant que duroit
leur vie. Ceste sorte de gouvernemét
s'veoit toute manifeste en la bataille
que les Romains perdirent à Cannes.
Car lors que le iour fut venu où le
Consul Terentius Varro deuoit commander souverainement, il fit mettre
dés la pointe du iour le signe du combat en l'arrere, bien que Paul Emille
son compagnon le dissuadast fort de
se iourner auec Annibal, voiant que
c'estoit vn ennemy, rusé & si coustu-
mier d'estre vainqueur, & qu'il ne falloit rien hazarder contre luy, sinon
lors qu'ils verroient qu'vn auantage
bien grand seroit de leur costé : mais
ceste remonstrance & conseil, ne seruit
de rien pour le destourner de ce que
son audace, & sa souueraineté luy per-
suadoient de tenter. Fabius Maximus
se fit voir aussi en ceste mesme qualité
de souuerain Capitaine au gouuernement qu'il eut de l'armée contre le
mesme Annibal : car ny par le conseil

des plus-grands, ny par les iniures de
toutes les troupes, il ne voulut iamais
l'attaquer auec luy, sinon lors qu'il y
fut conseillé par la mesme raison de la
guerre. De là il auint qu'vn General
d'armée estoit appellé de ses soldats,
comme par éminence *Imperator*, Empereur, voulant signifier que c'estoit le
General qui seul commádoit, & auoit
puissance souueraine sur l'armee. Aussi
c'est bien le vray office d'vn General
d'estre souuerain au gouuernemét des
entreprises, autrement il ne pourra pas
exploiter de grands effets, puis qu'ordinairement les auantages qui se rencontrent en guerre, disparoissent presque aussi soudain qu'ils sont reconnus:
Car l'indispositió d'vne ville, ou d'vne
armee n'est pas comme vne forest qui
demeure tousiours plantee en vn mesme lieu, en mesme façon pour atten-
tre que l'on y mette la coignee: Au có-
traire l'occasion qui se presente à la
guerre, est vne fille de fortune, & comme sa mere elle est glissante, volage &
vagabonde, & porte sur le deuant de la

face

face sa cheuelure toute desploiee pour
môstrer qu'il l'a faut prêdre ors qu'elle se presente. Que si vn General attêd
d'exterminer ses ennemis en la façon
qu'Vlysses, & Diomedes ruinerent les
Thraciens , & Rhese leur Roy qui
estoient venus au secours de Troye, à
peine arriuera-il iamais à tirer l'espee
hors du fourreau: car les armees se gardent mieux maintenant que par le passé, & les fortifications, les corps de gardes, & les sentinelles y sont au meilleur ordre qu'il se peut faire, & si bien
que de ce costé là il ne faut pas esperer
de meriter iamais aucun laurier si parauanture l'armee d'vn tel General n'e-
stoit conduite du silence, & qu'ainsi les
fictions Poëtiques estans de veritables
substances en sa faueur, luy & ses troupes eussent l'agilité, & la legereté de ce
braue coureur Argonaute que Ronsard a voulu peindre ainsi:

Polipheme qui fut si viste, & si dispos
Qu'il couroit à pied sec sur la cime des flos,
L'escume seulement de la plaine liquide
Tenoit vn peu le bas de ses talos humide.

Ff

Ces annees passees lors que le Prince Maurice passoit par le païs de Bra-
bant pour aller assieger la ville de Graue, il fut rencontré de l'armee Espagnole qui estoit conduite de l'Admiral de Castille, & laquelle estoit de
beaucoup plus forte que la sienne, surquoy cet auisé Capitaine se faisant valoir sa reputation, & se seruant de la
disposition dont l'Admiral n'estoit pas
souuerain en son office de Generalité,
il luy enuoya dire par vn de ses trom-
pettes, que s'il vouloit donner bataille,
il le treuueroit le l'endemain en la prochaine campagne en bon ordre pour le
receuoir. Allors l'Admiral ne pouuant
faire ce qu'on luy presentoit, & qu'il
eust receu volontiers s'il fust esté en
qualité de General souuerain, veu qu'il
sçauoit le grand auantage dont son armee surpassoit celle du Prince, luy fit
responce qu'il en escriroit à Bruxelles
à l'Archiduc, pour en receuoir l'ordre
& le commandement, & qu'ayant vn
auis tel qu'il desiroit, il ne manqueroit
de sortir en campagne pour la bataille

qu'il luy auoit offert. Mais tandis qu'il
estoit empesché en l'attente d'auoir réponce de l'Archiduc, & que là se fon-
doient toutes ses pensees : Le Prince
Maurice tirant au dessein qu'il s'estoit
proposé auparauant, se despestra honorablement de ce lieu faisant sa retraite
sans aucune perte, & laissant l'Admiral
auec ses grandes forces en l'espoir des
nouuelles qu'il attendoit. Or si la souueraineté fust esté auec cet Admiral
auec la puissance qu'il auoit en main, il
n'eust pas manqué a chercher son ennemy pour luy donner bataille, puis
que l'auantage qu'il voyoit de sa part
le conseilloit de ce faire. Ainsi on peut
iuger qu'il est raisonnable qu'vn General
soit souuerain en sa charge, & non pas
qu'alors qu'il aura l'occasion d'executer quelque chose de bon, il luy soit
necessaire d'en auoir la deliberation
d'vn Prince qui en sera esloigné de
plusieurs iournees, tandis que la fortune fera perdre en mesme temps la cómodité de ce qui se presente. Telles
commissions estroites n'appartiennent

point au General d'vne armee : mais
bien aux facteurs d'vn marchand , que
s'ils ne treuuent à vendre auec beaucoup de gain leurs marchandifes , ils
les peuuent laiffer en vn magafin , où
le plus fouuent quelque temps apres
elles augmenteront de prix, fi elles font
de telle qualité qu'elles puiffent eftre
gardees longuemét fans fe gafter. Mais
à la guerre où les occafions fe rencontrent fi rarement , il n'en faut iamais
laiffer efchaper vne, ains pluftoft comme dit le braue Marefchal de Montluc , il faut hafarder quelquefois à la
guerre à fin d'en recueillir pluftoft le
fruit, & la gloire.

Mais auec la fouueraineté qu'vn General doit auoir en fon office, il luy eft
requis que de fa part il manie fecrette-
ment fes entreprifes : Et que lors qu'il
aura en main quelque deffein qui merite d'eftre celé , qu'il ne le defcouure
iamais qu'aux perfonnes qui pour l'e-
xecution de l'affaire en doiuent eftre
informez : comme eftans parties neceffaires à la conduite d'iceluy. Et à nul

autre tels affaires ne doiuent estre de-
clarez. Car à cause que les entreprises
guerrieres se forment à l'interest de
plusieurs, & que plusieurs recherchent
de les descouurir à fin de s'en garentir,
vn General doit cherir le secret au prix
de son honneur mesme, à fin que ses
desseins ne soient pas trompez, &
qu'outre le des-honneur de se voir
abusé, il ne se treuue pas repoussé auec
perte, & des-honneur du lieu que son
attente luy auoit marqué. Mais en
l'honneur de tenir secrettement vne
intelligence où le silence est necessaire
la Seigneurie des Venitiens surpasse
toutes les Monarchies & Gouuerne-
mens, qui sont en la connoissance du
monde. Les anciens Romains y ont
esté admirablement discrets, tesmoin
le petit Papirius, qui recelant à sa me-
rece que l'on auoit proposé au Senat,
luy dit, que les Senateurs auoient de-
creté que de là en auant vn homme
pourroit espouser deux femmes. Aussi
Philippides familier du Roy Lysima-
chus sçauoit bien auec quel respect on

deuoit honorer de loin les secrets d'vn
Grand : car comme ce Roy luy eut dit
vne fois, qu'elle chose il luy plaisoit
d'auoir de ses biens, il luy respondit
ainsi : Ce qu'il te plaira, Sire, pourueu
que ce ne soit point de tes secrets. Or
ce qui est occasion que les entreprises
de ce siecle ne sont pas de si grands effets comme celles des anciens, n'est autre chose que de communiquer vn affaire à plus de gens que la necessité ne
requiert , & mesmes à certains amis
conseillers qui treuuans vn labeur extreme à escrire dix ou douze lignes de
memoire, font sçauans des plus chers
secrets du Prince vne foison de petits
secretaires, où le peu de fermeté qui se
treuue en quelques-vns , met au vent
tout ce qu'vn Prince, ou vn General
pourroit auoir de plus cher pour le desirer recellé. Mais Antigonus Roy de
Macedoine apprend bien à toute personne de grand estat auec quelle resolution on doit conseruer vn secret : Car
ainsi que Demetrie son fils luy eut demandé quand partiroit le camp , il luy

respondit: A t-tu peur de n'entedre pas
le son de la tropette? Et en ce siecle ce
magnanime Prince, François de Lorraine, Duc de Guise qui a esté vn des
plus grands Capitaines que la France
ait iamais porté: auoit en telle recommendation le secret des entreprises
guerrieres que tousiours de la propre
main il expedioit la plus grand' partie
de ses lettres: Car il voyoit bien que
sur toutes negotiations les affaires de
la guerre meritent d'estre conduits secrettement.

Ie ne sçay bonnement quelle route
ie doy prendre icy de deux sujets differens qui se presentent pour la perfe-
ctio d'vn General: car la liberalité, & la
haine de l'auarice sont bien differens
en quelque sorte: mais toutefois ceste
cy ne peut arriuer au sommet d'vn degré parfait si elle ne se ioint totalement
auec l'excellence de l'autre: mais puis
que i'ay mis en beaucoup d'autres
parts de ces annotations les loüanges,
& les merites de la liberalité, il sera
plus raisonnable que ie traite en cest

Ff iiij

article de la laideur & des erreurs de
l'auarice à fin d'en faire conceuoir vne
haine eternelle aux esprits q̃ pourroiẽt
auoir en leurs opinions quelque pensée attachée à l'entour d'vn vice si miserable, & si plein de mespris. Or ceste
infirmité d'auarice n'est iamais si dommageable au bon-heur d'vn Empire,
que lors qu'elle se treuue enracinee en
l'esprit d'vn General d'armee, puis que
les affaires de la guerre sont les choses
plus importantes qui se puissent manier en vn Estat: veu qu'ordinairement
tout le mal, & le bien d'iceluy despend
du gouuernement, & des succez d'vne
guerre. C'est pourquoy vn General
doit estre autant esloigné de ce vice,
comme vn magnanime courage est
distrait des qualitez d'vn cœur lasche
& coüard. Tel personnage ne doit pas
auoir moins de soin à se distraire de l'a-
uarice, que d'extremes & perpetuelles
vigilances & industries, à se rendre
vaincueur des ennemis. Et comme
Themistocles deuisant vne fois auec
Aristides, luy dit qu'il estimoit que la

plus grande partie, & la plus excellente
vertu que sçauroit auoir vn Capitaine,
estoit de sçauoir bien descouurir, &
& preuoir les conseils, & les entreprises des ennemis. Cela respondit Aristides est bien necessaire : mais aussi c'est
vne chose bien honneste, & veritable-
ment digne d'vn Gouuerneur, & chef
d'armee, d'auoir les mains nettes, & ne
se laisser point corrompre par argent.
Que si vn General est auaricieux, à peine pourra-il eschaper que l'infidelité
ne iouë quelquefois la partie en son
ame : Car les ennemis qui le connoi-
stront atteint de ceste mauuaise enuie
de thesauriser, luy fourniront secrettement quelques magnifiques presens,
ou bien certaines grosses sommes d'argent contant, à fin que par ce moyen
se l'ayant acquis pour amy, il espargne
la conqueste de leur pais, & ne fasse pas
la troisieme partie de ce qu'il pourroit
faire. Et si bien que lors qu'il voudra
executer quelque intelligence sur vne
place, il en auertira ceux qui la gardent
en leur escriuant que veu l'annee qui

Ff v

est entre-eux, il ne veut pas les traiter
en cruel ennemy : mais toutefois que
pour conseruer son honneur en l'entreprise qu'il a sur eux, qu'ils soient auisez de faire bonne & grosse garde vne
telle nuit, en telle porte, & en tel quartier de muraille : car c'est en tels endroits où les petards, & l'escalade se
doiuent poser. Voila de quelles fauorables attaques, & surprises vn General auare guerroyera ses ennemis, &
auec quelle affectiõ il seruira son Prince. Mais toutefois si la fidellité est encore si grande en luy qu'elle le garen-
tisse d'estre si desloyal enuers sa charge
il aura tousiours du malheur en ses entreprises : Car en premier lieu il ne sera
point aimé des soldats, veu que l'auarice luy fera retenir les recompenses
que leur valeur pourroit meriter, &
outre cela la plus grand' partie de leur
solde : & ostez l'amour aux soldats,
vous leur ostez aussi le courage & l'o-
beïssance dont le deuoit les oblige au
seruice de leur chef. Et par vn autre inconuenient vn General de la sorte ne

pourra iamais gagner parfaitement
vne victoire : Car son cœur qui sera
touliours rampant sur les richesses, luy
tournera toutes ses pensées au butin,
& non pas à pourliuire la victoire iuf-
quès au bout, & si bien qu'au lieu d'a-
uoir vaincu il treuuera que son auarice
& sa negligence aura redonné le cœur,
& les armes à ses ennemis pour luy venir rauir la victoire au milieu des butins qu'il pensoit auoir desia en main.
Tel mauuais rescôtre l'est veu de nostre temps en la fortune d'vn grand
Seigneur, qui apres auoir prisvaleureu-
sement à force d'armes vne ville des
plus fortes de ses ennemis, au lieu de se
bien barriquader & remparer contre
le chasteau, & faire dresser promtemêt
vn fort au dehors pour luy empescher
le secours, il n'eut autre soin apres la
prise d'icelle, que de faire charger sur
vn grand nombre de charettes tout ce
qui se treuuoit de bon dans les logis
des vaincus, à fin de le faire porter en
quelques siens chasteaux qui n'estoient
gueres loin de là : mais tandis que son

Ff vj

cœur estoit ainsi tout emploié au bo
le chateau estãt secouru, il en sortit vñ
telle troupe guerriere q̃ forçãt les bar
ricades des vaincueurs, & rõpant le
corps de garde mal dreffez, elle rauit la
palme aux victorieux , & fit fi brauement que les preneurs furent prefque
tous prins , ou deffaits.   Les fautes de
femblable nature arriuent fouuent en
guerre à caufe de l'auarice des Chefs.
Et c'eft pourquoy vn Prince qui fera
bien amoureux du repos de fes Prò-
uinces, ne doit iamais donner à vn hõme qui eft enlaidy d'auarice, ny la ré-
gence d'vne armée, ny le gouuernemét
d'vne place. Et pour femblables fujets
vn Prince fe doit fouuenir de ce que
dit vne fois Alexandre le Grand , lors
qu'on luy parloit d'vne forterefle qui
eftoit reputee imprenable, demandant
à ceux qui luy en parloient: Si le Capitaine qui la gardoit eftoit auaricieux:
Voulant fignifier par cefte demande,
que fi le Capitaine eftoit tel, l'argent
la rendroit aifémét prenable. Mais afin
de faire voir la laideur , & les deformi-

... de ce dommageable vice d'auarice,
& par ce moyen le rendre tousiours
plus odieux au monde il m'a semblé
à propos mettre icy quelques vers que
ïay autrefois en détestation de ceste
erreur en vn Poëme où l'amoureuse
destinee d'vne Dame est representee,
disant ainsi.

Iamais te veux-ie parler desloyale auarice,
Faim infame de l'or, vice remply de
vice!
N'es-tu pas le moteur d'enuie, & de
rancueur?
Et indigne à iamais d'approcher d'vn bon
cœur?
Puissante sans moyen au milieu des largesses,
Souffreteuse abondante auec mille richesses,
Aux parens, aux amis sans amour, &
sans foy,
Fondant tout dans le gain sa creance &
sa loy,
Au sein des belles eaux vn alteré Tan-
tale,

Enuers son propre honneur vn cruel Ca-
  nibale,
Moqueur, & ennemy de la mesme ver-
  tu,
Et de ses propres mains sur la terre abat-
Mecanique rampant aux desirs plus indi-
  gnes,
Pouuant rauir au Ciel les palmes plus
  insignes,
Et sans vser du sien se peiner d'auoir tout,
Cherchant vn nouueau mal quand vn
  autre a son bout.
Semence de procés, source d'ingratitude,
Beau Croissant sans lumiere auec sa ple-
  nitude,
Captif de son esclaue, idolatre du sien,
Prenant & conseruant par iniuste moyen,
Vice si miserable en ses erreurs cruelles
Qui rend maints nobles cœurs à leur Prin-
  ce infidelles,
Aux amis ennemis, qui fait vne prison
D'vn thresor où l'abus captiue la raison,
Ayant pour esperance vne basse côqueste,
Où plus le soin est grand moins le bien est
  honneste.

Mais pour la fin de ceste Annota-

tion il faut traiter en cest article si pour
faire la guerre mieux à l'auätage il faut
attedre les ennemis en sa terre, ou bien
les aller assaillir en leur païs. Or pour
la determination d'vn tel sujet, les desseins des plus grands Capitaines tant
anciens que modernes, font foy que
lors qu'il est questiõ de faire la guerre,
& que necessairement il faut s'armer
pour guerroyer, il n'est rien de plus vtile & mieux à propos que de porter la
guerre sur les terres de l'ennemy, & de
la tenir loing de sa maison tant que faire se peut. Toutesfois Guillaume du
Bellay sieur de Langey opine ample-
mét en sa Discipline Militaire qu'il est
meilleur d'attendre ses ennemis chez
soy, que de les assaillir en leurs terres,
& pour faire valoir son diré, il auance
plusieurs belles & fortes raisons, qui
ont beaucoup d'apparence de faire
acroire cela à la plus part du monde.
Mais puis que les plus viues apparen-
ces d'vn discours pour bien tissu qu'il
soit, ne sont iamais si dignes de creance
que la realité des effets, & des expe-

riences ordinaires, ie m'estonne pourquoy vn si grãd Capitaine comme luy,
& de qui l'authorité, & les valeurs a-
uoient triomphé sur la terre des estrã-
gers, a peu auoir intention d'escrire
auec tãt de beaux termes vne opinion
si contraire à ce que les preuues ont
fait voir en toutes saisons. Parmy les
discours que Machiauel a fait sur les
Decades de Tite - Liue on voit vne
subtile recherche & iugement sur le
gouuernement ancien des Romains:
Mais touchant les regles & les maximes dont il veut former vn Prince, ie
puis bien dire auecque raison que le
Prince qu'il nous propose est si miserable & impertinent qu'il ne merite
pas d'auoir vn bon sujet. Or pour reuenir à ce que ie veux alleguer de ce
Secretaire de Florence, il dit en ses discours qu'il est meilleur qu'vn Prince
qui sera bien fort & bien armé, atten-
de l'ennemy en ses terres, & qu'au cõ-
traire celuy qui a peu de pouuoir doit
porter la guerre bien loin de son païs.
Mais de ma part, contrariant au iuge-

ment de ces deux escriuains, j'estime
que lors qu'il sera force à vn Prince
d'entrer en guerre auec vn sien voisin,
soit qu'il soit ou le plus foible, ou le
plus fort, il luy sera tousiours plus profitable de se porter en armes sur le païs
de ses auersaires, que non pas de les attendre en ses terres. Et puis que la fortune est si variable & incertaine en toutes choses, & qu'elle fauorise quelquefois aussi bien les plus foibles comme
les plus puissans, vn foible Prince ayāt
eu quelques victoires dans la prouince
de son ennemy, ne pourra manquer
que le fruit d'icelles n'augmente ses
forces & sa reputation, & que par ce
moyen le peuple qui suit tousiours le
vent de ceux qui ont la fortune à leur
faueur, ne le rēde maistre de quelques
villes, ou bien que pour crainte de ses
armes il ne le supporte, & fauorise de
de ses moyens. Que si vn foible Prince attend dans ses terres le plus fort, &
qu'il y gagne aussi la victoire, tout le
bien de sa conqueste ne sera que la
despouille des vaincus, comme firent

les Suisses en leur païs en la deffaite de
Charles Duc de Bourgogne : mais s'il
auient qu'il perde seulement vne bataille, il faut croire que toutes ses forces y ayant esté assemblées, il n'aura
plus de pouuoir à resister, & si bien
qu'vne seule deffaite luy peut faire
perdre tout son païs, veu qu'il se treuuera battu, & chassé dans sa terre par
vn beaucoup plus puissant que luy.
Lors que le sieur de Lautrec assiegoit
Naples, son armée estoit beaucoup
plus foible en nombre de gents de
guerre que les assiegez : mais le courra-
ge & la valeur tenoit en crainte le nôbre, & luy faisoit la loy. Que si le changement d'André d'Orie ne fut auenu,
& que Philippe d'Orie son nepueu
n'eust secouru de viures la ville, elle fut
tôbée trois iours apres entre les mains
des François, qui en ce lieu estâs loing
de leur païs, & outre cela moins puissans que leurs ennemis, eussent fait
voir par le moyen d'vne droite guerre,
qu'il est meilleur d'aller chercher son
ennemy dans sa terre que de l'attendre

chez-soy. Que si pour combattre ma
raison on m'auãce que plusieurs Princes se font mal treuuez de s'estre portez en guerre sur les terres d'autruy, ie
respondray seulement vn mot pour
confondre leur exemple, & leur opinion: leur disant que si iamais Roy, ou
Prince ou peuples, ne fust sorti de ses
terres pour faire la guerre à ses voisins,
il n'y eust eu iamais victoires, ny conquestes de Royaumes, ou d'Empire:
Et d'ailleurs si tous ceux qui ont entrepris sur les terres d'autruy n'y ont
pas eu fortune, il ne s'en faut pas es-
merueiller : Car tous les Capitaines
qui ont desseigné de se faire Cesar n'y
sont pas paruenus, & aussi il n'y a si
belle saison en tout vn siecle où l'on
n'y puisse auoit reconnu quelque iournée bien ennuyeuse & troublée. Que
si l'opinion du sieur de Langey estoit
si bonne comme il estime, on pourroit
bien dire aux armes vn adieu dela Pologne, *Adieu païs d'vn eternel adieu.* Car
il n'y auroit plus de guerre, parce que
lors que deux Princes entreroient en

quelques differens qui les efmouue-
roient à fe guerroyer, chacun voulant
auoir l'auantage qui fe treuueroit de
demeurer fur la deffenfiue, attendroit
fes ennemis en fa terre, & ainfi ils ne
viendroient iamais aux mains, & fe-
roiët femblables aux lignes Paralelles
qui ne fe rencontrent iamais, & aux
Eftoilles du firmament qui ne chan-
gent iamais de place. Ainfi fi cefte opinion eftoit la meilleure du monde, elle
feroit fuiuie de tous les Princes, & fi
les Princes l'obferuoient ainfi : ceux
qui retiennent maintenant quelques
terres & prouinces de leurs voifins, fe
pourroiët affeurer de n'en eftre iamais
inquietez par les armes de celuy qui
y auroit pretention, & ainfi ce qui feroit pris feroit bien pris, puis que mefme l'on n'auroit aucune crainte de le
perdre par les forces d'vn ennemy affaillant. Et quand à moy ie penfe que
le grand Seigneur des Turcs voudroit
biē que femblable Maxime fut eftroitement obferuée des Princes Chre-
ftiens : car ainfi il perdroit la crainte

que l'oracle de quelques anciens Mahometains deuineurs luy ont engraué
en l'ame, en le menaçant qu'à l'aduenir
vn Roy de France doit aller aßaillir
l'Empire des Turcs, & le soumettre
à sa loy par forces d'armes : Comme
Ronsard l'a remarqué ainsi en vn discours où il parle de la grandeur d'vn
Roy de France, & de la destinée des
Othomans.

> Et bien qu'ils soient hautains & glo-
>   rieux,
> De tant de Rois les Rois victorieux,
> Et que d'enfleure ils aient l'ame saisie
> Si craignent-ils pourtant la prophetie.
>   C'est qu'vn grand Roy de France doit
>   vn iour,
> En les domtant, & chaßant du seiour
> Que Constantin esleut pour sa demeure
> Rompre leur sceptre, & d'vne foy meil-
>   leure,
> Gagner les cœurs des peuples Asiens,
> Des Circoncis en faire des Chrestiens,
> François d'habits, de mœurs, & de lagage.

Les Turcs sont extrémement zellez
honorer leurs Prophetes : mais ils

seroient bien contens que leur Mo-
phty, Yman & Marabout eussét men-
ti en ceste prediction, qui auec trem-
blement & frayeur leur fait redouter
la venuë des François. Or on pourroit
apporter vne infinité d'exemples pour
monstrer clairement qu'il est infiniement meilleur d'aller faire la guerre
sur la terre des ennemis, que de demeurer sur la defence en la sienne. Si
les Assyriens sous le grand Roy Cyrus
ne fussét sortis de leurs terres ils n'eussent pas conquis tant de païs. Si Alexandre le Grand se fut tenu tousiours
en Macedoine le bruit de ses valleurs
ne luy eust pas acquis les Couronnes
de tant de Royaumes qu'il subiugua.
Et si les Romains eussent tousiours
demeuré dans Rome à la defensiue de
leurs murailles, ils ne se fussent iamais
veux si riches, si triomphans & si glorieux auec leur Empire, qui par la force de leurs armes assaillantes a maistri-
sé les plus nobles nations de toute la
terre. Aussi c'est la destinée des Lima-
ces, des Escargots, & des hommes pu

fillanimes de demeurer tousiours dās la
coquille , & fous le toit Cafannier :
Mais les braues courages, les Lions, les
Ours, les Leopards, les Aigles , les Saires, & les Gerfaux s'eflognent de leurs
bornes natales, fortent de leurs tanie-
res , quittent leurs nids : & vont bien
loin de leur gite chercher les victoires,
les honneurs, & les conqueſtes.

Les anciens Poëtes ont bien enfei-
gné que, d'aller aſſaillir vn ennemy eſt
bien vne choſe plus braue,& plus vtile
que de l'attendre en ſa terre : Car ils
efcriuent que le vaillant Alcide ne fut
iamais aſſailly d'aucuns ennemis en
ſon païs : mais bien que luy meſme
voyageoit par tout le mōde pour domter & exterminer fous fes vaillances
les Monſtres, & les Tyrans. Annibal
ce grand Capitaine ſçauoit bien par
experience ſ'il n'eſt pas meilleur d'e-
ſtre ſur l'offence que ſur la defence:
Car il conſeilloit au Roy Antiochus,
que pour guerroyer les Romains à
ſon auantage, il failloit les aller aſſaillir
chez eux , puis que par la raiſō de leurs

forces, ils ne pouuoient estre vaincus
qu'en Italie, parce que dedans leur païs
l'estranger pouuoit tirer à son seruice,
leurs armes, leurs richesses, & leurs sujets: Mais en les attaquant hors d'Italie
leur laissant ainsi leur païs sauue & en
liberté, il leur laissoit de mesme vn fõd
& vne ressource qui leur fourniroit
tousiours tel secours & rafraichisse-
ment qu'il seroit necessaire: & qu'ainsi
vsant au contraire il estoit plus aisé
d'emporter aux Romains Rome & l'I-
talie, que non pas tant d'autres Prouinces de leur Empire. Agatocles connut
bien aussi comme l'on doit proceder
pour faire la guerre plus vtile : car ne
pouuant soustenir la guerre en son païs
il sortit, & alla assaillir les Carthaginois
qui la luy faisoient, & il se fit voir tellement oppresseur en son assailláce, qu'il
les rangea en terme de demander la
paix. Et comme i'ay dit cy dessus en la
fin de la deuxieme Annotatiõ, Scipion
vit bien que le meilleur des affaires
estoit d'aller assaillir les Carthaginois
au bord de leurs murailles, que non pas
                          leur

leur faire touſiours la guerre en Italie
contre leur Annibal. Mais ceſte admi-
table Rome a bien eſpreuué à ſa gloire, & à ſon intereſt, quel auantage ſe
treuue de ſe tenir touſiours pour la
guerre en qualité d'aſſaillant : Car tant
que ſes forces ont couru ſur les terres
d'autruy, les victoires & les triomphes
ont eſté comme partiſans de ſes deſſeins : mais dés qu'elle a eſté aſſaillie de
pres ſous les armes de Brenus Roy des
Gaulois, de C. Martius Cariolanus chef
des Volſques, & long temps apres ſous
les diuerſes attaques & oppreſſions
des Vandales, des Gots, & des Viſigots,
elle a changé de couleur, de face, &
de bon heur, & meſme d'apparence
exterieure : comme ſous la victoire
dont elle fut domtée des Gaulois : mais
dauantage en l'annee 1300. de ſa fonda-
tion & du ſalut 548. ayant eſpreuué la
rage & la fureur de Totille Roy des
Gots, qui la ruina en telle façon qu'elle
en demeura deſ-habitee durāt deux annees.

Et ſi pour faire voir que ce n'eſt pas le

meilleur chois de se porter sur les venuz
de l'ennemy, on allegue q̃ Cyrus R.
des Perses voulant guerroyer, Tomiris
Royne des Scithes, elle lui manda qu'il
esleust lequel il voudroit des deux, ou
d'entrer en son Royaume, où elle l'attendoit, ou qu'elle marchast denant
luy: Cela ne peut pas conclure vne generale raison sur toutes entreprises
semblables: Car bien que Cyrus ayant
choisi le party de l'aller assaillir, y perdit en apres la bataille & la vie, ceste
perte luy fut aussi bien suruenuë en
son Royaume comme en celuy d'autruy: Car ce ne fut pas le changement
d'air, ou la situation du champ de bataille qui le fit perdre: mais bien la vaillance des Scithes qui surpassoit celle
des siens. Mais auant que de se resoudre à cet offre, il se treuua plusieurs de
ses familliers, qui le conseillerent d'attendre la Royne en ses terres: mais l'a-
uis de Cresus Roy de Lydie fut le plus
fort de tous: Car il luy dit qu'il estoit
beaucoup plus raisonnable de l'aller
treuuer dans son païs, à cause que qui

gagneroit vne victoire hors & loin d'i-
celuy, il n'éporteroit pas par ce moyen
le Royaume , parce qu'elle pourroit
auoir encore assez de temps pour se re-
faire:mais s'il la vainquoit sur les lieux,
poursuiuant apres viuement la victoire, sans luy donner loisir de remettre
aux champs vne autre armee , il luy
pourroit rauir entierement tous ses
Estats.Mais si lon rencontre beaucoup
d'incommoditez en l'oppression d'vn
païs estranger,il ne s'en faut pas esbaïr:
Car en quelle façon que l'on fasse la
guerre on y treuue tousiours des peines , & des necessitez presques insupportables. Ainsi il sera tousiours plus
requis à vn Prince de porter la guerre
sur la terre des ennemis , si ses forces le
permettent, que non pas de l'attendre
chez soy:Car s'il y reçoit quelque route sa perte sera tousiours moindre que
si elle luy fust auenuë en son païs. Et
qui peut douter que la bataille que le
Roy François perdit à Pauie n'eust esté
de plus grand interest si elle fust arriuee en France de la sorte. Et si le Duc

de Guise euſt perdu la victoire en la bataille qu'il preſenta en Italie au Duc d'Albe, la France n'y euſt perdu qu'vn certain nôbre de ſoldats & de Capitaines, & la perte pour eſtre auenuë ſi loin du Royaume ne luy euſt pas cauſé vn grain de crainte pour le reſpect des vaincueurs. Mais quand l'on perd vne grande bataille au cœur de ſon païs, on peut dire que la perte eſt exceſſiue, & que les plus fermes courages y ſont eſbranlez, & que bien ſouuent on redouble la perte par les côditions d'vne paix deſauantageuſe. Doncques pour faire la guerre plus ſeurement il la faut touſiours tenir loin de ſa maiſon tant que l'on peut : Car aux euenemens qui ſ'en enſuiuent les pertes y ſont moindres, & les victoires plus belles & plus vtiles.

Fin du ſeptieme liure de l'agilité des forces.

LE HVICTIEME LIVRE

DES MAXIMES D'ESTAT

Militaires & Politiques.

De la Fortification.

De la fin de la Fortification.

LA Fortification des lieux est vne partie d'Architecture, si lon regarde la matiere qu'elle manie : & si lon y considere la fin on verra qu'elle appartient à l'art Militaire. Car il est ainsi que la Fortification est

G g iij

vne fabrication proportionnee aux neceſſitez, & aux occurrences de la guerre.

Mais toutesfois, ce n'eſt pas le but, & la fin d'vne place qu'elle ſoit imprenable, mais bien qu'elle ſoit formee en qualité de bonne & raiſonnable defence. Puis qu'il eſt vray que la nature a bien le pouuoir de faire vne ſituation qui, par hauteur d'eſtenduë, ou aſpreté d'aproche, ou de circuit, ſoit inacceſſible aux forces, & à l'induſtrie des hommes, parce que

Natura potentior arte.

La nature eſt plus puiſſante que l'art. Comme on voit en la fortereſſe d'Oruiette, & de ſainct Leon, de Note en Sicicile, de Boniface en Corſe, du Chaſteau de Nice & d'autres: Mais la main, ou l'artifice ne peut faire aucune cho-

se qui pareillement auec l'artifice, & la force elle ne puisse estre
deffaite & ruinee. Surquoy Iupiter mesme parlant aux fables
poëtiques, confesse de ne pouuoir vne telle chose.

Mortali ne manu factæ immortale
carinæ

Fas valeant? vertusque incerta pé-
ricula lustret

Æneas? cui tanta Deo toncessã po-
testas?

Que les naulires construites d'v-
ne main mortelle soient iouiss-
santes d'vne durée immortelle?
Et qu'Æneas puisse estre asseuré à tant de dangers incertains,
à quel Dieu est côcedé vn pouuoir semblable?

Or les places reconnoissent
leur fortesse ou de la nature
tout à fait, comme le Chasteau
d'Oruiette, ou bien totale-

ment de l'artifice, comme le Chasteau de Milan : ou partie de l'vn & de l'autre, comme les villes de Ferrare, & de Mātouë, qui de l'artifice ont les fabriques, & de la nature les fleuues, & les autres eaux.

Mais puis qu'il est ainsi qu'vne place doiue estre defenduë contre trois choses, qui sont, la tromperie, le siege, & la force, si bien la fortification s'estent encore contre la tromperie, parce qu'elle luy bouche les passages, & contre le siege, d'autāt qu'elle se facilitera vn chemin pour receuoir secours, neantmoins elle est proprement tournee, & opposee contre la force: Laquelle force procede du canon, du fer, ou du feu, qui se mettent en œuure, sur la terre comme les bateries, & au dessous cōme les mines.

De la varieté des situations.

R c'est vne chose tres-apparente que toute situation est mõtueuse, ou bien en pleine campagne, & qu'elle entre sur le riuage de la mer, ou d'vn fleue-ue, ou d'vn estang, ou d'autre chose semblable.

La situation en pleine a ces auantages. Et premierement elle vous donne la commodité d'apporter à la fortifica-tion telle forme qu'il vous plai-ra. Apres elle donne difficulté à l'ennemy de l'aprocher & de s'y camper autour : Et en suite, à cause de l'ordinaire abondance des eaux elle sera peu sujete aux mines. Mais les desauantages de

Gg v

semblable forteresse, sont ceux-
cy : Elle sera assiegee, & bouclee
auec moins de gens, batuë auec
plus de facilité en plus de lieux,
& l'ennemy aura plus de commoditez pour les logemens, &
pour toutes autres choses. Et encore, elle sera sujete à caualliers,
terrasses & montagnes de terre:
& dauantage il luy sera necessaire d'auoir plusieurs baloards,
grands fossez, & beaucoup de
munitions, & de faire vne ample
despence à se defendre : auec
quoy il faudra qu'elle supplee à
ce que la nature luy aura manqué.

La situation montueuse a ces
auantages. On y campe difficile-
mét au dessous, & aux iours plu-
uieux on y endure de grandes
incõmoditez à cause de la cheute & descente des eaux. On y ac-

commode malaifément la baterie, & pour l'affieger deuëment
il faut vn grand nombre de gens
& le cãp y treuue toufiours difficulté à fe pouuoir garentir de
l'offence, & à donner les affauts
aifément. Mais pour la faueur
que la nature vous donne en cefte forte de fituation, la fortification fera de moindre peine, &
de moins de defpence, & rarement vne grande place y fera
neceffaire, & encore plus rarement elle aura befoin de caualliers, ou terraffes.

Mais au contraire la fituation
montueufe fe treuue auec fes
defauantages. C'eft qu'elle ne
vous permet pas de faire effe-
ction de la meilleure forme qu'il
faut pour la perfectiõ d'vne for-
tereffe. Et celle que vous lui dõ-
nerez fera ou plus large, ou plus

Gg vj

estroite qu'il ne faudroit,& auec
beaucoup de circuit de murailles vous enfermerez peu de place. Les pluyes luy porteront interests. On y souffrira pour la
necessité des eaux pour boire.
L'artillerie des assiegeans la ba-
tra auec plus de force, la canonnant de bas en haut, & la vostre
canónera auec beaucoup moins
d'impetuosité,tirant de haut en
bas. Il est vray que les bateries
qui se font ainsi contre vne forteresse esleuée, ont ceste parti-
cularité,que les boulets ne donnent iamais aux defenseurs sinon
non en ruinant l'endroit où ils
sont.

La forteresse qui est assaillie
sur la coste d'vne montagne est
participante des auantages &
inconueniens susdits. Et plus
elle descouurira l'ennemy, plus

aussi par rencontre mutuel elle
en sera apperceuë & descouuer-
te.

Mais on doit estimer que les
forteresses qui sont fondees en
l'eau sont de la meilleure & plus
seure qualité, pourueu qu'elles
soient esloignees de la terre au
moins de la distance de quatre
vingt cannes, à fin qu'elles ne
puissent estre battuës. Et outre
cela, ces forteresses ont cet auãtage qu'elles ont besoin de peu
de gens, & de peu de munitions,
& l'ennemy n'en peut pas approcher, & les mines n'y ont
point de lieu pour faire aucun
effet que ce soit. Mais les forteresses qui sont assises ainsi dans
vn Lac, ou dãs autres eaux semblables, sont plus fortes que celles qui sont en mer: parce qu'elles ont tous les auãtages de cel-

les-là, & outre ce, elles ne peuuent estre combatuës auec les
forces d'vne grande armee nauale.

Les forteresses qui sont assises
sur la riue de la mer , ou d'vn
fleuue , ou d'vn grand estang,
participent assez de la qualité
des places qui sont edifiees au
milieu des eaux, & encore elles
ont cet auantage de plus, que
l'ēnemy sera forcé de faire double dépence : vne par terre , &
l'autre par eau. Il est vray que si
elles sont au bord d'vn estang,
ou d'vne riuiere elles seront su-
jettes à rencōtrer quelques perils par les glaces.

Icy se resoluent quelques doutes.

N a mis autrefois en dispu-
te, si c'est vne chose conue-

nable de fortifier vn lieu qui est
diuisé d'vn fleuue royal:comme
est le Legnague. Plusieurs ont
esté d'auis que non , parce qu'-
vne situatiõ ainsi diuisee,& mes-
partie, demande beaucoup de
gens pour sa garde,ne peut estre
gouuernee d'vn chef : Et vne
partie de la garnison sera tousjours soubçonnee de l'autre.
Mais nonobstant tout cela , la
plus commune opinion porte
qu'vn lieu semblable doit estre
fortifié:Parce que l'ennemy qui
le voudra opresser y treuuera la
mesme difficulté,& encore plus
grande. Et pour la defence de
ceste place ainsi diuisee , il ne sera pas besoin d'auoir plus de
gens que si elle estoit vnie: mais
celuy qui l'assiegera , sera contrainct de tenir deux armees
beaucoup plus diuisees entre-

elles, que ne feront pas les parties d'vne telle forterefle.

Il f'eft difputé encore, fi lon
doit edifier vne forterefle en
vne fituation mal faine: on tient
communément que cela ne fe
doit pas faire. Et toutefois ie n'y
treuue pas des raifons affez con-
cluantes pour diftraire l'intention de celuy qui voudroit edifier de la forte.   Mais il eft bien
vray que l'on ne doit pas fonder
vne ville en vn endroit où d'ordinaire l'air eft mal fain : Parce
qu'vne qualité compofee de cefte imperfection , empefchera
grandement la propagation du
peuple la bonne difpofition, la
fanté, & la longue vie des habitans fans lefquelles qualitez aucune ville ne peut eftre fleurif-
fante, ny atteindre iamais à l'hô-
neur de fa fin.   Mais puis qu'il

est ainſi que la fin d'vne fortereſſe n'eſt pas le peuplement ou
multiplication, ny moins la ciuile felicité du peuple, mais bię
l'aſſeurāce, & la protection d'vn
eſtat, bien qu'vne ſituation ait
les autres qualitez qui ſont contraires à la diſpoſition temperee
d'vne ville, ſi eſt-ce pourtāt que
la rigueur, ou inſalubrité de l'air
ne doit pas eſpouuanter, & re-
froidir vn Prince qui voudroit
edifier vne fortereſſe en tel lieu.
Car ceſte intemperance ſera
commune aux defendeurs &
aux aſſiegeurs : mais beaucoup
plus aux aſſiegeurs qu'aux autres, parce que ceux cy, ſeront
accouſtumez à l'air du païs, &
outre ceſte couſtume ils de-
meureront à couuert auec milles commoditez. Et par le contraire ceux qui aſſiegent, y treu-

ueront auec les facheries de
accoustumance, Infinies in
moditez, & necessitez de pl
sieurs choses.

De la figure d'vne forteresse.

TOVT ainsi que la bō
té d'vn soldar, & d
exercite consiste en
deux choses : La gail
lardise & l'agilité : desquell
ceste-cy est de plus d'impor
ce que l'autre. Tout de mesme
en vne place de guerre deux
choses semblables se recherchent, qui sont la fermeté, & l'ê-
ficace. Ie veux dire qu'il est né-
cessaire qu'elle soit non seulement massiue & ferme : mais
adextre encore, & habile à
pousser & a dōmager l'ennemi

Vne forterefſe qui merite d'e-
ſtre nommée forte, doit eſtre
comme vn Geant Briaree auoir
cent mains pour ſe deffendre &
pour offencer, & cóme vn Hydre en qui le venin, ny les teſtes
ne manquent iamais, elle doit
auoir ſes forces & ſon aſpeƈt
touſiours en vigueur pour nuire
à ſes ennemis: Car vne forterefſe n'eſt autre choſe aux Soldats
qu'vn inſtrument immobile.
Or plus vne forterefſe ſe pourra
mouuoir moins pour ſa deffence, d'autant plus il conuiendra
qu'elle donne à ſes deffenſeurs
vne plus grande commodité
de ſe manier & de ſe deffendre.
Et par ceſte raiſon la figure ſim-
ple qui eſt la circulaire n'eſt pas
propre pour vne forterefſe: parce qu'elle eſt preſque ſãs mains
ſans bras, & encore ſans yeux

& fans oreilles. On doit rechercher à ce deffein vne figure cõpofee de parties diffemblables & differentes, & propres à faire diuers effets, à découurir le païs, à reboucher & à arrefter l'impetuofité, à retarder le cours, à empefcher l'affaut des ennemis & à l'endommager de loing & de pres : maintenant auec l'artillerie, ore auec le feu, & tãtoft auec des forties, & autres fortes d'offenfes : Efquelles chofes la figure ronde eft incapable : parce qu'eftant vniforme elle ne peut produire d'effects. Mais en la reigle de compofition, la forme plus imparfaicte d'vne place forte, c'eft la triangulaire parce qu'entre toutes les figures elle eft tref-infuffifante, cõme celle qui fur toute autre eft d'vne forme longue & eftroite. Car

on recherche aux forterefſes
vne place bien large pour euiter le deſordre, & la confuſion
qu'en lieu trop eſtroit occaſiō-
ne au rangement des Soldats,
& à les commander où la neceſſité de la defence le requiert.
Et outre ce, vne telle figure eſt
impropre, parce que les baloards qui ſe doiuent former aux
coings du triangle, demeurent
auec des poinctes trop aiguës,
& faciles à eſtre emouſſees &
rōpuës, Et encore, cela facilite
dauantage l'ennemy de s'aprocher & de manier le pic, ſans
qu'il puiſſe eſtre offencé des
flancs. Car il eſt ainſi qu'il faut
auoir en vne forterefſe ſon but
à deux choſes : l'vne eſt que
vous vous puiſſiés deffendre facilement, & l'autre eſt que l'ad-
uerſaire ne vous puiſſe pas of-

fencer sans difficulté. La figure
triangulaire est dépourueuë de
ceste premiere & secōde qualité:
parce que l'Artillerie de l'ennemy descouurira si bien la face
des baloards, que mesmes il n'y
l'aissera pas vne mousche : &
d'ailleurs elle est si foible, qu'a.
uec vne force beaucoup moindre elle peut estre offencée &
gastee. La figure quadrāgulaire
est de moindre imperfection
que celle là : mais en fin elle n'est
pas de plus asseuree defence. Or
vne forteresse royale doit estre
au moins de figure pantagone,
c'est à dire, de cinq angles : mais
plus elle aura d'angles plus elle
sera meilleure : parce que l'en-
ceinte sera plus ample, & les angles plus mousses, & par conse-
quent plus fermes.

Des trois principaux termes de la defence d'vne place.

LA defence d'vne place a trois termes principaux : l'vn est d'empescher & rendre difficile à l'ennemy de faire aproche, & de se camper : l'autre, de l'empescher à poser son Artillerie, & de dresser baterie : & le dernier est de luy donner empeschement aux assauts, & à l'entrée de la forteresse. Or au premier terme le Marquis de Salusses defendit Gayete contre le Grand Capitaine. Et au deuxiesme, François Duc de Guyse defendit la ville de Mets contre Charles V. Et en l'autre, la ville de Vienne d'Austriche fut defenduë de

Philippe de Bauiere contre Solyman. Les cheualiers de Malthe, & les defenseurs de Famagouste se porterent honorablement en toutes ces trois parties en la defence de Malthe, & de ceste autre ville. Et si Famagouste fut esté secouruë, iamais vne defence de place fierement assiegee n'auroit eu tant de gloire. Car les assiegez firent tenir durant vn long temps l'ennemy bien loing des murailles, & auec vne contre-baterie ils luy desmóterent, & gasterent beaucoup de Canons, & auec la mesme baterie, & plusieurs sorties ils y tuerent vn grand nombre de Turcs, & apres vne admirable defence ayant perdu les fossez, ils se maintindrent inuincibles sur les rempars.

La plus grande erreur qui se
fit à

fit à la Golette, comme auffi à Nicoffie, fut de perdre foudainement le premier terme de la defence : laiffant prefque fans oppofition, approcher l'ennemy iufques fur les bords du foffé.

A tous ces trois effets feruent & valent generalemēt plus que toute autre chofe les baloards, de qui les rauelins, les plate formes, & les caualiers ou terraffes font les fuplémēts. Mais en particulier l'efplanade vaut pour le premier : Et pour le fecond la voye couuerte, & les cōmoditez des forties : Et pour le troifieme la courtine, le terre-plein, & pour derniere neceffité, la maiftreffe forterffe du lieu.

H h

De la scarpe, & contre-scarpe.

L A scarpe , & contre
scarpe ne sont pas
parties de la forte-
resse : mais bien vne
forme d'aucunes de ses parties.
Car il est vray que la scarpe se
donne aux murailles , & aux
terre-pleins, pour les soustenir
& conseruer facilement en pied
contre la pesanteur de leur matiere. Et la nature nous enseigne
cela : Car elle fait à scarpe les
montagnes,& les colines & toutes les choses éminentes & re-
leuées. Veu qu'il est tout certain que les choses suspenduës,
& les droites aussi , ne se pouuãt
longuement goûuerner & soustenir d'elles mesmes, se ruinent

facilement, & cedent à leur propre pesanteur à faute d'appuy.
La scarpe souftient la matiere
qui est ruineuse & caduque de
son propre naturel, & tel estaye-
ment se doit donner grand ou
petit, suiuant que la matiere est
tenace ou pesante. Car d'autant
plus que le terroir sera ferme &
vny, plus en esleuant vn grand
amas, il sera besoin de moins de
scarpe. Le sable au riuage de la
mer, & le forment & le millet
en l'aire, se font vne tref-grande
scarpe, à cause de la def-vnion
qui se treuue en eux, & à parler
vniuersellement toute matiere
gouuerne mieux son poids, auec
beaucoup de scarpe, qu'auec
peu. Il est d'ordinaire de donner vn pied de scarpe, & de reti-
rée pour cinq pieds de hauteur:
Et si bien que vingt cinq pieds

de hauteur demandent cinq
pieds de scarpe, & c'est iusques
au cordon. Et se treuue quelques vns qui ne donnent point
de scarpe outre le cordon , &
d'autres qui l'y donnent sans di-
stinction. Mais aux ouurages de
terre, on doit donner vn pied de
scarpe pour quatre pieds de
hauteur, à cause que semblable
matiere ne se maintient pas si
bien que les murailles. Quelques vns ont opinion qu'il luy
en faut donner moins, pour le
respect de la pluye, qui eslargit
ordinairement la scarpe: mais à
cest inconuenient, il faut remedier en affermissant les terre-
pleins auec fascines.

On appelle contre-scarpe la
scarpe du contre-fossé, qui ne
doit seruir pour autre chose que
pour soustenir le terrain. Sur-

quoy il est necessaire de la faire
tres subtile: autrement elle ser-
uiroit à l'ennemy de rempart &
de contre-mur. Et faut l'auiser
aussi de n'y faire aucuns pertuis
ou canonieres, de peur que cela
ne se treuuat quelquefois à l'a-
uantage des ennemis pour endommager les defendeurs , &
leurs murailles auec la harquebuse, le mosquet , & l'artillerie,
comme fit le Marquis du Guast
au siege de Monopoly. Or il suffit pour maintenât d'auoir ainsi
escrit en general de la fortification.

Hh iiij

ANNOTATION.

Ly a trois sortes de forces qui rendent seurement fortifié l'Estat d'vn Prince : La premiere consiste aux forteresses qui doinét estre sur les frontieres du païs, à fin d'empescher l'entree aux ennemis. L'autre est l'amour dont les sujets doiuent affectionner de tout leur cœur l'honneur, & la felicité du Prince, & la derniere est le moyen qu'vn Prince doit auoir abondamment pour dresser vne armee à fin de se deffendre non seulement en campagne dans son païs : mais encore d'aller troubler, & trauailler ses ennemis en leur terre : Ainsi sans ceste derniere force vn Prince ne pourra pas tenir longuement vne seure defence : Car les forteresses estans prises en fin apres vn siege, le païs sil n'est de tres-grande estenduë, & remply de

plusieurs villes fortes, se treuuera oppressé de toutes parts de l'ennemy af-
saillant, & se verra bien tost reduit entre ses mains : Et lors le seul amour des
sujets, bien que d'vn pouuoir tref-gråd
ne pourra pas estre si puissant en sa force de contre-carrer la violence des ennemis : Car pour l'entiere gloire d'vn
grand desir, il ne faut pas seulement l'a-
fection : mais il faut auoir auec elle les
moyens de mettre en effet les seruices
que l'on souhaite de rendre. Mais aussi
lors qu'vn Prince est si fortuné & glorieux d'auoir l'amour de ses sujets, &
les moyens de dresser & d'entretenir
vne armee, la fortune luy peut bien dire auec verité ce que la prophetesse de
l'Oracle de Delphes dit au grand Alexandre : Tu és inuincible mon fils : Ainsi quand vn Prince sera possesseur de
ces deux richesses, il se peut tenir af-
seuré que l'honneur, & l'heureuse vaillance accompagnera ses armes, & que
si tous ses voisins mesmes luy faisoient
la guerre, il aura tousiours le pouuoir
de leur resister par tout, & de leur don-

Hh iiij

ner la fuite & la perte, auec vne grieue
repentance de leur entreprise. Comme
on peut voir en l'Histoire de France:
Car les peuples de ce fleurissât Royaume ont esté tousiours si affectionnez à
leurs Roys, qu'en la plus grande oppression, & conqueste que les estran-
gers-y ont fait autrefois, l'amour de
ceux qui estoient encore à eux a esté si
grand, qu'ils n'ont iamais refusé d'estre
taillez, & employez ainsi que sembloit
bon au plaisir du Roy, & tellement
que ceste affection conjointe auec l'o-
beïssance, & les bons seruices, a rendu
tousiours la France victorieuse de ses
ennemis. Charles cinquiesme dit le
Sage estant ainsi bien obey de ses sujets, & assisté de leurs moyens chassa
de la Frâce les Anglois qui s'en estoiêt
saisis de la plus grande partie, tenant allors son sejour à Bourges, & donnant
le gouuernement de la guerre à Bertrand du Guesclin, qui estoit vn vaillant & heureux Capitaine. Charles
septieme, aussi par l'heureuse assistance
de ses sujets, & des valeureux chefs de

guerre , & mefme de la conduite &
vaillance de Ieanne la Pucelle , guerroyant les Anglois, qui feftoient rendu maiftres d'vne bonne partie du
Royaume durant le regne de Charles
fixieme , les vainquit eu plufieurs rencontres, & les contraignit de retourner
en leur Ifle , ne leur permettant de retenir autre chofe de deçà la mer que la
ville de Calais, & la Comté de Guines.
Le Roy François premier fut fi bien
affifté de fon peuple lors que Henry
huictieme d'Angleterre, & l'Empereur
Charles cinquieme fvnirent contre
huy, que fe rendant defendeur, & affaillant tout enfemble , il leur fit quiter le
deffein, & la prife qu'ils auoient fur la
France. On a veu auffi en nos iours
que le zele, & la foy dont les François
ont toufiours efté foumis à leurs Monarques , a ferui au Roy, d'vne forte-
reffe autant vtile à fon feruice, qu'inex-
pugnable contre les plus grandes forces des Efpagnols.

Or pour ténir vn païs en bon terme
de defence, il eft befoin qu'il y ait des

Hh v

forterestes, soit que l'Estat du Prince
soit de grande, ou de petite estenduë:
mais toutefois lors qu'vn Prince aura
ses terres en petite grandeur, & qu'il
sera enuironné d'autres beaucoup plus
puissans que luy, il ne faut pas qu'il en-
treprenne aucune chose par ambition,
ou dessein mal à propos côtre le païs de
ses voisins, se confians à la force de plusieurs forterestes qui serôt en ses terres:
Car les répars, les fossez, les bastions, &
les murailles ne sont pas les principales
forces d'vne place forte : ains ce sont
les hommes qui la gardent : Et en cela
maints Princes ont esté abusez de se-
stre mis en guerre contre de plus puissans qu'eux, pour l'esperance qu'ils
auoient que certaines forterestes con-
sumeroient la patience & les moyens
du Prince qui les viendroit assieger:
Car les forterestes sont assiegees & batuës maintenant de telle industrie &
auec telle tempeste, foudroyement de
canons, que pour superbe que soit vne
place, il faut en fin que la ruïne des murailles & des defences y permette vn

paſſage aux aſſiegeans : Mais il y a vne
autre ſorte d'arme qui bien ſouuent
fait de plus grands effets qu'vn nombre infiny de canonnades : Or ceſte arme n'eſt autre choſe que l'or & l'argét
qui ne tire pas ſes coups contre les re-
pars, & les pierres inſenſibles : mais
bien dans le plus interieur du cœur des
hommes, qui par l'apparence ſeront
eſtimez au rang des plus fidelles, & à
qui l'on aura donné vne place en gouuernement.

Et le nombre de ceux qui demeurent
touſiours fermes & indomtez contre
les charmans allarmes des richeſſes,
n'eſt pas exceſſif : veu que le deſir de
poſſeder de grands moyens, commandé preſque en ſouuerain la plus grande partie des hommes : rant l'opinion
que l'on ſ'imagine du deſir d'auoir, eſt
de grande puiſſance à gouuerner les
cœurs, les eſprits & la raiſon. Auſſi ie
parle ainſi de l'excellente vertu de l'Or
en vn poëme :

Les pierres, & le fer ſ'ouurét pour faire lieu :
A l'Or qui ſur la terre eſt comme vn ſe-
   cond Dieu.   H h vj

C'eſt pourquoy ſi les principales
forces d'vn Prince conſiſtent en fortereſſes, on peut croire que ſon Eſtat ne
ſera pas aſſez aſſeuré lors que la guerre
luy viendra ſus : puis que par le moyen
d'vne grande ſomme d'argent on achę-
pte quelquefois le courage d'vn Capitaine qui auroit promis vne valeur inuincible en la defence de la place qui
luy auroit eſté donnee en gouuernement. Et ainſi la plus forte fortereſſe
du monde eſt bien toſt prenable : puis
que celuy qui la doit garder ſe laiſſe
prendre à l'argent, & qu'auec la priſe
de ſon cœur, les plus forts rempars, &
les plus fermes & ſecrets endroits d'i-
celle, ſe treuuent pris de meſme. Mais
puis que chacun n'eſt pas de ſi laſche
nature de vendre ſon honneur en tra-
hiſſant le deuoir & la foy qui l'oblige à
ſon maiſtre, il ſera touſiours vtile à vn
petit Prince d'auoir en ſes terres quelques bonnes fortereſſes à fin que par
la reſiſtance d'icelles, & durant la longueur des ſieges qu'elles ſouſtiédront,
il aye moyen d'eſtre ſecouru de ſes voi-

fins, ou de ses alliez, & de traiter vne
paix honorable auec le Prince qui l'auroit aſſailly.

Mais ie ne veux pas traiter icy ſur la
forme & les qualitez qui ſont requiſes
en vne place forte, & qui ſont repre-
ſentees au long par les maiſtres qui en
ſeignent l'art de fortification: car pour
diſcourir parfaitement de ceſte matiere, il eſt beſoin que les figures & les li-
neamens d'vne place y accompagnent
le diſcours. Toutefois ie treuue fort ri-
dicule la raiſon de certains qui tiénent
leçon ſur la maiſtriſe de fortifier vn
lieu: Car me treuuant dernierement à
propos de parler ſur ce ſujet auec vn
de ces maiſtres, il me vouloit faire accroire que la premiere choſe que l'on
deuoit regarder pour parfaire la fortereſſe d'vn lieu, eſtoit de connoiſtre en
quel degré de longitude, & de latitude
eſt la place que lon veut fortifier, &
ſous quel Aſtre elle eſt commandee.
Or quant à moy ie treuue bien que
l'Aſtronomie eſt vne des plus belles, &
plus certaines ſciences qui ſoient con-

nuës : mais de la mettre en lice pour la
détermination de fortifier vne place, ie
n'y vois aucune raiſon aſſez forte, bien
qu'on en peuſt amener qui ſeroient
fort bonnes en apparence. Mais n'eſt-
ce pas vne choſe tref-euidente qu'il
faut édifier vne fortereſſe au lieu plus
commode pour la defence du païs, &
meſmement ſur les places que la nature a rendu deſia fortes ? Et telles con-
ſultations Aſtronomiques pouuoient
appartenir iuſtemét aux anciens Grecs
& Romains & autres peuples dé la
Gentilité, qui n'entroient iamais en
aucune entrepriſe d'edifice ou d'autre
deſſein vn peu releué, ſans auoir premierement conſulté auec les Aſtres,
ratiociné auec les auſpices, & enquis
l'auis des Oracles : mais les Chreſtiens
n'ont pas beſoin de telles imaginations
eſtrangeres pour gouuerner leurs intentions, ains ils ne doiuent auoir autre guide & conſeil en leurs entrepriſes que l'honneur de la Religion, & la
raiſon naturelle. Et ie voudrois bien
demander ſi les Chaſteaux de Sedan

de Mont-mellian, de Nice, & des Isles
de Marseille, & d'autres places qui sont
fortes de la nature du lieu, ont esté fondez auec telle consideration des Astres:
telles forteresses, & voire toutes les
autres encore qui sont venuës de l'inuention des Chrestiens ont esté construites en la seule raison de la situation
qui estoit propre pour y faire vn chasteau bien fort, & pour seruir de rempart aux frontieres d'vn païs.

Mais vne des meilleures parties de
la fortification est l'esplanade qui doit
estre tout à l'entour d'vne place: car au
moyen de cela on ne la peut approcher
qu'auec vne tres-grande perte d'hommes. La forteresse de Palmanoua des
Venitiens surpasse en ceste partie toutes les places de la Chrestienté. Et c'est
bien vne partie si necessaire pour vne
place forte qu'elle la peut rendre comme inuincible : Car dés aussi tost que
les bateries du siege se peuuent poser
au lieu propre pour batre la place, on
doit estre asseuré qu'elle ne pourra pas
tenir long temps, pourueu que les as-

fiegeurs ayent vn chef de valeur, & que la place foit tellement affiegee qu'elle ne puiffe eftre fecouruë, autrement on n'auroit iamais fait : comme les Romains au deuant de Numance de qui le fiege dura quatorze annees, où en fin l'induftrie de Scipion Nafica, termina vn fi long fiege par la famine, & par la prife d'icelle. Et dernierement le Marquis de Spinola en fit autant au fiege d'Oftende que le monde eftimoit imprenable : Car dés qu'il eut le gouuernement de l'armee, tout fon but fut auec la continuation des bateries d'empefcher que le fecours n'auint pas fi aifément aux affiegez, & les ouurages ayant fuiui fon deffein, & prenant pied à pied la terre fur eux, il fit perdre le nom d'inuincible à cefte fameufe place qui auoit tant braué fes ennemis.

Toutefois depuis que les canons de la guerre font en vfage, il me femble qu'aucune ville n'a efté fi brauement defenduë que Famagoufte : Car eftant affiegee de deux cens mille Turcs, &

batuë de quatre-vingts gros canons, &
tourmentee de maintes dommageables mines : Le Clariſſime François de
Martinengue Venitien la defendit ſi
valeureuſement auec trois mille ſoldats qu'il auoit ſous ſoy , qu'il y fit
mourir en guerre quarāte mille Turcs;
ce qui eſt du tout eſmerueillable : car
le ſiege ne dura que ſoixante & dix
iours, au bout deſquels, il fit compoſi-
tiō auec Muſtapha General des Turcs;
à cauſe que les viures , & les munitions luy manquerent totalement.

  Mais pourtant ie ne croy pas qu'aucune fortereſſe pour extreme qui ſoit,
dés qu'elle pourra eſtre batuë des aſſiegeans, puiſſe tenir plus haut de ſix mois
contre les forces d'vne armee Royale
qui ſera commādee d'vn General bien
experimenté pour la guerre. Et de tenir plus long temps, il ne peut appartenir qu'aux fortereſſes qui ſont eſleuees
ſur le ſommet de quelque haute roche
où le canon ne peut faire baterie : bien
que contre telle forte place, l'artifice y
puiſſe valoir : Car rien n'eſt de ſi fort

contre les hommes, que les hommes
n'y portent quelque inuention pour
l'affoiblir : Et contre semblable forteresse l'artifice de Mahomet II. sert de
raison, & d'exemple : Car pour le siege
qu'il delibera contre Constantinople,
il fit faire expressément deux Basilicsde
grandeur si enorme, qu'il falloit deux
cens paires de Bœufs à chacun d'iceux,
pour les trainer en vne pleine, & libre
campagne, & le siege estant dressé, ces
canons ne tiroient que deux fois le
iour, & le bruit de leur canonnement
estoit si terrible que la terre en trem-
bloit cinq lieux tout à l'entour, le poids
de leur boulet estoit de cent liures, &
on peut penser quel rauage, & quel dé-
gast de muraille pouuoit sortir des bateries de deux canons si puissans.

Or pour apporter quelque chose en
faueur d'vne place defenduë ie diray,
que sa principale force gist en la vertu
des Capitaines qui y commanderont.
L'exemple de la ville de Peronne en
fait foy: car estant extrememement foible
d'elle-mesme pour resister à l'armée

des Flamans & des Allemans qui l'a-
noient assiegee, toutefois la vertu du
Mareschal de la Marche, & des siens la
fit imprenable. Mezieres se treuuant
despourueuë aussi de toutes les choses
qui seruent à faire forte vne ville,
neantmoins les François qui s'y treuuerent dedãs entre les principaux chefs
desquels estoit Anne de Montmorency Connestable, la defendirent heureusement contre la puissance d'vn
Empereur. Les Lacedemoniens con-
noissans que la principale forteresse
d'vn païs consistoit au courage & à la
valeur des hommes ne voulurẽt auoir
aucunes murailles en leur ville : mais
ceste opinion seroit trop inutile aujourd'huy, veu la fureur & la force des
canons. Or puis qu'il est vray que la
vertu des hommes peut rendre vne
place presque imprenable : Vn Prince
doit tenir cinq choses en vne forteresse, s'il desire qu'elle soit comme inuincible aux plus violentes forces de l'ennemy : La premiere sont les viures, la
deuxieme les munitions, la troisieme

vne suffisante quantité de bons soldats la quatrieme quelques excellens maistres Ingenieurs, & la derniere que les Capitaines, & le Chef soient hommes bien experimentez en guerre, & que leur fidellité soit ainsi qu'estimee & reueree de tous.

Fin du huictieme liure de la fortification.

LE NEVVIEME LIVRE

DES MAXIMES D'ESTAT

Militaires & Politiques.

Des Relations de la Mer.

Quelle chose est plus grande
la mer où la terre.

NOVS auons de considerer en la mer sur le sujet des presentes relatiõs, la quantité, la qualité & le mouuement. En la quantité il arriue en premiere consideration, quelle chose est plus grande de ces deux, la terre, où la mer : apres de quelle profondeur elle peut estre : &

pour le dernier point. A quelle
occasion la mer ne s'augmente
par tant de riuieres qui se. des-
chargēt en elle de toutes parts.

Quant à la grandeur de la
mer , il se peut disputer ou de
l'eau marine seulement, ou bien
de toute sorte d'eaux. Et c'est
ainsi que la quantité des eaux
qui sont aux estangs, & aux riuieres est comme inmesurable.
Mais outre cela , Platon, estime
qu'il y a vn barathe, ou abysme
d'eaux au milieu de la terre,
d'où toutes les riuieres ont leur
source, & leur retour aussi apres
s'estre vuidées en mer, ou bien
dans quelques estāgs. Et il semble que Virgile a esté de ceste
opinion , quand il feint que le
berger Aristée fut introduit de
sa mere dans les parties sous-ter-
raines, où l'on voit qu'il met l'o-

rigine des fleuues dans les entrailles de la terre. La mer Caspe fait foy de cecy: car elle est assise au milieu de l'Asie, & distante de la plus prochaine mer, au moins de cinq cents milles. Et aussi vne semblable opinion est donnée par le grand nombre d'estangs si profonds & spacieux, qui n'ont aucune communication auec la mer. Et d'autres estangs encore qui s'engendrent par les tremblements de terre: Et d'aucuns aussi de qui la profondeur est telle, qu'elle n'a peu estre mesurée: & de plusieurs riuieres qui se regorgent dans terre, & puis ils n'en sortent plus, ou qui vont se deschargeans en certains estangs, comme la riuiere du Iordain au lac Asphaltite. Mais d'autant que ceste quantité d'eau sous-

terraine eſt ignorée de nous, on
ne ſçauroit dire aucune choſe
certaine de ſa grãdeur abſoluë.
Et ainſi l'on n'en peut aſſeurer
aucune comparaiſon auec l'e-
ſtenduë de la terre.

Il ſemble bien , que d'vne
part, toute l'eau doiue eſtre plus
grande que toute la terre, parce
que l'ordre de la nature & la
proportion des elemens le demande ainſi. Car tout de meſme
que l'air excede l'eau , & le feu
l'air , & le Ciel le feu : il ſemble
ainſi que l'eau doit exceder la
terre. Car la nature cherche en
toutes ſes œuures de donner vn
temperement aux choſes, & de
contre - peſer l'vne auec l'autre.
Ou, parce que peu de terre peut
reſiſter à beaucoup d'eau, & de
main en main peu d'eau à beau
coup d'air, tout ainſi qu'elle a
donné

donné plus de lieu & de pays à
l'air, contre-pesant la densité, ou
espaississemét des élemens inferieurs auec l'amplitude des superieurs, & l'amplitude de ceux
cy auec l'espaississemét de ceux-
la : Il semble qu'elle ait deu faire l'element de l'eau beaucoup
plus spacieux, & ample que celuy de la terre. Et en ceste façon,
nous voyons qu'elle a fait les
animaux mansuetes & petits,
beaucoup plus feconds que les
fiers & les grands, comme voulant aider à leur foiblesse par le
moyen de la multitude.

Mais d'autre part, d'autant
que Dieu a fait ce monde en faueur, & au seruice de l'homme,
& qu'il luy a consigné la terre
pour son domicile : Ainsi qu'il
n'estoit pas conuenable pour le
benefice de l'homme, que l'eau

couurift toute la terre, comme
l'air couure toute la terre &
l'eau : tout de mefme qu'elle ne
la couure pas, auffi elle ne doit
pas eftre plus grande, & comme
l'eau ne couure pas tout le lieu
de la terre , auffi toute fa grandeur ne luy conuient pas. Ains,
puis qu'il eft ainfi, que l'eau cede à la terre vne partie de fon
lieu pour la demeure, & pour les
commoditez de l'homme.

Il femble qu'il eft raifonnable, qu'elle luy en cede tãt, que
la terre auec cefte augmentation ait plus de place que l'eau.
Et mefmement que la terre en a
peu pour foy-mefme: & que l'on
ne fçait à quel auãtage tant d'a-
bondances d'eaux peuuẽt eftre
à l'homme, ou encore au monde. On doit eftimer par la mefme raifon, que la fuperficie de la

terre est plus spacieuse que celle
de l'eau: parce, que puis qu'il est
ainsi que la terre est l'habitation
de l'homme, non pour raison de
sa grosseur, mais bien de sa surface: si pour le respect de l'homme
l'eau cede en grosseur à la terre,
à plus forte raison luy doit elle
ceder encore en surface. Et bien
que l'on n'ait pas vne pleniere
experience de cecy, parce que
vers le Pole Artique les nauigations n'ont esté plus outre du
septantieme degré, & vers l'Antartique non plus auant du cinquante sixiesme: neantmoins on
peut faire iugement de ce qu'il
n'a pas esté descouuert, par le
moyē de ce que l'on a desia veu.

Or aux parties descouuertes
du monde la superficie de la terre est beaucoup plus grāde que
celle de l'eau. Et c'est vne chose

bien confiderable qu'il y a beaucoup plus de terre du Leuant au
Ponant, que du Septentrion au
Midy, & vers le Septentrion la
terre eſt beaucoup plus grande
que celle qui eſt vers le Midy.
Ce qui ſ'atribuë par quelques-
vns à la hauteur de la partie Artique, & la baſſeſſe de l'Antartique.

Il ſe treuue quelques autres
qui referent cela aux Eſtoiles,
qui ſe voyent plus notables, &
en beaucoup plus grand nombre en ceſte partie qu'en l'autre.
Et ceux là ont opinion que les
Eſtoiles ont pouuoir de deſſei-
cher, & pourtant, où les Eſtoiles
ſeront dauantage là ſe treuuera
plus grande partie de terre: Et
où les Eſtoiles ſeront en moindre nombre, là ſuruiendra que
l'eau ſera en plus grãde quan-

tité. Mais si cela est vray comme il est vray semblable, il ne sera pas besoin de dire que les estoi-les soient la cause efficiente de plus grãde quãtité de terre vers le Pole Artique: mais plustost il les en faudroit reputer cõseruã-tes. Parce que Dieu Createur de toutes choses, a disposé la terre & l'eau cõme elles sõt à present: Et à fin que ceste dispositiõ fust perpetuelle, il leur donna pour occasions conseruatrices le ciel plein d'estoiles vers l'Artique, & peu semé d'estoiles vers les par-ties de l'Antartique.

De la profondité de la Mer.

E suis d'opinion que la pro-fondeur de la mer corres-pond proportionnément à la hauteur des montagnes, & qu'-ainsi la mer s'abaisse & s'enfonce

Ii iij

tout autant que la terre s'esleue..
Ceste mienne opinion est con-
firmee de l'authorité des Geometres dont Plutarque fait
mention en la vie de Paul E-
mille. Ces Geometres esti-
moiet que la hauteur des montagnes & la profondeur des
mers ne passoient pas dix stades
bien que quelques modernes
esleuent les montagnes & apro-
fondent les mers iusques à seize
stades : mais ceste-cy est chose
tres-rare. La profondeur ordinaire de la mer correspond aux
colines & aux montagnes mediocres, & l'extraordinaire aux
Apennins, aux Alpes, & aux autres montages desmesurées. Et
à discourir en particulier, Aristote veut que la plus basse mer
soit la Meotide & la mer-Ma-
jour. Et apres, la Propontide,

l'Archipelague, la mer Tyrrhe-
ne & les autres se vont aprofon-
dant vn peu d'auantage. Mais
hors le destroit de Gibaltar
l'Ocean Cantabrique est d'vne
tres-grãde profondeur: car auec
la longueur de quatre cens brasses de cordages on n'a peu treuuer le fond. Le canal d'Angleter
re, la mer Germanique & le Baltique n'ont pas ordinairement
plus de soixante brasses de profondeur. La mer de Nouergie
passe quatre cens brasses. Et on
tient semblablement que pour
l'ordinaire l'Ocean du Nort est
plus profond que celuy du Sur,
& aussi plus que l'Ethiopique &
que l'Atlantique : & que les
mers qui n'õt aucunes Isles sont
plus profondes que celles qui
en ont, & que la multitude des
petites Isles denotte qu'il faut

que l'eau foit de petite profondeur aux enuirons. Ainfi par ces
raifons le Golphe Mexicain , le
fein de Barbarie, la mer des Mal-
didiues & l'Ocean Eoë qui font
femez d'Ifles infinies doiuent
eftre peu profonds.

Mais ie puis eftre ainfi enquis
de quelques vns. Si la mer a efté
creée de Dieu pour l'vfage &
pour le feruice de l'hõme, àquel-
le fin tant d'abondance d'eaux?
Et quel benefice peut produire à l'homme cefte defmefu-
rée grandeur de l'Ocean Atlantique , de l'Ethiopique , de
l'Indique & cefte exceffiue eftẽ-
duë de la mer Pacifique ? Or ie
diray à cela, que tant de grandes
campagnes de mers, font au feruice des humains , & premierement parce que cefte grandeur
de la mer eft neceffaire à la beau-

té du monde, & à la proportion-
née disposition des élemens. Et
puis qu'il est ainsi , que le monde estant l'habitation des humains, sa proportion appartient
à son seruice. Et ainsi de ces grãdes mers il leur en auient des
cõmoditez: parce qu'au moyen
des nauigations, les hommes se
facilitēt la communication des
païs plus esloignez, & s'acquierent les fruits & les richesses
dont la nature les a fauory. Et si
bien que par la nauigation l'O-
rient s'esiouït de tous les biens
qui naissent au Ponant , & au
contraire le Ponant s'esgaye des
biens & des richesses de l'Oriēt.
Ce qui ne pourroit reüssir par les
voyages qui se feroient par terre : par ce que les chemins y seroient comme infinis , & outre
plus la despence immesurable,

& la difficulté de la côdiute in-
fuportable: & ainfi les marchandifes arriuant auec tant de longueur d'vne extremité à l'autre
fe treuueroient efuentees, con-
fommees, & priuees de leur vertu & bonté naturelle. Et d'a-
uantage on doit croire que de
ces eaux infinies de l'Ocean,
tous les fleuues, & toutes les
fontaines ont leur fource: & qu'-
elle chofe paroift plus neceffaire, plus belle, & plus fauorable
aux hommes que les fecondes
eaux des grandes riuieres, & le
cours argentin, & murmurant
des ruiffeaux. Et ces rniffeaux, &
ces riuieres font en fi grãd nombre, & quelques vnes de celles.
cy font de telle grandeur, que
pour les entretenir auec telle
merueilleufe, & perpetuelle a-
bondance d'eaux, il n'eftoit pas

beſoin de leur donner vn moindre fonds & capital que la mer.
Et oultre cela Dieu à formé le
mõde pour le ſeruice des hommes, & de telle maniere qu'il n'a
pas manqué en vn ſeul point
en la perfection de la grandeur
qu'il luy a donné.

Luculle inuita vne fois certains perſonnages Grecs à diſ-
ner auec luy, & ſuiuant ſa couſtume, il les traita explendide-
ment à toute reſte: Dequoy ſ'eſ-
merueillans de la varieté des
viandes, de l'exquiſe façon des
aſſaiſonnemens & confitures, &
de la magnificence ineſtimable
de l'appareil & du ſeruice, ils luy
dirent qu'il auoit vſé de trop
d'abondance, & de raretez pour
le traitemẽt d'hommes de leur
cõdition. A quoy Lucullus leur
reſpondit, Qu'ils ne ſ'eſmerueil-

lassent pas de cela : parce que si
bien il eut fait quelque chose en
leur faueur : neantmoins la plus
grand' partie estoit en consideration de sa persône. Ainsi bien
que l'Eternel aye fait le monde
pour l'vsage des hommes, toutesfois il l'a fait dauantage pour
sa gloire. Doncques bien qu'il
eust suffit aux humains les riuieres seulement, ou bien la mer
Mediterranée, le Baltique & la
Caspe : ce grand Dieu pour nous
faire voir icy bas sa puissance infinie, a voulu produire en lumiere l'Ocean Atlantique & les
autres mers immesurees. Mais
tout cela est tousiours encore
pour nostre vsage : parce que ce
qui ne sert à la vie corporelle,
sert à la spirituelle, c'est à dire, à
la contemplation des grâdeurs
de Dieu : Et ce qui semble inuti-

le pour les iournallieres necessitez du corps, nous apporte , &
nous donne vne merueilleuse &
salutaire viande à l'esprit. Mais
quelle vtilité, & quel plaisir ad-
ministre à nostre vie la hauteur
des Tauris, du Caucase, de l'O-
lympe, des Alpes, des Pyren-
nées & de tant d'autres montagnes? & les deserts de Numidie
& les solitaires arennes de l'Arabie? possible qu'ils sont inutiles
à la vie corporelle: mais non pas
infructueuses à l'intellect, qui se
paist & s'entretient de la consideration des effets merueilleux
de la main de Dieu: Et au lieux
où les pieds, où les mains se trauaillent & se lassent, là s'estend
le cours & le vol de l'entendement. Et ainsi que l'homme va
par eau aux lieux, où il ne peut
pas aller par terre: de mesme il

se fait valoir, & f'auätage de l'efprit aux chofes en quoy le corps
ne peut pas feruir.

Mais la grandeur de la mer
nous apporte non feulement la
matiere d'admirer , & de cele-
brer l'infinie bonté de Dieu,
mais elle nous donne encore
l'induftrie & le courage de la
pouuoir domter biē qu'elle foit
indomtee, & de la maiftrifer &
gouuerner. Et quelle chofe eft
plus meritante d'eftre admiree
que la nauigation? puis que par
ce moyen les hommes f'engoul-
phans en haute mer fur vn foible nauire: reiglent les vens, fil-
lonnent les ondes, & treuuent
vn chemin au milieu de l'Oceã?
combattent auec les tempeftes,
vont contre les orages, fe feruēt
de l'eau comme poiffons, & de
l'air comme oyfeaux ? Que fi

nous voulons dire le vray , nous
auoüerons qu'il ne se treuue aucune œuure en quoy les hommes manifestent plus d'esprit,
ou de courage , ou d'industrie
qu'en la nauigation. Car quelle
chose est le manege, & l'Escui-
rie en comparaison du nauigage ? pour certain ces choses là,
luy sont autant inferieures, côme la mer est superieure d'vn
cheual, & comme la fureur des
vents mutinez surpasse les brauades d'vn Genet d'Espagne,
ainsi les efforts & les violences
de la mer, estans maistrisez de la
nauigation deuancent les regles & la maistrise de domter les
cheuaux. Et si la grandeur du
courage ne peut mieux paroistre, que lors que l'on se hazarde
aux choses où respire le peril de
la vie: qui sont ceux qui s'expo-

sent à plus grands perils que les
nauigans ? qui demeurent les
iours, les sepmaines & les mois
entiers, non plus esloignez de la
mort que ce que contient l'es-
paisseur de deux aiz attachez
l'vn contre l'autre ? & qui dans
vn vaisseau ainsi composé, sont
ores esleuez de l'onde & des
vents iusques aux estoiles , &
tantost abaissez auec le fond des
vagues aupres de l'Enfer ? *Qui*
nauigant mare , enarrât pericula eius.
Qui nauigue en la mer raconte
ses perils. Et si Hercule & quelques autres Capitaines ont acquis vn grand honneur d'auoir
fait des chemins par les Alpes,
& par les autres montagnes in-
accessibles, quelle loüange, &
quelle recommandation se doit
donner à vn Nocher qui si cou-
rageusement s'ouure vn chemin
par toutes les Mers?

Pourquoy la mer ne croiſt auec l'entrée des Riuieres.

IL reſte vne queſtion importante qui appartient à la grandeur de la mer. A ſçauoir d'où procede qu'elle ne s'augméte pas auec les eaux infinies qu'vn ſi grãd nõbre de groſſes riuieres y deſchargent continuellemét. Ariſtote s'en acquite legerement: en diſant que l'eau des riuieres ſe pert en l'Ocean comme vn verre d'eau que l'on verſeroit ſur vne table: C'eſt vne choſe dont le dire eſt bien plus facile que la demonſtration.

Les riuieres ſont comme infinies & comme immeſurables, ſont perpetuelles, & de iour

& de nuict elles meinent sans
aucune intermission , des eaux
en la mer, elles croissent auec
les pluyes de l'Hyuer, auec les
neiges & les glaces fonduës,
auec les torrents,& auec les fontaines,& toutefois la mer qui les
reçoit n'en accroist pas? Et c'est
pourquoy ie diray , que si Ari-
store versoit dix ou vingt verres
d'eau sur vne table , il verroit
qu'elle en seroit non seulement
baignee ,ains que l'eau en seroit
espanduë largement dehors.Or
à quelle cause donques l'O-
cean ne verse ny s'augmëte, puis
que tant de riuieres ne cessent
iamais d'y conduire des eaux?Et
eecy semblera vne chose encore
plus admirable, que si l'on imagine, & pose d'vne part toutes
les eaux que depuis cinq mille
soixante & huit annees estoient

en la mer, & d'autre part toutes
celles que dés ce téps de la crea-
tion, les riuieres y ont versé: sans
doute, & sans comparaison on
treuuera que les eaux des riuieres seront en beaucoup plus
grande quantité:& cela se pourra facilement entendre ainsi. Le
Danube est large d'vn mille en
sa plus grande amplitude , &
profond de huict ou dix brasses,
court continuellemēt, & fait au
moins trois milles en vne heure.
L'annee contient huict mille
sept cens huitāte & quatre heures, doncques le Danube con-
duira chaque annee en la mer
vingt six mille trois cens cinquante deux milles d'eaux de la
proportion & profondeur susdi-
te. Or vous pouuez imaginer
quelle quantité il y peut auoir
cōduit en mille annees, en deux

mille, & en cinq mille & dauantage? Et que dirõs nous de quelques autres riuieres ? comme de
la Duine, de la Volga, du Gan-
ge, du Meïnan, du Meïcon, du
Polisango, & de l'Obio duquel
on dit, que la largeur contient
huictante milles au courant de
son amplitude, & que dirons
nous aussi de la Coansa qui est
large de vingt & six milles, & du
Maragnon, & de la riuiere de
Parana surnommee de la Plata,
dont la largesse semble debatre
auec la largeur de la mer Mediterranee ? Et si bien qu'on peut
aisément comprendre de cela,
que l'eau que les riuieres ont
mené en la mer, est en si grande
quantité que mise ensemble elle feroit mille Oceans, non seulement des Mediterranees. Dõques d'où peut auenir que les

eaux de tant de riuieres n'ayent
tant augmenté la mer qu'elle
n'en soit esté surmôtee, & qu'en
la pressant de telle augmentation elles ne l'ayent acreuë pour
luy faire passer ses limites, & par
ceste acroissance rauager & couurir la terre? Ie ne puis voir que
l'on puisse donner autre raison
de cela, sinon qu'il faut croire
que tout ainsi que les riuieres
entrent dans la mer, tout de
mesmes elles en sortent. L'Es-
criture saincte nous enseigne cela, & depuis elle, le haut Philosophe Platon.

Mais quelqu'vn pourra dire:
l'eau qui de sa nature court vers
la mer comme au lieu plus bas,
comment peut-elle sortir de la
mer pour y retourner, puisque
la mer estant plus basse que le
lieu où se desbondent ses fon-

taines & ſes ſources , il ſemble
qu'il faut qu'elle monte en haut
pour y paruenir à fin qu'apres
elle deſcende & ſ'en retourne à
la mer:Or ce n'eſt pas vne choſe
trop difficile de reſpondre à ceſte propoſition : parce que l'eau
qui monte & deſcend n'eſt pas
vne meſme : mais bien elle eſt
differante,& les lieux ſont differens auſſi , par leſquels elle ſe
meut de la ſorte. Et le Tout-puiſ-
ſant a ouuert pour la courſe des
eaux mille voyes & chemins,
qui nous ſont inconnus, où ſans
aucune violence elles ruiſſellét
& ſurgeonnent ſur le ſommet
des montagnes : où elles y forment de grands eſtangs & de fecondes fontaines de qui les riuieres ſont produites. Et bien
que par fois il nous ſoit auis que
elles montent,ce n'eſt pas pour-

tant vne chose reelle, & qui soit au respect du centre. Le Nil prend sa source au delà du cercle Equinoctial & depuis auoir fait six mille milles de chemin il se descharge en la mer Mediterranee. Or en la connoissance de ceste course, nostre imagination monstre qu'elle ne peut entendre que ceste riuiere coulant & flottant d'vn Pole à l'autre, ne vienne à monter, à cause de la rondeur de la terre : Mais quoy nostre fantasie se trompe & non pas le Nil, lequel à fin de ne monter en aucune sorte, & pour ne se rendre esloigné du centre, va serpentant, & cherchant mille destours. Et si bien que n'estât pas en droite ligne plus de deux mille milles de sa source iusques à la mer où il se termine, toutesfois auec les destours & serpen-

temens il fait fix mille milles en
l'eftenduë de fa carriere. Auffi,
paraduãture le perpetuel mou-
uemẽt de la mer aide beaucoup
à la fortie des riũieres & des fontaines qui procedent d'elle:par-
ce que batant la terre, ore agitée
des vents, ore enflée de la Lune,
& tantoft efmeuë de maintes
autres occafions que nous ex-
poferons en leur place , & dont
elle en endure iufques aux trẽ-
blemens de terre, batant dif-je,
ainfi la terre continuellement,
elle la remplit,& la rend encein-
te d'humeurs en mille façons,&
puis elle fait fortir ces humeurs
aux parties qui luy font plus
commodes pour la fortie. Mais
d'où peut arriuer que fi les fleuues fortent de la mer , leur eau
foit douce ? Il faut refpondre à
cefte demande , que les eaux
                              paffant

passans par dedans la terre, elles
laissent par la longueur & qualité de leurs chemins leur partie plus grossiere & plus mate-
rielle en qui consiste leur saleure, & leur amertume. Car il est
ainsi de ceste façon que si lon
met dans la mer vn flascon de
verre, & de qui la bouche soit biẽ
fermée de cire, apres y auoir demeuré vn espace de temps on le
treuuera remply d'eau douce:
parce que la saleure reste dehors
à cause de sa grossiereté : Ainsi
l'eau de la mer passant à trauers
de la terre laisse en ses voyages
& trauerses sousterraines la qualité sallée, & de là il auient que
les eaux des fontaines, des puids
& des fleuues sont douces. Ce
qui se voit manifestement sur
les bords de la mer, où tout voi-
sinant l'eau salée on voit sortir

K k

l'eau douce. Et comme dit **A. Hirtio**, *Omnia enim litora, naturales aquæ dulcis venas habent.* Tous les bords maritimes ont naturelles les veines de l'eau douce. Ainſi en la guerre Alexandrine, les ennemis de Ceſar ayans remplit d'eau de mer les ciſternes de la ville, & parce reduit les Soldats en vne peur extréme, & preſque en deſeſpoir : Ceſar fit faire pluſieurs puids au lõg du riuage de la mer, où il treuua de l'eau douce en treſgrande abondance. La nature a voulu pouruoir de la ſorte, que tout ainſi que l'eau douce deuient amere entrant en la mer : de meſme l'eau marine penetrant la terre ſe rend douce. Et à ceſte cauſe on treuue au milieu de l'Ocean certaines Iſles qui bien que fort petites, ont abondãce de fontaines,

de fleuues & d'estangs d'eaux
douces, & suaues auec tresgrande commodité des nauigants
qui arriuans en leurs haures y
font en leur necessité vne bonne
prouision. Et de telle nature est
entre les autres, l'Isle de Saincte
Heleine, qui estant située en vn
Pelague immesuré, entre le Bre-
sil & l'Ethiopie, loin de terre
ferme pour le moins cinq cens
milles, & n'ayant pas plus haut
de huit ou neuf milles de circuit, auec tout cela est douée
abondamment d'eaux douces de
toutes sortes.

Des qualitez de la mer.

A couleur, & la saleure sont
les deux qualitez principales qui se considerent en la mer.

Or de sçauoir quelle chose est
occasion de la saleure de l'eau
marine, c'est vne recherche de
telle difficulté que certains Philosophes ne s'en pouuans resoudre autrement , on dit qu'elle
fut creée de Dieu auec l'eau
mesme. Mais ceux-là, entrent
en vne plus grande difficulté:
Car si ceste raison est bonne,
d'où auient que depuis si long
temps les riuieres ne l'ayenta-
doucie?Car c'est vne chose bien
claire,qu'aux mixtions la moindre se change aux qualitez de la
plus grande, & la plus grande se
tempere auec la moindre. Or
nous auons monstre cy deuant
que l'eau que les riuieres ont
conduit en la mer,fait plus grãd
corps que toute ceste mer:pour-
quoy dõques n'est elle pas douce? mais estant moindre, pour-

quoy au moins en si longue suite d'annees n'est elle temperee?
Entre les raisons que les Philosophes ont apporté sur ce sujet,
celle d'Aristote est la plus probable. Car il dit que le Soleil tire auec sa chaleur, en façon d'vn
alembic les vapeurs plus gentil-
les & delicates de la mer, & qu'il
y laisse les plus terrestres & ma-
terielles, comme excremens de
la cuite & distillation, & de là
procede la saleure & l'amertume de la mer: Car les choses qui
sont cuites longuement deuiennent ameres par le moyen de l'a-
duction ou bruslure.

Sans doute ceste opinion est
voisine de la verité plus que toute autre: mais auec tout cet auãtage, elle a tant de difficultez:
qu'il semble qu'elle est plustost
auoüee pour le respect & autho.

rité d'Ariftote que par les raifons qu'elle allegue. Car fi la
mer eft falee, à caufe que le Soleil en retire à foy les plus douces & fubtiles vapeurs , il faut
croire qu'elle n'a efté falee que
par vne fucceffion de beaucoup
de temps. Or ie demande icy,
depuis combiẽ de milliers d'annees en çà la mer eft deuenuë falee ainfi? mais premierement il
ne fe treuue aucune hiftoire qui
nous apporte le moindre foup-
çon, que la mer foit iamais efté
douce: Et apres. fi depuis quatre
mille ans en çà , la mer eft deuenuë amere , pourquoy le foleil
operant toufiours d'vne forte
n'a rendu fon amertume plus
grande qu'auparauant? Il ne fe
peut dire qu'elle foit arriuee au
fouuerain degré de faleure: parce qu'auec le feu & auec diuers

artifices & instrumens l'eau de
la mer se reduit ordinairement
en vne qualité plus amère. Et la
nature fait sortir de la mer les
fontaines & les riuieres d'eau
douce. Mais sur toutes les mers,
la Meotide, la mer Euxinne, lé
Caspe, le Baltique & le Germanique, ont les eaux plus quali-
fiees de douceur, & ont tous
jours esté de telle sorte.

Et dauantage comme il est
vray semblable que le Soleil ne
tire pas si grande quantité de vapeurs de la mer, comme il lui en
est apporté en eau douce par les
pluyes, les neiges, les fontaines,
les torres & les riuieres, qui sont
en si grand nombre & de tant de
grandeur, & qui flottent plus
gros en Hyuer, où en ce temps
le soleil est plus foible qu'en
Esté.

KK iiij

Mais que dirons nous de quelques lacs qui sont salez? Et pourquoy sont ils de ceste qualité?
comme on voit le lac ou l'estang
de Van en Armenie, l'estang de
Caindu au Catay, l'estang de
Meffique en la nouuelle Espagne, & la mer de Galillee en la
Palestine & plusieurs autres
estangs? Et si bien que l'opinion
d'Aristote est plus en credit
d'autant que l'on n'en treuue
pas vne meilleure, que pour
beaucoup de satisfaction qu'elle donne à l'intellect. Mais qui
pourra considerer d'où procede
la saleure de ces estangs, & celle
de tant de fontaines & de puids
d'eaux salees qui se voyent en
Lorraine, en Bourgongne, au
païs de Tirol, en Angleterre, en
Pologne, en Espagne, & en beaucoup de lieux d'Allemagne qui

par ce moyen fe nomment Ha-
lés : la faleure defquels ne peut
eftre atribuee au Soleil. Et qui
entrera en confideration paffa-
blement arreftee fur le fujet des
inepuifables minieres de fel qui
fe treuuent en Sicile, en la Calabre & en Efpagne, & en mille
autres endroits, poffible qu'il
aura occafion de chercher quelque autre raifon de la faleure de
la mer.

Et toutesfois les mers ne font
pas falees toutes d'vne façon :
parce que la Cafpe, la Meotide,
l'Euxin, le Baltique & le Germanique ont beaucoup de la
douceur : Et aux quatre premieres l'eau qui voifine le riuage
n'eft pas intolerable tout à fait
ains elle eft grandement fami-
liere de la douce. Et ie croy que
cela procede de la multitude

des fleuues qui fy defchargent.
Et pour maintenant il fuffit d'a-
uoir parlé iufques icy de cefte
qualité marine.

Or tout ainfi que l'eau falee
eft plus ferme que la douce, de
mefme elle porte plus aifément
vn grand vaiffeau. Et parce la
mer Germanique qui f'alonge
depuis le Canal d'Angleterre
iufques au dernier fein de la Li-
uonie, ne fe nauigue iamais, ny
ne fouftient fi bien vn grand
poids, comme la mer Cantabrique, & les autres. Et c'eft vne
chofe fort côfiderable auffi, que
la mer eft beaucoup plus froide
vers le Pole Antartique que vers
l'Artique. Dequoy on voit par
experience que lon nauigue encore commodément au Pole
Artique iufques au delà du foi-
xantieme degré, & d'ailleurs on

connoit que vers l'Antartique
on sent vne froideur insuporta-
ble aux regions exposees au cin-
quãtieme degré. Et voire encore
Pierre d'Agnaïa endura vn extréme froid au quarãtecinquie-
me. Et Georges Aquilar treuua
en pleine mer sous le quarante-
septieme degré, tant de neiges
au mois mesme de Iuillet, qu'a-
uec les pales , & autres instrumens , les mariniers n'en pou-
uoiẽt pas despestrer le nauire : &
y mourut de froideur huit matelots, ou passagers tandis qu'ils
estoient assis, & qu'ils deuisoient
ensemble. Dont si vers les extrémes parties Septentrionales est
vne Isle qui s'estend depuis le
destroit d'Anian iusques à Esto-
tilant, & de laquelle la longueur
est de mille lieuës , & la largeur
de dix , & qui estant sterille, are-

K k   vj

neufe, & deferte. La mer y eſt
preſque perpetuellement gelee
à l'entour , nous deuons croire
qu'elle eſt encore beaucoup
plus froide vers les païs du tout
Antartiques.

Des couleurs de la Mer.

L reſte que nous di-
ſions quelques mots
ſur les couleurs de la
mer: entre leſquelles
la rouge tient vn lieu de grande
eſtenduë qui donne nom à toute ceſte partie de l'Ocean qui
ſ'eſlargit entre le Cap de Guar-
dafu , & celuy de Roſalgate, &
qui embraſſe le ſein Arabique
& le Goulphe Perſique. Or ce
qui a donné le nom de mer rouge à ceſte partie de l'Ocean, c'eſt

la couleur du fonds , qui en
beaucoup de lieux,& par vn tres
grand trait de flots eſt rouge. Et
la mer en eſt vermeille à cauſe
de cela : mais non pas pour aucune couleur qu'elle en prenne:
mais ſeulement par tranſparan-
ce,ce qui a eſté diligemment remarqué par les Portugais , qui
tant de fois ont deſployé les voiles au ſein Arabique, qui ſur toutes les autres mers a retenu ce
ſurnom de mer rouge.

Semblables couleurs vermeil-
les ſe voyent auſſi au nouueau
monde en l'Ocean du Sur , à
Galcauil,au Cap blanc de ſainct
François , au Cap d'Olanco , &
en quelques autres. Vn certain
perſonnage beaucoup pratic en
ces mers, m'a dit, qu'il eſtimoit
que ceſte rougeur fuſt vraiment
en la réalité de l'eau, & que cela

procedoit de quelques veines
d'humeur vermeille. Mais contre ceste opinion, ie croy, que
toutes ces rougeurs ne sont autre chose qu'vne transparance
de la couleur de la terre, & du
fonds : Et de mesme que la mer
est rouge en ces parties, ainsi en
certains autres endroits vers l'I-
le de Barlouento, elle est blan-
che, & à ceste cause l'on voit que
l'eau y est viuement blanchis-
sante.

Des mouuemens de la Mer.

A Fin que l'eau de la mer
ne se corrompist com-
me les Palus, & qu'à
l'occasion de cela elle
n'infectast l'air, & les humains,
Dieu a voulu premierement

qu'elle fust salee : parce qu'il n'y
a chose qui resiste mieux à la
pourriture que le sel, & apres
qu'elle fust agitee de plusieurs
mouuemens.

Or aucuns mouuemens de la
mer sont generaux, & autres
sont particuliers. Les generaux
sont deux, le premier est le flux
& reflux, qui est tres notoire à
tous, & l'autre est le mouuemet
du Leuant au Ponant, qui n'est
pas si côneu que le premier, mais
pourtant il est bien certain. Les
Astrologues, & les Philosophes
discourent diuersement d'où
peut proceder le flus & reflus de
la mer : mais la plus commune
& plus asseuree opiniő est qu'ils
procedent de la Lune. Car il est
ainsi, qu'entre le iour, & la nuict
la mer croist deux fois, & des-
croit & deuale autant, suiuant la

lumiere & le mouuement de la
Lune. Pour entendre cecy, il est
necessaire de diuiser auec l'imagination le ciel en quatre parties par le milieu de l'Horison
& du cercle meridien. Or la Lune chemine, ou se glisse en vingt
& quatre heures par toutes ces
quatre parties, employant six
heures en chacune. Ainsi ceste
Planete se haussant sur l'Horison, commëce le premier quartier, auec la mer s'altere, & s'en-
grossit durãt six heures, iusques
à tant que la Lune arriue au
poinct du midy, & à lors entrant
au second quartier, l'eau retourne pour autres six heures en son
lit. Et lors que la Lune passe sous
l'Horison le flus recommence
de nouueau, & dure semblablement six heures, auec lesquelles
elle arriue à l'angle de la minuit:

Et entrant en la derniere de ces parties, la mer s'en retourne en arriere durãt six heures, iusques à ce qu'elle ait atteint l'Horisõ. Et ainsi que la Lune se meut par quartiers, aussi par quartiers elle donne mouuement à la mer.

Mais bien qu'à parler suiuant le commun on pense que deux flus & deux reflus arriuent en l'espace de vingt quatre heures: toutefois cela n'est pas vray precisément: car en ces flus & reflus il se cõsomme vn peu moins de vingt-cinq heures. Si la Lune n'auoit autre mouuement que le iournallier, elle feroit mouuoir la mer deux fois en vingt quatre heures iustes: & ainsi le flus, & reflux se treuueroient iournellemẽt en vne heure mesuree & ferme. Mais parce qu'elle a encore vn sien propre mou-

uement, auec lequel elle retro-
grade : il auient de cela qu'elle
defpend vn peu dauantage de
vingtquatre heures à faire deux
flus & deux reflus : ainfi ordinairement le flus d'auiourd'huy retarde quatre cinquiefmes d'vne
heure , plus que celuy de hier.
Louys Guichardin dit que ce
retardement eft d'vne heure &
dix minutes, & ainfi les autres
fucceffiuemēt. Et quelques vns
eftiment que cela procede de
ce que le Soleil d'où la Lune
prend fa vertu, demeure efloigné de la Lune en fa courfe douze degrez, vingt & vne minutes.
Et certains autres l'attribuent à
deux contraires mouuemens de
la Lune.

Mais il n'eft pas precifément
vray, que le flux dure fix heures,
& encore autant le reflux : parce

que telle chose auient par la dif-
position diuerse des situations
differentes. Car en la plage de la
Guinee, l'Ocean croist en quatre heures, & deuale en huit. A
Bordeaux il croist en sept heures,& deuale en cinq. Ces varietez de flux & reflux , & autres
qui se remarquent ailleurs des-
pendent de diuerses occasions
dont la premiere est d'autāt que
la Lune ne sort pas tousiours
d'vn mesme lieu sur l'Hemis-
phere: l'autre par ce que la mer
n'est pas esgalement basse, ou
profonde ; & à ceste cause elle
n'est pas vniformemēt disposee
au mouuement. La troisieme
auient de ce qu'elle est en certaines parts plus libre & ouuerte,ou plus estroite & enclose,ou
bien qu'elle se peut eslargir sans
treuuer aucune opposition qui

luy donne empefchement. **Les**
mers qui font larges & enclofes
comme le Pont Euxin, & le Baltique n'ont ny flux, ny reflux. Et
celles qui font eftroites & longues comme la mer rouge , &
l'Adriatique ont le flux & reflux
manifeftes. La mer Mediterranee a vraiment le mouuemēt
& le flux , mais d'vne forte qui
eft comme infenfible , hors-mis
au Phare de Meffine, & au goulphe de Venife. Au Negrepont fe
connoift vn flux tout different
des autres : Car fuiuant la commune opinion il deuale & augmente fept fois du iour , bien
que certains modernes efcriuēt
que cela ne luy auient que quatre fois feulement. Tite-Liue
efcrit que cefte mer n'acroift, ny
n'amoindrit : mais bien que par
les variables vents qui foufflent

de tous les endroits des prochaines montagnes, la mer en deuient tempestueuse, & sans repos à toute heure, ainsi qu'vn torrét furieux & precipité. Que si cela est vray, il me semble estre dur à croire qu'Aristote ait perdu le sens & la vie, pour ne sçauoir entédre la cause d'vn mouuement ainsi disposé, qu'il admira partát de iours au destroit de l'vn Euripe. Et parce que la mer Oceane se peut mouuoir plus librement elle a le flux, & reflux tres manifestes : mais ils se connoissent d'auantage, & plus grands encore aux Canals que aux mers ouuertes, comme en la manche de Bristol, & au canal d'Angleterre beaucoup plus qu'en la coste d'Espagne & de Nouergie.

Et bien que la Lune soit per-

petuelle dame & maiſtreſſe de
la mer, il ſemble qu'elle ait plus
grande vertu de la hauſſer, lors
qu'elle vient à monter ſur l'Ho-
riſon & à deſcendre au couchãt,
que non pas en tout le reſte de
ſon cours : Et auſſi beaucoup
plus aux nouuelles Lunes, &
pleines Lunes, & ſemblablemết
vn iour deuant, & vn iour apres
les pleines Lunes: & allors, comme diſent les mariniers les eaux
ſont viues. Au contraire le quatrieme iour l'eau eſt moins furieuſe de l'ordinaire vn iour deuant, & deux iours apres, & à
lors ſuiuất le dire des mariniers
les eaux ſont mortes. Outre cela on a obſerué que de ſept et
ſept iours le flux & reflux reçoi
des alteratiõs notables. Au premier, & au troiſieme ſeptenair
le flux & reflux ſont vehemens

& au fecond & au quatrieme
doux & plaifans. Et au temps
des Equinoxes la mer s'altere
auec grande veheméce, & principalement en l'Equinoxe de
l'Autonne. Et fous les Soltices
elle eft agreable & apaifee, mais
dauantage auec celuy de l'Efté.
Et quelques curieux ont notté
encore qu'au bout de huiĉt annees la mer retourne en vne méme forte de flux & d'enflement.
Mais bien que les eaux foient
maintenant plus legeres & ve-
hementes, & ores plus lentes &
tardiues : pour cela le flux & reflux ne durent pas vne fois plus
que l'autre, parce que la legere-
é de la maree ne fe refpand pas
en longueur, mais bien en hau-
eur. Dont la grandeur, & l'efle-
uation des eaux ne fe fait pas
pluftoft au temps des eaux vi-

ues, que des mortes : mais bien celles cy qui se nomment viues se hauslent d'auàntage que les autres.

Et bien que par la domina-tion que la Lune a sur les eaux, il semble vne chose fort confor-me à la raison qu'elle puisse en-fler ainsi la mer , en l'attirant à soy, comme la Calamite attire le fer : Neantmoins c'est vne grand merueille, qu'ayāt attiré la mer en haut durant six heu-res, elle la laisse apres retourner en son lit pour autres six heures. D'où peut naistre cecy? possible que la vertu manque à la Lune de pouuoir gouuerner & susten-ter les eaux ? ou bien la nature & l'inclination des eaux vers le lieu naturel a plus de force que la Lune? & la nature vniuerselle que la particuliere? ou parauan-ture

ture que ces mouuemens font
presque vne fieure de la mer, qui
la trauaillent six heures, & puis
la laissent autant en repos ? ou
bien ils sont à la mer comme vn
mouuement du cœur, compo-
sé de sistoles & diastoles?

Mais parmy toutes ces difficultez il me semble de pouuoir
finir ceste matiere, auec ces vers
de Lucanus, qui m'ont esté
remis en memoire par la faueur
de Don Isidore Robert, Gentilhomme d'humanité & d'erudi-
tion singuliere.

Ventus ab extremo pelagus sic axe
  volutet,
Destituátque ferens : an sydere mo-
  ta secundo
Thetyos vnda vagæ lunaribus
  æstuet horis:
Flammiger an Titan, vt alentes
  hauriat vndas,

LI

Erigat Oceanum, fluctúsque ad Sy-
dera tollat:

Quærite quos agitat mundi labor.
at mihi semper

Tu, quæcúnque moues, tam crebros
causa meatus,

Vt superi voluere, late.

Seroit-ce point que l'Astre ayãt
attiré la mer des extrémes parties, ne pouuant supporter vn tel
fardeau, abandonne bien tost sa
charge? ou qu'estãt esmeuë d'vn
signe fauorable elle boüillonne
aux heures lunaires ? Ou bien
que le radieux Titan pour son
entretien esleue iusques à soy
ces nourrissantes ondes? Auisez
y, vous, qui estes agitez du trauail mondain: Car pour ma part
i'auoüeray tousiours la cause en
estre occulte, le seul souuerain
en ayant la parfaite connoissance.

De l'autre general mouuement de la Mer.

IEN que l'autre general mouuement de la mer ne soit pas si manifesteque les precedens, toutefois il ne reste pas d'estre tres-certain. Ceux qui nauiguent en l'Ocean, & principalement au Surle connoissent continuellement par experience. Et ce mouuement procede de la vertu du Ciel premier mobile, lequel auec la merueilleuse impetuosité de sa course, tire, & fait mouuoir auec soy non seulement les globes celestés, & l'Esphere du feu & de l'air depuis l'Orient iusques à l'Occident:ains encore par le moyen

LL ij

de l'air il cõmunique ce mefme
mouuement à la mer. Et bien
que cela ne s'apperçoiue pas fi
clairement en la Mediterranee,
à caufe de fa petiteffe, & de plufieurs pointes, Ifles, & Peninfu-
les qui la trauerfent, & l'ombra-
gent: & fur tout parce que le deftroit de Gibaltar auec fõ eftroite emboucheure empefche que
la mer ne fe peut pas mouuoir
vniuerfellement, toutesfois on
l'y reconnoift affez clairement.
Car tous ceux qui ont frequẽté
les riues maritimes de la Thrace, fçauent bien que les eaux du
pont Euxin courent fans ceffe
par le deftroit de Conftantino-
ple vers la Propontide, & de là
vers l'Hellefpõt, & vers les Ifles
de l'Archipelague. Or l'Archipelague fe rencontrant en l'Ifle
de Cãdie fe diuife en deux bran-

ches, de laquelle l'vne court à
main senextre vers l'Asie, & va
costoyant la Caramanie, l'Egypte & l'Afrique : l'autre passe à
main dextre vers la Moree &
vers l'Albanie, & se mesle auec
la mer Adriatique, & premierement s'en va flottāt sur les bords
de l'Esclauonie & apres vers l'I-
talie. Dequoy ceux qui nauiguent pour aller à Venise tiennent leur voyage vers l'Esclauonie & vers l'Istrie : mais ceux
qui en partent, tournent la voile
de leur route vers la Marche
d'Anconne, & vers la Pouille,
mais ceste realité de mouuemēt
est tres claire en la mer Oceane,
& d'auantage aux parties, où elle est plus large, & plus libre.

    La mer Atlantique , & l'E-
thiopique courent gaillarde-
ment vers la terre ferme, qui est

vne prouince de l'Amerique,
& les eaux ne treuuant à lors
en leur course vne libre sortie,
passent auec vne tres-grande
violence & rapidité entre le Iu-
catan & la Cube,& entre la mesme Cube & la Floride, iusques
à tant que deliurees de cest e-
stroit passage, elles s'eslargissent
& dispersent dans la grand'mer
plus ouuerte. Et à ceste cause il
auient que les Flottes allans au
nouueau monde , vont reconnoistre ordinairement les Isles
de Canaries,& reuenans de leur
voyage, à cause qu'elles ne peuuent pas tenir le mesme chemin
de leur allee,elles reconnoissent
premierement la Bermude , &
puis l'Isle Terzere. Et c'est ainsi
aussi que les vents, & l'eau courante qui donnent faueur à leur
allee, leur sont contraires au re-

tour. Et il auient de là, que le flux, & reflux eſt tres-foible en toute la coſte Orientale du nouueau monde : à ſçauoir depuis Eſtotilant iuſques au deſtroit de Magellan. Parce que ce mouuement qui pouſſe l'eau vers le Ponent, luy empeſche le reflux, & de cela procede ſemblablement qu'en la mer de Biſcaye & de France, les eaux cedant à l'Ocean qui ſe meut vers le Ponent, ſe tournent, & ſe guident vers le Septentrion.

Mais il n'y a nulle partie de la mer, où cela ſe voye ſi manifeſtemẽt qu'en l'Ocean du Sur: parce qu'il ne treuue aucune eſtenduë de mer, plus ample & ſpacieuſe, plus ouuerte & plus libre que ceſte-cy, & où le cours des eaux & des vents ayent moins d'empeſchemens. Doncques en

LI iiij

cefte mer entre les deux Tropiques , refpire inceffamment vn
Leuant fi ferme, & conftant, que
par vne bien longue fuite de
iours, il n'eft pas befoin aux No-
chers de mettre la main au Ti-
mon , ou de changer les voiles.
Et c'eft ainfi qu'ils font leur
voyage en cefte mer immefura-
ble, non autrement que dans vn
canal, ou fur vne plaifante riuiere. Ce que Fernande Magellan
experiméta le premier de tous,
qui par cefte raifon la nomma
mer Pacifique. Or que ce mouuement de l'Ocean procede du
cours du premier mobile : fon
inuariable perpetuité en fait foy
premierement : & apres l'augmentation de fa vehemence fuiuant qu'il s'aproche d'auantage
de la ligne Equinoctiale. Sur
quoy, c'eft vne chofe difputable.

si le Zephyre qui respire en ceste mer se doit apeller vent: car il
n'est pas vne exhalatiõ, mais bie
vne impetuosité que l'air reçoit
des corps superieurs qui premierement la reçoiuët de la premiere Esphere. Les premiers Espagnols qui nauiguerët de la nouuelle Espagne aux Isles Philip-
pines, arriuans heureusement
en ceste mer, auec vn vent fauorable comme il est dit cy dessus,
se treuuerent bien tost en grand
trauail: parce que desirant de
retourner au lieu d'où ils estoiët
partis, ils n'en sçauoient treuuer
la voye: Veu que la chose estoit
ainsi, que le vent qui les auoit
porté à ces Isles, leur estoit contraire au retour, & qu'outre cela
il necessoit aucunement de sou-
fler. Dont ils estimoient necef-
saire de retourner par la mesme

route des Indes, paſſant le deſtroit de Sincapura, & le Cap de
bonne eſperance. Mais vn Religieux de l'ordre de ſainct Auguſtin, nommé Pere Martin de
Rade, ſeſtant apperceu de la
nature de ce vent les conſeilla
de ſ'en preualoir, non pas pour
retourner à la maiſon d'autant
que c'eſtoit vne choſe impoſſible: mais bien pour ſortir hors
des deux Tropiques, & pour ſe
mettre ſous le dixſeptieme ou
dixhuitieme degré, où il iugeoit,
qu'ils treuueroient quelques
vents de la terre, cõme il auint:
& par ce moyen ils retournerẽt
à la nouuelle Eſpagne. Merueilleuſe proprieté de ce vent, qui
eſt, qu'elle ne ſ'interrõpt iamais
par aucun vent, & qu'elle interrõpt & détourne toutes ſortes de
vents qui la pourroient oppoſer

Des autres moüuemens de la Mer.

LES autres moüuemens de la mer se peuuent nõmer particuliers. Et ceux-cy ont partie de leurs occasions en la mer mesme, & partie extérieurement. Les courans qui se treuuent au milieu de la mer sont du premier rang, où l'on les reconnoist, ou plus, ou moins rapides : Le Scille, & le Caribde, où la mer est agitee, & se tourmente sans intermission par les variables proprietez des lieux : Et les Euripes, entre lesquels est celuy si fameux de Negrepont qui deuale, & monte, suiuant l'opinion d'aucuns, sept fois le

jour, & quatre fois seulement si
la raison de quelques modernes
est veritable. Quelques escriuains de ce siecle mettent quatre Euripes, par lesquels l'ocean
Septentrional court incessam-
ment vers le Pole : Car pour ne
dire autre chose des riuieres du
Tanais , du Danube, & des autres qui se respandans aux Palux
Meotides, & en la mer Euxinne,
occasionnent possible , que les
eaux courent tousiours vers le
Ponent & de là vers l'Archipelague. Ce qui se voit manifestement aux Bosphores de Cym-
merie, & de Thrace , & au destroit de Gallipoly. Et en apres
c'est vne chose asséscõnuë, comme les vents agitent la mer, &
comme il la haussent maintenant iusques au Ciel, & ores la
vont abaissant iusques au centre

de la terre, & comme par leurs
violences ils la vont trauaillant
& troublant en mille façons. Et
auſſi c'eſt vne choſe conſidera-
ble, qu'elle n'eſt iamais ſi calme,
qu'elle ne faſſe touſiours quelque mouuement, au moins ſur
les bords. Ce qui peut auenir ou
de la peſanteur de l'eau, qui ne
ſe peut gouuerner & ſouſtenir
en ſa plainure, & parce, elle eſt
comme gliſſante & trebuchan-
te vers les riuages : mais par la
force de ſon vnité elle retourne
apres en ſoy meſme. Et poſſible
que ce continuel mouuement
arriue de ce que la mer n'eſt iamais vniuerſellement calme : &
que le mouuement d'vne partie
eſt cauſe que l'autre ſ'eſmeut:
Ou parce, que bié que les véts qui
la tourmentét deſſus, ceſſent de
reſpirer, toutesfois les exhala-

tions ne manquant pas, lesquelles par leurs secrettes sorties la trauaillēt interieuremēt. Comme il fut experimenté de Vasco de Gama au goulphe de Cambaya, où sans aucun vent, il se vit en tres-grande & perilleuse fortune de mer.

Or les vents, sont en partie fermes & certains : & en partie inconstans & variables : parce qu'il s'en treuue aucuns qui respirent toute l'annee, comme le Midy au Peru, où ce vēt est seul, & perpetuel. Quelques autres reignent seulement vne partie de l'annee, comme l'Etesie, qui souspire vers nous en Esté depuis l'entree de la Canieule. Les autres vents n'ont point de reigles certaines.

De tous ces mouuemēs, outre les autres raisons ammenees cy

deſſus, il auient que le flux & reflux eſt ainſi variable, cõme nous
auons demouſtré. Parce que
par exemple, le flux & reflux eſt
grand en la coſte du Peru, à cauſe que le Leuant le fauorit &
renforce, & en la coſte de la nouuelle Eſpagne il eſt fort petit,
d'autant que le vent de Midy
luy porte empeſchement. Et en
la meſine ſorte, il eſt grand en la
coſte de la Guinee & de l'Ethiopie, & petit en la Floride , & aux
enuirons par la force du Leuãt,
qui pouſſe l'eau de ces plages à
ces autres-cy.

Diuiſions de la Mer.

LA Mer ſe diuiſe en Oceane,
& Mediterranee. L'Ocea-
ne eſt celle, là, qui embraſſe la
terre & la ceint de toutes parts:

Mediterranee se nôme vne partie de ceste Oceane , bien que
l'Oceane aye communication
auec celle-cy, qui entrant par le
destroit de Gibaltar , fait comme vn tres-grand estang , ou
goulphe de tres-ample estenduë, qui mesure plus de dix mille milles en son circuit. Et bien
que si vous auez esgard à la force du nom , toutes mers qui demeurent au milieu de la terre se
peuuent nômer Mediterranees:
comme le Baltique, la rouge, le
Persique & la Caspe sur tous,
qui n'a aucune communication
apparête auec autre mer: neantmoins ce nom de Mediterranee,
conuient par excellence à celle
que nous auons dit : Et c'est par
deux raisons. La premiere est
par sa grandeur, auec laquelle
elle excede de bien loin toutes

ces autres mers. Et l'autre, est
d'autant que les autres mers
sont situees au milieu d'vne seule partie de la terre, comme la
Caspe de l'Asie, le Baltique de
l'Europe : mais ceste cy repose
au milieu de toutes les trois parties de l'Afrique, de l'Asie & de
l'Europe. Dont il auient qu'elle
est habitee de tres-nobles nations, ornee de villes excellem-
ment magnifiques, nauigable
par tout, & remplie de toutes-
parts de commerce & de traffics. Car elle eut jadis Carthage
en Afrique, & Alexandrie d'E-
gypte : Et en Asie, Ephese, Nico-
demie & Trebisonde : Et en Europe elle a maintenāt Constantinople, Salonique, Venise, Naples, Rome, Genes, Marseille, &
Barcelonne, & autresfois elle
auoit Athenes & Corinthe.

Et c'eſt vne choſe digne de conſideration que l'Europe ait touſiours deuancé les autres deux parties de la terre en grandeur de traffics, & de villes ſur la mer Mediterranee. Ce qui procede, de ce qu'elle ſurpaſſe l'Afrique en fertilité de païs, & en induſtrie des habitans, & qu'elle n'eſt pas inferieure à l'Aſie en fertilité, & qu'en induſtrie & ſubtilité elle l'excede de beaucoup. Et dauantage ceſte mer fait plus de retraictes & de ſeins ou de Goulphes en Europe, que vers les autres parts : & par ce moyen les peuples ſont inuitez à la nauigation, à la marchandiſe & aux negoces, & de ces induſtries il en auient la magnificence des villes, & la puiſſance des peuples.

On diſpute, de quelle part la

mer Mediterranee à son origine, parce que quelques-vns, entre lesquels est Aristote, veulent qu'elle ait origine de la mer Meotide, & de l'Euxin. Et leur raison est ainsi, parce que de ceste partie la mer cour par le Bosphore de Thrace deuers nous, sâs aucū reflux. Mais si cela estoit vray, il faudroit dire que la Mediterranee seroit presque vne production ou enfantement du Tanais, du Danube, & des autres riuieres qui se deschargent en la Meotide & en l'Euxin, & qu'ainsi, elles occasionnent aux eaux ce perpetuel courant. Mais la plus commune opinion de cest origine, fait croire que ceste mer despend de l'Oceane, & qu'elle en procede. Et bien que l'vne, & l'autre mer ne soit qu'vne, toutesfois elle prend diuers

noms : ores des Villes , ores des
Riuieres , ores des montagnes,
ores des continens, & ores des
Isles qu'elle baigne , l'Adriatique, la Corinthiaque : & l'Am-
bracio, prennent leur nom des
villes : Et des Mõtagnes l'Atlãti-
que : des riuieres la Gangetique :
des continens , ou terres fermes
& voisines, la Ligustique : des Isles la Siculide. Quelques autres
mers ont pris le nom de quelques euenemens comme la mer
Icarienne de la cheute d'Icare,
& de nostre temps la mer des
Equas. Quelques-vnes ont leur
nom de la plaisance & tranquili-
té, comme la mer Pacifique, &
la mer des Dames. Et d'autres
de la terribilité & perils qui sont
en elles, comme le Goulphe du
Lyon : D'autres de l'humanité
des peuples, comme la mer Eu-

xine : & d'autres de la couleur,
comme la mer rouge par la couleur du fonds : Et la mer noire
par l'obſcurité que la Tramon-
tane luy porte.

ANNOTATION.

Ien que la connoissance de la mer ne soit pas vne chose necessaire d'estre cõprise aux sujets qui regardent la Milice & la Politique, toutefois elle ne leur est pas impropre aussi, veu que suiuant tant de diuers affaires qui se peuuent traicter en maints endroits du monde pour le gouuernement d'vn Estat, il ne peut estre que bien cõuenable qu'vn hõme de guerre, ou de Police entende qu'est ce que la mer, & quels sont ses mouuemens, son estenduë, & ses bornes. Aussi la Cosmographie qui ne peut estre que beaucoup vtile, & delectable à l'esprit de tous ceux qui l'entendent, ne sçauroit estre parfaite sans l'intelligence de la mer, laquelle intelligence ou sçauoir, se nomme des Grecs Hidrographie.

Or ie connoy bien que ce present
fujet de la mer me donne occafion de
former des Annotations fi generales
qu'elles fe pourroient eftendre non
feulement iufques aux Cieux, mais encore iufques au monde fupernaturel:
mais pour maintenant la fortune n'a
pas fecondé ma volonté, ny mon pouuoir. Car vn peu apres que ce liure fut
commencé d'eftre mis fous la preffe,
i'efcriuis à vn de mes amis en Auignon
qu'il m'enuoyaft vn Difcours que i'a-
uois laiffé entre fes mains vn peu auparauant mon defpart, en auquel Difcours i'ay traicté bien au long fur tous
les plus beaux fujets qui fe peuuent
confiderer en la mer: mais ie n'ay fçeu
le recouurer depuis, à caufe que ce
mien amy eft à prefent en Italie pour
vn voyage d'enuiron trois mois: Ce
qui m'a caufé quelque ennuy, voyant
que la principale piece de mon inuention ne fe treuueroit point comprife
auec les autres parties de ce liure, fuiuant que i'auoy deffeigné auparauant
mefme que i'en eux efcrit la moitié.

Mais quoy? si ce liure se treuue desagreable à cause de n'estre accompagné des Annotations qui le deuroient suiure icy, il sera d'autant plus aimable, & parfait vne autrefois, lors qu'ayant eu le Discours susdit i'en augmenteray de bonté, & d'embellissement la deuxieme Edition. Et c'est pourquoy i'auertiray quelques-vns de ne m'imputer pas à nul manquemét de pouuoir d'esprit, la priuation deces Annotations: Car la cause pourquoy elles ne sont pas en ceste Impressió n'est autre chose que ce que i'en ay dit cy dessus. Aussi l'on doit péser que ie n'ignore pas auec combien de meruecilles la mer se fait voir au monde, & mesmes aux ames plus releuees de qui les ailes sont tousjours desployees pour la recherche des Cieux : Car ainsi que chante le Pseaume nonante-deuxieme; *Mirabiles elationes mrais : mirabilis in altis Dominus* : Le Seigneur qui est là haut est plus puissant que les hautes ondes & flots de deluges, & que les vagues admirable de la mer. Ce grand Roy des Hebrieu

pou

pour mieux faire entendre que la puissance diuine est nompareille & infinie, il a voulu comparer ainsi aux ondes de la mer où tant de pouuoir & de merueilles sont viuement apparentes. Au Pseaume cent & sixieme il traite encore de la merueille des mers en ces termes. *Qui descendunt mare in nauibus : facientes operationem in aquis multis, ipsi viderunt opera Domini, & mirabilia eius in profundo, dixit, & stetit spiritus procellæ : & exaltati sunt fluctus eius ; ascendunt vsque ad Cælos, & descendunt vsque ad abyssos : anima eorum in malis tabescebat.* Ceux qui montent aux nauires sur mer & trafiquent sur les grandes eaux, ont veu les œuures du Seigneur, & ses miracles en la mer profonde. Par sa parole il a arresté le vent, & la tempeste qui esleue les flots d'icelle. Ils montent iusques aux Cieux, & descendent iusques aux abismes, & lors leur ame est toute enuironnee & pressee de crainte & de mal.

Mais en l'espoir que i'ay de faire voir vne autre fois le Discours qui est sur

pour le sujet maritime, ie m'employe-
ray tandis à disposer les cayers de mes
premieres Oeuures pour les mettre en
lumiere le plus suffisamment que ie
pourray, où l'on verra au Morphée
d'Éroclie qui est le troisieme & dernier liure d'icelles, la merueille de l'origine des fontaines. Ainsi ie prieray à
tous les beaux esprits qui daigneront
honorer de leur veuë ce mien ouurage, de se tenir asseurez d'auoir vne autrefois en ce liure vn Discours beau &
bien long sur le sujet des presentes relations : Car mon esprit n'est pas de la
condition de ceux

Qui perdent Carte, & Tramontanne.
Pour les yeux d'vne Marianne.

Parce que ie suis si bien fourny de courage, & de pouuoir que ie ne dois pas
craindre de me voir emmaré, quand ie
me treuueroy mesme en vne mer plus
spacieuse que celle que ce grand Naui-
gateur Fernáde Magellan premier cir-
cundateur de l'vn & de l'autre Hemis-
phere mesura par force, & par bonne
fortune: Car le monde elementaire, &

le celeste n'ont point en eux aucun
~~seul plus outre~~, pour seruir d'arrest, &
de Collones d'Alcide aux routes de
mon esprit : Et en suite de cela ie puis
bien dire auec raison, que mes pensées
sont roussiours si à l'erte, quelles sont
toussiours plus ordinairement dans les
Cieux que ma veuë sur la terre. Mais
quoy ? que l'on n'estime pas ces brauades au rang des Rodomontesques: car
mes vantances sont toutes royales, &
legitimes: car ie ne me vante que de ce
que i'ay fait, & de ce que ie puis faire.
Et ainsi ie diray encore que le vol de
mes conceptions peut faire brauement
de l'Aigle dans les Cieux, puis que
c'est le lieu où les plus belles entreprises de l'ame doiuent aspirer, veu que
l'on ne peut pas comprendre rien de
plus digne & plus esleué: Et ainsi que
dit du Bartas,

Si des doctes humains l'esprit audacieux
Peut rien imaginer de plus haut que les
    Cieux.

Car les ailes de mes pensees s'esloignent si fort de la destinee & du peu

de pouuoir d'Icare, que moyennant la
faueur supreme, elles sont capables de
penetrer les Cieux heureusement, &
de voler diuinement iusques au de la
du *Mitatron* des Hebrieux.

Fin du neuuieme liure des Rela-
tions de la Mer, liure der-
nier des Maximes d'E-
stat, Militaires &
Politiques.

NIHIL NISI AD
SVPREMVM.